En la ruta del SER al TENER

Un camino seguro a la prosperidad

El tránsito desde la esencia a la abundancia

Primera Parte

Título original: En la ruta del SER al TENER (Primera Parte).

Para información contactar al Autor
Email enlarutadelseraltener@hotmail.com

Primera edición: 2017

ISBN: 978-0-9987472-0-0

A todos mis SERES queridos, especialmente a mi madre ya fallecida, de quien heredé la solidaridad como herramienta del dar. A mi padre, de quien heredé la honestidad y el trabajo como forma de vida. A mi hija Sarita, por debatir mis ideas y retroalimentar mi discurso con sus reflexiones. A mi hija Francheska, por usar, modificar y perfeccionar mi legado. A quienes han errado y de quienes he aprendido qué no debo hacer. A quienes han acertado y de quienes he aprendido qué si debo hacer. A quienes han contribuido para que yo intente cada día SER un mejor SER humano. A todos aquellos que tratan de SER mejores SERES humanos.

Indice

Introducción

La modernidad no es otra cosa que un compendio de la complejidad contemporánea de la vida de los seres humanos. A la par con los avances tecnológicos, los seres humanos se han vuelto dependientes de un sinnúmero de artefactos y menos interdependientes de sus congéneres. Es posible ver una muestra de ello en el hecho de que día a día las máquinas desplazan y reemplazan la mano de obra humana, con lo cual convierten la vida moderna en una vida basada en objetos y dejan de lado la esencia de nuestra existencia como seres humanos.

Al pasar de la relación entre seres humanos a la relación entre objetos, el hombre moderno se ha venido alejando del SER e inclinándose al TENER, pues es éste último el que la sociedad de objetos ve, admira, respeta y venera. En este camino, hemos volcado nuestra vida hacia el exterior de nuestro SER, descuidando nuestra verdadera esencia: el SER, que es lo que nos hace realmente diferentes a los animales.

En la medida que todos nos hemos volcado hacia el TENER, hacia lo tangible ya sea material o no, hemos venido desarrollando una codicia sin límites, para la cual nunca habrá suficiente material que sacie su estado de insuficiencia, aunque exista suficiente material para saciar nuestras necesidades. Esta codicia ha pasado de ser un monopolio de las elites económicas de la sociedad, para convertirse en un comportamiento habitual, extendido a todos los niveles socioeconómicos de la población.

Así como las personas codiciosas y adineradas quieren acumular empresas, cuentas bancarias, propiedades inmobiliarias, aviones yates y toda clase de lujos, los no adinerados quieren acumular electrodomésticos, ropa, joyas, juguetes electrónicos y cuanto cachivache aparece en el mercado. Esta ambición codiciosa por lo material nos ha llevado a cambiar de facto nuestras creencias culturales según las cuales las personas son el centro de la humanidad, para darle paso a las posesiones como único factor de preponderancia de la sociedad moderna.

En la misma medida que la cosificación se ha adueñado de la sociedad, el llamado libre mercado ha perdido el control de cualquier límite ético, dándole paso a la creación de nuevas reglas morales más laxas y menos restrictivas del mercado. De esta manera, lo ético pasa a ser reemplazado por una moral acomodaticia, que se refleja en lo denominado legal. Este se puede entender como un marco regulatorio creado por una élite, aquella que representa una infinita minoría de la sociedad, pero aplicado a la restante inmensa mayoría.

El éxito del TENER ha venido matando cualquier otra forma de éxito que exista en la faz de la tierra y todos nos hemos venido plegando a esta nueva forma de vida. En este sentido, ha venido surgiendo una nueva religión que es la del TENER, con lo cual nos hemos desviado de la ruta del desarrollo humano. Al ser el TENER el centro de nuestra vida, pero al mismo tiempo, al no requerir ninguna constancia sobre la forma de la posición del TENER, la apariencia se ha constituido en la mejor herramienta de competencia social. Ahora, todo lo que tenemos le pertenece al sistema financiero, tal como nuestras viviendas y carros; y todo lo que consumimos (comida, ropa y electrodomésticos) lo hacemos con el dinero creado por el sistema financiero, incluso nuestra educación. Esta se la debemos al sistema financiero para terminar endorsando nuestra propia vida al convertirnos en esclavos de la deuda.

Lo anterior refleja las grandes brechas existentes entre ricos y no ricos. Aunque aparentemente en la calle pareciera que la prosperidad económica hubiese tocado a la puerta de todos, lo que realmente ha pasado es que la prosperidad económica ha alcanzado a una pequeñísima minoría de la población y la apariencia de la prosperidad ha teñido de color de progreso al resto, la inmensa mayoría. Frente a esta brecha existente en la distribución de la riqueza y teniendo como estandarte social a lo material, nuestro SER se ha empobrecido dramáticamente y nuestra disposición para hacer algo al respecto ha caído a los niveles más bajos de la historia humana. Mientras que nuestra disposición a hacer lo que sea por el TENER ha traspasado cualquier límite ético y moral que hubiésemos podido prever.

Nos hemos plegado al modelo del "Espectaculandia Country", en el cual no hay que tener ninguna habilidad especial para lograr fama y riqueza, más que la disposición a escandalizar a nuestra sociedad, sobrepasando cualquier límite ético y moral. Esto nos ha llevado a que tomemos la ruta equivocada del TENER al SER, con la vana esperanza que, si parecemos TENER, pareceremos también SER.

Dentro de este mundo de apariencias, unos pocos individuos se han apoderado de la riqueza, mientras que el resto de individuos –debido a su real escasez del TENER–, han terminado endorsando su vida a los primeros. Quienes tienen la mayoría de la riqueza se han convertido en los amos del mundo frente a una población esclavizada financieramente; esclavitud acordada y asumida por los esclavos modernos del sistema y respaldada por la moral o reglas legales que la minoría le ha impuesto a la mayoría.

A pesar de lo dramático que pinta el panorama de la humanidad, nunca es tarde para reenrutar nuestras vidas. Para esto debemos empezar por determinar cuál es la ruta a seguir. Esta debe responder a nuestra verdadera esencia como seres humanos. Una vez logremos determinarla, debemos establecer un punto de partida y de llegada. Dado que la actual ruta del desarrollo humano está centrada en el TENER como ruta circular y en forma de cono (es decir, del TENER al TENER más), un cambio de ruta nos llevará del SER al TENER, pasando por el HACER.

En la ruta del SER al TENER

Para iniciar nuestra ruta de desarrollo humano en el SER, debemos estar dispuestos a dejar de aparentar TENER para concentrarnos en el SER. Uno de los primeros tropiezos que abordaremos será nuestra limitada concentración de esfuerzos en el mundo no visible del SER, por estar enfocados en el mundo cosificado. En esta ruta del SER al TENER, comprenderemos que la pobreza nunca ha estado en nuestro TENER, sino que se ha radicado en nuestro SER. El hecho de que este no sea visible, nos ha llevado a que confundamos la pobreza con la escasez, escasez que se localiza en nuestro TENER. Al sentirnos pobres nos hemos convertido en verdaderamente pobres, pobres llenos de cosas, pero con escasez de dinero.

Una vez empecemos a fortalecer nuestro SER, nuestra pobreza interior irá desapareciendo, nuestras ganas de aparentarle al otro lo que no somos y no tenemos empezará a desaparecer y nuestra fortaleza como seres humanos irá creciendo día a día. Para nutrir nuestro raquítico SER tendremos que pasar por revisar nuestra cultura, en la cual habitan nuestros valores, creencias, reglas morales, hábitos y roles, así como también nuestra vida espiritual y el estado de la parte cognitiva del SER.

Nutrido nuestro SER, estaremos preparados para el HACER, el cual nos dará nuestro ansiado TENER. Esta es una ruta segura, lo cual no significa que por lo segura sea fácil. En el camino nos enfrentaremos a muchas dificultades, pero cada dificultad será un grano de arena para nuestro fortalecimiento. En la medida que nuestro SER sea más fuerte, cada vez que caigamos será más fácil levantarnos para seguir adelante y cada vez tendremos más fuerza interior para no abandonar nuestros sueños y trabajar con ahínco por el logro de nuestras metas.

Existen muchas historias de personas que lo han perdido todo –menos su SER– y se han vuelto a levantar y a construir imperios. Si estos personajes hubiesen tenido un SER empobrecido, con seguridad nunca se hubiesen recuperado. De otra parte, para la mayoría de la población, las limitaciones que tiene su HACER provienen de su SER, más que del TENER. No basta con buscar buenas oportunidades para nuestras vidas si no estamos preparados para HACER lo que la oportunidad nos exige que hagamos. En esta línea de ideas, el HACER tiene una parte no visible, todo lo relacionado con nuestro pensamiento, lo cual es de vital importancia tanto para realimentar nuestro SER como para mejorar nuestro HACER físico.

El TENER puede llegar a ser importante en el HACER en aquellas circunstancias en las cuales nuestras dotaciones del TENER ya sean no materiales (como nuestros títulos universitarios) o materiales (como nuestros ahorros de dinero), se combinan con nuestras dotaciones del SER, para llevar a cabo proyectos que requieren de la participación de ambos elementos. Es importante resaltar que el deseo de incrementar nuestro TENER y el hecho de poseerlo, no tiene nada de malo, lo malo está en centrar nuestra vida en el

TENER, en HACER cualquier cosa con tal de TENER, mientras dejamos de lado u olvidamos alimentar y perfeccionar nuestro SER.

Es claro que ninguno de nosotros puede atender sus obligaciones financieras utilizando el contenido de nuestro SER. Nadie paga las cuotas de la casa o del carro con sus valores éticos o morales. Pero también es claro que la mayoría de los que no atienden bien sus obligaciones financieras no lo hacen debido a la pobreza en su SER, que no les permite llevar a cabo un bien HACER, que se refleja en escasez en su TENER. Con toda seguridad, el buen SER nos lleva a un buen HACER que se refleja en un buen TENER, pero la ruta contraria no funciona. Cuando nos centramos en nuestro TENER terminamos en un HACER que no nos gusta y pretendiendo aparentar lo que no somos. Nunca logramos que nuestros resultados en el TENER se reflejen en un mejoramiento de nuestro SER. Siempre podremos poner a disposición nuestro interior, no visible –nuestro SER– al servicio de nuestro HACER y TENER. Pero solo una parte de nuestro HACER, el no visible, el que trabaja en nuestro interior, nos ayudará a perfeccionar nuestro SER y nunca lograremos que nuestro TENER, modifique nuestro SER.

Sería pretensioso ofrecer la fórmula secreta o única para reenrutarnos al camino seguro y constante de nuestro desarrollo como seres humanos, pero si es posible ofrecer una guía para ello. Es precisamente la pretensión que se busca en el presente libro. Todas las ideas aquí contenidas deben servir como un primer paso para la autoreflexión de nuestra vida, tomando todo lo que nos parezca bueno y saludable para nuestro caso particular, analizando y objetando lo que no nos parezca cierto, relevante, válido o sano y complementando el diseño de nuestra propia ruta con otras lecturas y nuestras propias vivencias, circunstancias y sabiduría.

Cualquier cosa que queramos cambiar en nuestra vida, debe pasar por el filtro de la aceptación. Mientras no podamos aceptar que hay partes de nuestra vida que podemos corregir y mejorar, no podremos corregirlas y mejorarlas, pues si todo anda bien para qué cambiar. Una vez hemos reconocido nuestras deficiencias, debemos evaluar si somos autosuficientes para llevar a cabo el cambio requerido. Si no lo somos, debemos pedir ayuda. Una vez obtenida la ayuda, debemos comprometernos a determinar nuestra ruta y a seguirla siempre con los ojos abiertos para llevar a cabo las modificaciones de ruta que sean necesarias para el logro de nuestro objetivo. Debemos evitar tatuar nuestras decisiones, pues mientras más flexibles seamos al cambio, más rápido lograremos hacerlo.

Uno de los mayores problemas que afrontamos los seres humanos es la dependencia que tenemos de los expertos, de aquellos que teóricamente todo lo saben aunque nunca han transitado por el mundo real. Todo su conocimiento ha sido basado en otros expertos, igual de inexpertos. Esta dependencia nos hace sentir inseguros de que nosotros mismos tenemos la valía y las capacidades para modificar nuestras vidas. Como respuesta a ello, buscamos siempre a alguien que nos venda "secretos", los secretos del éxito en la vida, con lo cual entramos en un camino oscuro donde la luz aparece solamente en el momento que despluman nuestro bolsillo.

Seamos conscientes de que secretos no existen, pues la vida esta revelada en nuestro interior, solo que nunca buscamos allí, pues pareciera más seguro y rápido buscar en nuestro exterior. Lo que si existen son guías, todas construidas a partir de las experiencias, vivencias y conocimientos ajenos a nosotros, pero valiosas para alumbrar nuestro camino, para aproximarnos al inicio de la ruta, para volver a nuestra ruta cuando nos extraviamos, para llevarnos a la reflexión. Si huimos de los vendedores de secretos, como de los vendedores de la suerte, podremos elaborar una ruta segura y estable para nuestra vida y podremos construir un camino que, al igual que las camisas por encargo, se ajuste a nuestra propia realidad, nuestras necesidades, nuestros sueños y nuestras metas.

Dado que nuestro SER contiene las bases y las columnas que soportan nuestra vida y que nos sirven de vehículo en nuestra corta transición física por la tierra, si el material que usamos está contaminado y los métodos de construcción son corruptos, nunca nuestras bases (y menos nuestras columnas), podrán mantener nuestra vida en pie. Siendo así, nuestra construcción no se podrá llevar a cabo en tierra firma, sino que por el contrario, terminaremos construyendo en tierra movediza o sobre la arena. Con poco peso se nos derrumbará la construcción. Este peso puede ser liviano, como lo son la mayoría de los problemas de nuestra vida, pero suficientes para quebrar nuestras columnas, nuestros valores. Cuando ello pasa, terminamos haciendo lo que otros no dicen que hagamos, pues ante la ausencia de valores propios, otros valores debemos seguir.

Si construimos en tierra movediza o en la arena, cualquier viento moverá nuestra vida hacia el mar. Ya estando allí, nos comportaremos como las olas que vienen y van en puntos opuestos. Viviremos cambiando de padecer, sin criterio fijo, como un bote a la deriva sin capitán. Esa es la vida que nos ofrece la modernidad. Nuestros héroes de hoy no los han construido y no los reemplazan cuando se les antoja. Lo que hoy es inaceptable, mañana será aceptable. La justicia se aplica dependiendo del color del cuello de la camisa del criminal. Sin son de cuello blanco todo les será perdonado. Si no son de piel blanca o la forma de sus ojos es diferente, nada les será permitido y siempre serán condenados.

Todo esto pasa porque no tenemos buenas construcciones de vida, porque vivimos navegando en un mar de consumo, en las rutas de una economía de mercado sin ética. Somos pobres seres humanos a la deriva del mar de la economía del mercado, en la cual unos pocos crean artificialmente los vientos y las mareas y empujan las olas para que nuestras pobres construcciones lleguen al puerto que ellos ya han predeterminado, que no es otro que el del paraíso de la esclavitud financiera.

Si lo que buscamos es el bienestar integral, proveniente del bien SER, el bien HACER y el bien TENER y no lo encontramos, debemos contactarnos a nosotros mismos a través de la reflexión, para llegar a un autoconocimiento que nos permita saber qué somos realmente y qué nos gustaría ser. En este camino, llevaremos a cabo un estudio de la anatomía de nuestro SER, el cual nos identificará qué cosas de nuestro SER debemos abandonar, qué cosas debemos corregir y qué cosas debemos adquirir. Este proceso no se dará de la noche a la mañana, entonces debemos acudir al gimnasio de nuestro SER, para ejercitarlo, tonificarlo, entrenarlo y habituarlo a que sea mejor cada día. Este es el gran objetivo que debemos perseguir, el de perfeccionar nuestro SER.

De igual manera, como fuimos formándonos en la escuela, el colegio y la universidad, separando el aprendizaje en materias delimitadas, formando nuestro cerebro como si tuviera compartimientos claramente separados y desconectados, hemos seguido el modelo y le hemos creado compartimientos a nuestra vida. Como si el SER fuera independiente del HACER y el hacer del TENER, lo cual está en completa contravía de nuestra realidad humana.

Los seres humanos nos desarrollamos integralmente. Somos éticos en nuestro trabajo (SER), desarrollando de la mejor manera posible nuestra labor (HACER), por lo cual recibimos una compensación (TENER). Adicional, a este hilo conductor que le da integralidad a nuestra vida (SER-HACER-TENER) asumimos la vida con coherencia y es la coherencia la que nos permite que obtengamos los resultados que buscamos. En caso contrario, cuando no actuamos con coherencia, tal vez no recibamos los resultados que buscamos; o si los recibimos, éstos pueden solamente beneficiarnos a nosotros mismos y afectar a la sociedad, con lo cual creamos una deuda social universal. Es social porque nos afecta a nosotros y al conjunto de la sociedad y es universal, porque la llevaremos a donde quiera que vayamos.

Otro lunar de nuestra formación escolar es el de creernos que estudiamos para otros, – ya sean nuestros padres, nuestros profesores o nuestra familia – lo cual nos descarga de la responsabilidad que tenemos con nosotros mismos. Es por ello que terminamos viviendo para satisfacer a los demás, aunque nos vivamos fallando continuamente a nosotros mismos. Debemos tomar conciencia de que todo lo que hacemos en la vida lo hacemos primero que nada para nosotros mismos. Y cuando no hacemos las cosas bien, los primeros afectados somos nosotros mismos. Y si somos los afectados, nos estamos fallando a nosotros mismos.

Para no fallarnos, debemos tener responsabilidad con nosotros mismos, así como con las consecuencias de nuestros actos. El seguimiento coherente

En la ruta del SER al TENER

de la ruta del SER, el HACER y el TENER es una elección personal, independientemente de la ruta escogida por los demás y el logro de los resultados perseguidos nos pertenece completamente a nosotros mismos. Las consecuencias (buenas o malas) las exteriorizaremos y reflejaremos en los demás. Debemos tener el mismo coraje que tenemos para reclamar el éxito que para poner la cara y responder cuando los resultados son adversos o no positivos. Tanto el éxito como el no éxito nos pertenecen y somos los únicos responsables de convertir el no éxito en experiencia, en nuestra experiencia. Solo nosotros podemos crear nuestra realidad, entonces creemos en lo que creamos y creamos lo que creemos.

"Si ya sabes lo que tienes que hacer y no lo haces entonces estás peor que antes."

Confucio

La vida de los seres humanos transcurre entre dos submundos: uno interior y visible y otro exterior e invisible. En el interior se localiza todo su SER y parte de su HACER, mientras que en el exterior se localiza la otra parte de su HACER y todo su TENER. De esta manera está constituido el HACER, entre la parte mental que realimenta el SER y la parte física que preside el TENER.

En el órden del crecimiento humano todo empieza con el SER, es allí

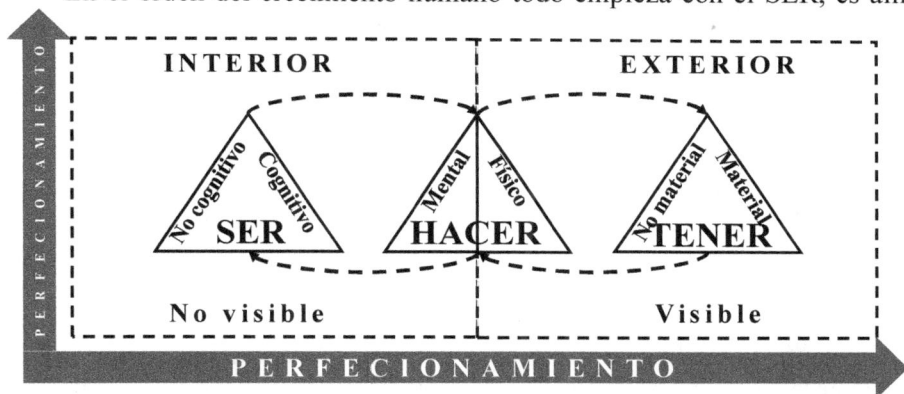

donde tenemos nuestro verdadero motor de la vida. Hoy podemos sentirnos físicamente bien, pero emocionalmente mal, tal vez deprimidos. Es la depresión, no nuestro cuerpo físico, lo que nos impide llevar hoy nuestra vida normal. En otras palabras, no ejercemos el HACER por un malestar que sufre nuestro SER, aunque físicamente nos sintamos bien.

Nuestro SER siempre podrá alimentar nuestro HACER, pues el SER aparece desde que empieza nuestra misma concepción biológica y nos acompaña hasta el último momento de nuestra existencia. A medida que nuestro SER va evolucionando, creciendo y perfeccionándose, nuestro HACER podría también hacerlo. Es así como a medida que nuestras capacidades del habla, nuestra motricidad, nuestras emociones y nuestro intelecto se van desarrollando, vamos obteniendo nuevas capacidades para el HACER, a la par que vamos progresivamente independizándonos de la ayuda que nos proveen nuestros padres. En el proceso de exploración del mundo, nuestro SER va creciendo a la par con nuestro cuerpo, hasta que llegamos a convertirnos en seres humanos completamente independientes. Todo ello pasa primero por el SER y se complementa con el HACER.

En la ruta del SER al TENER

El HACER desde un comienzo cumple un papel de intermediación entre el SER y el TENER. Desde recién nacidos nuestro SER va creando mecanismos para que a través del HACER comuniquemos las necesidades básicas que constituyen nuestro TENER. Entonces lloramos para comunicar que tenemos hambre, lo cual es el mecanismo para lograr el TENER, aunque no podamos necesariamente acumularlo o retenerlo. Dado que nuestro cuerpo es el lugar donde está depositado nuestro SER, el HACER es el elemento que le permite inicialmente al cuerpo desarrollarse. A través de la exploración y con la ayuda de nuestros sentidos podemos darle forma a nuestro SER en el contexto espacial y temporal en el cual vivimos.

Aunque el HACER aparece después de nuestro SER, el HACER es la herramienta más importante que tiene nuestro SER, pues tiene la capacidad de trabajar a su mismo nivel, el no visible y lo hace mentalmente. De la calidad de retroalimentación que se da entre el SER y el HACER mental, dependerá la calidad del HACER físico y por ende la calidad del TENER.

De igual manera, es el HACER físico la principal herramienta del TENER. Si nada hacemos nada tenemos. Ahora bien, la cantidad y calidad del TENER depende directamente de la calidad del HACER, pero la calidad del HACER depende completamente del SER. Nada de lo que hacemos es ajeno al SER e independiente de éste. Un ejemplo de ello lo constituyen las grandes figuras del deporte. Podemos encontrar dos jugadores de un determinado deporte que tienen contexturas físicas parecidas, que incluso tienen la misma edad, pero que presentan abismales diferencias en su rendimiento deportivo, a pesar de que entrenan las mismas horas del día y comparten el mismo entrenador. Lo que realmente explica las diferencias en sus rendimientos son las diferencias en su SER. Estamos ante dos seres completamente diferentes, que alimentan su HACER de una manera distinta, con elementos tales como sus ganas de ganar, su concentración, su disciplina, sus creencias espirituales e incluso sus culturas.

A medida que vamos llegando al final de la etapa de la vida en el nido del hogar familiar, alrededor de los 20 años, posiblemente contaremos con un SER preparado para enfrentar los retos de la vida del HACER y para lograr las metas puestas en nuestro SER, de las cuales algunas se convertirán en la base de nuestro TENER. Dado que el HACER solo operacionaliza los comandos del SER, todos los componentes del TENER nacieron en el SER. Si hablamos del TENER puramente material, nadie se vuelve rico sin querer serlo. Si odiamos el dinero y le achacamos todas la malas consecuencias o resultados del desarrollo de la humanidad, le estamos indicando a nuestro SER que no debemos ser ricos, pues la riqueza va en contra de lograr ser un buen SER. Pero de la misma manera pasa con nuestro HACER ya que muchas de las cosas que no hacemos son debido a que las encontramos erradas de acuerdo al contenido de nuestro SER.

Siendo el éxito el buen resultado de una acción a varias que hemos ejecutado, tanto las personas que usan su éxito de forma positiva para la sociedad, como las que lo usan de forma negativa, han formado un SER que les ha permitido lograr dicho éxito. Un sicario profesional tiene habilidades físicas y un temple moral para poder matar a otra persona. Todo ello lo ha puesto en su SER. De igual manera un médico tiene las habilidades físicas, la formación intelectual y el temple moral para salvar vidas, puesto todo ello en su SER. Los seres humanos podrán dejar de HACER y de TENER, pero nunca podrán de dejar de SER mientras estén vivos en la faz de la tierra.

El TENER puede retroalimentar el HACER. Por ejemplo, los emprendedores necesitan de capital para poner en funcionamiento sus proyectos. Muchos de ellos por falta de dicho capital han tenido que poner en espera la ejecución de sus proyectos. De igual manera, el HACER físico se puede delegar y es eso precisamente lo que hace un empresario al comprar horas de existencia a sus empleados. Algunas personas deciden HACER estudios superiores, para lo cual usan parte de su TENER para financiarlos. Entonces, el TENER y el HACER se pueden retroalimentar mutuamente y pueden crecer a la par.

Lo contrario sucede con el SER y el TENER, debido a que mientras el SER es la base y principio del TENER, el TENER puede obtenerse, retenerse, incrementarse o perderse. Partiendo de lo que decida el SER para que operacionalice el HACER, el TENER nunca podrá modificar el SER, aunque si podrá hacerlo a través del HACER (con la adquisición de educación formal, por ejemplo). Esto explica porque la ruta debe ser partiendo del SER, pasando por el HACER y llegando al TENER. Esta es la ruta segura y que perdura para logremos el progreso que deseamos. Los herederos con pobreza en su SER pierden sus herencias, mientras que los no herederos con riqueza en su SER construyen sus fortunas.

Arriba hablábamos del caso de la depresión. Si estamos deprimidos, a pesar de que tengamos toda la riqueza del mundo, no podemos ir a comprar cierta cantidad de antidepresivos como compraríamos comida para mitigar nuestra hambre o ropa para abrigar nuestro cuerpo. Si nuestro SER está enfermo, solo el mismo y/o con la ayuda del HACER mental podrá curarse.

La felicidad está en nuestro SER, pues si estuviera en el TENER lo más fácil para hallarla y tenerla sería obtener el TENER de aquellos que fuesen felices. De esta manera podríamos crear un nuevo mercado de tenencias felices, pero como éstas no existen, no es posible. Si el TENER pudiera afectar directamente el SER, la mejor manera sería comprar la felicidad, comprar algo que no existe fuera de nuestro propio interior. Claro está que el TENER puede ayudar en la felicidad del SER, pero a través del HACER, nunca directamente. El TENER posibilita el disfrute de muchas cosas en la vida que pueden alimentar el SER a través del HACER.

En la ruta del SER al TENER

El objetivo de la vida debería ser el perfeccionamiento integral, partiendo del perfeccionamiento del SER, lo cual se reflejaría en el HACER, el cual a su vez debería perfeccionarse para ayudar a perfeccionar el SER. Si perfeccionamos el SER y el HACER, perfeccionamos el TENER. Un TENER perfeccionado es aquel que no nos genera ninguna deuda social universal y que está libre de la misma. El TENER mal habido se le debe a la sociedad, es un TENER que no nos corresponde.

El perfeccionamiento del ser humano iría en dos vías, una vertical que da cuenta del perfeccionamiento de cada uno de los elementos del desarrollo humano, hablamos del SER, el HACER y el TENER y otro que da cuenta de las interacciones que existen entre el SER y el HACER, y el HACER y el TENER. Cada vez que perfeccionamos un elemento, estamos ayudando a perfeccionar el elemento de al lado.

Sería lo óptimo que todos los seres humanos se enfocaran en perfeccionar su SER, pues ello mataría el poder que tiene el ego y así desaparecería el egoísmo, la codicia, la avaricia, el ansia por la acumulación de poder y otras enfermedades de la mente humana. Así el sistema inmunológico psíquico siempre se mantendría sano y fuerte para combatir dichas enfermedades. Sin embargo, la realidad es otra y si bien muchos seres humanos están interesados en el perfeccionamiento de su SER, otros no lo están tanto. Lo importante de este asunto, es la relación existente entre el perfeccionamiento del SER con el tamaño del TENER. Lo uno no necesariamente va en contra de lo otro. La aspiración de un buen TENER no debería limitar el perfeccionamiento del SER.

El problema surge cuando el TENER se apodera de la vida del ser humano y deja de lado su preocupación y accionar por el perfeccionamiento de su SER. No hay nada pecaminoso en desear tener un buen TENER, siempre y cuando éste sea acorde con un buen SER. Un buen TENER es aquel que satisface las necesidades y las aspiraciones de la persona que lo desea, que al mismo tiempo no afecta las necesidades y aspiraciones del TENER de los demás y que está libre de cualquier deuda social universal. Igualmente, no hay nada de malo en desear tener un TENER que solamente cubra las necesidades materiales de una persona y que esté libre de aspiraciones de acumulación del TENER. Es cuestión de una decisión personal.

Transitar por la ruta del SER al TENER no lleva implícito el tamaño del TENER, pero lo que si lleva implícito es garantizar que el TENER sea limpio y no afecte negativamente el HACER; si ello sucede el HACER afectará al SER. En esta ruta igual da si se desea y aspira a un TENER grande o uno pequeño, pues en ambos casos la persona que ha empezado por el perfeccionamiento de su SER, podrá disfrutar de su libre albedrío sobre lo que será su TENER. Desafortunadamente, una buena parte de la población solo busca el TENER, pero no como aspiración de acumulación de riqueza, sino como el entretenimiento de poder adquirir para usar y pronto desechar y de esta manera, poder nuevamente adquirir. En el otro extremo, una minoría usa lo entretenida que anda la mayoría, para con ello poder acumular ilimitadamente riqueza proveniente de la mayoría y así tener un TENER que brinde mucho poder.

Mientras que para los que no tienen un TENER acorde con lo deseado, la única manera de construirlo es a partir del perfeccionamiento de su SER, aquellos que ya lo tienen podrán mantenerlo siempre y cuando trabajen perfeccionando su SER. Lo que corrompe el TENER, es el sesgo que se ejerce al enfocar el perfeccionamiento del SER en cuanto a su parte cognitiva, sin dar cuenta del perfeccionamiento del SER no cognitivo. Es claro que nadie paga sus cuentas con los valores morales que hay en su SER, pero también es cierto que el que no tiene para pagar sus cuentas es porque no tiene valores morales que le soporten su vida. No cerramos tratos comerciales con nuestros valores morales, pero los buenos tratos comerciales son aquellos que se basan en el respeto de nuestros valores morales.

Nos engañamos viendo la riqueza material que tienen algunos, pues no conocemos la pobreza interior, la de su SER, que tiene sus vidas. Algunos son tan pobres, pues lo único que tienen es riqueza material. Al final de la existencia todos nos iremos con lo mismo que trajimos: nada, todo lo que tengamos durante nuestra existencia terrenal será prestado. Si no fuese así, todo lo que acumulamos no lo llevaríamos en compañía de la muerte, pero eso nunca sucede.

Aquellos que no son conscientes de lo que significa la pobreza interior, la espiritual, la del SER, y que padecen de escasez material, estarán dispuestos a darlo todo por tener la mejor riqueza material, la que ostenta el TENER, pues están igualmente empobrecidos que los que ostenta mucha riqueza material, pero mucha pobreza espiritual.

Vivimos en un sistema capitalista sin capital, en el cual se ha socializado el acceso al TENER para usar, desechar y volver a TENER, mientras que se ha privatizado el acceso al TENER que produce poder, lo cual es típico de un sistema socialista, en el cual la mayoría no tienen nada y un puñado de personas lo poseen todo. Se nos ha vendido el odio a cualquier sistema diferente al sistema capitalista, hasta que lograron implantarnos el sistema socialista del capitalismo.

La vida moderna esclavizada al TENER

La globalización ha venido avanzando a pasos agigantados y en forma desigual. Los capitales han estado a la cabeza de la globalización, siendo ahora posible que los capitales se muevan con una facilidad nunca antes vista alrededor del globo terráqueo. Debido al altísimo nivel de concentración del capital en un porcentaje que no excede el 0.1% de la población, al restante

En la ruta del SER al TENER

99.99% se la ha vendido la globalización a través del acceso a los medios de comunicación digitales y particularmente a los celulares.

Acompañado de ello, el movimiento de las mercancías y su acceso a la mayoría de los mercados de todo el mundo, ha tenido su edad dorada en años recientes. En el último lugar de la globalización se encuentran los seres humanos, quienes no tienen de lejos la capacidad de movilizarse que si tiene el capital, la tecnología digital de consumo y las mercancías. Poniendo estos elementos juntos, podemos decir que vivimos en una aldea globalizada para el capital y sus derivados, pero en una aldea globalmente parcelada, alambrada, electrizada y con grandes restricciones para el libre movimiento de los seres humanos.

Si bien es cierto que ahora la población de todo el mundo viaja más y emigra más, ésta está mucho más restringida en comparación con los capitales. Como contentillo a esta situación, ahora los seres humanos aparentemente saben mucho más de lo que pasa al otro lado del mundo y lo saben "en tiempo real". Tienen acceso al potencial consumo de las mercancías que se producen fuera de sus fronteras que en el pasado solamente era consumida por las élites locales o por la población de los países denominados desarrollados o del primer mundo. Esto ha llevado a un desenfrenado consumismo y a una mal administrada competencia social entre los individuos, que buscan satisfacer sus infinitas necesidades de consumo, como una respuesta a su infinita pobreza interior.

Ahora vivimos en un mundo "Espectaculandia", en el cual muy poco es auténtico, lo único que vale es el dinero, el consumo material y el éxito mediático. Pareciera que los seres humanos no necesitan cultivar, alimentar y potencial su interior, su SER. A quién le preocupa que se tenga una cabeza llena de aserrín, que no se tenga talento para la ciencia o el arte, si para filmar un video porno, hacer un reality show y vivir mostrando el voluminoso cuerpo que resulta después de ser bien instalada una buena cantidad de silicona, no se requiere que ser buen SER humano.

Cómo poder entender la necesidad de cultivarnos como seres humanos, si en ese acceso globalizado digital a través del celular, lo único que aprendemos es que ante todo lo que hay que tener es una buena apariencia física, una buena apariencia de tenencia material y una disposición ilimitada a hacer lo que sea necesario para tener dinero, fama y poder, que no lo empaquetan, como lo hicieron con las hipotecas basura, en un falso paquete denominado "éxito".

En este cambio de paradigma mediático, queremos empezar por el TENER, pues es una vitrina llena de apariencias, para aparentar SER y que nos reconozcan como algo que realmente no somos. Como el TENER es físico o material, TENER no requiere necesariamente de tiempo, solo el prerrequisito de poder adquirirlo. Para ello tal vez se necesite un documento de identificación, pues siempre habrá un banquero samaritano a la casa de un nuevo esclavo financiero. Es un camino rápido y de acceso cuasi universal, mientras que el SER no es material, no es adquirible, no es delegable, solo es posible construirlo por nuestra cuenta y riesgo. No es necesario demostrar su calidad, pues al fin y al cabo en este mundo material y mediático a nadie le interesa quienes somos realmente. En el momento de una transacción comercial, pareciera que solo pagamos con lo material, pero se nos olvida que en el proceso del desarrollo humano primero somos, luego hacemos y finalmente tenemos.

Vistas las cosas así, la verdadera cadena del desarrollo humano está compuesta por el SER, el HACER y el TENER. Mientras el SER nos acompaña desde el mismo momento que asomamos nuestra cabeza a este mundo, hasta que el día que materialmente lo abandonamos, el HACER y el TENER tienen una temporalidad menor y completamente distinta. Nuestra capacidad del HACER se va incrementando a través del tiempo hasta que llega a un punto de máxima productividad, para luego descender hasta desaparecer parcial o totalmente.

Algo parecido pasa con nuestro TENER aunque, a diferencia del SER y el HACER, es transferible o heredable, pero igualmente propenso a desaparecer parcial o totalmente. Nuestro SER, a diferencia del HACER y el TENER, lo moldeamos, lo cultivamos, lo estimulamos, lo alimentamos en cada momento de nuestra vida y podemos – siempre que queramos– perfeccionarlo, sin que para ello necesariamente se requiera la intervención de otros.

Un buen SER conlleva necesariamente a un buen HACER, lo cual a su vez conlleva a un buen TENER. Sin embargo, un buen TENER no conlleva necesariamente a un buen HACER y mucho menos a un buen SER. Cuando poseemos aquello de lo que no tenemos capacidad financiera para adquirir, el TENER nos lleva a que hagamos cosas que no nos gustaría HACER, si no fuera porque tenemos que cubrir nuestras obligaciones financieras emanadas del falso TENER, para finalmente sentirnos abatidos y desvalidos como seres humanos.

Esta es la trampa a la cual nos ha llevado el materialismo desenfrenado. No es malo TENER, cuando esto no nos afecta el HACER y es congruente con nuestro SER. Cuando nos enfocamos en la apariencia del TENER, terminamos alquilando las marcas (los logos), alquilando temporalmente el prestigio que tiene una marca, para asumirlo como si fuera el prestigio propio. Nos convertimos en vayas ambulantes dedicadas a servir de propaganda de las marcas corporativas. En ese camino nuestro foco es recibir la aceptación social y luego su aprobación. Buscamos que en esta aldea global seamos dentro de nuestras fronteras aceptados y reconocidos en nuestro entorno social, no por lo que somos, sino por lo que usamos. Creemos que los demás pensarán que lo que usamos es lo que tenemos, aunque este no siempre sea el caso, pues en este mundo financializado es posible poseerlo todo físicamente, pero no como "propiedad".

En la ruta del SER al TENER

En este sentido, el TENER es realmente falso. Vivimos en casas de propiedad de los bancos. Usamos ropa que no hemos pagado. Vendemos anticipadamente nuestra fuerza laboral como si esta fuera un mercado a futuro para poder tomar ahora las vacaciones que no nos permitiría tomar nuestro ingreso actual y que de cualquier manera pagaremos en el futuro a precios de esclavitud financiera. Conducimos carros de propiedad de los bancos y los alimentamos con combustible pago con tarjeta de crédito, en vías que son financiadas con bonos. Ahora podemos revisar dentro de lo que poseemos qué tenemos realmente, pues incluso nuestra educación, que hace parte de nuestro SER, se la debemos a los bancos.

En un mundo en donde todo está financializado, surge una nueva versión de la esclavitud: la versión moderna que no requiere de grilletes ni cadenas, ni de trabajar de sol a sol en las plantaciones o de enterrarnos en los socavones de las minas. Se trata de la esclavitud financiera, la cual incluso avalamos con nuestra firma; es decir la aceptamos pacíficamente y con conciencia de consumistas, pero con la inconciencia que nos produce nuestra pobreza interior, que no es otra cosa que la pobreza de nuestro SER. Pero la nueva esclavitud no respeta credo, género, edad ni clase social. Ya no se trata de ser de tez oscura o amarilla, de tener los ojos diferentes o de haber nacido en una república bananera. Se trata solo de pertenecer a una aldea global que nos ha impuesto al consumo material como nuestro dios y a los medios de desinformación como los protectores, maestros y vigilantes de la nueva religión, cuyo credo se tiene como eslogan: "déjame ver que tienes y te diré quién eres".

Al empeñar nuestra libertad financiera, estamos empeñando cualquier otra forma de libertad y reduciendo nuestra vida a la mera subsistencia biológica que nos garantice tener la capacidad requerida de trabajar necesaria para producir el dinero mínimo necesario para pagar nuestras deudas, para poder volver nuevamente a endeudarnos. Entonces nuestro SER se queda reducido al de un animal, pues al volvernos seguidores de la nueva religión global del consumismo, de paso renunciamos a nuestros valores que le dan vida a nuestro SER y terminamos siendo guiados por los medios de desinformación, quienes ahora entran a ocupar nuestros espacios vitales en lo familiar, lo social, lo político, lo económico y lo espiritual. Estos medios nos dictan las nuevas normas morales, nos indican quienes son malos y quienes son buenos, nos echan la culpa y nos hacen responsables de las crisis económicas, nos moldean los límites de nuestro pensamiento y en general, manipulan nuestra mente a su antojo, empobreciéndonos económica, cultural, social y espiritualmente.

Para asegurar su éxito, promueven en la sociedad un comportamiento de vigilas, usando como garrote inquisidor la aceptación y la aprobación social y señalando a cualquier disidente de este credo materialista como un hereje de la nueva religión global, a quien hay que rechazar, enviarlo al ostracismo social y marcarlo como una amenaza social en contra del "progreso de la humanidad". En este mundo de desinformación el SER pasa a un segundo plano, pues las apariencias tienen mayor poder y aceptación que nuestra esencia misma como seres humanos y si todo se reduce a lo material, nuestra valía como seres humanos será medida por nuestras posesiones materiales, aunque éstas no nos pertenezcan.

Pero debemos ser justos en cuanto a los responsables del mundo Espectaculandia. Sería injusto acusar de este caos a unas pocas personas, familias o instituciones, pues durante siglos hemos tenidos a unos mejores maestros: nuestros padres de la patria, los políticos que nos han mostrado siempre que el pecado no es robar, sino dejarse pillar con las manos en la masa y además, con poca plata para contratar un buen bufete de abogados.

Desafortunadamente aprendemos que el mejor camino en la vida no es el trabajo honesto, pues cómo enseñarle a nuestros hijos que la manera como debemos conducirnos en esta sociedad es siendo honestos, para que nos vaya bien en la vida, cuando los medios de desinformación lo que nos enseñan y adoctrinan indirectamente, es que el mejor camino para ser prósperos es ser corruptos, es buscar el camino fácil, es mentir y que el único éxito en la vida de cualquier ser humano, es el éxito material, para el cual todo lo que se haga es válido, mientras se esté incrustado en la maquinaria corrupta que todo lo tapa y solo pone en evidencia a aquellos que no han sido fieles a sus objetivos retorcidos de mantener a la inmensa mayoría engañada y a una pequeñísima minoría navegando en torrentes de dinero y de fortuna.

Si nuestra atención fuese especialmente a nutrir nuestro SER, la crisis de valores no existiría ya que seríamos fuertes mentalmente y espiritualmente, seríamos menos transigentes con los corruptos y menos dados a participar en la corruptela, seríamos más libres, tendríamos más valía moral para no permitir que unos pocos se adueñen de todo, incluyendo nuestras vidas. Si trabajamos por ser mejores seres humanos, los primeros beneficiados seremos nosotros mismos y por supuesto, que toda la sociedad en su conjunto. Entre mejores seres humanos seamos, mejor preparados estaremos para el HACER y mejor seremos recompensados en el TENER. Este es el mejor camino a la prosperidad. Esta es una ruta probada y segura. Esta es el punto de partida para lograr una sociedad más justa, menos violenta, más participativa y democrática, más interesada en los procesos que en los resultados y más rica social, cultural, espiritual, política y económicamente.

El TENER no tiene nada de malo. Lo malo se lo ponemos los seres humanos cuando nos enfocamos solo en ello y partimos de ello. Con seguridad si el mundo estuviera poblado por mejores seres humanos, estos estarían satisfechos con su HACER y su TENER y este equilibrio se reflejaría en menos guerras, mejor distribución de los recursos y las oportunidades, mayor cuidado de nuestro planeta, más disponibilidad a la solidaridad, menos avaricia por el dinero y el poder, menos control social de parte de las élites, más amor y entendimiento entre todos los seres humanos y entre todos los pueblos que habitan la tierra.

No es fácil entender como nuestros líderes, unos más que otros, con inclinaciones religiosas definidas, crean guerras y caos alrededor del planeta y luego nos dicen que lo hacen por nuestra seguridad y la paz de la humanidad. Pero todo esto pasa por que los pueblos se lo permiten, porque son pueblos que han terminado plegándose a la nueva religión del consumismo denominada dizque "progreso humano". Pero qué puede haber de progreso humano cuando permitimos que nuestros gobernantes arrasen con otros pueblos y siembren el caos y la miseria en ellos. Todo ello sucede porque somos débiles como seres humanos, porque hemos sucumbido ante el dios del consumismo. No puede haber progreso humano bañado por la sangre de otros.

Nuestra complicidad con nuestros gobiernos refleja nuestra pobreza como seres humanos. Preferimos el silencio con tal que nos permitan tener progreso económico, aunque deberíamos dejar de ser cómplices, ser más fieles a los pocos valores que nos quedan en pie, restaurar las columnas de los valores caídos, e igualmente reclamar nuestra prosperidad económica. Pero al SER pobres interiormente, nos da miedo ser excluidos del supuesto progreso económico, nos da miedo y pereza recapitular qué nos está pasando, qué estamos haciendo con nuestro silencio, qué poder le dimos a nuestros políticos y particularmente pensar en cómo convertirnos en unos buenos seres humanos.

Aunque con todo lo dicho anteriormente, pareciera que vivimos en un mundo caótico, tal vez no lo sea tanto si enrutamos nuestra vida por el camino adecuado. Para llevar a cabo tan importante tarea, este libro presenta una guía de reflexión para hacerlo, sin que una ruta única se pueda determinar para todos los casos, clarificando que ni este libro ni ningún otro podrán cambiar nuestra vida, pues solamente cada ser humano tiene el poder, la capacidad y la decisión de hacerlo. Nunca es tarde para tomar la ruta correcta de nuestra vida y siempre es beneficioso conocer como otros lo han hecho o proponen hacerlo. Reflexionar significa tener la capacidad de hacer un alto en el camino, evaluar lo que hasta ahora se ha hecho, mirar los resultados obtenidos y pensar si se podría hacer lo mismo o mejorar lo hasta ahora hecho, utilizando un camino más acorde con nuestro SER, que no necesariamente esté enfocado en nuestro TENER.

Estamos llenos de gurús, expertos, especialistas, iluminados, designados y personajes con muchos otros títulos rimbombantes, que nos han vendido la idea que por haber viajado, hablar varias lenguas, haberse fotografiado con personajes local o mundialmente reconocidos, simplemente haber compartido espacio con ellos o haber salido de universidades de prestigio, tiene conocimiento y autoridad para indicarnos cuál es el camino adecuado para conducir nuestra vida, lo cual es bastante pretensioso y digno de poner en duda.

Cada vez que aceptamos la superioridad moral y/o intelectual de alguien más, estamos creando un cielo falso en nuestra vida, ya que estamos mandándole a nuestro cerebro la idea de que hay seres humanos superdotados que están por encima de nosotros y que si ellos ya han encontrado la mejor manera de perfeccionar nuestras vidas, nosotros a lo máximo que llegaremos a avanzar es solamente un poco en este camino de la búsqueda del perfeccionamiento de nuestro SER, lo cual es bastante errado. Nuestros expertos son personas teóricas sin experiencia real, que se han formado con otros inexpertos.

Mi recomendación para todos los lectores es que pongan en duda todo lo que proponemos los escritores, que utilicen su propio criterio para determinar qué es cierto, qué es beneficioso, qué es bueno para sus propias vidas. Que investiguen la veracidad de nuestras afirmaciones, que complemente nuestras ideas con las suyas propias; que determinen sus propias rutas y que recuerden que siempre es posible encontrar personas que han desarrollado más sus capacidades intelectuales y morales que nosotros, pero que ese solo hecho no les da la autoridad para convertirse en portadores de la verdad absoluta y revelada. Si es así ya debe existir algo de falso en todos ellos, pues cada uno tiene una versión de la verdad, nuestra verdad y esa versión hace parte de una gran verdad, no es toda la verdad.

En este mundo materializado existen muchos héroes creados a punta de pantalla (TV, tabla y celular), voz (radio) y pluma (revistas y periódicos), que responden a intereses que no necesariamente son nuestros intereses. Pero ojo, el problema no es solo respetar la opinión de los demás o discutir y diferir de ella. Hay algo más importante, que es tener bases sólidas sobre la opinión propia. Si dudamos de todo lo dicho por los demás pero no investigamos y aclaramos nuestra duda, nos estaremos convirtiendo en unos anarquistas de la opinión ajena.

La razón que me llevo a escribir este libro, fue la de encontrar repetidamente la compartición que hacen del conocimiento aquellos que lo poseen y lo transmiten. Ese es el modelo de nuestra educación formal, en la cual en cada clase aprendemos sobre un determinado campo del conocimiento, llámese matemáticas, ciencias, geografía o literatura. Este mismo sistema lo repetimos los escritores, al dedicar todo el contenido de un libro a un determinado tema, tal como finanzas, desarrollo personal, valores o emociones, como si la vida la lleváramos de esa misma manera, en compartimientos, a pesar de que todos sabemos que la vida la desarrollamos de forma integral.

Los seres humanos no nos dedicamos un día solamente a comer, el otro día solamente a trabajar, el otro día solamente a perfeccionar nuestro SER y el otro día solamente a divertirnos. Todos los días de la vida ejercemos la capacidad de nuestro SER y de nuestro HACER y nos movemos alrededor de nuestro TENER. Somos seres vivos integrales, que nos relacionamos continuamente con nuestro mundo no manifiesto, nuestro mundo interior y nuestro mundo manifiesto, nuestro mundo exterior, los cuales a su vez, están íntimamente relacionados.

Dentro de todos los temas que puede tratar un escritor, hay dos que se supone que debe de evitar, el de la política y el de la religión, a pesar de que son dos temas que van de la mano y movilizan nuestra vida para un lado o para otro. El paradigma dice que para que un escritor tenga éxito y sea leído, debe ofrecer lo que la gente espera que le ofrezcan; es decir, debe escribir para el agrado del lector, independientemente de si lo que escribe no es realmente lo que puede llevar al lector a descubrir su capacidad de reflexión, crítica y evaluación de su propia vida y de la vida de todos los seres que lo rodean.

En este libro estoy tratando de romper estos dos paradigmas: conocimiento compartimentado y ser políticamente correcto. La idea es sumergir a los lectores en una autoreflexión sobre sus vidas, que los despierte del letargo en el cual los ha metido el sistema económico, político y social en que vivimos. No espero que los lectores compartan mis ideas, pero sí que las rebatan, las complementen, que extraigan lo que les sirva y especialmente, que tomen responsabilidad sobre sus vidas y así se liberen de los modelos o paradigmas a los cuales nos ha llevado la sociedad. Despertar significa estar alerta, tener criterios, manejar nuestra vida, ser responsable con los resultados de nuestras acciones y contribuir para que vivamos en una sociedad más justa, solidaria, sin guerras y sin el dominio de unos pueblos sobre otros.

Debo confesar que he tomado prestadas ideas y pensamientos de un incontable número de personas, especialmente de los filósofos que 2,500 años atrás pusieron las bases de nuestra actual civilización, lo mismo que de familiares, amigos y conocidos, los cuales en conversaciones informales han expresado parte de su sabiduría. Trazar una línea entre mi aporte y el aporte de otros a este libro es un tanto difícil, lo cual no es un asunto de importancia, pues el objetivo es poder aportar puntos de vista a los lectores, que les permita nutrir sus vidas para bien. Si nos ponemos a la tarea de perfeccionar nuestra vida, cada cambio que hagamos en bien propio, será un cambio en bien de la humanidad y cada cambio que haga el conjunto de la humanidad, será un cambio en bien propio. Los seres humanos somos gotas o partículas de humanidad que le damos vida y poder a la inmensa masa de la humanidad. Todos somos actores, no espectadores del cambio.

El SER

"La filosofía es un silencioso diálogo del alma consigo misma en torno al ser."

Platón

El SER lo es todo para el ser humano. Es lo que transciende dentro de toda su existencia. Es el recipiente que sirve de contenedor al ser humano para depositar las bases y las columnas de su existencia. Es lo que diferencia al ser humano del resto de seres vivos.

Con un objetivo pragmático de ver como el SER es el centro de la vida del hombre, para los fines aquí perseguidos, vamos a abordar el SER desde un ángulo positivo, sin entrar a tocar las diferentes concepciones filosóficas y religiosas que el hombre le ha dado al SER.

Dentro de las principales características del SER esta su no visibilidad, pues se localiza al interior de nuestro cuerpo y se sospecha que está en nuestro cerebro, pero sin una forma específica que lo haga un ente físico, pero al mismo tiempo superior a cualquier ente físico con los cuales cuenta el hombre.

Dentro de las características más relevantes del SER están:
- El SER es no transferible, lo cual implica que es completamente de nuestra propia responsabilidad lo que sea. No lo podemos adquirir ni nuevo ni usado en ningún mercado, ni se lo podemos transferir a otra persona.
- El SER es no medible, lo cual implica que solo con la sabiduría del propio SER podremos saber cuál es su capacidad y calidad, mas no su tamaño.
- El SER es no delegable, lo cual implica que solo nosotros mismos podremos perfeccionarlo, sin que exista la posibilidad de que alguien más lo haga por nosotros o nos ayude a hacerlo. Podremos encontrar guías para ello, las cuales serán de valiosa ayuda, pero nada más. La tarea corre por cuenta y riesgo personal.
- El SER tiene la capacidad de evolucionar, de perfeccionarse y esta característica la que nos invita a que lo hagamos. Este perfeccionamiento no tiene límites, los límites están en nuestro compromiso y capacidad para hacerlo. Somos los seres humanos los que limitamos nuestro SER. Él está siempre presto para ser mejor.
- El SER nunca desaparece, desde el inicio de nuestra gestación hasta que abandonamos nuestra existencia biológica y terrenal, él está siempre con nosotros, somos nosotros, los seres humanos que descuidamos y abandonamos a nuestro SER. El SER siempre está presto para hacer lo mejor que puede por nosotros, pero al mismo tiempo respeta nuestro libre albedrío. Lo defectuoso del SER es responsabilidad nuestra, pues el SER originalmente no es ni bueno ni malo, solo es un recipiente abierto para que

depositemos en él nuestras bases y nuestras columnas no visibles de nuestra existencia.

- El SER no es negociable, por lo tanto, no le podemos poner un precio y es esto lo que le da fuerza a nuestro ego para que nos construya una vida falsa, la cual aparentemente sí es negociable.

- El SER no es heredable y es por ello que su evolución no tiene pasado intergeneracional, solo tiene presente, tiene el ahora en el cual se desarrolla, evoluciona o involuciona y se perfecciona o se malogra. No podemos acusar a nuestros antepasados por lo imperfecto que pueda ser nuestro SER, aunque inicialmente recibimos intergerenacionalmente algunos elementos del SER, tal como la cultura, como tampoco podemos dormirnos en los laureles, dado que nuestros antepasados fueron seres humanos dotados de un buen SER.

- El SER no es monetizable, lo cual conlleva a que no podamos ponerlo en venta, como sí lo hacemos con nuestro cuerpo.

- El SER es la base del HACER, el cual es la base del TENER. El HACER depende completamente del SER, aunque igualmente contribuye a su perfeccionamiento. El SER subsiste sin el HACER, mientras que el HACER no subsiste sin el SER.

- El SER no es demostrable y es por ello que no se lleva bien con el ego, el cual vive de la apariencia.

- El SER no es comparable y es tal vez por ello que muchos seres humanos no le ponen la debida atención. Si pudiéramos competir socialmente por la calidad de nuestro SER, seguramente que siempre estaríamos prestos a perfeccionarlo, pues contaríamos con el apoyo del ego, el cual se alimenta de la comparación. Cuando nuestro SER es débil, es el ego el que toma el mando de nuestra vida, haciéndonos creer que somos superiores o inferiores a los demás y con ello ocultando lo que verdaderamente somos, lo cual está contenido en nuestro SER.

- El SER no se puede aparentar, él existe con una forma y de ésta somos nosotros mismos los únicos que sabemos de ella. Lo que aparentamos es la imagen de lo que es nuestra vida, no lo que es nuestro SER.

Dentro del SER coexisten dos grandes dimensiones. Una cognitiva, relacionada con el procesamiento de información que les permite a los seres humanos aprender, razonar, solucionar problemas, guardar información y tomar decisiones. La otra, la no cognitiva, está relacionada con la cultura, la espiritualidad, las actitudes y la identidad del ser humano. Para conocer de la parte cognitiva del SER, vamos a conocer su anatomía, la cual está desprovista de huesos y membranas, pero llena de elementos no visibles e interconectados, que están almacenados y distribuidos en nuestro cerebro, formando un sistema inteligente en el cual cada parte contiene el todo y el todo contiene las partes. Es esto lo que permite que el SER funcione coherentemente ya sea bajo su perfección o su imperfección.

No cognitivo
- Cultura
  - Valores
  - Hábitos
  - Creencias
- Espiritualidad
- Actitudes
- Identidad

Cognitivo
- El conocimiento
- Las competencias

El SER no cognitivo

La Cultura

"La cultura es la memoria del pueblo, la conciencia colectiva de la continuidad histórica, el modo de pensar y de vivir."

Milan Kundera

El primer componente de la dimensión no cognitiva del SER está compuesto por su cultura, que encierra sus valores, creencias, reglas morales y sus roles, entre otras cosas, las cuales han sido en parte transmitidas entre generaciones como un legado o una herencia y en parte construidas, como una forma particular de vida de un grupo humano, contextualizado a un período de tiempo y una localización dada. La cultura de buena manera es un mecanismo de control al interior de un grupo humano, que limita el comportamiento de los individuos a unas reglas que han sido aprobadas tácitamente por la mayoría del grupo.

Al estar circunscrita la cultura a un espacio, no es universal, aunque puede suceder que algunos componentes de ésta sean afines a más de un grupo localizado en diferentes espacios territoriales. Es así como podemos hablar de la cultura latina, refiriéndonos a la existencia de unos rasgos compartidos por personas de diferentes países, unidos por un mismo lenguaje: el español.

Con respecto al tiempo, la cultura va cambiando a través de los años, reteniendo algunos de sus elementos básicos, dejando atrás algunos otros, e incorporando nuevos elementos culturales. Entonces la cultura nos habla del pasado y del presente y aunque no podemos predecir cuales será la totalidad de los elementos que compondrán nuestra cultura en el futuro, si podemos adivinar que algunos de ellos perdurarán en el tiempo.

La cultura toma vida en las relaciones interpersonales de una comunidad, siendo por ello posible que la cultura migre cuando migra la comunidad. Ese es el caso de los inmigrantes en los Estados Unidos, un país multicultural que, aunque poblado dominantemente por la población anglosajona, denominada la población blanca, se ha venido nutriendo de elementos culturales de todas partes del mundo, que son aplicables particularmente en la zonas donde predominan los inmigrantes, pero que colorean, le dan chispa, le dan variedad, nutren y enriquecen a la cultura predominante blanca.

Particularmente las primeras generaciones de los inmigrantes en USA, dominan tanto el inglés como el idioma del país de donde provienen sus padres y su cultura predominantemente es la que tienen sus padres, a pesar de que nunca hayan tenido la oportunidad de visitar su país de origen. Al haber nacido en Estados Unidos, son ciudadanos de doble nacionalidad y aquellos que llegaron siendo niños la han adquirido a través de la nacionalización. Cuando hay una contienda deportiva entre los equipos de Estados Unidos y el país de nacionalidad de los padres, muchos inmigrantes se sienten más identificados con la bandera de estos últimos, lo cual no quita su lealtad y respeto por la bandera y el país que los acogió o en el cual nacieron. Es en este punto que los inmigrantes no son solamente binacionales, sino biculturales también.

La cultura no es algo que venga impregnado en nuestros genes, es más bien aprendida y creada y hace parte de una herencia que es depositada en nuestro SER, lo cual es solamente posible que pase en la especie humana. El lenguaje es tal vez el principal vehículo de la transmisión cultural, pues a través de éste se nos transmite conocimiento cultural aplicable en la vida diaria, que muy a menudo lo utilizamos con las famosas "frases idiomáticas", que son formas de expresar culturalmente la manera como se concibe el mundo y la relación entre las personas de una comunidad.

La cultura contiene tres componentes. Un primer componente es el universal, que está integrado por aquellos elementos culturales que son comunes a diferentes culturas. Un ejemplo es la cultura de la corrupción, que día a día permea más a la sociedad. Parecería que gran parte de los políticos del mundo son igualmente ambiciosos, codiciosos y deshonestos, siendo estos unos antivalores, que son aceptados y utilizados por todas las culturas alrededor del mundo. El segundo elemento es el general, que está integrado por aquellos elementos culturales que son comunes a un grupo de culturas, pero no a todas las culturas. Es así como hablamos de la cultura de los occidentales y la de los orientales. El tercer componente de la cultura es el que aplica a un grupo humano en particular, siendo aceptado y utilizado solamente por ese grupo. Es así como los habitantes de Nepal tienen una cultural que es completamente diferente a la de los habitantes del Reino Unido, solo por citar un caso.

En un mundo globalizado para las mercancías, afortunadamente la cultura no se ha globalizado, pues esa es parte del patrimonio del SER que nos hace únicos, sin embargo, las diferencias culturales se han vuelto la disculpa para crear y mantener siempre nuevas guerras. Mientras que algunos pueblos arguyen que su cultura liberal está amenazada, tratan a su vez de exportar dicha cultura a otros pueblos que se les identifica más conservadores.

Los seres humanos viven un proceso continuo de aprendizaje de la cultura, buscando la cohesión social al interior de la comunidad, utilizando sanciones y asilamientos, como herramientas punitivas para mantener los principios culturales. Este es el proceso de enculturación, el cual inicialmente se daba al interior de la comunidad, pero en la medida en que la barrera comercial se ha desvanecido, la llamada globalización ya no es solo la propia comunidad la que enculturiza, ahora son las macro corporaciones que ponen nuevos elementos culturales que están asociados con el consumo de sus productos. De esta manera, parte de la comida que se consume en Japón es la misma que se consume en China, Estados Unidos y Colombia. El plato típico de cada país ha venido siendo desplazado lentamente por la comida chatarra típica de Estados Unidos. Nuestros hijos ahora prefieren una hamburguesa, a una sopa típica y preparada en casa, que hace parte de nuestra cultura gastronómica.

Esta enculturización global, se está convirtiendo en una aculturización global, lo cual trata de abarca todo el espectro de nuestra vida, no solamente la comida, sino que también el vestuario, la construcción de nuestras casas, el cine y la televisión y la educación, entre otros elementos. Un elemento que ha roto todos los esquemas culturales ha sido el tecnológico, pues los elementos culturales de la tecnología se han globalizado. Hemos perdido el disfrute de una cena en familia, por el disfrute individual de un comedor de chats en donde incluso también podemos comer. Ya no nos vemos las caras en vivo y en directo, pues nos han convencido de que en vivo y en directo significa comunicarnos por celular viendo nuestras caras en la pantalla del aparato. Las redes sociales nos han vuelto más individualizados y menos comunitarios.

¿Pero que somos ahora? Somos fichas de un movimiento global dirigido al consumismo, desprovistos de individualidad como seres humanos que somos o que tratamos todavía de ser. De esta manera, ya no son nuestros cultos ancianos, llenos de sabiduría, quienes marcan la pauta de nuestra cultura, sino que son jóvenes súper pilos que inventan nuevas aplicaciones para nuestros celulares o blogueros, actores, actrices, expertos en cualquier experiencia indeseada y en general personas fuera de nuestra comunidad, quienes son los que ahora dan las nuevas pautas culturales a seguir.

Hemos pasado de la enculturización propia, a la aculturización ajena. Nuestros rasgos culturales ahora son los que responden a la modernidad, modernidad que poco o nada considera a las personas como seres humanos, sino que las despersonaliza a objetos de consumo. Como objetos de consumo no necesitamos el SER, pues la chequera, la tarjeta de débito o de crédito o el dinero en efectivo no tienen SER. Si una de las bases de la sociedad es su cultura, valdría la pena sopesar qué tipo de sociedad es a la que ahora pertenecemos ya que, si no hemos cambiado el lugar de vivienda, pero ahora pertenecemos a una sociedad global que no corresponde con la sociedad local, cómo entender los nuevos contenidos de la "cultura moderna y globalizada" y cómo administrar la contradicciones existentes entre los contenidos de la cultura local y la cultura globalizada.

En la ruta del SER al TENER

Al ser nosotros objeto de una transgresión cultural, el tamiz de los significados de todo lo que encierra nuestra cultura deja de ser necesario, pues la nueva cultura ya viene lista, preparada, cocida e incluso calientica para que la digiramos. Este fenómeno lo venimos viviendo desde la invasión española, pues nunca fuimos conquistados, y al no ser conquistados, los invasores arrasaron con toda nuestra cultura, de la cual ahora se habla que pudo haber sido más adelantada que la misma cultura de los invasores, pero que al ser menos "moderna" a criterio del invasor, no servía y por ello debería ser reemplazada.

Retomando a nuestro "modernismo", el antiguo tamiz social, en el que los individuos interactuábamos utilizando los principios de nuestra cultura, ya está obsoleto. Ahora hay que crear un nuevo tamiz, basado en el consumismo y la competencia social, de personas que adquieren cosas que no necesitan, con dinero que no tienen. Este nuevo tamiz ya no necesita de verdaderas reglas sociales de convivencia, sino de reglas sociales que sirvan de árbitro de la estupidez humana, de quien logra aparentar más e impresionar más, a gente que ni siquiera se da cuenta de lo que tenemos.

La nueva cultura es una cultura de lo material, muy objetiva, que busca significados de identidad en lo material, particularmente en lo hecho por métodos mecanizados y no en lo material hecho por la mano del hombre, estando por ello desprovistos de valores culturales propios a una sociedad en particular y más dirigidos al estatus social de cada individuo en una aldea global, medidos por la marca como símbolo de modernidad y herramienta de diferenciación social.

Avanzando hacia lo subjetivo, la nueva cultura tiene sus elementos normativos, en los cuales todas las reglas vienen con nuevo rasero. Las sanciones a los individuos que no las respetan ahora dependen del tipo de delincuente que se es, pues si se es banquero, con el pago de una multa, muy inferior al dinero obtenido ilícitamente por la acción hecha fuera de las reglas de conducta y de una reprimenda mediática, todo queda saldado, e incluso hasta el valor de la multa, pues esta es diluida a través de marañas legales utilizando todos los huecos jurídicos que tiene la normatividad. Si el delincuente es aquel que se robó una casetilla de cigarrillos, este merece y se requiere que pase una buena cantidad de años en la cárcel, pues por una parte este tipo de delincuente "atenta contra la paz y la seguridad" de la sociedad y es requerido como elemento necesario dentro del nuevo esquema del Complejo Industrial Carcelario, para que siempre las cárceles estén llenas y los inversionistas felices con sus dividendos.

Siguiendo hacia la subjetividad nos topamos con las costumbres de la nueva cultura, que son aquellos comportamientos que no son penalizados, pero que nos hacen la vida más amable. La nueva cultura todo lo explica con aquello que las nuevas generaciones no son respecto a las anteriores y por ello los niños ahora no saludan, no se despiden, no dan las gracias. Para poder estandarizar este nuevo comportamiento, los maestros sociales les ponen sobrenombres a las nuevas generaciones, tales como la generación premilénica, la milénica o la postmilénica y con ello todos en casa excusamos la falta de buenas costumbres de nuestros hijos.

Ya más cerca al tope de la subjetividad viene el lenguaje, que ahora es acortado al máximo, pues como la comunicación es a punta de chat, los maestros tecnológicos nos han creado un nuevo lenguaje que incluye símbolos, rallas y cuadritos, para expresar con uno solo de ellos todo un torrente de emociones que sentimos. El lenguaje verbal no hay ahora que utilizarlo mucho. Todos andan chateando. No requerimos ni abrir la boca y si la abrimos, es para reclamar nuestro derecho al chat.

Al lado del lenguaje están los símbolos, que regularmente encierran todo un significado cultural, pero que la nueva cultura no tiene en cuenta, solo requiere que se usen. Es así como vemos que ahora se usan muchos símbolos que representan la adoración a dioses que son completamente opuestos al dios contenido en nuestra antigua cultura. El simbolismo es una herramienta potentísima que usa la élite dominante para rendir culto a sus creencias paganas, pero que, al ser utilizadas por las supuestas religiones no paganas, todos terminamos usándolas. No solamente somos engañados, sino que como no investigamos y no salimos de creer todo lo que nos dicen a través del aparato que cuadricula nuestra mente, que se llama televisor o mejor cuatrovisor, nosotros somos los primeros en apoyar la propagación de ese simbolismo, aunque otra vez, no tengamos ni idea de lo que realmente significa, como tampoco el objetivo que realmente se persigue con su uso.

Llegando a la parte más subjetiva de la cultura, nos encontramos con los valores y aquí sí que se pierde el curso, debido que los valores están basados en "todo vale", "el fin justifica los medios", "robar no está mal, lo que está mal es dejarse pillar" y el "problema no es que haya rosca, el problema es no estar dentro de ella", entre otras aberraciones con las cuales construimos nuestros nuevos valores.

La mayoría de los elementos de la cultura los tomamos a través de la vista, viendo lo que los demás hacen y del oído, escuchando lo que los demás dicen, es decir, la cultura proviene en buena parte de una tradición verbal o auditiva y visual. El asunto de esto es que contamos con unos excelentes maestros expertos en la doble moral. Nos enseñan una cosa, pero hacen todo lo contrario. Dentro de ellos están nuestros padres, profesores, guías religiosos, líderes comunitarios, políticos y el resto de héroes que nos crean a través del cuatrovisor. Entonces nuestra cultura es la aplicación de tácticas de cómo aventajar al otro y al mismo tiempo como no dejarme aventajar de nadie. De esta manera terminamos teniendo una cultura basada en la falsedad, llena de elementos foráneos a nuestra vida y nuestro grupo social y maquillada de tal manera que la apariencia esté por encima de todo lo demás.

En la ruta del SER al TENER

¿Y dónde quedó el SER? Esta es la pregunta del millón. Creemos que el mundo Espectaculandia es el mundo ideal y a quién le importa lo que realmente somos, si nadie tiene la posibilidad de mirar hacia al interior de nuestra vida, si a nosotros mismos no nos interesa hacerlo, pero a todos sí les podremos mostrar lo que existe en nuestro exterior. El lio está en que es el SER el que realmente nos permite HACER y TENER y que, debido a la pobreza de nuestro SER, padecemos de una continua escasez en nuestro TENER y nunca encontramos vida en nuestro HACER.

Cada vez que desconocemos nuestro verdadero pasado ya sea porque nunca nos interesamos en él, porque no lo han escondido o porque no lo han maquillado y cambiando al contárnoslo, estamos perdiendo nuestra verdadera cultura. Las potencialidades del hombre están basadas en su capacidad de memorizar y recordar y si nunca memorizamos nada de nuestro legado cultural, nunca podremos recordarlo y darle un adecuado uso.

La cuestión no está en convertirnos en etnocéntricos, creer que nuestra cultura es superior, pero tampoco caer en el relativismo cultural, darle paso a que otras culturas tenga prelación por encima de la propia. Tampoco se trata de rechazar la nueva tecnología, para construir un gueto cultural. Se trata de tener criterio para asumir nuestra cultura como una amalgama entre los principios culturales universales, generales y locales, sin que ello implique poner en riesgo la construcción que hemos hecho al interior de nuestro SER. De eso dan cuenta nuestras acciones, las cuales no pueden por ninguna causa ser despersonalizadas con respecto a nuestro propio SER. Si caminamos adelante solo porque vemos que los demás lo hacen, más temprano que tarde estaremos al borde de un abismo del cual nadie nos podrá salvar.

Los valores

"Los valores de nuestra sociedad están siendo corrompidos por la insistente publicidad de la ecuación: juventud es igual a popularidad, popularidad es igual a éxito, éxito es igual a felicidad."

John Arbuthnot Fisher

Como mencionábamos anteriormente, los valores son elementos constitutivos de la cultura. Cada cultura tiene sus propios valores, que no son otra cosa que las normas de conducta y actitudes que aceptamos como correctas al interior de nuestra sociedad en particular. Los valores morales son aquellos que respetan tanto la dignidad propia como la ajena, buscando el bien moral y la mejora o perfeccionamiento del ser humano. Dentro de estos valores están:

– Libertad
– Honestidad
– Valentía

- Veracidad
- Humildad
- Amor
- Paz
- Respeto
- Responsabilidad
- Tolerancia Social

Son de destacar el valor de la solidaridad, el cual vincula el bienestar propio con el de los demás. La generosidad, es el dar de aquello que otros necesitan y que nosotros poseemos y podemos compartir, independientemente de que lo que tengamos sea demasía o no. Responsabilidad, es el asumir la responsabilidad de nuestros actos que realizamos en forma consciente e intencionada. Veracidad, es el reflejo de nuestro interior en el cual no hay campo para la mentira, para la falsedad. Respeto, es la aceptación, aprecio y valoración de las cualidades del otro SER y de sus derechos. Justicia, es el árbitro no cargado de las relaciones entre los individuos de una sociedad. Algunos valores se consideran sociales pues reflejan la mentalidad colectiva tales como el bien, la verdad, la belleza, la felicidad y la virtud.

Dentro de las mayores dificultades que tiene la sociedad moderna, es la de conocer y aplicarle atributos a los valores, entre los cuales están:

- Independientes e inmutables: no cambian ni con el tiempo ni con el espacio. Son de una sola traza, como la justicia la belleza y el amor.
- Absolutos: no dependen de los acontecimientos pasados o presentes, como la verdad o la bondad.
- Inagotables: su uso es ilimitado, como la nobleza, la sinceridad, la bondad, el amor.
- Objetivos y verdaderos: no existen por ser reconocidos, existen a pesar de nuestra ignorancia y no son adaptables a las necesidades individuales.
- Jerarquizables: es posible ponerlos en un orden de prioridades.
- Tienen polaridad: cada valor tiene un antivalor.
- Tienen poder: ejercen presión sobre la voluntad de las personas.
- Son apetecidos: elimina la indiferencia de las personas.

Los valores morales son regidos por nuestra ética, bajo el juzgamiento de lo que es correcto y lo que es incorrecto y por ende su aplicabilidad está precedida de nuestras decisiones. Los valores morales dependen de la libertad humana, tienen pretensión de universalidad y quien los usa, está predestinado a crecer en su SER. Los valores nos motivan a actuar, crean nuestra identidad, describen lo que es para nosotros importante, identifican los resultados que buscamos, guían nuestras actuaciones y nos sirven de parámetro de evaluación del desarrollo de nuestra vida.

La educación en valores no está institucionalizada, por ello no es sistemática y planificada y no es tenida en cuenta por no ser parte del aprendizaje de contenidos actitudinales y por lo tanto, no se cuenta con instructores formados para su enseñanza. Esto sucede por no considerar a los valores como parte del conocimiento que permite la regulación del comportamiento, el análisis de situaciones, la resolución de conflictos y la toma de decisiones. Tenemos una educación abecedario, que se enfoca en calificar lo actitudinal con las letras A, B, C, D y F y cuyo objetivo es formar individuos acríticos, manejables y dispuestos a seguir instrucciones, no a crear ni a aportar soluciones. Esto se resume en la formación de empleados que no atenten contra el statu quo del sistema.

Los valores son las columnas en las cuales descansa nuestra construcción humana y como columnas son inamovibles. Si nuestros valores varían de día en día o de circunstancia en circunstancia, no tenemos realmente valores. Cuál edificación se puede mantener en pie cuando sus columnas se mueven, no son estables. Más temprano que tarde ese tipo de edificación se va a caer. Esto es precisamente lo que le pasa a la inmensa mayoría, que enfocan todos sus esfuerzos en el TENER, descuidando completamente el SER, aunque nunca logren el éxito material que buscan.

La aplicación de los valores es una cuestión de libertad, pero también de honestidad. Los valores los usamos no porque alguien nos vigila a que lo hagamos, lo hacemos porque en nuestra ética interior lo deseamos hacer. El que evita quedarse con lo ajeno, no lo hace solamente cuando está vigilado, lo hace siempre, debido a que no se siente cómodo faltándole a sus valores éticos.

La ética siempre está por encima de la moral, siendo está la esencia de nuestro actuar. Los valores morales son acuerdos sociales operacionalizados en reglas y leyes, algunas de las cuales no son morales. Este es el caso de las corporaciones, las cuales utilizan el sistema del cabildeo para promover e introducir leyes dentro del gobierno, que al ser aprobadas se convierte en reglas morales, aunque en la práctica son antiéticas. Esto sucede a todo nivel, pero particularmente con las corporaciones que su actividad afecta la vida diaria de las personas. Entre ellas están las farmacéuticas, que lo hacen cuando sacan un medicamento nuevo aprobado por el gobierno, pero no soportado por una investigación honesta, que realmente haya aportado pruebas contundentes sobre su poder de curación y/o sobre la ausencia de ciertos efectos laterales. También pasa con la compañía de seguros, que cobran una tasa de interés de usura por el préstamo del dinero para pagar el valor de la póliza de un carro. Aunque estas aseguradoras cuentan con la pre aprobación del gobierno para hacerlo, convirtiendo su comportamiento en moral, éste es ante todo no ético.

El problema que afronta actualmente la sociedad es que estamos en una economía de mercado sin ética y con normas morales acomodaticias a los intereses de las corporaciones. Pareciera que prefiriéramos mirar para otro lado y no reclamar, con la esperanza que, si mañana tenemos la oportunidad de hacer lo mismo, nadie nos va a reclamar. Es algo así como aceptar la injusticia con la esperanza de poder pasar del lado del injustamente tratado, al lado del justiciero.

La aplicación de los valores es algo que hacemos a cada instante y que en algunos casos con premeditación dejamos de lado. Vivimos tratando de combinar 10% de nuestra virtud con el 90% de nuestro pecado y utilizamos una mezcladora moral, que permite expandir nuestra virtud y estrechar nuestro pecado. Somos empleados que llegamos todos los días a tiempo a la oficina, pero lo que llegamos a hacer es a revisar las redes sociales, nuestros emails, a chismosear en la red y no a trabajar. Esto se traduce en que le estamos robando tiempo a nuestro empleador, pero lo explicamos con el hecho que nosotros si llegamos a tiempo, e incluso nos pavoneamos con nuestros compañeros sobre ello.

Es importante tratar a los demás como a nosotros nos gustaría que nos tratarán, pero es más importante tratarlos de igual manera como nos gustaría que nos tratarán si estuviéramos en las mismas circunstancias que ellos. Es algo así como combinar la justicia con la empatía. Nos da rabia que los demás no contesten el teléfono cuando los llamamos, pero nos da igual cada vez que evitamos contestarles el teléfono. Tenemos una regla de doble rasero. Con un lado medimos los hechos de los demás y con el otro los propios. Utilizamos la ley del embudo, buscando lo ancho para nosotros y lo angosto para los demás. Odiamos que nos queden mal en las citas, pero nunca llegamos a tiempo con las nuestras. Siempre tenemos las manos abiertas para recibir, pero siempre la cerramos para dar. O contestamos con un golpe y/o no damos nada.

Insisto, lo primero que contestamos cuando nos hablan del SER y todo su contenido, es argüir que no pagamos nuestras cuentas con valores del SER, olvidándonos que el SER aporta la materia prima para el proceso, que el HACER procesa dicha materia prima y que el resultado es el TENER. La escasez en el TENER es un reflejo de la pobreza en el SER. Nadie se levanta por la mañana solo porque se siente sano. Se levanta porque hay un SER que le llena de energía la vida y le suministra suficientes y valiosas razones para levantarse. Igualmente sucede cuando no nos sentimos con ganas de levantarnos, a pesar de que estamos sanos. En este caso es el SER el que está enfermo, es el que no nos da la energía que requerimos para levantarnos, pero no una energía motriz, sino una energía superior a ella, la interior, la que nos moviliza e incluso en aquellos momentos cuando la energía motriz parece desaparecer.

En la ruta del SER al TENER
La ética y la Moral

"Después de tantos años estudiando la ética, he llegado a la conclusión de que toda ella se resume en tres virtudes: coraje para vivir, generosidad para convivir y prudencia para sobrevivir."

Fernando Savater

La ética son los principios que gobiernan el comportamiento del ser humano, tendiente a que este actué correctamente en conformidad con un estándar de conducta que determina lo que es correcto y lo que no. La ética no regula el comportamiento humano, pero da cuenta de la moralidad del mismo, bajo el precepto que los seres humanos son conscientes, inteligentes y libres, determinando si sus actos son morales o no. Esta calificación se hace a través del juicio moral, el cual califica tanto las acciones propias como las de los demás, como buenas o como malas. El juicio moral se pronuncia específicamente sobre la presencia o ausencia de ética en un hecho o actitud, utilizando la reflexión y aplicando los valores para la toma de decisiones. Como juicio, el juicio moral sólo afirma o niega algo de algo, persona, situación o comportamiento.

De acuerdo a la ética se supone que es correcto buscar el propio bien, siempre y cuando éste no vaya en desmedro del bien ajeno. Igualmente supone que los valores propios no socavan la integridad propia y la ajena y que dichos valores son coherentes en toda nuestra vida, es decir, que son únicos e independientes del ambiente en el cual nos encontremos ya sea el trabajo, en la calle o en la casa.

Una forma algorítmica de vigilar nuestra ética es utilizando el juicio moral, haciéndole seguimiento a lo que queremos alcanzar: ¿qué resultados se pretenden lograr? (los métodos que utilizamos para lo que queremos alcanzar); ¿cómo se van a lograr? (los motivos que nos impulsan a querer alcanzar lo que queremos alcanzar); ¿por qué y para qué? (la anticipación de las consecuencias o los resultados una vez alcancemos lo que queremos alcanzar); ¿son o no correctos? Por lo anterior la ética supone libertad, pero también responsabilidad.

En un sentido negativo, la libertad de la ética se considera el actuar sin tener ninguna presión desde afuera de sí mismo o desde afuera por algo o alguien. En el sentido positivo, significa tener la capacidad de decidir, pensar, actuar, obrar y ser maduro para poder elegir lo que es bueno o correcto. Esta capacidad es un atributo que solamente la tiene el ser humano, pues los animales actúan por instinto, no tienen responsabilidades sobre sus actos, no tienen moral o sea que no son morales ni inmorales, son amorales.

Si el ser humano puede actuar libremente y tiene la capacidad de elegir que hacer, entonces el ser humano debe tener la capacidad de reflexionar sobre dicha elección, puede darse cuenta de lo que piensa, siente y hace, es decir, cuenta con una verdad interna y puede comunicarse con ella directamente. Este proceso de reflexión sobre la calidad de sus actos, es la ética. Entonces la ética es un sistema organizado de ideas sobre la vida del ser humano, que incluye a sí mismo, a los demás y al mundo que lo rodea.

Teóricamente existen dos grandes líneas de pensamiento respecto a la ética. La una se denomina la ética de los fines, la cual determina que todo lo bueno es lo que le permita al ser humano descubrir su fin en la vida. Los fines pueden ser la felicidad, buscar el máximo placer o consecución de bienes útiles. Todo lo que vaya en ese camino será ético. La otra se denomina la ética del deber, la cual busca encontrar las mejores normas para gobernarnos y las cuales serían de obligatorio cumplimiento para todos. En la práctica el ser humano se rige por una combinación de la ética de los fines y la ética del deber.

La ética funciona como un GPS que establece la posición de nuestro accionar, su calificación moral y como una brújula que nos indica a donde se deben dirigir nuestras acciones para que sean éticas. Normalmente sabemos de la ética como algo filosófico, pero la ética es mucho más que eso, es una herramienta para la vida diaria, que nos ayuda a enfrentar situaciones en la convivencia humana, en las cuales debemos disponer de criterios y principios para calificar las acciones nuestras, de las cosas y de las demás personas y justificar porque las juzgamos como buenas. De otra parte, la ética nos ayuda a valorar y asumir o rechazar las normas sociales y a encauzar la correlación que debe existir entre nuestras acciones y nuestros propios intereses y los intereses de la sociedad y las acciones de los demás con relación a nuestros intereses y los de la sociedad. Sin un marco de criterios y principios, todo ello sería imposible de hacerlo bien.

La ética se puede considerar como una ciencia ya que emite juicios de lo bueno y lo malo, dando causa a dicho juicio. Es racional al ser producto de la razón. Es práctica al ser un instrumento de uso diario en nuestra vida. Es normativa a la vez que conduce u orienta la conducta práctica del ser humano. La ética descubre un orden en la naturaleza, del cual infiere las normas éticas. La ética señala como y de qué modo son obligatorias las normas morales y cuales son en concreto

Socialmente la ética opera a través de la moral, que es el conjunto de normas que regula la conducta individual y social de los seres humanos. Teóricamente se diría que las reglas morales son aceptadas libre y conscientemente, lo cual no es del todo cierto, debido a que al ser reglas sociales, no necesariamente las aceptamos con libertad, aunque las respetemos y acatemos. La mayoría de las reglas morales estaban en nuestra sociedad antes de que naciéramos, sin embargo, sabemos que ellas están para regular las relaciones de los seres humanos entre sí y por eso las aceptamos, suponiendo que son reglas inspiradas en la búsqueda del bien y por ello nos benefician. La normatividad moral es inherente al desarrollo del ser humano, es intrínseca a él, no es impuesta por una voluntad externa al ser humano, en cuyo caso sería extrínseca.

La ley es una regla moral pactada socialmente y que obliga a seguirla. Por ejemplo, la ley obliga a que la política sea transparente, pero la ética no lo hace, pero sí se lo demanda. Por ello se puede decir que no todo lo moral es ético, pero todo lo ético si es moral. Un ejemplo de ello lo constituye la tasa de interés que cobran las compañías de seguro por prestarles el dinero a sus clientes para que paguen por adelantado el seguro para el carro. La tasa anual legalmente puede estar alrededor del 33%, lo cual es usura, no es ético, pero al estar regulado por el estado, es legal, es moralmente aceptado. Por otra parte, el sistema político es tan imperfecto que los ciudadanos de a pie no deciden realmente nada, solamente acatan la ley porque les toca, no porque libremente hayan aceptado reglas como la de la tasa de interés anual del 33%.

Cuando juzgamos un hecho para determinar si es moral o no ya sean acciones, personas o cosas, partimos de una acción física ya ejecutada que pertenece al mundo de lo que es, de la cual se tiene una descripción que puede ser verdadera o falsa, según se corresponda con los hechos. Los valores describen lo que debería ser, aquello que deseamos que sea, el deber del hacer, no estando por lo tanto fundamentados en ningunos hechos. El juicio de valor afirma o niega el valor de algo determinado, tomando como referencia de comparación unas normas de referencia. Cuando en la vida diaria las personas juzgamos cualquier hecho, estamos haciendo un juicio de valor de forma autónoma, pues a pesar de tener unos valores de referencia, el juzgamiento lo hacemos de forma subjetiva.

El acto moral es una acción consciente y voluntaria, ejecutada en libertad, que tiene consecuencias que pueden ser valoradas como positivas o negativas y que puede ser susceptible de ser aprobada o desaprobada por la sociedad. En la vida práctica, al conjunto de los actos morales los llamamos moralidad o la moral hecha realidad. La moralidad es la forma positiva en la que se espera que funcione la moral, comprendiendo los actos realizados conforme a la moral imperante. Y la moral imperante está compuesta por normas, tales como las jurídicas, que son normas coercitivas que se imponen por medio de la fuerza de la ley o las religiosas, que son parte de la exigencia de la conformidad humana a una voluntad superior. Pero no todas las normas son morales, por ejemplo, las normas sociales regulan el comportamiento de los seres humanos, pero no pertenecen al ámbito de lo moral, hasta que no se produzca la convicción o adhesión a ellas de parte de los miembros de la sociedad.

Entonces, la moral enjuicia la bondad o la maldad de las acciones humanas, según estándares de lo que se considera bondad o maldad. La moral es lo que la conciencia considera correcto o incorrecto, basado en firmes convicciones, pero no en evidencias o demostraciones. Es así como la moral es un acuerdo social, una constitución social, que regula la manera como un grupo social debe vivir y relacionarse. Estas reglas morales se convierten en reglas de aprobación social y en mecanismo de control social.

Cada acción tiene un valor moral en la medida que hay una adecuación entre éste y las exigencias de la naturaleza racional y libre del que las ejecuta. Ejemplos de valores morales son la trascendentalidad de la persona humana, la realización de un ideal y el amor de benevolencia.

Cuando las reglas morales son acatadas porque una autoridad lo pide, se dice que el que las acata es un heterónomo. Estas sirven para orientar la libertad de las personas y se imponen como guías éticas, a lo cual se le denomina la moral como contenido. Al ser normas impuestas, tienen un orden superior a la voluntad de las personas. En la tradición occidental se dice que estas normas son objetivas.

La otra opción es la de ser autónomo, que es seguir por el propio camino sin la regla establecida, pero centrado en normas universales, a lo cual se le denomina moral como estructura. En este caso no existen normas o valores guías.

El comportamiento de los niños es un buen ejemplo de lo anterior. Los niños son heterónomos pues deben seguir las reglas de los mayores, pero a la vez son autónomos al determinar qué, cómo y con quien jugar. Se puede ser completamente autónomo cuando individualmente se toman decisiones y se actúa conforme se desea. También se puede ser autónomo por inclinación, en la que el sujeto sigue la corriente social, se adapta a la norma social y se comporta de acuerdo a ella para formar parte de ella.

Moralmente se tiene que en heteronomía o en autonomía, somos responsables por los resultados de nuestras acciones. En otros casos somos responsables por las acciones de los demás, tal como sucede en una sociedad conyugal, en una sociedad comercial o en la ciudad, condado, estado o país donde nacimos. Cuando uno de los cónyuges comete una irresponsabilidad financiera, los dos conyugues son moralmente responsable por las deudas que ello genere, al igual que sucede entre los socios de en una sociedad comercial. La responsabilidad financiera que adquieren los gobiernos, denominada la deuda soberana, es realmente una responsabilidad de los habitantes vivos y de los que no han nacido todavía, los que van a nacer en el futuro.

Ahora se nace con deuda soberana a la espalda, pues es tan grande la deuda en la que se meten nuestros gobiernos, que no alcanzarán los impuestos de la generación presente para pagar dichas deudas y tendrán que ser pagadas dichas deudas por las generaciones por venir. Ahora más que nunca se debería revaluar esa frase que dice que "cada niño al nacer viene con un pedazo de pan debajo del brazo" y cambiarla por la de "cada niño al nacer viene con un pedazo de papel debajo del brazo" en el cual aparece la deuda por el pan que no se alcanzará a comer en toda su vida.

La moral implica un deber, el de hacer algo bien y evitar hacer algo mal, basado en las normas morales. Este deber es absoluto y por lo tanto no se puede dejar de hacer. Pero también implica un derecho, el de exigir algo, ya sea objetivo o basado en la ley, que rige nuestras acciones para el bien común o subjetivo, basado en la regla moral autónoma que nos permite llevar a cabo actos conscientes, inteligentes y libres moralmente buenos. Lo que correlaciona el deber con el derecho, es el cumplimiento del primero para exigir el segundo.

En la creación de normas o reglas morales interviene un abanico interesante de criterios. Los racionales como fuente de sabiduría para comprender lo real y determinar lo ideal. Los sociales como sistema de referencia de la conducta cotidiana. Los lógicos cuando se deducen de forma coherente de los principios fundamentales del sistema al que pertenecen. Los científicos cuando son concordantes y compatibles con las evidencias obtenidas por medio de la experimentación. Los históricos cuando pertenecen a la tradición cultural. Cada criterio hace su aporte parcial y limitado para la creación de la regla moral, sin que ello signifique que son suficientes para que con su uso combinado se tenga una certeza moral absoluta sobre las reglas morales. Dado lo anterior, es importante tener en cuenta las siguientes características de las reglas morales:

- Las reglas morales tienen validez espacial: las reglas morales no son válidas para toda la humanidad. Estas tienen un radio de acción espacial asociado con el radio de acción de la cultura a la cual pertenecen. Es así como las reglas morales entre los occidentales y los orientales no son las mismas e, incluso entre dos países occidentales, las reglas morales también varían.
- Las reglas morales tienen validez temporal: no todas las reglas son estáticas en el tiempo y esto aplica tanto para las autónomas como para las heterónomas. Dado el progreso o retroceso social, el desarrollo económico o el desarrollo o deterioro social, lo que ayer se consideraba no moral hoy puede considerarse moral. La sociedad es llevada en masa por un camino de relajación de las reglas morales, que deterioran y destruyen moralmente a la sociedad, en lo cual intervienen especialmente los medios masivos de comunicación y los sistemas digitales. Igualmente pasa, que los grupos de mayor poder económico relajan las reglas morales que los controlan y vuelven menos flexibles las que aplican a la población que ellos quieren controlar. De cualquier manera, todo esto sucede en un marco temporal.
- Las reglas morales no son objetivas: decir que hay una regla moral objetiva es decir que fue creada por un extraterrestre. Por más centrado que sean los seres humanos, siempre estos buscarán primero su beneficio propio y siempre velaran porque las reglas morales estén en dirección a dichos beneficios.

En orden de dominio, la ética siempre estará por encima de la moral y la ley en cuanto la determinación de lo que es bueno y lo que es malo. La moral permite que parte de la ética sea estandarizada en reglas y que se convierta en reglas de control de la convivencia de los seres humanos. La ley regula parte de las reglas morales, aquellas en que la sociedad en su conjunto acepta que debe haber parámetros mínimos a seguir entre los seres humanos. La ética juzga los actos como morales o no morales, señalando los que se deben considerar como buenos o morales. La moral normaliza el comportamiento humano buscando que los actos de los seres humanos sean morales. La ley controla los actos de los seres humanos para que éstos sean morales, a través del castigo como herramienta que desincentiva los actos no morales.

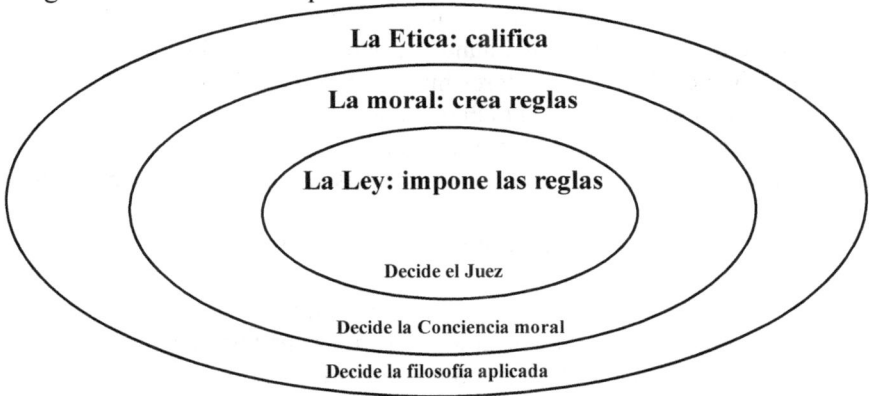

La Etica: califica

La moral: crea reglas

La Ley: impone las reglas

Decide el Juez

Decide la Conciencia moral

Decide la filosofía aplicada

La conciencia

"La conciencia hace que nos descubramos, que nos denunciemos o nos acusemos a nosotros mismos y a falta de testigos declara contra nosotros."
Michel de Montaigne

Tenemos a la ética como la que juzga lo que es bueno o no lo es, la moral que regula operativamente lo que es bueno y lo que no lo es y la conciencia moral que es la que finalmente decide entre lo que es bueno y es malo y no lo deja saber. La conciencia moral es un juicio del intelecto práctico, de la razón, sobre la moralidad de una acción, que se manifiesta a través de nuestra voz interior para determinar la bondad o malicia de un acto concreto que se piensa hacer, que se está haciendo o que se ha hecho. Es el reconocimiento y aceptación de una conducta obligada, que resuena en nuestro interior para aprobar o reprobar nuestros actos.

Características de la conciencia
- Solo somos conscientes de una parte de nuestra realidad tanto interna como externa.
- Impulsa al hombre hacer siempre el bien y a evitar el mal.

- Le permite al hombre asumir la responsabilidad de sus actos.
- La conciencia es objetiva, es una verdad práctica, que emite juicios prácticos sobre la moralidad de un acto.
- La conciencia no crea la verdad, solo la descubre.
- La conciencia es una luz inextinguible que tenemos los seres humanos por naturaleza. Es una capacidad innata para descubrir la verdad.
- La conciencia no es infalible debido a que depende del conocimiento que se tenga de la verdad.
- La conciencia debe formarse y de su formación dependerá su capacidad de discernimiento de la verdad.
- La conciencia es corruptible, puede deformarse en la medida que su juicio se desvié de la conducta moral. Se degrada cuando conscientemente se comete un acto inmoral, cuando se actúa sin conciencia moral.
- La conciencia une a los seres humanos en la búsqueda de la verdad.
- La conciencia no crea el bien o el mal, sino que los identifica, los explica, los juzga y nos deja saber su juicio.
- La conciencia es inagotable, los que nos agotamos somos los seres humanos de actuar con conciencia moral.
- La conciencia no es delegable, solo puede ser ejercida por cada ser humano.
- La conciencia no es culpable de los desvíos de nuestros actos, somos los seres humanos los responsables de formar una buena conciencia, para que ella nos ayude a discernir el bien del mal.
- El juicio de la conciencia es heterónomo, se fundamenta en la moral, la cual es anterior al juicio. La conciencia no es autónoma.
- La conciencia tiene su base objetiva en las reglas morales y su base subjetiva en la inteligencia y la razón del ser humano.
- La conciencia depende de la verdad, pero la verdad no depende de la conciencia.
- Al margen de toda norma moral esta la libertad de conciencia, la cual busca que los actos humanos no sean juzgados de acuerdo a ninguna norma, sino de acuerdo a sus deseos, emociones y sentimientos.
- La libertad de conciencias se refiere a la dignidad de la conciencia de cada ser humano, por lo que debe ser respetada, reconocida y garantizada.
Modalidades de la conciencia moral
- Por razón de la responsabilidad sobre la consecuencia del acto, la conciencia puede ser recta o inculpable si se ajusta al dictamen de la propia razón. Torcida o culpable si no se ajusta ha dicho dictamen.
- En relación a la norma o ley, cuando el juicio moral de la conciencia se ajusta a la norma objetiva, lo que nos dicta la conciencia es realmente bueno o malo, en cuyo caso nuestra conciencia será recta o verdadera. Cuando nuestra conciencia juzga como malo a lo bueno o bueno a lo malo, nuestra conciencia será errónea.

- En la medida que tengamos un buen asentamiento de nuestra conciencia, que con certeza podamos discernir la moralidad de nuestros actos, nuestra conciencia juzgará los mismos con toda certeza, es decir tendremos seguridad de que lo juzgado es tal y como lo dicta la conciencia, la cual comúnmente se le denomina la conciencia cierta. Juzga sin temor a errar. Cuando no hay un asentamiento firme de nuestra conciencia, nuestro juicio moral puede dictaminar erradamente sobre la moralidad de nuestros actos. Esta es la conciencia dudosa. Juzga con temor a errar.
- Cuando la conciencia es dudosa en su juicio, puede que la duda sea negativa, sin fundamento o positiva, cuando existen razones del mismo peso para juzgar como moral o inmoral un acto. La duda es de derecho cuando se duda de la existencia de una ley que prohíba el hecho o de hecho cuando se duda si el acto está incluido en la ley. La duda es especulativa si recae sobre el conocimiento de la verdad abstracta o práctica si recae sobre el acto que se va a realizar.
- Aunque siempre debemos actuar con conciencia cierta, es posible que nuestras acciones sean subjetivamente buenas, porque es lo que dicta la conciencia y la voluntad, sin que se tenga otra salida. En este caso se dice que existe un error invencible. En caso contrario, cuando existe mala voluntad y no se actúa con conciencia cierta, nos encontramos frente a un error vencible, que se remedia saliendo de ello, rechazando la acción por no ser moral.
- De acuerdo al modo habitual de emitir el juicio, la conciencia es laxa cuando le quita gravedad o importancia a los actos malos. Es estrecha cuando con facilidad y sin razón juzga como malo lo que no lo es. Es escrupulosa cuando con facilidad y sin razón juzga todo como malo. Es farisaica cuando da más importancia a la apariencia que a los hechos.
- Por razón del dictamen la conciencia sobre el acto, puede ser preceptiva si manda realizar algo. Conciliativa si lo aconseja. Permisiva si lo permite. Prohibitiva si lo prohíbe.
- Por la razón del acto, la conciencia es antecedente cuando juzga un acto antes que se ejecute, prohibiéndolo u ordenándolo de acuerdo a la norma moral. La conciencia es concomitante cuando juzga un acto en el momento que se está ejecutando, dándonos el sentimiento que somos libres de nuestros actos y responsables de sus consecuencias. Sirve de advertencia. La conciencia es consecuente cuando una vez se ha ejecutado el acto lo aprueba, produciendo satisfacción, alegría y paz o lo reprueba, produciendo vergüenza, tristeza y remordimiento.

Las modalidades de la conciencia parecieran ser solamente teorías formuladas por algunos estudiosos de la conciencia, pero son mucho más que ello. Son herramientas para que analicemos nuestra conciencia. Si ejercitamos nuestra mente tratando de saber en cual modalidad de la conciencia se encuentra los actos de mayor relevancia en nuestra vida y para los cuales tenemos la oportunidad de hacerlo antes que llevemos a cabo dichos actos, igual que manejar o comer, nuestra mente grabará un modelo o algoritmo de decisión de la conciencia y nos dejará saber con anticipación si estamos actuando mal, si podemos actuar mejor, si debemos reflexionar un poco más, si debemos recabar más información antes de actuar, si podemos asegurar de una manera más confiable que en lo posible nuestros actos serán los mejores, tanto para nosotros mismos, como para los demás y el mundo que nos rodea.

De la misma manera cómo hacemos con nuestros actos, podremos analizar los actos que ejecutan los demás y los cuales nos afectan directa o indirectamente, para antes de actuar de manera errada como respuesta a actos errados ejecutados por los demás, podamos contextualizar sus actos, teniendo en cuenta el tiempo, el lugar y las circunstancia por las cuales lo hicieron.

A la vez que este ejercicio educa y forma nuestra conciencia, nos educa y forma en entender la conciencia que hay detrás de los actos de los demás, antes de limitarnos a crear juicios de valor errados, debido a la ignorancia sobre las razones por las cuales los demás actúan de una cierta manera. Para sí mismos, el análisis de la modalidad de conciencia de nuestros actos, nos reforzará nuestra actitud moral, nos llamará a corregirla o nos permitirá afianzarla y perfeccionarla.

Debemos tener en cuenta que, al analizar las modalidades de conciencia de nuestros actos, no nos está dando el derecho a disculpar nuestros actos y con ello explicar inmoralmente nuestro comportamiento inmoral, como tampoco, a autocondenarnos, flagelarnos y desvalorizarnos moralmente, debido a que no hemos acertado moralmente. Ser laxos y complacientes con nosotros mismos y/o con los demás, respecto a nuestro examen de conciencia, solo nos llevará a mentirnos a nosotros mismos y esta situación como mentira solo nos llevará a otra situación de mentira. Ni el amor propio, ni el que tenemos por los demás se pueden convertir en falsas ataduras que nos conviertan en cómplices intelectuales, morales y de hecho, de nuestras acciones equivocadas o de las acciones equivocadas de los demás y en los demás se incluyen a todas aquellas personas sobre las cuales tenemos algún poder de influencia.

La mínima evaluación a nuestra conciencia es la de saber si actuamos rectamente o viciosamente. Si nuestra conciencia está viciada debemos hacer un alto en el camino para reflexionar sobre lo que nos está pasando, para re-educar nuestra conciencia, para hacer que nuestra conciencia vuelva a ser recta nuevamente. Si nuestra conciencia es recta, debemos ahora evaluar si es verdadera o errónea. Si es verdadera, debemos verificar que es cierta, que no tiene dudas. Si es cierta debemos verificar que es libre, en cuyo caso la decisión de nuestra conciencia es correcta. En el otro extremo se encuentra la conciencia viciosa que nos lleva a decisiones incorrectas y por ello nos hace culpables morales de nuestros actos.

Lo interesante de analizar las modalidades de la conciencia es la de tener conocimiento a qué tipo de decisión nos llevará nuestra conciencia y que explica dicha decisión. En algunos casos debemos hacer un alto en el camino para recabar más información o para investigar un poco más para podernos aproximar a la verdad. En otros tendremos que decidir, así sea con nuestra libertad de conciencia.

Las modalidades de la conciencia realmente son el mapa de nuestra conciencia aplicada, que nos sirve para prevenir actuar erradamente a sabiendas que hubiésemos podido corregir antes de que ello ocurriera. Su valor radica en minimizar los costos de nuestra responsabilidad sobre nuestros malos actos y en maximizar nuestra ganancia resultante de nuestros buenos actos. Es un algoritmo de maximización de ganancias y minimización de pérdidas, pero dado que no siempre nuestras pérdidas o nuestras ganancias son materiales, se convierte en un algoritmo de perfeccionamiento de nuestra vida, de nuestro SER.

Si, interiorizamos las modalidades de nuestra conciencia, siempre estaremos pendientes de actuar con conciencia verdadera y evitaremos actuar cuando tenemos conciencia dudosa, antes de salir de cualquier duda sobre la moralidad de nuestros actos. En caso que la conciencia sea invenciblemente errónea, debemos obedecerle a nuestra conciencia, pues de otra manera estaremos obrando mal, en contra de nuestra conciencia. Y en caso que nuestra conciencia sea venciblemente errónea, no debemos actuar antes de investigar y corregir nuestro error.

La conciencia en la vida diaria

Dentro de otras formas de la conciencia, está la metafísica, que es la capacidad de reconocernos como seres inteligentes, libres, espirituales y materiales y la conciencia del propio yo, que nos permite tener comprensión de nuestro mundo interior, de los demás seres humanos y del mundo que nos rodea. Es darse cuenta de la presencia de sí mismo y de lo que está fuera del sí mismo, incluyendo las cosas y los hechos, que permiten la reflexión sobre los propios actos como de la realidad que suceden alrededor de uno mismo, de las cosas y de los demás. Es la reveladora del sentido de la realidad.

En la medida que se nos achica la conciencia, se nos achica la realidad. En la medida que se nos achica la realidad, nos volvemos más animales y menos humanos. En la medida que somos más animales y menos humanos, somos más objetivables y como todo objeto, nos podemos volver mercancía y como mercancía nos posee el que mejor pague por nosotros y el que mejor pague por nosotros podrás hacer lo que se le antoja con nosotros.

Si se nos corrompe la conciencia moral y se nos achica la conciencia del yo, perdemos todo límite moral y a cambio de buscar el bien, buscaremos hacer el mal. Si hacemos el mal y no tenemos conciencia de lo que pasa a nuestro alrededor terminaremos haciendo el mal para afectación de muchos y beneficio de pocos. Este es un método de desintegración humana. Acabar con los límites morales para que estemos dispuestos a usar nuestra libre conciencia, que no es fiable, pues tiende más a fallar que acertar y a minimizar nuestra capacidad intelectual para dar cuenta de nuestra propia realidad y la realidad ajena y del mundo que nos rodea.

Esta es la combinación ideal del soldado psicópata social que no tiene remordimiento alguno por el mal que hace, pues se le adiestro su conciencia para que, a nombre de metas superiores a su SER, como la defensa de la democracia, la defensa del país o la defensa del sistema de libertades, actuará irracionalmente haciendo el mal en contra de personas que nunca ha visto ni le han hecho daño, de pueblos que no conoce y que tampoco le han hecho daño. Pero para que el soldado psicópata social funcione bien, este no debe saber sino una partecita muy pequeña de la realidad de ese fin superior a él y con ese conocimiento tan restringido, su conciencia cree finalmente que todo lo que hace es moral, en defensa de una bandera, una ideología, una nación, una población, desconociendo que la verdaderas razones de sus actos solamente las saben los que están en la cima del poder y que ellos solamente buscan poder y riqueza, que ellos no tiene respeto por bandera alguna, por cultura alguna, por ideología alguna, por nación alguna. El soldado psicópata social no sabe que sus amos solamente se interesan por ellos mismos y sus intereses.

Pero como no es suficiente tener ejércitos de soldados psicópatas sociales, es necesario tener una población que respalde lo que hacen dichos soldados. Para eso están los medios de comunicación, quienes crean las reglas morales amañadas a una minoría dueña de los mismos, alteran la conciencia moral de la población y hacen que esa población se sienta infiel a la sociedad si no sigue lo que los medios erróneamente dicen que es moral. Entonces, al igual que al soldado psicópata social le cambiaron las reglas morales y su conciencia y le redujeron su entendimiento de la realidad, al resto de la población le hicieron lo mismo, solo que a ellos no los movieron de lugar, pues se necesita que sigan trabajando, pagando impuestos y apoyando la barbarie que están haciendo los soldados psicópatas sociales.

Muchos de estos soldados volverán después de haber perdido uno o varios de los miembros de su cuerpo o con un cerebro achicharrado como fruto de todas sus vivencias no limitadas moralmente, entonces se requerirá que nuevos soldados vayan al frente de guerra, los cuales saldrán del grupo que no fue movido, pero al cual ya se le deformo la moral y la conciencia y el cual estará dispuesto a volverse soldado psicópata social.

Pero ahora las guerras no se dan solamente en el frente de batalla, también se dan a miles de kilómetros de distancia del frente de guerra, con el uso de drones o aviones no tripulados. Para esta guerra a control remoto también se necesitan soldados, pero no soldados con fortaleza física, sino soldados con mucha habilidad mental, para desde un cuarto de comando y frente a una o varias pantallas de ordenador, matar a los denominados objetivos de guerra y destruir la infraestructura de los enemigos.

Pero mientras el soldado psicópata social pasa por un buen lavado de cerebro, fuerte entrenamiento físico y finalmente al estar al frente del campo de batalla, debe defender su vida, el tecnosoldado psicópata solamente cuenta con unas imágenes, unos videos y unas órdenes y el único riesgo que corre, es que tenga un accidente de tránsito antes de llegar al centro de operaciones, entonces, a este hay que moverle aún más la reglas morales y dañar más su conciencia moral, para que se vuelva un psicópata que no siente remordimiento por todo lo que hace, pues todo ello es moralmente explicado en defensa de la libertad, la cultura, la nación, la bandera.

Ahora bien, el problema es que a la población se le han creado varios tipos de morales, de forma tal que cada una debe ser usada dentro de un contexto determinado y la población lo nota y lo asume, entonces ya no es solamente el gobernante, el político o el empresario que emplea la doble moral, sino que ese privilegio se democratizó y ahora todos somos de doble moral. Con esta doble moral podemos apoyar una guerra contra un pueblo enemigo, que no hace nada diferente a lo que hace un pueblo amigo. O sea que nuestros enemigos pueden ser tan malos o menos malos que nuestros amigos, pero es su maldad la que justifica que sean nuestros enemigos, aunque realmente su maldad no tiene nada que ver con que sean nuestros enemigos, la verdadera causa es que son nuestros enemigos porque afectan los intereses de una minoría infinitamente rica y poderosa, e insaciable con el poder y la riqueza.

Si nuestros padres de la patria, nuestros gobernantes, son de doble moral, no hace sentido que nosotros, los de a pie, no hagamos lo mismo, pero no en contra del grupo de arriba y privilegiado, sino en contra de nuestros pares, de las personas con las cuales convivimos a diario. De esta manera ahora tenemos varias morales y poca conciencia por lo mal que la pasen los demás debido a las consecuencias de nuestras acciones. Al final, a quién le importa que los demás se afecten, si el sistema nos ha enseñado que debemos ser individualistas y preocuparnos por dar cuenta solamente de nuestras metas, independientemente de cómo ello afecte a los demás.

Hemos pasado de ser seres racionales y sociales para volvernos predadores sociales. Es imposible pensar que somos lo suficientemente racionales como para administrar las múltiples morales que hemos aprendido de todos nuestros maestros. Si tenemos múltiples morales y solo buscamos maximizar nuestro propio beneficio, lo más lógico es que vamos a usar la moral que más beneficio nos dé, no la moral que más beneficio nos dé sin afectar a los demás. Este no es un problema de economía, las crisis económicas solamente reflejan las crisis morales. Pero en las crisis morales ahora ya no hay distinción en quien use la multimoralidad, pues se democratizó la doble moral. Ahora el 99.99% de la población con su doble moral, lo único que hace es sobrevivir, para poder transferir el fruto de su trabajo y también su riqueza, al restante 0.01% de la población.

La recuperación moral la empezamos en casa, dándoles ejemplo a nuestros hijos. Es poco probable que nuestros hijos sean honestos si siempre nos vieron siendo deshonestos y deshonestos en diferentes campos de la vida. Nuestros hijos aprenden más con lo que ven que con lo que escuchan. El otro campo de acción es la conciencia, que se construye día a día. Si nuestras nuevas generaciones siguen optando por lo que les gusta, les apetece, les place, les retribuye, les gratifica, es casi imposible que apliquen principios de conciencia moral. Ellos van a estar más inclinados a utilizar la libre moral, a hacer lo que a ellos les parezca bien, independientemente de la afectación que sufran ellos mismos y la sociedad en su conjunto, como fruto de sus erradas acciones.

El tercer campo es el de la estrechez del sentido de la realidad. Si cada día sabemos menos de lo que realmente pasa, cada día tendremos mucha menos conciencia de lo que realmente pasa. Este es el momento de la historia de la humanidad, en la que tenemos el mayor acceso a la información y es en el que estamos peor informados. Pero no se trata de saber de la vida desalineada de algunos artistas o de la familia real británica, se trata de saber cuáles son los motivos reales que mueven a nuestros gobernantes a abrir más frentes de guerra, a destruir países enteros, a apoyar a los mismos que nuestro gobierno nos presenta como enemigos, a tener un presupuesto ilimitado para los gastos de guerra, pero restringido para los gastos en salud y educación.

La cosa no se trata de armar revoluciones, de oponernos a todo lo que haga nuestro gobierno, de hacernos a las armas, Se trata de tener conciencia de la realidad en que vivimos, de rechazar la doble moral, de aplicar una sola moral, de dejar todo nuestro individualismo y volver a ver al otro como parte de nuestra propia vida, parte de una sociedad en la cual vivimos. Necesitamos informarnos, usar nuestra razón y nuestro criterio para calificar cada cosa que nos pasa, cada cosa que nos afecta. Se trata de recuperar el espacio de la moral y la conciencia que nos fue tomada por los medios de comunicación. De tener un mínimo sentido crítico para elegir nuestros gobernantes, para exigirles a ellos que trabajen en pro de nuestros intereses. Pero nada de lo anterior se logra mientras mantengamos un sentido estrecho de la realidad. Debemos ser activos participantes de nuestra historia y no meros actores de segunda de la misma.

La conciencia nos sirve para focalizar nuestras funciones psíquicas, comprender y sintetizar la relación entro el yo y el mundo, estructurar el flujo de vivencias, orientarnos intelectivamente y tener un juicio de la realidad, percibir lo que nos rodea, percibirnos a nosotros mismos y percibir lo que se percibe, entre otras cosas.

Formación de la conciencia

Dada la fragilidad de la naturaleza humana, el ser humano está continuamente expuesto a influencias negativas en cuanto a la moralidad de sus actos y tentado por el mal a preferir seguir su propio juicio y no el de la conciencia moral. Por lo anterior es muy importante la educación de la conciencia, tarea en la cual debemos estar comprometidos a lo largo de nuestra existencia terrenal. El objetivo al formar bien nuestra conciencia, es el de esclarecer nuestro juicio moral, para tener una conciencia recta que formule sus juicios de acuerdo a la razón y conforme al bien verdadero. El ser humano está obligado a conseguir los medios necesarios para formar una conciencia recta, no es algo opcional. Solamente una conciencia sana puede emitir juicios certeros. Una conciencia corrupta percibirá la realidad de una manera deformada, e igualmente deformará sus juicios, haciendo que ellos sean equivocados.

Para educar y formar la conciencia debemos estar atentos al uso de las siguientes herramientas:

- Reconocimiento de la ley moral natural.
- Reflexionar antes, durante y después de actuar.
- Apoyarse en personas con mayor conocimiento y virtud moral.
- Formar buenos hábitos morales.
- No desanimarse ante los fallos y aprender de las caídas.
- Enfatizar las cualidades y virtudes nuestras, las de las personas que nos rodean, las de los miembros de nuestra familia y particularmente la de nuestros hijos, sin por ello negar los errores y defectos tanto nuestros como de las personas en las cuales tenemos influencia y particularmente nuestros hijos.
- Nunca permitirnos hacer un mal para hacer un bien.
- Tratar a los demás como nos gustaría que nos trataran a nosotros mismos, pero mejor aún, tratar a los demás como nos gustaría que nos trataran a nosotros mismos si nosotros estuviéramos en su misma situación (empatía).
- Actuar siempre con respeto hacia los demás.
- La caridad debe actuar siempre con respeto hacia el prójimo.
- Resaltar a la gente honesta y valiosa con la que tratamos en nuestro diario vivir, e inspirarles amor y respeto.
- Conocer la ley moral natural y la ley que rige en nuestra sociedad, para así saber los límites que tienen nuestros actos y las consecuencias de rebasar dichos límites.
- Ser tan acucioso para reclamar el premio de nuestras buenas actuaciones, como para poner la cara y responder por nuestras malas actuaciones.
- Llevar a cabo un examen personal o de conciencia de nuestra vida, para determinar la calidad de nuestros actos a través de nuestra conciencia, teniendo en cuenta para ello, nuestra ética, las reglas morales y la Ley.

- Evitar acceder al falso concepto de verdad que niega la existencia de una verdad universal acerca del bien y el mal y que afirma que la verdad la crea la conciencia con cada uno de los actos.
- Esforzarse por llevar una vida virtuosa inclinada siempre al bien.

La verdad

"Cree a aquellos que buscan la verdad, duda de los que la han encontrado."
André Gide

La verdad es la adecuación y conformidad o concordancia entre lo que se dice con lo que realmente es, entre lo que pensamos o sabemos con la realidad, entre lo que afirmamos con lo que se sabe, se siente o se piensa. En sentido ontológico, la verdad está en la realidad, en lo que las cosas son y en el conocimiento como verdad lógica y las proposiciones en cuanto se ajustan a la realidad.

Las proposiciones son entidades abstractas, no existen en tiempo y espacio. Típicamente las sentencias declarativas (en modo indicativo) se utilizan para expresar proposiciones y no las sentencias en modo interrogativo o en modo imperativo. Una proposición es verdadera, siempre y cuando exista un hecho que corresponda con ella.

La ciencia no se basa en el conocimiento humano, sino en la realidad. El científico trata de entender la realidad y ajusta su pensamiento para afirme lo que la realidad verdaderamente es. Cuando una persona es falsa, se dice que no es auténtica, que no vive conforme a la verdad. La sociedad puede convivir gracias a la aceptación de sus miembros de una realidad, de una verdad, de que lo que ven es real y verdadero para todos. La verdad está presente en toda nuestra vida y la aceptación de ella sirve como intermediaria en las relaciones entre los seres humanos ya que lo que todos aceptamos como verdadero nadie tiene que comprobarlo. Si todo se tuviera que comprobar sería imposible la convivencia humana.

La verdad lógica o del pensamiento es la coincidencia entre lo que se piensa y lo que es. Es la adecuación del entendimiento con la cosa, de lo entendido con la realidad. Desde el foco verbal, habrá verdad en las palabras cuando lo expresado coincida con lo realmente pensado.

La verdad en la conciencia y en la acción resulta de comparar nuestro juicio moral con nuestras acciones. Hay verdad si hay coherencia entre las dos. También se dice que hay verdad en nuestra vida, cuando actuamos de acuerdo a lo que pensamos que es bueno. Hay verdad si hay coherencia entre las dos. Si lo que pensamos como bueno, coincide con lo que es realmente bueno para los seres humanos, según el modo de ser, se dice que hay verdad en la conciencia.

No obstante, todo lo anterior, la verdad subyace en el fondo de la realidad no observada y lo que cada ser humano hace es encontrar la veta de la mina de la verdad, la realidad observada, para establecer su propia versión de la verdad. Pueden llegar a existir múltiples versiones de la verdad, alguna de las cuales son compartidas por la mayoría y es esta versión de la verdad la que socialmente aceptamos. Sin embargo, esto no equivale a decir que las otras versiones son erradas, pues pueden ser complementarias. Si juntamos diferentes versiones de la verdad obtendremos una versión más completa de la misma, aunque ésta no sea la versión que realmente expone la verdad de la realidad.

Cuando un científico trabaja en un tema específico de investigación, lo que hace es trabajar como el minero, explorando el área donde cree que está el metal precioso que quiere extraer. La verdad de la realidad yace en el fondo de la mina, pero no se sabe exactamente donde está. La única vía para acceder a ésta, es retirando capas de roca y tierra que permitan despejar el camino que conducen a ésta. Cada capa es una capa de ignorancia. Cuando el científico determina una teoría, lo que está determinando es el estado de su exploración del camino de la verdad de la realidad que éste considera que se puede determinar como una versión de la verdad.

Cuando otro científico examina y validad esa versión de la verdad encuentra que parte de ella es correcta y que otra parte es errada, con lo cual determina que no se ha llegado a la verdad todavía. Entonces vuelve a remover otra capa de rocas y tierra, capa de ignorancia y vuelve a sacar una nueva versión de la verdad de la realidad. Este proceso se sigue repitiendo como parte de un proceso de mejoramiento o perfeccionamiento de la versión de la verdad de la realidad. Si esto no fuera así, los científicos nunca se equivocarían y entonces estaríamos llenos de versiones definitivas de la verdad, de cada realidad en la cual el hombre ha trabajado.

Ahora bien, se dice que los instrumentos de medición son perfectos, pues siempre arrojan los mismos resultados cuando se operan bajo las mismas condiciones. El asunto es si las mediciones son perfectas en el sentido que muestran la versión definitiva de la realidad que quieren medir, la versión definitiva de la verdad. Los instrumentos arrojan siempre los mismos resultados debido a que éstos no tienen conciencia, los sesgos que puedan existir en la medición que con éstos se hacen ya fueron introducidos por el creador del instrumento y estos sesgos no van a cambiar a través del tiempo, a no ser que se revise el instrumento. Los sesgos provienen del SER del creador del instrumento, resultado de su cultura, sus valores, sus creencias y su ego. Si algo de su SER cambia y el creador del instrumento revisa la máquina, tal vez las mediciones que se hacen con la máquina cambien.

Todo esto es debido a que detrás de la investigación científica están seres humanos, con todas sus limitaciones en su SER y su HACER. Si esto no sucediera, cada científico sería infalible y entonces estaríamos frente a un montón de versiones finales de la verdad. De otra parte, la naturaleza del ser humano no le permite a éste vivir sin poderse responder todas las preguntas que se le vengan a la mente y cuando no existe forma de determinar una versión científica de la verdad, existe alguna caja negra que contiene una teoría con la cual el ser humano puede explicar lo inexplicable. Así siempre será posible responder a cualquier pregunta, incluso cuando no se tenga una respuesta.

Si los científicos no son infalibles en cuanto a su versión de la verdad, que podemos decir del resto de los mortales que basan la mayoría de la versión de la verdad en creencias, las cuales ya estaban en el mundo terrenal, en el momento que ellos nacieron.

Esto no se trata de relativizar la verdad, sino de bajar a la tierra lo que ella significa ya sea como una verdad científica en proceso de mejoramiento o como una verdad no científica basada en creencias. En ambos casos lo que tendremos es una parte de la verdad que, al juntarla con otras partes de la verdad, resulta en una versión mejorada de la verdad. Es algo así como un proceso de completar algo que no está acabado.

Cuando confrontamos nuestra versión de la verdad sobre un asunto en particular, con la versión que tienen otros, pasamos por alto la versión de la percepción que cada uno tiene del mundo y mientras las versiones de las percepciones no sean iguales, las versiones de la verdad no serán comparables. Esto significa que en muchos casos disputamos nuestra versión de la verdad, con la versión de otros, sin darnos ni siquiera cuenta que están dando cuenta de realidades diferentes. Esto mismo sucede entre los mismos científicos que basan sus teorías en sus propios supuestos, los cuales no son comparables con los supuestos de otros científicos y aunque quieren explicar la misma realidad, están partiendo de una lectura diferente.

Para resolver este posible conflicto entre las versiones de la verdad, en la vida cotidiana se han establecido versiones de la verdad que son aceptadas por la mayoría, las cuales se han convertido en normas o reglas que también son aceptadas por la mayoría o por lo menos, acatadas por la mayoría. Un caso aparte son las verdades reveladas, las cuales se basan en dogmas de fe, sobre las cuales sus creyentes no están supuestos a poner en tela de juicio, partiendo del hecho que estas verdades no requieren ser comprobadas, solo requieren ser aceptadas y seguidas.

La licencia moral

Diariamente vivimos moviéndonos entre la virtud y el vicio. La virtud la expresamos a través de nuestra conducta cuando ésta se ajusta a las reglas morales, cuando nuestras acciones causan un efecto positivo ya sea en nuestra vida o en la de los demás y en general, cuando hacemos algo que se considera bueno y correcto. Platón hablaba de tres principales virtudes del hombre. La primera es la sabiduría, asociada a nuestro intelecto, que es aquello que nos permite saber lo que es correcto, saber cuándo hacerlo y cómo hacerlo. La segunda es el valor, asociado a la voluntad, que es lo que nos permite llevar a cabo las cosas a pesar de que existan amenazas y en concordancia con nuestros propios ideales. La tercera es el autocontrol, asociado a las emociones, que es actuar asertivamente a pesar de todos los estímulos que recibimos de los demás y de nuestro medio ambiente.

Algunas virtudes son la pureza, la caridad, la compasión, la cortesía, la determinación, la diligencia, la resistencia, el perdón, la honradez, el honor, la humildad, la amabilidad, la lealtad, la paciencia, la perseverancia, la piedad, la prudencia, la sinceridad y la templanza. Por su parte, el vicio es la afición a algo que nos afecta a nosotros o afecta a los demás. Dentro de los vicios se cuenta la mentira, los juegos de azar, el alcohol y las drogas. El uso de un vicio corrompe, daña o cambia la naturaleza de algo. Otros vicios dentro de la conducta humana son la apatía, la arrogancia, la avaricia, la cobardía, la corrupción política, la crueldad, el egocentrismo, el egoísmo, la gula, la ignorancia, la indiferencia, la infidelidad, la lujuria, la negligencia, la pereza y la vanidad.

La coexistencia de estas dos fuerzas paralelas, virtud y vicio, se asocian con la existencia del dolor y del placer. El vicio aparente y momentáneamente nos produce placer, aunque lo que realmente crea es una deuda de dolor. Cultivar y practicar la virtud debería estar asociado con el placer. Sin embargo, cuando la virtud se practica más como una obligación con nosotros mismos o con los demás ocurno un requerimiento social, esto nos conlleva al dolor. En esa lucha continua entre lo correcto y lo incorrecto, lo bueno y lo malo, lo moral y o inmoral.

Nos vemos tentados a poner en una misma balanza, al vicio y al dolor. Usamos la balanza como instrumento de justicia, pero de igual manera, como instrumento de salvación. Cuando somos proclives al vicio, somos proclives también a corromper la balanza y la mejor manera de hacerlo, es sobrevalorar nuestras virtudes y subvalorar nuestros vicios. Es así que ponemos en la balanza nuestra práctica del 1% de virtud y el 99% de nuestro vicio, pero como la balanza es independiente de nuestros juicios, lo que finalmente hacemos es combinar nuestras valoradas virtudes con nuestros subvalorados vicios y con esta nueva masa deforme, volvemos a usar nuestra balanza.

En términos prácticos, lo que hacemos es rezar y pecar para empatar, sin dar cuenta de cuanto rezamos y cuanto pecamos. Cada vez que hacemos esto, lo que realmente estamos haciendo es comprando una licencia moral para pecar. Los siguientes puntos nos ayudaran a reflexionar sobre este asunto:

1. Evitar usar cualquier licencia moral que nos inhiba el sentimiento de culpa y de vergüenza que nos causa portarnos mal.
2. Tener claro que ninguna acción, pasada o presente, justifica presentes o futuros excesos de nuestra conducta.

3. Clarificar en nuestra mente la inexistencia de conductas intercambiables que equiparan el vicio con la virtud.
4. Evitar confundir nuestra mente autoasignándose trofeos y medallas por nuestras buenas acciones, creyendo que eso nos blinda de las malas.
5. Tomar compromisos para un mundo real donde no es válido poner al mismo nivel el 1% de nuestra virtud con el 99% de nuestro vicio.
6. Evitar magnificar nuestras cualidades y minimizar nuestras omisiones.
7. Dejar de pensar que al pagar una multa estamos comprando una licencia moral para poder volver a portarnos mal.

Hay muchas formas de comprar y usar una licencia moral. Veamos algunos ejemplos. Durante la semana no despilfarramos nuestro dinero (virtud), pero el fin de semana lo despilfarramos todo (vicio). Somos esposos comprensivos y amorosos y le damos el mejor bienestar a nuestras esposas (virtud), pero al mismo tiempo somos infieles (vicio). Pagamos nuestros impuestos a tiempo (virtud), pero tenemos una doble contabilidad (vicio). Creamos organizaciones sin ánimo de lucro para ayudar a otros (virtud), pero maltratamos a nuestros empleados y les pagamos mal (vicio). Creamos nuevas tecnologías para el bien de la sociedad (virtud), pero tenemos las fábricas en países donde se nos es permitida la explotación de la mano de obra (vicio). Ayudamos a que el mundo conozca las condiciones de vida de poblaciones en países pobres y creamos mecanismos para ayudarlos (virtud), pero permitimos que nuestras corporaciones exploten sus recursos naturales y contaminen su medio ambiente (vicio). Hacemos lo mejor que podemos hacer por nuestro empleador (virtud), pero nos llevamos para nuestra casa algunos elementos que le pertenecen a él (vicio). Vamos al gimnasio y perdemos 1,000 calorías (virtud), pero ingerimos alimentos durante el día que contienen 5,000 calorías (vicio). Llegamos puntuales a nuestras clases de estudio (virtud), pero no traemos nuestras tareas (vicio). Le damos gracias a Dios por todas sus bendiciones (virtud), pero vivimos mintiéndole a la gente (vicio).

Gran parte de la combinación que hacemos entre la virtud y el vicio es explicada por el aprendizaje social de la doble moral. Vemos como nuestros gobernantes están usando continuamente un discurso de doble moral. Vemos como nuestras guías religiosas predican una cosa para que los demás hagan, pero practican otra para sus propias vidas, usando para ello un escudo moral. Vemos como el gobierno es extremadamente duro con los menos favorecidos, pero poco severos con los poderosos. Vemos como nuestros padres son amorosos y comprensivos con nosotros, pero irrespetuosos con sus empleados. Vemos como las empresas son supremamente amigables y receptivas cuando nos están vendiendo sus productos, pero muy irresponsables cuando tiene que responder por la calidad de los mismos. Es como si la moral tuviera diferentes calidades y la calidad estuviera supeditada a las circunstancias.

Dentro de los mayores exponentes de la doble moral están los medios de comunicación. No solamente la exponen abiertamente en su contenido de ficción, sino que la cultivan, la usan, la defienden, la toleran y nos la transmiten como si fuera algo que deberíamos hacer en nuestra vida diaria. Los medios de comunicación remarcan lo horrible que la pasó un hombre al verse asaltado por un delincuente, quien le arrebató su billetera y reclaman que el peso de la ley caiga sobre dicho delincuente, para que esto no se repita. Al mismo tiempo nos muestran como miembros del sistema financiero que han cometido gigantescos fraudes financieros, sin necesidad alguna, incrementando el tamaño de sus abultadas billeteras, han negociado con los entes reguladores el pago de multas (licencia moral), sin que ello implique la privacidad de su libertad.

Miremos detenidamente el caso. El ratero de billeteras debe ir a la cárcel y el juez le debe poner una fianza (licencia moral), pero como el ratero no tiene como comprar su licencia moral, él deberá permanecer en la cárcel. Por su parte, el delincuente de cuello blanco del sistema financiero que ha recibido una multa, que por muy grande que sea, es inferior a las inmensas ganancias que obtuvo con su delito, ahora irá a apelarla y a renegociar con el gobierno, hasta que dicha multa quede reducida a un ridículo monto. Pero los noticieros resaltaron, enfatizaron, señalaron y remarcaron lo de la multa, pero no hicieron ningún reclamo para que el peso de la ley le cayera al delincuente de cuello blanco.

Es recurrente escuchar en las noticias que en algunos casos en que un personaje de la farándula, la política o los deportes es amonestado por un agente de policía o agente del tránsito, lo primero que dice es "¿Usted sabe quién soy yo?, como diciendo "mi fama me da la licencia moral para no respetar las reglas de tránsito" o "tenga cuidado con lo que hace, porque yo tengo muchos amigos poderosos". Igualmente vemos que nuestros gobernantes cuando hacen un poquito de su trabajo (virtud), sienten que ello les da la licencia moral para robar y permitir que sus amigos roben las arcas del erario público (vicio).

Vivimos entre maestros de la doble moral. Entre expertos de la compra de licencias morales. Entre diseñadores de discursos dobles. Lo que llamamos los creadores de opinión, no se abstraen a este fenómeno social. Los escritores, periodistas, columnistas, reporteros, científicos, expertos y demás personajes con poder sobre las masas, defienden lo indefendible, apologizan sobre las compras de licencias morales y toman partido en favor de quien pague por sus opiniones. Ellos son la conciencia de la inconsciencia social. Venden el poder que tienen al mejor postor, pero nunca a la masa, pues esta no está organizada, no tiene el poder económico, no tiene verdadera representación ante el gobierno, no tiene con qué pagar.

Todos los que usamos la doble moral, lo que usamos es una regla para medir lo que nos conviene y otra para medir lo que no nos conviene, sin importar que lo que estamos midiendo sea lo mismo, pero de diferentes dueños y en diferentes circunstancias. Para que esto cambie, nosotros debemos cambiar.

La ética y la moral en la modernidad

La relación del hombre y su entorno responde a las condiciones sociales de cada momento, con lo que es posible decir que hay una correlación entre la historia y la forma como la sociedad norma y regula las relaciones entre sus miembros. Los pueblos primitivos basaban sus relaciones con su entorno en la religión, en creencias sobre poderes sobrenaturales que se le asignaban a las cosas, tal como al sol o a la luna. Su estructura social era basada en la sobrevivencia física del ser humano.

Los pueblos precristianos le dieron vida a la filosofía, inicialmente con la mitología y luego con la formulación dirigida a la reflexión sobre el pensamiento humano. Surgió entonces la creencia en dioses híbridos entre lo humano y lo sobre natural. Igualmente se desarrollaron las bases de la política, vista como la manera como se relacionaban los gobernantes con los gobernados y la moral, vista como la manera como se relacionaban los seres humanos al interior de la sociedad. En esta etapa de evolución humana, la religión, la política y la moral fueron los pilares de la vida de la humanidad. La estructura social era basada en las relaciones de poder de los gobernantes con sus gobernados.

A partir de la era cristiana el hombre pasó de creer en varios dioses, ser politeísta, a creer en solo un Dios, ser monoteísta. Las relaciones del ser humano con su entorno y la sociedad fueron enriqueciéndose para darle paso a otros elementos tales como el arte, pero igualmente para reforzar el papel de la religión como elemento de poder de dominio social. Las formas de gobierno fueron evolucionando de imperios a ciudades nación y de ciudades nación a naciones. A medida que este proceso se daba, surgió una duda, sobre si todo lo que explicaba la religión era válido y fue así como la curiosidad humana le fue dando vida a la ciencia, en la cual la experimentación era la base de la verdad. La estructura de la sociedad fue evolucionando para darle paso a la democracia y para establecer límites de poder entre la religión y el gobierno. La religión empezó a sufrir una pérdida de su poder.

La ciencia fue tomando fuerza y de esa manera impulso un cambio de paradigma de religión y política a ciencia y técnica, con lo cual se le dio paso a la época moderna del progreso humano. En esta época las bases de las relaciones sociales pasaron a ser políticas y económicas y la religión nuevamente sufrió un retroceso en cuanto su preponderancia social. El desarrollo de la ciencia dio un nuevo vuelco a la humanidad, dando paso a la etapa contemporánea, caracterizada por la tecnología digital. Con ella, se le dio impulso al proceso de la globalización económica que se había iniciado en tiempos recientes. En esta etapa la religión sufre nuevamente un retroceso en cuanto a su preponderancia social, el proceso político se globaliza y la economía de mercado se convierte en una cuasi religión, teniendo al materialismo como su dios.

En la época contemporánea, la que vivimos ahora, la economía se mueve en torno a la ciencia y la tecnología, que sobrevive a través del consumo ilimitado por parte de la población. Ahora el lema es consumir por consumir, sin importar cuáles son las necesidades, pues esa línea que dividía la necesidad con el lujo se ha desvanecido. El hombre contemporáneo es un ser insaciable ante el consumo y las corporaciones son insaciables con sus ganancias. Ahora buena parte del consumo de los seres humanos, cubre necesidades creadas y para que ello no desaparezca, se ha desarrollado una máquina evolutiva de las necesidades creadas, basada en la evolución de la tecnología.

Estamos viviendo en una economía de mercado sin ética, en la cual lo único que interesa es la utilidad, pero no una utilidad limitada, sino que una ilimitada, la cual no tiene límite o norma de lo que es moral o lo que no lo es, pues mientras las ganancias sigan creciendo todo se vale. Ahora el problema al que se enfrenta la humanidad no es a la escasez, es la ilimitada codicia del ser humano, para la cual nunca habrá suficiente abundancia. Históricamente el ser humano ha pasado de ser primitivo, sin dar cuenta de la moral, a ser científicamente primitivo, sin darse cuenta de la moral.

En esta época contemporánea todo pasa por unos artefactos llenos de chips, el hardware, administrados por algoritmos matemáticos sofisticados, el software, a lo cual el ser humano ha desbordado toda su inteligencia, sin dar cuenta si los resultados de la ciencia, las consecuencias de sus actos, son morales o no. Ahora somos igualmente primitivos que aquel hombre que escasamente se vestía y vivía para la caza como medio físico de supervivencia. El ser humano moderno es un primitivo sofisticado con un ser empobrecido. Estamos adaptando la naturaleza a nuestras emociones y por ello no damos cuenta de la ética que debe regir nuestro comportamiento, ética que está basada en la razón de cómo funciona la naturaleza.

La verdad se ha relativizado a través de la manipulación de la información. La verdad no es objetiva sino que es construida a partir de las estadísticas y las estadísticas son construidas para que muestren una realidad que alguien nos quiere vender y no trasluzcan la realidad objetiva, lo que pasa en la vida real. El sentido de la vida se ha reducido al consumo, como lo era para nuestros congéneres primitivos, solo que éstos lo hacían para sobrevivir y ahora lo hacemos para que sobreviva nuestro ego. El ser humano contemporáneo es una masa humana deforme moralmente que permite que diariamente los medios de comunicación le cambien sus creencias, sus valores, su moral.

El hombre se ha vuelto un insecto social que trabaja, frente a las megas estructuras que el mismo hombre ha construido: edificios, barcos, aviones y puentes y como insecto tiene su vida limitada al trabajo, la comida, el consumo, el esparcimiento y el dormir. En este bucle sin fin pasa toda su existencia. Ya a nadie le interesa la formación de la personalidad y el carácter del ser humano, basado en principios éticos y en normas morales, pues para consumir solo se necesita tener como pagar y ser un consumidor insaciable. El ser humano ha pasado de ser primitivo inconsciente moral a un ser contemporáneo consciente amoral.

Uno de los mayores conflictos a los cuales el hombre no les ha puesto suficiente atención, es el existente entre la ciencia y la ética. Los científicos son obreros intelectuales bien remunerados, pero como obreros, su trabajo es el de crear nuevas cosas, sin que ello implique dar cuenta de cuál será el uso que se le dará a sus creaciones. El dueño de las creaciones son las corporaciones, quienes utilizarán las creaciones en la forma que a ellas se les venga en gana y como las corporaciones son insaciables en cuanto a sus ganancias, éstas estarán incentivadas a hacer uso de cualquier herramienta para que sus ganancias se incrementen, así sea utilizando las creaciones de los científicos en contra de la misma humanidad.

Pero no se puede esperar que las corporaciones sean las que creen reglas morales que limiten el uso de la invención humana, este trabajo debe hacerse al interior de las comunidades científicas. Sin embargo, si los científicos no dominan sus egos, venden su ética profesional, no respetan las reglas morales entre los mismos científicos y no se ponen de acuerdo para limitar el uso de sus invenciones por parte de las corporaciones, la sociedad en su conjunto no lo podrá hacer. La ética científica debe tener su base en los programas curriculares de las universidades, su enseñanza en los claustros universitarios, su control social en las normas morales y su control legal en el imperio de la Ley, que castiga a los científicos cuando estos no han sido éticos, ni morales y han irrespetado la ley. Si esto se hace, habrá menos incentivos para que un científico venda su ética por un puñado de dólares, independientemente de que ese puñado sean millones de dólares y le será más difícil a las corporaciones corromper a la ciencia y sus científicos.

Cada vez que la sociedad sufre un problema social o económico, lo primero que hace es crear nuevas reglas, sin dar cuenta de las existentes. En este caso el problema es la no aplicación de las reglas existentes, es decir, es la complicidad entre quienes deben aplicar la ley y a los que se les debe aplicar la ley. Pero también puede suceder que las leyes sean lo suficientemente laxas para que a los que se les debe aplicar, la puedan burlar ya sea evitando con tecnicismo violar la ley, aunque en la realidad la estén violando o aceptando las irrisorias penalidades que la ley les impone por su violación.

Las crisis económicas se dan debido a una mezcla entre la ausencia de la ley, la debilidad de la ley para castigar, la habilidad de los delincuentes para burlarse técnicamente de la ley, la complicidad del que aplica la ley con el sistema financiero y la mínima ética moral de los banqueros. Las crisis económicas no se han dado debido a la falta de previsión humana, a la incapacidad humana para controlar o a la estupidez e ignorancia humana. Las crisis financieras se han dado como un reflejo de la falta de ética por parte de los banqueros, los políticos, los organismos de control financiero y la sociedad.

En un mundo globalizado donde los gobiernos de las principales potencias económicas pueden controlar hasta dónde y cuándo vamos al baño, es imposible que no se pueda predecir y evitar una ruptura del sistema financiero. Pero todos participamos en este problema ya sea por obra o por omisión.

Todos los imperios dependen de sus ejércitos para dominar a sus colonias y el imperio financiero actual ha colonizado a toda la humanidad, utilizando un ejército que involucra a millones de personas de las de a pie, lo mismo que a los que no caminan para transportarse, comandados por otros que se sienten enviados por Dios para gobernarnos a su antojo. Mientras todos comían una porción del pastel financiero, todos contribuían a la crisis financiera, porque ninguno sentía responsabilidad ni ética ni moral sobre algo que estaba siendo orquestado por los que se creen enviados de Dios.

Cuando el colapso vino los que más sufrieron fueron los soldados del sistema financiero, sus familias, sus amigos, sus pares. Los que menos sufrieron fueron los dioses financieros, pues ellos fueron rescatados por los gobiernos, los cuales tenían tanta falta de ética y moral, como la tenía el sistema financiero. Pero ninguno que estaba siendo beneficiando del falso pastel financiero, estaba ajeno a que algo raro estaba sucediendo y que algo grande podría suceder. Después de la crisis todos pagaron las consecuencias, menos los banqueros. En el año 2008, los que no se vieron directamente afectados por la pérdida de su vivienda, sufrieron pérdida en sus pensiones de retiro, pérdida en la rentabilidad de sus ahorros, pérdida del valor de sus propiedades y pérdida de sus impuestos, pues la crisis se pagó y se sigue pagando con los impuestos de todos, menos con los de los banqueros, ya que son los que más saben técnicamente como evitar pagarlos.

Después de la autoflagelación social, vinieron las promesas políticas sobre la creación de nuevas regulaciones que lograrán poner en cintura a los banqueros, lo cual nunca pasó. Aunque se demostró que la crisis financiera fue conscientemente creada por el sistema parasitario financiero y fue apoyada por el sistema corrupto político y gubernamental, nadie respondió ante la ley. Ningún banquero fue a la cárcel. Ningún banquero respondió con sus bienes. Nada pasó. Si nada pasó, fue porque lo que pasó no fue un acto moral, que tiene consecuencias y responsabilidades de su ejecución, sino que fue un acto amoral, en el cual las acciones del sistema financiero y la de todos sus cómplices no se consideran ni morales ni no morales.

Todo lo que pasó fue una ruptura de normas sociales que fueron consideradas amorales. Entonces las pérdidas del sistema financiero se socializaron, como si todos fuéramos culpables de que ello sucediera, como si fuéramos culpables inmorales, aunque la mayoría de nosotros fuimos las víctimas del comportamiento inmoral de otros. Una vez los banqueros se recuperaron, volvieron a aparecer las ganancias, pero en este caso, éstas ya no fueron socializadas, sino que fueron privatizadas, lo cual se considera moral, pues es considerado ético moral que quien trabaja por una ganancia, la reciba una vez haya llevado a cabo su trabajo.

Lo que sucedió en el año 2008 no fue una crisis económica. Fue una crisis ética y moral que afectó al sistema económico. Si la lectura hubiese sido ésta, lo primero que se debió haber hecho, fue revisar los principios éticos las normas morales de la sociedad, para encontrar los responsables de la crisis, antes de haber salvado a los bancos, quienes eran los verdaderos responsables de la misma.

Los gobiernos se portaron con el sistema financiero como nos comportamos los padres con nuestros hijos pequeños. No los juzgamos por sus actos porque consideramos que no tienen la capacidad ética para juzgar moralmente sus acciones, con la diferencia, que con los niños puede realmente esto pasar, pero con el sistema financiero es imposible que pase, debido a que éste cuenta con las mentes más brillantes para los negocios, pero también con las mentes menos éticas y es esta parte la que se debió haber juzgado, encontrando, señalando y enjuiciando, enjuiciando a los responsables de la crisis, no a nivel corporativo, sino a nivel personal, pues el sistema financiero está conformado por personas, no por máquinas y así como ellas se lucran de sus éxitos, también deben responder por sus desaciertos, más aun cuando estos desaciertos no fueron el resultados de la casualidad o el azar, sino que fueron el resultado de la actuación premeditada de los banqueros.

La corrupción es el cáncer social de la sociedad contemporánea y ha dejado de ser un privilegio de los políticos y los empresarios, para extenderse a toda la sociedad. Pareciera un cuento de niños afirmar que los políticos son los padres de la patria, pero en realidad lo son. La sociedad da cuenta de ellos a mañana, tarde y noche y por ello se vuelven un referente para nuestra vida. El problema de estos padres, es que son muy imperfectos en cuanto a su ética y su moral y terminamos por aprenderles todo lo malo que hacen. Si nuestros padres son corruptos y han perdido toda la ética, la sociedad debería crear reglas morales contra sus imperfecciones, contra su corrupción y la ley debería castigar la acción inmoral de los políticos con penas mayores que las que se les impone a los delincuentes comunes. Si la pena que recibiera un político fuese muy costosa para su vida, en cuanto a la pérdida del derecho de volver a participar en política, su encarcelamiento y la incautación de sus bienes, lo mismo que el escarnio público a través de la divulgación de su historia política como criminal de cuello y guante blanco, el político lo pensaría dos veces antes de delinquir.

Igualmente se deberían implementar leyes que obligaran a los políticos a la presentación de sus declaraciones de renta antes de posicionarse en los cargos públicos, lo mismo que después de terminar su gestión en los mismos. Esa sería una herramienta para seguirle la ruta al dinero de la corrupción. Pero esto no la van a hacer los políticos, esto lo debe hacer la sociedad civil, con la ayuda de dineros públicos. Aunque la primera respuesta a lo anterior, es que ya existen las leyes, entonces deberíamos empezar por aplicarlas, pero sabemos que las leyes existentes tienen pocos dientes, poca capacidad para morder y poca capacidad de devorar a la delincuencia política. Así como colocamos rejas, alarmas y contratamos seguridad privada para nuestras casas, buscando desincentivar a los delincuentes, lo mismo deberíamos hacer con nuestra casa social, para desincentivar a los delincuentes políticos a que sean corruptos.

Esta tan dañino para la sociedad los actos de corrupción de parte de los políticos, como la corrupción que ellos sufren interiormente, al dejar que su ego esté por encima de su razón en el momento de tomar decisiones políticas. La construcción de los llamados elefantes blancos omega, proyectos sin ninguna viabilidad, son otra forma inmoral de la administración pública que debería ser igualmente castigada como se debería hacer con la corrupción. La idea sería sacar un gran marco regulatorio de la decisión de los servidores públicos, la cual castigaría toda clase de decisiones mal tomadas durante su administración ya sea aquellas con las que buscaban pasar a la historia, las que buscaban engrandecer su ego o aquellas que afectaron patrimonialmente las arcas del estado o el desarrollo futuro de la comunidad a la que están gobernando.

Esto es volver moral todas las decisiones del servidor público, las cuales el servidor debe tomar con plena libertad y en uso de todas sus facultades y capacidades. Estas decisiones dan unos resultados o consecuencias que implican una responsabilidad tanto del ejecutor intelectual como del material, independientemente de que se encuentren o no actos directos de corrupción. La cuestión está en lo fácil que es derrochar la plata ajena, la de la sociedad y es eso a lo que se dedican muchos políticos, pero si el derroche es penalizado financieramente y con cárcel, el político será más cuidadoso, más responsable con sus actos.

Como lo que sucede ahora es todo lo contrario, con pocas leyes y leyes muy blandas contra la corrupción política, esto se ha convertido en incentivo para que los políticos corruptos delincan. El mensaje es claro: ser corrupto paga pues es difícil que lo pillen y en caso que lo pillen la penalidad es pequeña. Así el pecado del político es dejarse pillar y en caso de ser pillado, no contar con suficiente efectivo para contratar un buen buffet de abogados y para corromper a los jueces y en caso de ser encontrado culpable, tener el suficiente dinero para comprar las comodidades dentro de la cárcel y tener la capacidad para afrontar los días que le toque pasar en la cárcel. En este raciocinio la cuestión ética y moral no aparece por ningún lado. Es normal encontrar que el político corrupto no cae en desgracia con la sociedad. Los demás políticos lo defienden, lo explican, lo compadecen y la sociedad al poco tiempo se olvida y lo vuelve a elegir.

Fuera de todo el contubernio que existe entre los banqueros, la clase política y las corporaciones, para manipular, cambiar, ajustar y hacer lo que se les da la gana con la ley, todo lo cual no responde a la ética de la sociedad ni a las reglas morales de la misma, las corporaciones son no morales en cuanto a la calidad de la producción de los bienes que producen. Ahora las corporaciones producen productos que ellos saben de antemano que no van a cumplir con el objetivo para el cual fueron hechos osa lo cumplen vienen con una fecha de vencimiento, a lo que comúnmente se le denomina obsolescencia programada, pero igualmente los sacan al mercado. Como remedio a esta premeditación inmoral por producir productos de mala calidad, las corporaciones venden pólizas de garantía de calidad, enviándolo el mensaje a los consumidores, que más le vale que se compre la garantía, pues el productor no tiene la obligación de responder por la calidad de sus productos, pero que se lo está haciendo saber al consumir para que se prepare, para que gaste más, antes de que compre el producto.

Esto es como ir a donde un enemigo a pedirle un vaso de agua, pero a sabiendas de antemano que el vaso puede venir envenenado. Lo peor del asunto, es que el dinero que paga el consumidor por el producto no puede estar imperfecto, estar incompleto o caduco, pues si no se reúne por lo menos una de éstas condiciones, el consumidor no puede hacerse al producto. Por otra parte, los productos siempre vienen con un precio lo bastante elevado, para que supuestamente el productor pueda cubrir sus costos de investigación y desarrollo. Es decir, el consumidor está pagándole al productor para que se asegure de que sus productos son de óptima calidad.

Con los productos pasa lo mismo que con la crisis financiera. No se trata de un problema de incapacidad del ser humano para hacer las cosas bien, para reflexionar sobre sus actos, para actuar moralmente. Se trata de una crisis ética y moral, en la que a las corporaciones les importa un pepino los consumidores, solo están para hacer más y más dinero en forma ilimitada.

Aquí hemos tratado solo tres casos: el sistema financiero, el sistema político y el sistema de producción, pero son lo suficientemente ilustrativos de que lo que nos está pasando. Estamos viviendo una continua crisis de valores, en la que los principios éticos han desaparecido de nuestra constitucional social de convivencia. Las reglas morales se han quedado cortas, no han sido suficientes o no aparecen, mientras que el imperio de la ley solo se aplica al más débil, nunca toca al más fuerte.

Este punto sobre la ley es bien interesante mirar. Se esperaría que la pena a las personas que no respetan la ley fuese proporcional al daño causado a la sociedad. Estamos de acuerdo en que una persona que mata premeditadamente a otra merece que pase en la cárcel buen número de años, e incluso algunos radicales preferían que le aplicara la pena de muerte. Entonces que pensaríamos del político que le roba al pueblo el dinero que estaba destinado para el acueducto o el alcantarillado o para la expansión de la cobertura y los servicios de salud. Muchos morirán por culpa de ese político, pero el político nunca pagará por su delito.

También estamos de acuerdo que aquel delincuente que por medio del robo se queda con los bienes ajenos debe ser juzgado y castigado con la cárcel. Qué diríamos del banquero que por su desmedido apetito de dinero, con sus acciones afecta a miles de personas que pierden sus propiedades y ven disminuido el valor de sus pensiones. En este caso el banquero también se apoderó del dinero ajeno y aunque lo hizo legalmente, actuó por fuera de la ética y de la moral, abuso del conocimiento que tiene sobre el sistema, usó los huecos que tiene la ley y se enriqueció fraudulentamente.

Es penalizado por la ley el uso de dinero falso y es aceptado socialmente que aquellos que lo hacen deben terminar en prisión. Qué diríamos del fabricante de productos de mala calidad, que a sabiendas de las deficiencias de sus productos los pone en el mercado y como respuesta a su mala calidad vende una garantía de calidad. Este fabricante nos defrauda económicamente y se queda con nuestro dinero, al vendernos productos que son falsos en cuanto a que no hacen lo que dicen hacer. Tanto el falsificador como el fabricante, están tratando de quedarse fraudulentamente con el dinero de los demás.

El punto es que la ley funciona de forma dispar y discrimina su aplicación dependiendo del poder que tiene el inculpado. Ante la pregunta de por qué los abogados atienden a personas que sabe que son culpables, los abogados responden que el asunto es que los inocentes no tienen el dinero para contratar sus servicios. Nuevamente el problema no es económico, el problema es moral. Como el poder económico moldea y maneja la ley para que esta esté a su servicio y no al servicio de la sociedad. Si las crisis fueran económicas, el hombre con su inteligencia seguramente que encontraría como solucionarlas y prevenir que se repitieran. Pero la historia muestra que las crisis económicas guardan mucho parecido en cuanto a la forma como se dieron: el apetito insaciable por acumular más dinero de parte de los banqueros. Nuevamente se puede decir, que la crisis es ética y moral con repercusiones económicas.

Todo periodista tiene una ética profesional y tiene una obligación moral ante la opinión pública. Si un periodista que quiere publicar una información que es importante para la sociedad, pero perjudicial a los intereses de las corporaciones que mantienen con pauta publicitaria el medio en el cual trabaja y negocia para que su patrón no lo despida, suavizando, modificando o sencillamente cambiando el reporte de investigación periodística, está faltando a su ética y a la moral y aunque se pueda excusar en el hecho que tiene una familia que alimentar, lo que ha hecho es ponerle precio a su opinión y faltarle así a su ética y a la opinión pública. Muy seguramente todos los periodistas saben de antemano, incluso antes de entrar a la facultad de periodismo de donde salieron, que tendrán que soportar presiones en su profesión o sea que saben en qué se están metiendo. Este es tal vez el mayor problema que afronta la opinión pública, la de recibir información falsa proveniente de los medios de comunicación, información que fue captada, administrada y divulgada por un periodista.

La manera de mantener la coherencia cognitiva interna de todo títere de la corrupción, es la de que si éste no hubiese hecho el acto corrupto, el acto antiético e inmoral, alguien más hubiese estado disponible para hacerlo, como si la disposición de otro a no ser ético como tampoco moral o el hecho que otros ejecuten actos antiéticos e inmorales, convirtieran nuestros actos antiéticos e inmorales, en actos éticos y morales. Es de este hecho que se agarran los banqueros, los políticos, los productores para mantener su corrupción, saber que siempre hay alguien disponible para tomar la posición de soldado de la corrupción.

Si la regla se aplicara, al contrario, que no somos corruptos porque sabemos que los demás tampoco lo son o mucho mejor, que no somos corruptos independientemente de que los demás lo sean, le sería muy difícil a los que manejan nuestro sistema socioeconómico encontrar soldados para sus filas de la corrupción. Ese dicho, que dice que el hecho que haya rosca (corrupción) no es problema, que el problema es no estar adentro de ésta (ser corrupto), es la mejor forma de resumir como la gente ve la corrupción. Es algo así, como aguantar la corrupción, pues ya tendremos la oportunidad de ejercerla. El soldado del sistema económico que quiere mantener sus principios éticos y sus bases morales, simplemente prefiere renunciar a su cargo de soldado, dejar que lo echen o buscar otro empleo, que acceder a ser corrupto, solamente porque todo el mundo lo hace. Entre más proclives seamos a apoyar y participar en la corrupción, más fácil será para las elites financieras, políticas y de la producción, reclutar soldados y cometer actos de corrupción.

En el momento que le ponemos precio a nuestro comportamiento ético y moral, no estamos cambiando la ética ni la moral, lo que estamos haciendo es convirtiéndonos en una mercancía más. El precio puede ser el mantener un empleo, el recibir un ascenso, el recibir un dinero o el tener una posición privilegiada en la cual podemos nosotros también comprar la conciencia ajena. Una vez nos hemos vendido, nuestro dueño podrá pedirnos que hagamos lo que él quiera, pues él ahora sabe que nuestros principios aguantan hasta que nos paguen el precio que deseamos por ellos.

En este mundo mercantilizado pareciera que todo el mundo tuviera un precio. Pero si nos convertimos en mercancía, igual que hacemos con nuestras prendas de vestir, seremos echados a la basura cuando ya no seamos útiles a nuestros amos. El que hace trabajo sucio para otros termina como el sujeto del trabajo sucio de otros. Es por ello que se insiste en tomar la ruta segura del SER, el HACER y el TENER, puesto que, si hemos hecho la debida parada en cada sitio del SER, hemos tenido la oportunidad de revisarnos y conocernos interiormente, e interesarnos en perfeccionarnos día a día. Al final de la jornada, siempre tenemos una cita con nosotros mismos y si hemos tenido el desenfado de mentirles a todos los demás, no tendremos oportunidad de hacerlo con nosotros mismos.

La voluntad

"Hay una fuerza motriz más poderosa que el vapor, la electricidad y la energía atómica: la voluntad."

Albert Einstein

La voluntad es la fuerza interna que tiene el ser humano para autodeterminarse a llevar a cabo una acción que le permitirá conseguir algo, el cual está direccionado hacia el bien. Entonces la voluntad es un querer firme y constante de hacer algo que nos hemos propuesto, lo cual está inclinado hacia el bien. La determinación del bien es fruto de un proceso entre la ética, la norma moral y la conciencia, las cuales deben estar direccionadas hacia la búsqueda de la verdad. Si uno o varios de estos elementos están corruptos, la voluntad terminará inclinándose hacia algo que aparentemente es bueno, pero que realmente es malo y nuestra acción será mala para nosotros mismos, para los otros o para el medio que nos rodea.

Algunas de las acciones que debemos hacer están en contravía de nuestros gustos y sentimientos y es la voluntad la que nos impulsa a que lo hagamos, dado que vamos a obtener un resultado bueno. Debido a lo anterior, la voluntad cuenta con unos ayudantes que le facilitan su tarea: los hábitos, que son las costumbres adquiridas por actos repetitivos. Si no tuviéramos hábitos nuestra mente se agotaría rápidamente y no tendríamos energía para soportar en pie todo el día.

La voluntad es un músculo mental que va perdiendo potencia con su uso repetitivo, al igual que un músculo del cuerpo. Por eso se habla de "quebrarle la voluntad a alguien". Esto no es otra cosa que agotar la fuerza original de la voluntad a una persona para que cambie de parecer. Igualmente nos puede pasar a nosotros mismos con nuestra voluntad. Si la ponemos en juego muchas veces en un corto lapso de tiempo y sobre una misma acción, la voluntad se nos agota.

Otro ayudante de la voluntad es la disciplina, que es la capacidad del uso de principios relativos al orden y la constancia. El orden y la constancia hacen relación a todo, no solamente al hacer físico, sino también al pensamiento, al seguimiento de las normas morales, a la constancia de hacer siempre las cosas bien. Es así como el trabajo de los hábitos y la disciplina es actuar automáticamente para que sólo se usa la voluntad cuando ésta necesariamente se requiera, lo cual se traduce en salvarle mucha energía a la voluntad para que no se agote.

En la ruta del SER al TENER

Cabe resaltar que tener voluntad es diferente a ser voluntarioso. El voluntarioso es aquel que quiere siempre utilizar su libre conciencia, para actuar sin contar con voluntad, para autoregularse, para no acatar la conciencia moral. El voluntarioso ha puesto su voluntad en piloto automático, para que pueda siempre hacer lo que se le venga en gana, sin tener en cuenta las consecuencias de sus actos.

Dado que algunas de nuestras acciones no son de nuestro agrado, pero moralmente son buenas y la conciencia moral las juzga como tales, la voluntad es la que nos da la energía para ejecutarlas, pero dado que la voluntad se agota, es el reconocimiento propio y el dado por los demás, sobre la valía de nuestras acciones, la que nos alienta a seguirlas haciendo con buena voluntad. Es el aplauso propio y el ajeno a nuestras buenas obras. Ello no implica que si no tenemos el aplauso ajeno deberíamos abandonar nuestras acciones buenas, pero significa que el reconocimiento propio o ajeno fortalece nuestra voluntad. El reconocimiento ajeno no solamente proviene de las personas, éste puede prevenir de la misma naturaleza de los buenos resultados. Si nuestras acciones nos ayudan a nosotros mismos, ayudan a los demás o al medio que nos rodea, ese es un reconocimiento del porque debemos seguir haciéndolas.

La voluntad se ejerce de forma libre y está precedida por el conocimiento del fin que se persigue. La libertad de la voluntad es la que nos permite elegir cuáles son los mejores medios para alcanzar los objetivos perseguidos por nuestras acciones. No se puede tener la voluntad de hacer algo, de lo cual se desconoce las consecuencias o resultados que se derivarán de su ejecución. Por ello, la coacción y/o el desconocimiento de lo que se hace y del resultado que se logrará, son elementos que no permiten que se actúe con voluntad. La voluntad se ejerce efectivamente cuando pasamos del querer al hacer, al hacer y cuando el hacer se inclina por obtener resultados, que de acuerdo a nuestra conciencia son buenos.

La ética califica las acciones entre buenas y malas. La moral regula las acciones buscando que sean buenas. La conciencia moral decide qué hacer para que la acción sea buena y la voluntad determina la ejecución de la acción hacia las acciones buenas. Algunas veces estas acciones están supeditadas a las exigencias sociales, como respuesta a la necesidad social del hombre y a las necesidades de la misma sociedad.

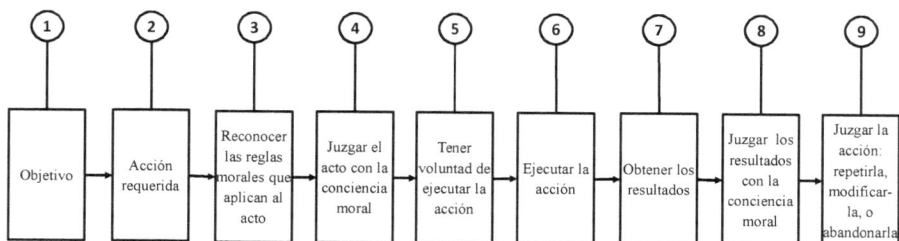

1	2	3	4	5	6	7	8	9
Objetivo	Acción requerida	Reconocer las reglas morales que aplican al acto	Juzgar el acto con la conciencia moral	Tener voluntad de ejecutar la acción	Ejecutar la acción	Obtener los resultados	Juzgar los resultados con la conciencia moral	Juzgar la acción: repetirla, modificarla, o abandonarla

Nuestra voluntad se ejerce dentro del proceso de nuestros actos. Nuestros actos parten de la determinación de un objetivo y finalización con la materialización del mismo. En este proceso el primer paso es el de tener un objetivo, algo a conseguir. El segundo paso es el de determinar la acción que se tiene que hacer para lograr el objetivo. El tercer paso es el de reconocer las reglas morales que se deben respetar para que la acción sea buena. El cuarto paso es el de utilizar nuestra conciencia moral para que juzgue si la acción es buena o no lo es. El quinto paso es el de tener la voluntad de ejecutar la acción. El sexto paso es el de ejecutar la acción. El séptimo paso es el de tomar los resultados. El octavo paso es el de juzgar con la conciencia moral si estos resultados son buenos o morales. El noveno paso es el de determinar si la acción se debe volver a ejecutar, si hay que modificarla o si no se debe de volver a ejecutar.

Si lo que se busca es el bien, obligatoriamente debe existir una coherencia moral entre los nueve pasos antes mencionados. Si queremos evitar el mal, tenemos varias oportunidades para evitar hacerlo antes de ejecutar la acción. Si queremos evitar volver a caer en el mal, debemos evaluar los resultados obtenidos y evaluar las acciones que hemos hecho. Si la acción es buena, hay que repetirla y tratar de mejorarla. Si la acción no es del todo buena, pero es susceptible de mejorarla, debemos hacer los ajustes pertinentes. Si la acción es irremediablemente mala, debemos dejar de ejecutarla.

Nuestros resultados son el reflejo de lo que somos, no de lo que decimos, por ello los resultados hablan por sí solos de lo acertados o erráticos que somos. Si tenemos responsabilidad sobre nuestras acciones, tendremos responsabilidad sobre las consecuencias de ellas. Este es el punto más importante de nuestra conducta, responder por las consecuencias de nuestras acciones. Buenas acciones y buenos resultados se convierten en una bola de nieve de nuestra vida.

Esta es la razón por la que se insiste en seguir el camino del SER, el HACER y el TENER. Esta ruta es segura hacia el progreso personal y el de los demás. Recordemos que cada vez que hacemos algo bueno, eso bueno va a afectar positivamente la vida de otros y esos otros van a tratar de hacer cosas buenas y nosotros vamos a recibir parte de los resultados de esas cosas buenas. Si nosotros y los demás hacemos cosas buenas, la sociedad será cada día mejor.

En la ruta del mal sucede algo parecido, que el mal de uno invita al mal del otro y la unión de los males lleva a una sociedad mala, una sociedad enferma. La diferencia entre el efecto de las cosas buenas y el efecto de las cosas malas, es que construir es en algunas oportunidades un tanto difícil, en cambio destruir es supremamente fácil. Es difícil construir un edificio de 50 pisos. Se necesita mucha maquinaria, muchos materiales, la participación de muchos ingenieros, arquitectos y obreros y un largo periodo de tiempo. Para destruirlo legalmente, se requiere de un grupo reducido de personas que lo dinamiten técnicamente para que en pocos segundos se venga abajo. Para destruirlo en medio de una guerra, se necesita solamente un avión no tripulado, un dron y una bomba lo suficientemente potente para que con un bombazo y en un dos por tres el edificio sea borrado de la faz de la tierra.

Aunque parece lógico lo anterior y de ello todos sabemos, no lo tenemos en cuenta en el momento de decidir ejecutar nuestras pequeñas acciones. Creemos que no tenemos el poder de cambiar el mundo porque nuestras acciones son pequeñas, porque nos olvidamos que si muchas personas hacen la misma acción, la acción conjunta va a tener mucho impacto.

Solo miremos cuantas toneladas se producen de basura diariamente y como la separación de nuestra propia basura, entre la que se puede reciclar y la demás, parece insignificante ante toda la basura que se produce a diario, pero la acción de separar la basura, entre reciclable y la no reciclable, que hacemos en nuestras casas tiene un impacto grandísimo, puesto que ella hace parte de una montaña de arena, que está conformada por granos tan pequeños como los que nosotros aportamos a nivel personal.

Mucho de lo que está escrito para la administración, para la filosofía, para la ciencia se puede aplicar en nuestra vida diaria, el problema es que hay una inmensa brecha entre la teoría y la práctica, como si la teoría fuese escrita para marte, pero la práctica la hiciéramos en la tierra. Otra brecha es la mental, la de las creencias, la de los prejuicios de los intelectuales quienes escriben cosas que solo están escritas para otros intelectuales, excluyendo así al común de la gente. Pero la realidad es otra. Tal vez no existe suficiente interés por parte de nosotros, los no científicos/intelectuales, por escavar dentro de lo que hacen los científicos/intelectuales, para encontrar lo que podamos usar en nuestra vida práctica, nuestra vida diaria. Cada vez que lo hagamos, nos asombraremos al descubrir que mucho de lo que ellos producen es aplicable para nuestra vida diaria.

Si bien es cierto que parte de lo que producen los científicos/intelectuales, está en un lenguaje un tanto técnico y que la esencia de ello, que es lo que podemos llevar a la práctica, no es fácil de identificar, es justo reconocer que esta situación ha venido cambiando y que ahora todos tenemos acceso y podemos comprender mucho más que antes, aquello de lo que ellos producen. El desarrollo de los mismos sistemas de comunicación, particularmente los digitales, ha contribuido a ello.

Por otro lado, nos encontramos que la especialización del quehacer científico/intelectual ha llevado a que cada cual hable solamente de su área, sin dar cuenta de las demás, ni por separado, ni en su conjunto, como si esa fuera la manera como funcionamos los seres humanos. En días pasados, durante una conversación informal, un participante me preguntó acerca de mi especialidad, pues escuchaba que mi discurso cubría diferentes campos del quehacer humano, ante lo cual yo le expliqué que si bien la parte financiera era uno de mis fuertes, hablar sobre ello requería hablar sobre todo lo demás, pues las personas no tienen problemas con el dinero, tienen problemas con su vida que afecta el manejo de su dinero. Minutos después me dijo que ahora comprendía lo que yo le había dicho.

Es así como atendemos cada uno de nuestros problemas, acudiendo a un "especialista" que atiende cada uno de ellos, olvidándonos que somos seres integrales y que como tales, lo que afecta nuestra mente afecta nuestro cuerpo y viceversa y lo que sentimos en nuestro espíritu, lo sentimos en nuestro cuerpo. Los autores son otros especialistas y nos hablan solamente de su especialización. Uno habla de lo espiritual, el otro habla de la motivación humana, el otro habla de lo financiero y muchos hablan mucha cháchara y no dan cuenta de nada.

Tal vez tampoco estamos acostumbrados a que nos integren todo, a que nos hablen de todo, a que nos inviten a ver el todo y no solamente las partes por separados, como si fueran independientes. Uno de los mayores problemas que identifica la gente es el relacionado con sus finanzas y para atenderlo tratan de encontrar un financiero que sea médico y a la vez mago, para que diagnostique el problema y con una pócima mágica solucione el problema, lo cual está completamente por fuera de la realidad.

La mala administración del dinero refleja la mala administración del SER y esa relación se forma en la mente. En el Espectaculandia Country, la regla es aparentar para competir en un mundo material falsificado, en el cual los bancos son dueños de todo y los paisanos de a pie son dueños de la deuda. Muchos tienen el cerebro achicharrado y mientras eso pase, nunca encontrarán suficientes ingresos para llevar la vida de apariencias que pretenden llevar. Este problema solo se soluciona yendo al SER, a investigar qué pasa con nuestra esencia, cuándo y porque lo material, el consumismo, se apoderó de nuestra vida y cómo hacer para remediarlo. Esto nos lleva obligatoriamente a coger la ruta del SER, el HACER y el TENER y en esa ruta a visitar los lugares de interés, de los cuales hemos tenido una visión borrosa y equivocada.

Muchas de las acciones inmorales, lo son primeramente con nosotros mismos. Que de moral puede tener trabajar como asnos durante cinco años, para poder pagar las vacaciones que nos tomamos anticipadamente y en las cuales nos mostrábamos como si tuviéramos un cajero automático a nuestro lado o nuestra propia imprenta de dinero. Somos inmorales cuando vendemos nuestra dignidad por un puñado de dólares, dólares que finalmente van a terminar en las manos de los banqueros, nunca en nuestras propias manos.

Hacer el recorrido entre nuestros objetivos y la evaluación de nuestros resultados, es una responsabilidad moral obligatoria, no es una responsabilidad que podamos evadir. Con esto en mente, una vez iniciemos el uso de este recorrido, iniciaremos también la creación de nuevos y mejores hábitos y desarrollaremos nuestra conciencia moral, particularmente buscando que seamos responsables morales con nosotros mismos. Si eso lo logramos, seremos responsables morales con los demás y con el mundo que nos rodea y esta será la invitación y la contribución para que otros hagan lo mismo. Así como una nueva aplicación de nuestro celular se vuelve viral, debemos volver viral nuestro comportamiento y eso solamente lo lograremos si cada uno de nosotros pone su grano de arena, sin mirar si el otro ya lo haya puesto y de qué tamaño ha sido su grano de arena. Tenemos una responsabilidad moral con nosotros mismos que no podemos abandonar y sobre la cual somos ejecutores, supervisores, evaluadores y beneficiarios. Esto es tal vez a lo que no le hemos puesto suficiente atención.

Nosotros contamos con tantos semáforos en nuestra vida interior, que con anticipación sabemos si lo que vamos a hacer es bueno o es malo, si estamos dejando para mañana algo que deberíamos hacer hoy, si estamos siendo laxos moralmente, si las consecuencias de nuestros actos serán buenas o serán malas. No tenemos un policía 24/7 que nos controle desde afuera, ni necesitamos que lo haga para hacer lo correcto. No somos malos por accidente, somos malos premeditadamente. Queremos y buscamos que todo se nos dé a manos llenas y que se nos de ahora, al instante y sin mayor esfuerzo.

Debemos ser más estrictos con nosotros mismos, con nuestras acciones y menos complacientes tanto con nosotros mismos, como con los demás. Antes de poner el placer en primer lugar, debemos priorizar nuestra responsabilidad y nuestra responsabilidad es la de ser mejores seres humanos, sin mirar si los otros también lo son o si los otros tratan de serlo. Es tan dañina la competencia social por lo material, como lo es la competencia por ser mejores seres humanos. En ambos casos la competencia nos llevará a la envidia y la envidia nos alejará de nuestras verdaderas metas impulsándonos a vivir en cuerpo ajeno. Igualmente, la competencia nos puede llevar a sentirnos mejores que otros y, por lo tanto, no necesitados de mejorar o peores que otros y por lo tanto desincentivados a mejorar. Solo la competencia con nuestras metas puede servirnos para progresar.

Nuestra cultura occidental está basada en el individualismo, en el sálvese quien pueda, lo cual tenderá a acentuarse en la medida que nuestra vida se vuelva más virtual: amigos virtuales e imagen virtual, pues ya no necesitaremos de los demás como agentes reales de carne y hueso con los cuales nos comunicamos cara a cara. Esto puede tender a que nos volvamos autistas sociales, deshumanizados por lo virtual y psicópatas sociales, desvinculados de que nuestras acciones puedan causar algún dolor ajeno. Saber y ejercer nuestra responsabilidad moral, ambiental y social sobre nuestros actos, nos hará menos virtuales y más humanos.

Debemos educar y cultivar nuestra voluntad. La educamos repitiendo nuestros actos con la mayor conciencia moral posible, para no fallar, pero en el caso de fallar, reconocer, arreglar e implementar. También debemos dejar de ser presa fácil de nuestros caprichos y nuestros gustos. Debemos ser razonables y buscar siempre el bien. Igualmente debemos darle firmeza a nuestra voluntad, eliminando su volatilidad, dejando de lado lo fácil e inmediato. A medida que nuestra voluntad se afirme, nos gobernaremos mejor a nosotros mismos. Es igualmente importante, establecer metas concretas y buenas que nos motiven a hacer las cosas bien, tener buenos hábitos y ser disciplinados en todos los sentidos.

Los hábitos

"Las diminutas cadenas de los hábitos son generalmente demasiado peque-
ñas para sentirlas, hasta que llegan a ser demasiado fuertes para romperlas."
Ben Johnson

El hábito es un comportamiento repetitivo, regular y sistemático, que está interiorizado en nuestra mente, para que se ejecute en forma precisa y automática, con poco a nada de raciocinio. Por ello los hábitos se convierten en disposiciones de conducta y pensamiento predeterminados, que facilitan la realización de una determinada actividad, exigiéndole menos esfuerzo a la mente para su ejecución, interviniendo en los aspectos físicos, emocionales e intelectuales.

Los hábitos son más desarrollados que innatos. No vienen con nuestro paquete básico al momento de nuestro nacimiento, sin incluir entre ellos a los mecanismos biológicos de funcionamiento de nuestro cuerpo, que permiten que funcione nuestro organismo. Desde el primer día de nuestra vida comenzamos a desarrollar nuestros propios hábitos, como parte de nuestro proceso de socialización. Es así como concretamos comportamientos de higiene y cuidado del cuerpo, la alimentación, el descanso, el sueño, la propia seguridad, la autonomía personal, entre otros, muchos de los cuales se aprenden con la observación e imitación y se solidifican con la repetición.

A medida que vamos creciendo en edad, la vida nos requiere el aprendizaje de nuevos hábitos tales como los relacionados con las normas del tráfico y de la calle, el trabajo, el estudio, el esparcimiento, el cuidado del medio ambiente, el orden de las cosas tanto en la casa como en el trabajo, el manejo del dinero, la pulcritud, la atención de nuestros sentidos, las tareas manuales, las convivencia con los demás y la comunicación, entre otros, hasta llegar a punto de ser lo que nuestros hábitos son.

Los hábitos son los programas del inconsciente, que le permiten administrar nuestro cuerpo, gastando el mínimo de energía posible. Es la manera como nuestra mente automatiza su funcionamiento. Los hábitos se crean a partir de patrones repetitivos de nuestra conducta, no siendo necesario por ello, que nuestra consciencia intervenga siempre en su creación. Esto significa que en muchas ocasiones nuestros hábitos se crean sin nuestro permiso, pues el inconsciente tiene autonomía para crearlos. En otras ocasiones los hábitos son conscientemente programados como, por ejemplo, cuando se quiere automatizar la conducta de un deportista en la cancha de juego. En algunos deportes, tal como el futbol americano, los jugadores cuentan con una cantidad mínima de tiempo para actuar o reaccionar adecuadamente cuando se está ejecutando una jugada táctica o cuando se está respondiendo a una jugada del adversario. La mejor manera para lograr un rendimiento óptimo es que el jugador no piense, sino que actué o reaccione automáticamente.

Debido a que el inconsciente, como depositario de nuestros hábitos, no juzga la información o programas que le grabamos, tales como los hábitos, éste no distingue entre hábitos buenos y hábitos malos, e incluso cuando tiene que decidir qué es lo mejor para nosotros puede inclinarse por el uso de un hábito malo, siempre y cuando éste nos proporcione placer y no dolor. Se podría decir que el inconsciente es un "alcahueta" inconsciente de nuestra vida. El hábito es huérfano de razón, por ello su uso no es una decisión consciente de obrar para bien o para mal.

El hábito es una ruta mental, la cual tiene una puerta de entrada que permite su activación. Para acceder a la puerta, el cerebro recibe un desencadenante sensorial, el cual es percibido por nuestros sentidos, tal como un olor, un color o una textura. El desencadenante sensorial al tocar la puerta del hábito, se convierte en una señal o disparador del hábito, que manda un impulso automático que se convierte en deseo o en ansiedad por tener algo, por hacer algo, por pensar algo. Este deseo o ansiedad hace un requerimiento de una acción rutinaria, la cual está impulsada por el recibo de una gratificación inmediata y automática, que es la recompensa que se recibe por la activación del hábito.

La recompensa es recibida una vez es ejecutada el acto del hábito, aunque sus efectos no necesariamente sean así, pues pueden ser vistos en el corto, el mediano o el largo plazo. Cuando nos comemos una pequeña galleta sentimos inmediatamente el efecto positivo, el subidón que nos produce el azúcar, a corto plazo podremos sentir el aumento de peso, a mediano plazo podemos sentir la presencia de problemas relacionados con el azúcar y en el largo plazo podremos padecer una enfermedad como la diabetes.

El asunto es que lo que buscamos es la gratificación inmediata y como sabemos que una sola galleta no desencadena todo lo anterior, estaremos tranquilos al consumirla. Una vez hemos terminado de ingerir la galleta y nos hemos consumido la gratificación, el subidón que produce el azúcar ha terminado y dado lo adictivo que es el azúcar, nuestra mente nos requerirá una nueva gratificación, entonces ésta nos localizará nuevamente en la puerta del hábito, para empezar el ciclo y nuevamente recibir la gratificación.

Muchos de nuestros hábitos tienen efectos inmediatos, de corto, de mediano y de largo plazo, pero nosotros solo nos percataremos de los inmediatos y por ello solo podremos ver lo positivo del hábito, pues lo negativo es el efecto que no percibimos conscientemente y si lo alcanzamos a percibir, lo minimizamos, aunque ya de por sí puede ser mínimo.

Es así que ganamos peso, nos endeudamos, nos volvemos drogadictos, no volvemos jugadores, no llegamos nunca a tiempo a una cita, no organizamos nuestra casa o nos volvemos alcohólicos. Entonces la recompensa que nos provee el hábito como gratificación por su ejecución, puede llevarnos a pasar del placer al dolor o del dolor al placer.

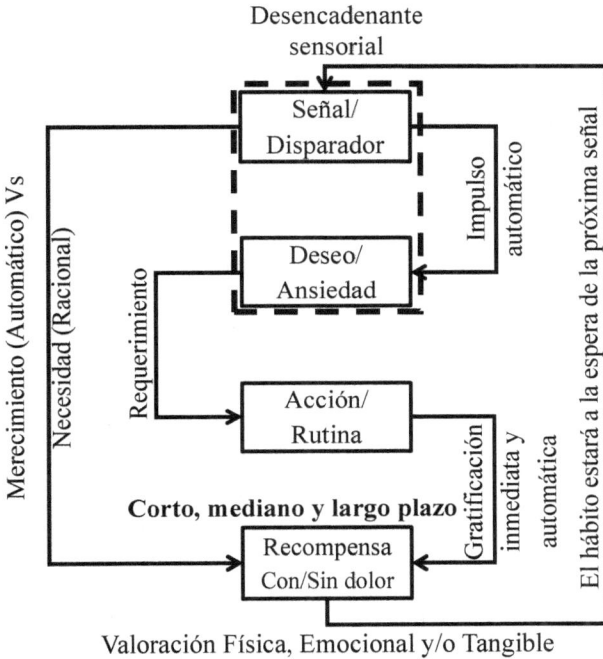

Valoración Física, Emocional y/o Tangible

En muchos de los casos la gratificación tiene un efecto decreciente a través del tiempo, con lo cual requerimos repetir cada vez más el ciclo del hábito para recibir el mismo nivel de gratificación recibido anteriormente. Frente a ello, nuestra mente tiene el dilema entre el llamado automático al merecimiento y la reflexión racional hacia la necesidad. Merecemos por nuestros méritos todo lo que nos antoja o lo

necesitamos, o no lo merecemos pero lo necesitamos.

Nuestra salud puede requerirnos bajar de peso, pero por nuestros limitados méritos (sedentarismo, poco ejercicio, descontrolada dieta, uso desmedido del alcohol, tabaquismo) no lo merecemos. Las personas delgadas que hacen ejercicio y tiene una dieta saludable, no necesitan bajar de peso e incluso pueden darse el lujo de ganar algunas libritas, pero merecen mantenerse con bajo peso, debido a los méritos que ellos hacen para conseguirlo.

Los hábitos tienen algunas características importantes de tener en cuenta.
- Los malos hábitos tienen su propia red social, con la cual silenciosamente se invitan y se apoyan entre sí. El desorden generalizado es un ejemplo de ello.
- Sus malos hábitos no piden permiso para actuar, son autónomos y trabajan en forma automática. Los malos modales son un buen ejemplo de ello.

- Los malos hábitos están atornillados al inconsciente y por si las moscas, echan raíces para lograr sobrevivir en la mente. Los hemos convertido en participantes profesionales del mal vivir.
- La mayoría de los malos hábitos se han creado solos como el resultado de las conductas repetitivas y equivocadas. Sabemos los efectos nocivos del alcohol, sin embargo, caemos a sus pies con su consumo descontrolado.
- Los malos hábitos están al servicio para brindar placer y ahorrar energía mental, aunque ello se convierta en dolor. Nos endeudamos progresivamente adquiriendo cosas que no necesitamos.
- Los malos hábitos se debilitan cuando se destruye un paso de su cadena de producción. Podemos cambiar los hábitos.
- Los malos hábitos se pueden reemplazar mentalmente por buenos hábitos utilizando su misma fórmula: la repetición. Con la misma disciplina que hemos tenido para formarlos, lograremos cambiarlos.

Los malos hábitos son como una hermandad, pertenecen a una logia, tienen su propio ritual, deben de pasar una prueba de iniciación y funcionan en secreto, pues muchas veces ni nos damos cuenta de ellos. Si nos bañamos y no recogimos la ropa interior del baño, porqué tender la cama y lavar la loza del desayuno, al fin y al cabo vamos a tener que dedicar un buen tiempo para arreglar todo ese desorden. Así funcionan los malos hábitos. Ellos se invitan, se explican unos a otros, nos alcahuetean nuestras malas conductas. Para adquirir un mal hábito hay que pasar la prueba de iniciación. Esa prueba consiste en tener el coraje de hacer algo mal hecho la primera vez a pesar de que sabemos que está mal hecho. Y si ya lo hicimos una vez, que nos cuesta volverlo a hacer. El ritual de los malos hábitos es ser consistente con ellos. No luce bien el desorden en la casa, si somos tan inconscientes como para dejar bien arreglado el baño y dejar todo lo demás en un completo desastre. Eso no luce bien. El rito es que todo se vea mal, porque vamos a sacar tiempo más tarde para que todo se vea bien. Pero mientras arreglamos la casa, es mejor que nadie nos visite, que nuestro secreto del desorden quede entre nosotros mismos.

La mayoría de los malos hábitos siguen patrones parecidos al del desorden de la casa. En lo financiero somos acertados o desastrosos en el manejo de la plata. Los malos hábitos en el manejo del dinero se expanden a todas nuestras finanzas. Vivimos saltando maticas y matones para tapar nuestro autoabuso con las tarjetas de crédito. Preferimos gratificarnos más y más comprando lo que no necesitamos, a pesar de que sabemos que tenemos compromisos financieros no atendidos. Somos coherentemente ordenados o desordenados con nuestras finanzas, es decir, tenemos buenos o malos hábitos, pero regularmente, no una combinación de ellos aplicados a la misma área de nuestra vida.

Si nos encanta dejar todo para más tarde, dejamos todo para más tarde, sin excepciones. Desarrollamos la disciplina para dejar todo para más tarde. Si nos gusta mentir, mentimos sin necesidad. Si nos gusta llegar tarde, llegaremos tarde hasta a la cita de nuestro propio funeral. Si somos perezosos, hacemos pereza hasta cuando queremos ser perezosos.

Los malos hábitos normalmente son lo que llama mi papá "pan para hoy y hambre para mañana". En el momento que los usamos sentimos placer, pero al mismo tiempo creamos una deuda que se nos convierte en dolor. Cuando nos da hartera pensar, usar la razón para actuar, lo que estamos es dándole carta blanca a nuestro inconsciente para que actúe a sus anchas. Todo mal hábito tiene su primer día y ese día no viene determinado en ningún calendario, por lo tanto cuando no nos gusta razonar, si lo que estamos haciendo está bien o mal, se lo dejamos para que lo decida el inconsciente, para que actúe, pero cada vez que vivimos la misma situación y hacemos la misma cosa, estamos utilizando nuestro quemador de DVD mental para grabar los códigos de la programación del mal hábito.

Como toda hermandad o toda logia, los malos hábitos se reúnen en un ambiente propicio para su practicar su rito. Este ambiente es el medio social en el cual vivimos. Si nosotros somos desordenados, incumplidos, mentirosos, malas pagas, vivimos dejando todo para más tarde, hacemos todo al borde del tiempo límite, comemos comida chatarra, vivimos de la apariencia, somos negativos, no cuidamos de nuestra salud, tenemos malos vicios como el alcohol o el cigarrillo, es muy probable que en ese ambiente nuestros hijos tomen de nosotros los mismos malos hábitos, al igual que los pudimos haber tomado de nuestros padres.

Una nueva gama de malos hábitos ha irrumpido en nuestra vida en los últimos años y son los llamados ciberhábitos. Todos ellos tienen una particularidad y es la de hacernos perder el tiempo, desenfocarnos de nuestras metas, interrumpir lo importante para darle paso a lo pasajero, poner la cibervida antes de la vida real. Entre ellos tenemos el de revisar el correo electrónico cada 5 minutos, contestar los correos electrónicos intranscendentales inmediatamente, cibercomer poniendo a un lado el plato y al otro lado la pantalla, revisar el Twitter o el Facebook cada minuto, reportar en Facebook cada evacuada que hacemos, contestar el teléfono a cualquier hora, escribir mensajes de texto mientras manejamos, gastar horas frente al computador enterándonos de la vida de los ricos y famosos, comunicarnos dentro de la misma casa vía mensaje de texto, preferir enviar un mensaje de texto que llamar, crear una falsa marca personal, preferir los ciberamigos a los amigos de carne y hueso, escribir mensajes de texto mientras hablamos con otra persona. Y todo a nombre de la "modernidad"

Cuando los malos hábitos son compulsivos se convierten en adicciones o vicios. La adicción se convierte con el tiempo en una enfermedad cuando el adicto no puede manejar su propia conducta. El adicto se va ajustando a su enfermedad, siendo incapaz de entender lo tóxico que resulta su conducta para su vida. Pero los vicios no son solamente el alcohol, las drogas o el jugo, hay vicios más aceptados e impulsados por la sociedad como el de mentir, incumplir la palabra, la envidia y la hipocresía, que intoxican nuestra vida de mala energía, de apariencias, de malos sentimientos, pero para disculparlos, los denominamos valores, sentimientos o emociones, aunque lo que realmente son hábitos que fueron tomando el mando de nuestra vida, hasta convertirse en vicios.

La toxicidad de éstos vicios la sufre temporalmente el interlocutor del vicioso, pero por el resto de la vida, la sufre el mismo vicioso. Son vicios en la medida que son hábitos compulsivos y necesarios para que el vicioso se sienta bien, aunque al minuto pueda sentir cargas de culpa y tal vez arrepentimiento. Pero como estos vicios son soterrados, se esconden en la invisibilidad del cerebro, la sociedad los tolera, pero la mente del vicioso padece de sus efectos. Estos vicios matan el éxito personal y si el éxito personal queda vivo, le crean mil barreras en su camino hasta que lo dejan lisiados.

Los vicios son vicios, independientemente de cuanto sea el efecto negativo que causan a nuestra vida, por ello debemos hacer nuestro mejor esfuerzo por erradicarlos de nuestra vida. Para erradicar un vicio lo primero que debemos hacer es tomar conciencia sobre la presencia del mismo en nuestra vida. Nadie se cura de algo si cree que no está enfermo. Lo segundo es buscar ayuda si somos conscientes que no podemos solos erradicar el mal hábito y lo tercero, es reemplace el mal hábito por uno bueno.

Ahora lo invito a que haga el siguiente ejercicio para que entienda sus malos hábitos:

1. Identifique algunas de sus conductas repetitivas sobre las cuales usted tiene consciencia de que lo afectan, a sus metas y a las demás personas que lo rodean. Llámelas "Mis malos hábitos".
2. Construya para cada uno de "Mis malos hábitos" su biografía, incluyendo a sus ancestros, la fecha en que nacieron, las relaciones entre los malos hábitos y su evolución a través del tiempo.
3. Identifique cuáles son los efectos negativos de cada uno de "Mis malos hábitos" para usted, para sus metas y para las demás personas que lo rodean.
4. Encuentre una razón plausible del porqué "Mis malos hábitos" han sobrevivido en su vida a pesar de lo dañino que han sido para su vida.
5. Identifique cuál es el ambiente en el cual se desarrollan esos malos hábitos, como se agrupan o asocian en una logia o hermandad, cual es el modus operandi de ellos.
6. Para cada uno de los hábitos exprese su real interés en dejarlos de usar o de cambiarlos por otros.

7. Con la información que recopiló de "Mis malos hábitos", tomen la mayor consciencia posible de su existencia, sus efectos dañinos, del poco o mucho control que tiene sobre ellos, de lo posible que es cambiarlos. Si usted ha hecho a consciencia todo lo anterior, está preparado para cambiar sus malos hábitos.

Confrontación y lucha contra los malos hábitos

Para poder luchar con los hábitos debemos actuar sobre cada uno de los pasos que da uno de sus ciclos. Recordemos que el hábito se puede desencadenar de una percepción sensorial, ante lo cual lo único que podemos hacer es evitar exponernos a recibirla. Esto en la práctica sería como vivir en un mundo donde tenemos vetados muchos sitios para evitar exponernos al medio ambiente de ellos. Si por ejemplo tenemos malos hábitos con el gasto, tendríamos que irnos a vivir a la selva para no estar expuestos a las toneladas de carga publicitaria que recibimos todos los días, lo cual no tiene sentido. Lo que debemos hacer es cambiar nuestros malos hábitos.

El primer paso para atacar un mal hábito es evitar exponernos a la señal o disparador del hábito, por lo menos mientras consolidamos uno nuevo o eliminamos el actual. Si queremos evitar cierta comida y sabemos que con solo pasar al frente de un determinado restaurante nuestro hábito se aprovecha de ello y nos empuja a entrar al mismo, lo mejor es no pasar frente al restaurante para evitar la señal o modificar la lectura de la señal, interiorizando que la comida de dicho restaurante no es buena y por lo tanto no debemos entrar en él.

Si la señal nos ha ganado la partida, debemos utilizar nuestro autocontrol para controlar nuestros deseos. Si la señal de entrar al restaurante no pudimos manejarla, debemos ahora intentar manejar el deseo irrefrenable que nos causa el apetito por su comida. Si ya el deseo nos la ganó, debemos utilizar nuestra fuerza de voluntad para que la cosa no pase de un deseo. Si el deseo por la comida ya lo tenemos, debemos ser reflexivamente racionales y pensar que lo que deseamos no es bueno para nosotros y que por ello no le vamos a acceder al deseo.

Si el deseo es demasiado fuerte, debemos cortarle los suministros y sabotear el hábito. Debemos evitar el restaurante. Si la acción es superior a nosotros y estamos a punto de ejecutarla de acuerdo al libreo del hábito, debemos cambiar de acción. Debemos no sentarnos en una de sus mesas, ni hacer pedido alguno y salir del restaurante. Si la acción nos tomó la ventaja, debemos modificar las expectativas que tenemos sobre la gratificación. Debemos pensar que en cambio de saborear una sabrosa comida, lo que estamos es aumentando de peso. Si nos animamos con la gratificación y estamos a punto de recibir la recompensa, debemos no recibirla. Debemos no comernos la comida que ordenamos y nos trajeron.

En la ruta del SER al TENER

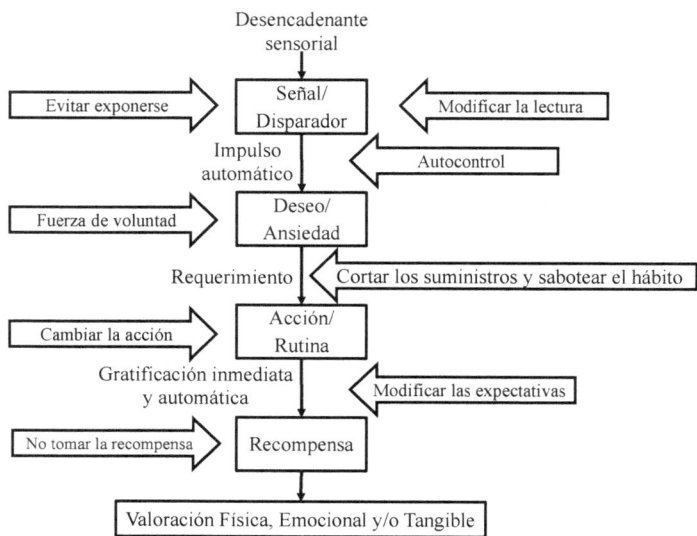

Desencadenante sensorial

Evitar exponerse → Señal/ Disparador ← Modificar la lectura

Impulso automático ← Autocontrol

Fuerza de voluntad → Deseo/ Ansiedad

Requerimiento ← Cortar los suministros y sabotear el hábito

Cambiar la acción → Acción/ Rutina

Gratificación inmediata y automática ← Modificar las expectativas

No tomar la recompensa → Recompensa

Valoración Física, Emocional y/o Tangible

En cada de uno de los pasos del ciclo del hábito hay mucha posibilidad de ganarle la partida, pero sin lugar a dudas, en donde tendremos mayor chance serán en la entrada o señal y en la salida o recompensa. Si tenemos la fuerza de voluntad de no exponernos a la señal y/o de cambiar su lectura y lo logramos hacer cada vez que el hábito se dispara y nos ataca, el hábito se debilitará y con el tiempo desaparecerá. Así como el hábito se construye con la repetición de su uso, se debilita y destruye con la repetición de su no uso. La cuestión es muy sencilla. Debemos usar el mismo empeño y disciplina que utilizamos para construir el hábito, para debilitarlo y destruirlo.

Si el hábito no la está ganando, hasta el punto de llevarnos hasta la línea final donde recibiremos la recompensa, no recibirla será el mejor desaire que le podemos hacer. No usarla significa que estamos diciéndole al hábito que ya no nos puede seguir manipulando con eso de la recompensa, pues nos da igual no recibirla y si nos da igual no recibirla, el hábito dejará de tener esa falsa zanahoria con la cual nos ha tenido engañados.

Imaginemos la situación en la cual hemos comprado una linda prenda de vestir, pero que no la necesitamos, que su compra afecta nuestro presupuesto, que solo nos sirve para alimenta nuestro ego y que por ello vamos a devolverla y que de hecho la devolvemos. Nuestra mente inmediatamente cambiará de película, pasando de la de una en la que el protagonista es endeble y manipulable, a una en que el protagonista es fuerte, racional y no manipulable. Pronto este protagonista será el que actué en todas nuestras películas personales.

La valoración física, emocional y/o tangible de nuestros hábitos, será un paso más en el reforzamiento al hecho de dejar de usar los malos hábitos que tenemos. Incluso habiendo recibido la recompensa, la valoración de la misma respecto a sus efectos y consecuencias de corto, mediano y largo plazo, comparados con la gratificación instantánea nos ayudarán a tomar conciencia sobre lo dañoso que son los malos hábitos y la responsabilidad que nosotros tenemos en permitirles que sobrevivan dentro de nosotros.

Cambio de los malos hábitos

Un componente importante para lograr cambiar los hábitos es el de tener una buena razón, un buen incentivo para hacerlo, algo que nos motive para hacer la acción. Esta motivación debe salir del interior de nosotros, debe ser intrínseca, debemos recibir una recompensa por la acción que realicemos. Si por el contrario la motivación es externa o extrínseca, la acción puede darse como defensa ante un castigo.

Esta razón o incentivo proviene de las metas que nos propongamos. La calidad y cantidad del incentivo nos llevará a que nos comprometamos más con el cambio de conducta, del hábito. Esto funciona para todos los miembros de la familia, pero puede tener diferentes niveles de valoración. Si invitamos a que nuestros hijos a que se comprometan con el ahorro de agua y luz, el resultado monetario del ahorro debe de alguna manera ser beneficioso para los hijos, debe existir alguna clase de premio por hacerlo. Igualmente pasa con los padres, ellos deben obtener un beneficio verificable, por ello las metas deben ser medibles.

Como parte del cambio de hábitos está el de la postergación para recibir la gratificación, el premio. Si no se trabaja en este campo, uno, varios o todos los miembros de la familia van a estar desalentados si el premio se demora en llegar. Se debilitará la asociación entre el cambio del comportamiento financiero y el incentivo o premio. Si por ejemplo todos estamos trabajando para tener unas buenas vacaciones y que estas sean propias, no se las debamos al banco y las tenemos que postergar un poco, podemos identificar un premio intermedio, que sería un premio con descuento, para que no se pierda la motivación.

Cuando operamos esperando actuar hasta que el agua nos llegue al cuello, muy seguramente vamos a responder a motivaciones extrínsecas tal como la pérdida de la casa o el carro, debido a un remate o una reposesión, entonces la motivación va a trabajar a la defensiva, no va a trabajar para crear un mejor bienestar para la familia (tener unas buenas vacaciones), sino que va a ser para detener la destrucción de nuestras finanzas (detener un embargo).

En el caso de las vacaciones propias (con fecha, sitio y duración) vamos a estar súper motivados y comprometidos con la meta, en el segundo (sin fecha y duración) vamos a estar súper nerviosos y preocupados, debido que es peor perder algo que se tiene, a perder la posibilidad de tener algo que todavía no se tiene. Todo esto se previene y evita si cambiamos a tiempo nuestros hábitos de consumo. No podemos esperar a que nos llegue un castigo para cambiar de conducta. Nuestros acreedores nos tratan bien hasta que dejemos de pagar nuestras obligaciones, a partir del momento que lo hagamos, nos empiezan a dar látigo monetario: multas, incremento de las tasas de interés, reporte a los bancos de datos crediticios, demandas, remates, reposesiones, etc.

La tranquilidad es una de las mayores recompensas que podemos recibir por el uso de buenos hábitos de consumo. Nuestra motivación intrínseca para tener buenos hábitos financieros, es el saber que somos competentes para manejar nuestro dinero, que podemos combinar nuestra ignorancia con nuestra curiosidad para encontrar nuevas formas de administrar nuestro dinero, que tenemos autodeterminación con nuestra vida financiera (no somos esclavos del sistema financiero).

Si sentimos que la responsabilidad financiera es nuestra, no es del estado, no es de la familia, no es de nuestros padres, es solamente nuestra, también sentimos que somos autosuficientes para resolver nuestros problemas financieros, que nuestra capacidad está al nivel de nuestro reto y que nuestras metas son muy claras de tal manera que podemos medir el progreso del trabajo realizado y la distancia a que estamos del logro de la meta. Todo esto empieza en nuestra mente para luego operacionalizarse en nuestro exterior.

Cuando tenemos una motivación en nuestro interior, la motivación intrínseca, nunca paramos en cambiar nuestros hábitos, nuestro comportamiento se mantiene proactivo con nuestros resultados y nuestros nuevos retos. Cuando la motivación proviene del exterior de nosotros, es extrínseca, muy probablemente que no creamos nuevos hábitos de consumo, sino que solamente cambiamos nuestro comportamiento mientras pasamos el problema, es decir, nuestros hábitos solamente cambiaran mientras el problema subsista. Por eso se dice que el hombre crea los hábitos y los hábitos hacen del hombre lo que es.

Algunos hábitos se inician como algo casual o recreacional, para luego convertirse en hábitos moderados, de esos que nos decimos a nosotros mismos, que podemos controlar, para luego convertirse en comportamientos habituales, que se nos van saliendo de control, hasta que se nos convierten en hábitos intensivos, aquellos que usamos asiduamente, hasta pasar a ser hábitos compulsivos, aquellos sin los cuales no podemos vivir, que es lo que denominamos adictivos. Aunque podríamos pensar que los hábitos adictivos sólo hacen relación a las drogas, el alcohol, el cigarrillo y el juego, existen muchos hábitos adictivos como el de mentir, el de llegar siempre y a todo tarde y el de vivir gastando mucho más de lo que podemos gastar.

La procastinación o dilación

"Desdichado el que duerme en el mañana."

Hesíodo

La procastinación es la tendencia sistemática a dilatar todo, a postergar, a posponer para más tarde, a dejar para mañana actividades que se requieren hacer ahora, sin que exista una verdadera razón para hacerlo. Normalmente cuando esto sucede, las actividades que se dejan de hacer son reemplazadas por otras que tienen menor premura, que no son importantes o que producen mayor placer. También sucede que cuando se está ejecutando una actividad, especialmente placentera y sobre la cual ya se le ha dedicado suficiente tiempo, se continua con la misma a sabiendas que es hora de finalizarla, para darle paso a otra actividad menos placentera pero más relevante.

La procastinación se presenta por diversas causas, siendo en muchos casos el tedio que se siente de hacer una determinada actividad, pues siempre preferiremos hacer una actividad que nos produzca placer. Dejamos de lado aquellas actividades que son aburridas, pensando que luego estaremos de mejor ánimo para hacerlas. También puede pasar que dilatemos hacer una actividad, debido a que sentimos poca confianza de hacerla exitosamente. Por otra parte, si nos sentimos bajos de ánimo, preferimos hacer algo que nos lo suba y si pensamos que la actividad que debemos hacer es aburrida, optamos por buscar otra que nos produzca placer, a pesar de que eso solo sea por un instante y, de cualquier manera, la actividad que se postergó hay que hacerla.

Algunas actividades se posponen dado que se piensa que no están dadas las condiciones para hacerlas perfectamente, entonces se cree que esas condiciones luego se van a reunir y en ese momento se llevará a cabo la actividad. Es el sentimiento de que no estamos preparados todavía ya sea para hablar con el jefe, para llevar a cabo un proyecto o para declararle el amor a alguien que nos gusta. Acompañado al perfeccionismo, está la baja tolerancia a la frustración y entonces se prefiere posponer una actividad hasta que desaparezca el temor a sufrir una frustración.

Aquellas personas que se tienen exceso de confianza, en momentos calculan mal el uso de su existencia y así terminan asignando menos tiempo que el debido, a actividades que normalmente requieren de mayor tiempo del asignado, lo cual los lleva a que se frustren y pierdan el control de sí mismos, teniendo que postergar actividades que debieron ser llevadas a cabo, a tiempo. También les suele suceder a esta clase de personas que, dado su mal cálculo del uso de su existencia, se involucran en varias actividades a la vez, lo que los lleva a que le den prioridad a las placenteras, con la falsa seguridad que tendrá suficiente voluntad para abandonarlas, en el momento que deben iniciar una actividad prioritaria, lo cual no sucede.

La postergación de las actividades suele presentar tanto en las actividades de la vida diaria, las cotidianas, tales como las relacionadas con el aseo de la casa, la sacada de la basura o el pago de las cuentas, como también en el desarrollo personal, tal como la visita al gimnasio, la búsqueda de soluciones a los problemas en la oficina, el inicio de un proyecto de trabajo o el inicio de un proyecto educativo.

Una de las formas de postergación que mayor nos afectan, es la de postergar la ejecución de las decisiones, por el motivo que sea. Nos mantenemos en un trabajo que no nos gusta y del cual hemos decidido salir, pero no nos hemos atrevido a hacerlo. Nos mantenemos dentro de una relación de pareja que no nos satisface y de la cual hemos decidido salir, pero nos mantenemos en ella porque nos falta valor de afrontar la sociedad, la soledad y al mismo miedo infundido por nosotros mismos, de no poder afrontar la vida sin la compañía de la pareja que tenemos, pero que no nos gusta. Nos mantenemos en un trabajo que nos gusta, pero que queremos dejar para abrir nuestra propia compañía, debido a que nos hemos acostumbrado a vivir en la zona de confort, en donde estamos jodidos pero contentos.

Para afrontar la actitud de la postergación, podemos seguir cuatro grandes pasos. El primero es el de hacerle frente a las circunstancias, para lo cual hay que sacar a flote nuestro valor y bravura. Recordemos que la mayoría de nuestros miedos, tanto los físicos como los mentales, son infundados, solo existen en nuestra mente, pues desconocemos que tenemos los recursos suficientes para afrontar las circunstancias de la vida. Una vez decidimos hacer a un lado el miedo, nos enfrentamos a circunstancias que tal vez sean desconocidas, pero a partir de las cuales nosotros mismos hemos creado muros mentales, que no existen en la realidad.

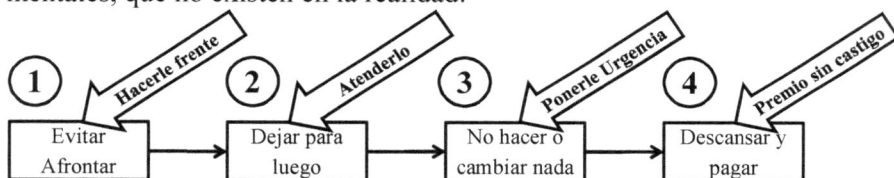

El segundo paso es el de atender las cosas a tiempo. Una vez hemos derrotado al miedo infundado, estamos listos para atender lo que debemos hacer. No podemos matar el tigre y huirle al cuero. Cuando algo nos parezca aburrido de hacer, debemos sacarle algún tipo de placer, tal como el saber que ya salimos de ese asunto, que estamos libres de esa tarea, que ya pusimos la cara y atendimos una situación no del todo agradable, que ya dimos el primer paso. Muy seguramente iremos a comprobar que las cosas no eran tan malas como pintaban, que rico es ver la casa arreglada, que bueno fue poner la cara y aclarar un malentendido, que tenemos la fuerza de voluntad para hacer las cosas pero que no la habíamos usado.

El tercer paso, es el de ponerle urgencia a lo que debemos hacer. Esta es la priorización de las actividades. Si ya lo hicimos en el pasado, porque no hacerlo de nuevo ahora. Si no nos comprometemos y tomamos acción las cosas seguirán igual. Recordemos que decisiones y acciones livianas, nos traerán resultados y cambios livianos y decisiones y acciones profundas nos traerán resultados y cambios profundos.

Una forma especial de procastinación es la morosidad, es la de siempre andar haciendo las cosas tarde, no porque no nos guste hacerlas, sino porque siempre andamos retrasados con el pasado, que nos resulta difícil ponernos al día con el presente. Los morosos hacen lo que deben hacer, pero lo hacen tarde y como lo hacen tarde, no pueden cobrar el premio por ser cumplidos y como son incumplidos, siempre viven pagando intereses, es decir, siempre viven castigados.

El cuarto paso es el de celebrar el rompimiento con la postergación. Cuando saldamos una deuda postergada, nos descargamos, nos sentimos libres, nos sentimos capaces, nos premiamos con el solo hecho de haber roto con un mal hábito. La procastinación es un mal hábito que nos secuestra con miedos, creencias erróneas, disculpas y escapismo y que pone a competir nuestra responsabilidad con el deseo de placer, nublando nuestra mente para que no nos demos cuenta del placer que produce cumplir con nuestras responsabilidades.

Cada vez que aplazamos algo entramos en deuda, la cual nos crea una cadena de deudas ya que un retraso nos lleva a otro retraso y a otro y a otro, que se constituyen en una deuda de retrasos, la cual la cambiamos por efímero placer, que viene tan rápido como se va y mientras esto sucede, la deuda inicial se mantiene, pero ahora con intereses, los cuales corresponden a todos los inconvenientes colaterales resultantes de haber aplazado algo. Celebrar romper con la procastinación, es celebrar con abrirnos a la responsabilidad. Siempre debemos actuar, tratando de no fallarnos primeramente a nosotros mismos, pues si no nos fallamos a nosotros mismos, no le fallaremos a los demás.

Las creencias

"El hundimiento de una creencia crea una nueva dimensión del sujeto, al obligarle a conducir su personalidad a lo largo de un eje situado fuera del plano de aquella."

Juan Benet

En el viaje de la vida el ser humano transita por un camino lleno de obstáculos, algunos tan naturales como la naturaleza misma y algunos creados por el propio ser humano. En su recorrido, el ser humano se enfrenta a lloviznas, tormentas y huracanas, lo mismo que a días fríos, calurosos, soleados y a algunos extremamente calientes, a noches serenas e iluminadas por la luna y otras oscuras y temerarias, teniendo que pasar por ríos, valles, sabanas, montañas, desiertos y mares. Sin lugar a dudas, la vida es toda una aventura, que para que sea excitante, tal vez a ratos llevadera o simplemente sea eso que llamamos la vida cotidiana, el ser humano requiere de herramientas y de señales, dentro de las cuales se encuentran sus creencias y valores, que en conjunto van indicando cuando parar, cuando apurar el paso, cuando escampar, cuando dar, cuando pedir, cuando recibir, cuando dar gracias y cuando reflexionar.

En la ruta del SER al TENER

En este sentido las creencias son juicios y evaluaciones sobre nuestro interior, nuestro exterior y el resto de los seres humanos que cohabitan el universo. Las creencias son generalizaciones de toda nuestra vida ya sea de nuestra identidad, nuestras capacidades o nuestra existencia misma. Las creencias están llenas de la certeza sobre lo que significa algo y por ello cada creencia se considera como algo verdadero. En un lenguaje informal, nuestras creencias son la forma como nos tomamos las cosas, lo cual formalmente se traduce en el firme significado que le damos a las cosas y nuestra conformidad con las mismas.

Nuestro pensamiento funciona con información ya sea captado desde nuestro exterior o creada al interior de nuestra mente. Toda experiencia de alguna manera se vuelve información. Nuestros sentidos (oído, tacto, vista, olfato y gusto) son los perceptores de la información exterior, dentro de la cual una parte es capturada y procesada por nuestra mente, la que nos interesa. En este proceso es posible que la información no sea capturada de forma fidedigna, esto debido a varios factores, tal como el biofisiológico, que no es otra cosa que la calidad de nuestros sentidos para capturar información y su desempeño en el medio ambiente. Los sentidos de cada ser humano están afinados de una forma diferente, debido a sus diferencias biológicas y se adaptan de forma diferente a las condiciones medio ambientales particulares en que se desenvuelve.

No todas nuestras experiencias son relevantes para nuestra vida. Existen algunas a las que les ponemos mayor atención. De éstas, capturamos su información y la pasamos por un proceso de decodificación para que sea posible utilizarla por nuestra mente. Este proceso se encarga de transformar una energía sensorial en otra que sea capaz de ser procesada neuronalmente, para luego ser codificada. En este proceso la información original puede ser mutilada, estereotipándola con el fin de volverla más general y así categorizarla (prejuiciarla), olvidando por ejemplo que cada ser humano es único y que con su categorización se está reduciendo su esencia. También la información puede ser capturada parcialmente, prestándole atención solamente a ciertos atributos de la misma, con el fin de poder hacer más manejable la experiencia. Otra opción es la de hacerle cambios a nuestra experiencia sensorial, distorsionando la información que fue capturada inicialmente por nuestros sentidos.

En resumidas cuentas, no todo lo que experimentamos nos interesa, por ello capturamos la información solamente de lo que nos interesa y la transmitimos de la manera como más nos conviene. Esto tiene amplias repercusiones en la interpretación de la realidad, de nuestras experiencias, que es el trabajo de nuestras creencias, al asignarle significado a la información decodificada.

En esta asignación de significados, entran en juego los contextos culturales, que condicionan la interpretación de las percepciones. Un mismo hecho es percibido de una manera diferente entre dos diferentes contextos culturales.

Las creencias sobre la manera como se debe juzgar un mismo hecho, entre las culturas orientales y occidentales, no es la misma.

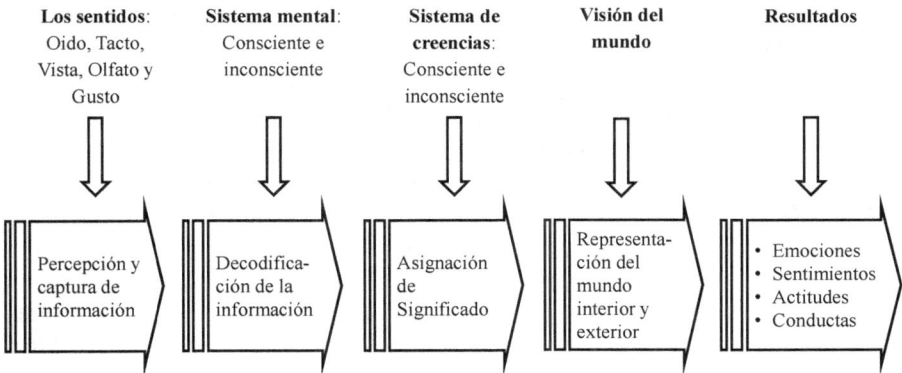

Los sentidos:	**Sistema mental**:	**Sistema de**	**Visión del**	**Resultados**
Oido, Tacto, Vista, Olfato y Gusto	Consciente e inconsciente	**creencias**: Consciente e inconsciente	**mundo**	

Percepción y captura de información	Decodifica-ción de la información	Asignación de Significado	Representa-ción del mundo interior y exterior	• Emociones • Sentimientos • Actitudes • Conductas

Para que el modelo de decodificación sea lo más objetivo posible y para que nuestro sistema de creencias funcione, independiente de lo bueno o malo que sea, debemos tratar de especificar la información que lo alimenta, completar la información faltante y clarificar cualquier distorsión. Eso se logra de una sola manera: cotejando la información con los hechos.

Cuando nuestras creencias le dan un significado a la información de nuestras vivencias, es decir, a nuestras experiencias, creamos una visión del mundo, una representación de lo que creemos que es ese mundo ya sea nuestro mundo exterior o nuestro mundo interior. Esta es nuestra versión del mundo, que puede ser diferente a lo que realmente es. Si nuestra creencia nos indica que somos incapaces, vemos nuestro mundo interior como limitado y falto de recursos para afrontar el mundo exterior, lo cual nos lleve a pensar que el mundo exterior es un mundo difícil, un mundo que nos supera. Con esta visión del mundo afloran nuestras emociones, tal como la depresión, nos sentimos inválidos y con una actitud negativa con la vida, que se traduce en conductas de aislamiento, de evasión de afrontar la vida.

Igualmente, tenemos la posibilidad de que una experiencia que tuvimos en la cual no logramos los objetivos perseguidos, la decodifiquemos como un intento de hacer algo específico y le demos el significado de ser un paso necesario y natural de nuestro éxito. Nuestra visión del mundo será positiva, será de un mundo interior donde no existe la derrota sino la experiencia, será de un mundo exterior lleno de posibilidades en el cual con la experiencia se logra la perfección. Nuestra emoción será alegría al saber que hay que cambiar algo de lo que estamos haciendo y por ahora, al menos lo hemos identificado. Nuestro sentimiento será de alerta continua para superarnos diariamente. Nuestra conducta nos llevará a tratar de hacerlo una vez más, pero ahora haciendo los ajustes necesarios, fruto de la enseñanza de la pasada experiencia.

Para nosotros no existe sino una realidad, la que nosotros visionamos ya sea la negativa o la positiva, pero que de cualquier manera es coherente con nuestras creencias y a su vez, nuestras creencias son coherentes con nuestros valores y nuestros valores son coherentes con nuestra vida. Pero cuidado, coherencia no significa ni bueno ni malo, ni correcto ni incorrecto. Coherencia significa que se corresponden.

Vemos que un mismo hecho nos puede llevar a dos lecturas completamente diferentes. En la cumbre de nuestra elaboración mental podemos tener la visión de un mundo malo, peligroso, injusto, temerario, difícil o un mundo bueno y seguro, en el cual existen peligros. Este mundo será justo en la medida que busquemos que así lo sea, sensato para los prudentes y no fácil pero posible de dominarlo, para el que se lo propone.

Nuestras creencias afectan tanto negativamente como positivamente toda nuestra existencia. Están comprometidas con nuestra salud, nuestra creatividad, nuestra espiritualidad, nuestro desarrollo intelectual y nuestro comportamiento, en otros muchos aspectos. Nuestras creencias se han venido formando desde nuestra niñez y seguirán evolucionando hasta que biológicamente dejemos de funcionar.

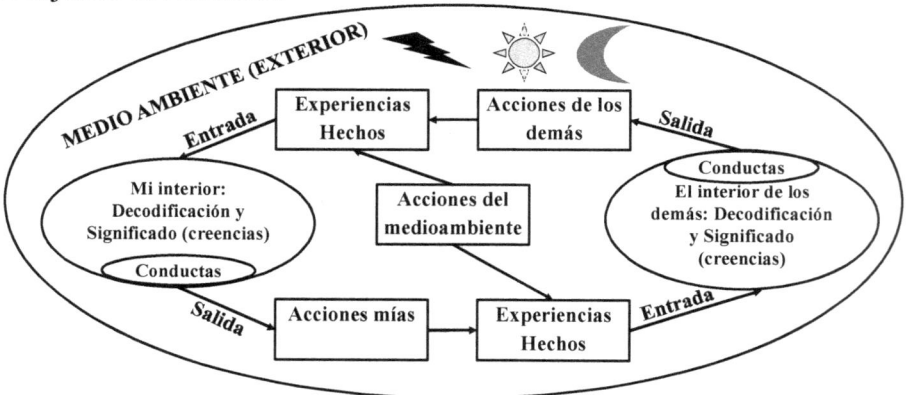

En la interrelación existente entre los seres humanos, la conducta de los demás convertidas en acciones, hace parte de nuestro mundo exterior y de igual manera, nuestras conductas convertidas en nuestras acciones, hacen parte del mundo exterior de los demás. Entonces, en la forma como yo trate a los demás, lo cual se traduce en mis acciones para con los demás yo podré esperar e incluso reclamar que me traten a mí. Si le agregamos a esto el factor de la empatía, se diría que en la medida que yo me ponga en los zapatos de los demás y los trate como a mí me gustaría que me tratarán si yo estuviera en su lugar, la relación entre mi SER y el SER de los demás, debería ser mucho más balanceada que, si yo solo pienso en lo que yo quiero, en lo que yo necesito, olvidándome de lo que pasa con los demás.

Nuestra cultura occidental unipersonal, en la que cada uno solamente vemos por nuestros intereses, nos lleva a que nos habituemos a tener siempre las manos y los brazos abiertos para recibir, pero la mano cerrada en forma de puño para dar. El egoísmo ajeno hace parte de toda esa información que nuestros sentidos perciben, pero nuestro egoísmo también hace parte de la información que los demás perciben. Creemos que solo nosotros tenemos derechos, necesidades y que lo merecemos todo, pero no aceptamos que los demás tengan la misma creencia.

Nuestras creencias son evaluadas como falsas o verdaderas por otras personas, independientemente que hayan sido construidas por nuestro conocimiento o saber o por nuestro aprendizaje cultural. Además, las creencias son categorizables y ordenables de acuerdo a la importancia que nosotros le demos, lo cual permite que las más fuertes, las que sostienen nuestra vida, tengan un gran significado y coherencia con lo que somos, con lo que creemos que son los demás y lo que es nuestro medio ambiente o mundo exterior. Aquellas creencias que son fuertes, tanto para nosotros como para los demás, son las que permiten y facilitan las relaciones socioeconómicas y políticas de la sociedad, independientemente que dichas creencias sea falsas o verdades o estén en lo correcto o no.

Las creencias personales, aquellas que no necesariamente tienen la misma fuerza e importancia para los demás, son las que explican porque el medio ambiente tiene una afección diferente para cada persona. Un mismo fenómeno de la naturaleza, tal como la lluvia, es decodificado y le es asignado un significado de forma diferente por dos personas que están físicamente localizados en el lugar donde la llovizna cae. Uno puede ver la llovizna como una bendición, pues es una valiosa ayuda para la agricultura ocumo un simple evento de la naturaleza sobre el cual no podemos tener injerencia alguna. La otra persona, puede ver la llovizna como una maldición, como una tragedia, como algo que le va a dañar el día, aunque la llovizna no tenga ningún poder para hacerlo. Así podemos ver que no son los hechos o experiencias que vivimos las que nos afectan directamente, sino que es la forma como nosotros las interpretamos, las asumimos y las utilizamos en nuestra vida.

Dada la certeza y la importancia que le demos a una creencia, su cambio puede ser un proceso complicado o simple. Muchas de nuestras creencias no han pasado por el filtro de la comprobación, la confrontación con los hechos que las sustentan. Han sido transmitidas por la cultura sin que ello haya dado paso a la mera duda sobre su validez. Es tal vez este punto, el de la validez, el que permite la existencia de creencias limitantes, que toman lugar y posición en nuestra mente, como verdades reveladas no dignas de comprobación.

Las creencias las aprendemos, las construimos, las modificamos, las usamos y las ponemos a prueba para evaluarlas, convirtiéndose junto con los valores, en límites mentales del accionar humano, que nos cohíben invisiblemente a sobrepasarlos, siendo guardianes y socias de nuestra buena vida o cómplices y socias de nuestra mala vida.

Al ser camisas de fuerza mental, solo la calidad de su material y la firmeza con la que las asentemos en nuestra mente, nos asegurarán que cumplan con su objetivo ya sea positivo al ayudarnos en nuestro crecimiento humano o negativo, al limitarnos, paralizarnos o simplemente desviarnos del camino correcto. Es así como las creencias se convierten en nuestro motor interior que nos ayuda a potenciar nuestras vidas, abriéndonos la puerta al mundo ilimitado de nuestras capacidades, dándonos razones para no parar, dándonos identidad para afrontar la vida o en caso negativo, apagándonos los motores de nuestra vida y empujándonos al hueco oscuro de la incapacidad, la desesperanza y la derrota.

Nuestro cerebro solo puede pensar como le hemos enseñado a que piense o como otros han modelado nuestro cerebro para que piense de determinada manera, sin que ni siquiera nos hallamos dado cuenta de ello. De cualquier manera, todo lo que tenemos en nuestra mente, es fruto de algún tipo de programación. Lamentablemente para el ser humano, éste es programado durante los primeros años de su vida, sin que pueda hacer nada por evitarlo y aunque puede evitar ser programado en el resto de su vida, en la mayoría de las veces no hace nada para evitarlo, debido a que ni siquiera se da cuenta que está siendo objeto de programación. Tener consciencia no es suficiente. Usarla es tal vez más importante.

La formación de las creencias obedece a múltiples factores y actores, tales como nuestra educación formal y la no formal, la vivencia diaria, las experiencias, los medios de comunicación, nuestros padres, nuestros profesores y nuestros héroes de la TV, entre otros. Aquellas creencias que son parte de nuestros hábitos ya se han asentado en nuestro inconsciente y por ello hacemos uso de ellas sin incluso darnos cuenta. Sobre otras, aparentemente tenemos control consciente y las aplicamos de acuerdo a nuestra conveniencia.

Al ser las creencias potencialmente aprendidas, particularmente durante nuestras primeras dos décadas de vida, los maestros y guías que tengamos en dicho proceso de aprendizaje, junto con las experiencias vividas, marcarán la dirección en la cual nos impulsen nuestras creencias. Dado lo anterior, las creencias nos motivan y nos abren nuevas puertas del crecimiento humano, no llevan hacia adelante o no detienen o jalan hacia atrás.

Aunque la realidad es una sola para toda la humanidad, la realidad personal no lo es ya que es subjetiva. Cada ser humano percibe la realidad de acuerdo como los filtros de sus creencias se lo permiten. Esto es claro en el momento de las denominadas crisis económicas, que para unos significan el fin del mundo, mientras que para otros significan grandes oportunidades. Todo depende del algoritmo personal que utilicemos para decodificador la realidad exterior y convertirla en nuestra realidad interior. Si la conversión de dicha realidad invalida nuestras creencias, nos sentimos vacíos y apabullados, aunque la realidad exterior no haya cambiado para nada.

Nuestras creencias pueden ser moldeadas de acuerdo a nuestras necesidades, algunas veces para liberarnos de los límites imaginarios creados en nuestra mente por las creencias que tenemos, otras para interpretar o decodificar de una mejor manera la realidad tanto interior como exterior. Podemos querer eliminar los límites para no sentirnos culpables de nada de lo que hagamos, para que el mal sea coherente con nuestras creencias o también para quitarnos de encima los limitantes que no nos dejan hacer el bien, tanto para nosotros mismos, como para otros.

Al ser personales las creencias, su modificación debería solo ser derecho de nosotros mismos, especialmente a través de la reflexión y la experiencia, sin embargo, cuando nuestras creencias están hechas de materiales malos y asentadas en tierras movedizas, puede pasar que agentes externos, tales como personas o medios de comunicación, logren cambiarlas sin que haya reflexión y experimentación. La razón por la cual deberíamos de cambiar nuestras creencias, es la expansión de nuestra vida, contraria a su limitación o su contracción.

A medida que ganamos años perdemos flexibilidad con respecto a nuestras creencias. Con los años nuestras creencias se van volviendo más rígidas y nosotros más obtusos y menos reflexivos. Esto lleva a que muchas de nuestras creencias, que se han vuelto absolutas, la sigamos utilizando y a falta de reflexión sobre ellas, tratamos de reflexionar sobre nuestros resultados. A menudo nos preguntamos por qué las cosas no nos salen de la manera como esperamos, sin pararnos a pensar porqué estamos haciendo lo que hacemos.

Dado que nuestras conductas convertidas en acciones, son observables e incluso en algunos casos medibles, en muchas ocasiones nos centramos en cómo cambiar nuestras conductas, olvidándonos que las conductas fueron precedidas la visión que tenemos del mundo, que a su vez fue precedida por nuestras creencias, las cuales no son medibles ni observables, ellas trabajan a otro nivel, a nivel mental. En este sentido, se puede decir que las creencias son potenciales predictores de nuestras emociones, sentimientos, actitudes y conductas y que, a la vez, éstas reflejan nuestra visión del mundo ya sea la exterior o la interior.

Esto nos hace vulnerables a que nos manipulen, especialmente cuando otros saben más de nosotros mismos que nosotros mismos. Cuando otros hacen el trabajo que nosotros no hacemos, el de conocernos a nosotros mismos, lo cual es siempre posible por medio de la reflexión consciente de los significados que le damos a cada cosa de nuestra vida. Los medios de comunicación son potenciales fabricantes de valores y creencias falsas y amañadas, lo mismo que del cambio de creencias cuando a los que nos gobiernan les conviene. Claro está, que esto mismo lo hacen nuestros padres, nuestros educadores, nuestros guías espirituales, nuestros amigos y nuestros familiares.

La primera tarea que trata de hacer una campaña de publicidad, es la de crearnos una nueva creencia sobre lo que hace y no hace el producto que quieren promocionar, sin importar que lo que le da sustento a la creencia, sea falso o verdadero. Es así como de la misma manera que se nos vende un producto de limpieza, se nos vende la felicidad, el orgullo patrio, el prestigio de una marca, la reputación propia, la honestidad de un político o el papel del estado. Todo esto pasa por el proceso de creer, creer que lo que dice la promoción es cierto e infalible.

Una de las herramientas con la que contamos para cambiar nuestras creencias es la conciencia, tener conciencia que nuestras creencias no nos funcionan. Es el llamado "darse cuenta". Si nos hemos dado cuenta de la necesidad de cambiar nuestras creencias, debemos formular una nueva creencia, la cual debe de ser coherente con lo que somos, con nuestra identidad. Formulada la nueva creencia, la forma de asentarla en nuestro interior, es con su uso, con la práctica, para que nos habituemos a ella. Convertida la creencia en hábito, pasará a ser otro instrumento de navegación del piloto automático de nuestra vida.

Ahora es aquí donde el hábito nos puede ayudar o perjudicar. Si la creencia es automática y positiva para nuestra vida, todo está bien. No importa que nosotros no manejemos conscientemente dicha creencia. Pero si la creencia es limitante, falsa o incorrecta y se dispara de forma automática, solo la reflexión consciente nos podrá ayudar a subsanar nuestra falencia con dicha creencia. El punto es, si tenemos la suficiente fuerza interior para poner en juicio nuestras creencias. La religión, la política, la autoridad, nuestros héroes y el patriotismo, nos han llenado de miedo moral y físico para que no intentemos poner en juicio las creencias que nos han vendido.

Aunque Dios y la religión son dos cosas totalmente distintas, se dice que no podemos dudar de la religión porque estaremos dudando de Dios y por ello seremos castigados en esta vida y la otra. No podemos dudar de las creencias políticas, porque dizque le estaremos faltando lealtad a nuestro partido político o estaremos volviéndonos comunistas. No podemos poner en duda lo que creemos sobre la autoridad, por que estaremos volviéndonos insurrectos sociales. No podemos dudar de lo que nos han hecho creer de nuestros héroes, porque le estaremos faltando lealtad a nuestra historia y nuestra constitución. No podemos dudar de qué es lo que realmente significa patriotismo, al indagar si las guerras en las que participamos, realmente defienden nuestra libertad o sencillamente son la excusa para una minoría, la que nos controla y maneja, se replete sus bolsillos con más dinero y poder.

Solo siendo libres interiormente, podremos hacerles frente a todas las creencias que tenemos que son limitantes, incorrectas, falsas y dañinas. La reflexión consciente implica la separación entre lo que creíamos y lo que los hechos nos muestran. También implican el uso de nuestra capacidad crítica para identificar cualquier engaño, cualquier mentira, cualquier verdad a medias o cualquier información manipulada que haya sido utilizada para crearnos o para que nosotros creamos nuestras creencias. La ignorancia es la más letal herramienta con la cual cuenta nuestra sabiduría, si la combinamos con la curiosidad y si curioseamos, pero también, es la principal herramienta que usan nuestros verdugos, para mantenernos dominados y hundidos en la pobreza intelectual.

En el mundo Google, entre el cielo y la tierra no quedan muchos secretos, fuera del secretismo que tienen algunas sociedades secretas, no es justificable que tengamos tanta ignorancia con respecto a cosas que afectan nuestra vida diaria. En momentos pareciera que estamos en la edad media y que la ilustración fue algo que nos pasó por la mente, en unos de nuestros sueños libertarios. Nos da miedo poner en dudas nuestras creencias, especialmente aquellas en las cuales nosotros no tuvimos nada que ver, es decir casi todas. Por un lado, las religiones nos enseñan a creer en el perdón, en el amor, en el respeto a los demás, pero por otro nos invitan al odio, a la guerra y a la intolerancia, todo en nombre de Dios, porque Dios nos perdona de antemano todo nuestro irrespeto a sus enseñanzas, siempre y cuando todo se haga por la supervivencia de la creencia y la fe en él.

Somos sujetos sociales de doble moral que hemos aprendido a bifurcar nuestras creencias, para que de igual manera podamos estar bien con Dios y con el diablo, pero no con ese diablo de cachos, capa roja, que vive en el fuego eterno, sino con el diablo terrenal que habita en nuestro ego y en el ego de los demás. Es el ego al que le responden nuestras creencias de doble moral ya sea para aplicarle una versión de la regla de nuestras creencias a los demás y otra versión a nosotros mismos o una versión a los enemigos de nuestros amigos y a nuestros enemigos y otra, a los amigos de nuestros amigos y a nuestros amigos. Pero esto no hace relación sólo a amigos y enemigos corporales, sino que también a los interiores, los que habitan en nuestro SER, a los más peligrosos.

Creemos que debe haber justicia, cuando los medios de desinformación no lo indican, pero no objetamos que esas mismas creencias de la justicia, se apliquen cuando los medios no lo dicen o nos invitan flagrantemente a hacerlo. Es como si hubiésemos tomado una foto borrosa de nuestras creencias y al ser borrosa, se nos dificulta seguirlas. Creemos que es malo robar, pero con algunas excepciones, como en el caso que la víctima es acaudalada y el robo es menor. Nos permitimos robarnos un lápiz en el trabajo todos los días, pues creemos que a nuestro empleador eso no lo hace pobre, pasando por alto nuestra creencia que robar no es bueno. Finalmente, el empleador no se empobrecerá y pronto la justicia divina o universal le devolverá con creces la pérdida, pero el ratero se empobrecerá interiormente y la misma justicia divina o universal se encargará de cobrarle el robo, pero lo peor, es que su cobro no será de la misma manera y en contra directa del ratero, tal vez su familia terminará pagando por su error.

Cambio de creencias

Así como nuestras creencias nos sirven de soporte para nuestra vida, le dan validez a nuestros juicios, nos aportan seguridad en nuestro actuar y nos permiten vivir en sociedad, también nos condicionan, particularmente las creencias de mayor peso e importancia para nuestra vida. Al condicionarnos nos inhiben, pues son un marco regulatorio interior. La inhibición funciona en aquellos casos en que necesitamos de los límites invisibles que bordean nuestra vida con la de los demás, siendo estos los bordes del respeto por el otro, donde termina lo propio y empieza lo del otro. En este caso se diría que nos inhiben a que lleguemos a afectar a los demás. La inhibición no funciona cuando secuestra nuestra creatividad, castra nuestro sentido crítico, confunde respeto con complicidad, trastoca nuestra solidaridad con el ser alcahuetes, mata nuestra singularidad para convertirnos en masa humana y en general, detiene y retrasa nuestro desarrollo humano.

Algunas de nuestras creencias son basadas en la inferencia que hacemos de nuestras experiencias pasadas, en evidencias basadas en hechos que parecen ser irrefutables y que por ello, se constituyen en verdades reveladas por la realidad, aunque realmente no lo son. Nuestra mente selecciona los datos que le conviene o que se ajustan a lo que nosotros queremos ver ya sea por nuestra conveniencia o por requerimientos culturales o de las personas que nos rodean, a los cuales les aplicamos los supuestos necesarios para que esa evidencia no representativa, sea completa y creíble y pase nuestras pruebas de fiabilidad.

Si el proceso de recolección de datos, procesamiento y análisis de los mismos, está viciado, la obtención de conclusiones también estará viciado. Es muy parecido con lo que pasa con un nuevo medicamento que no ha sido rigurosamente estudiado, pero ya ha sido aprobado para el uso en humanos. Muy seguramente, las autoridades de control de medicamentos solo lo retirarán del mercado, hasta cuando empiecen a morir los pacientes por su uso. Eso mismo nos sucede con las creencias, solo la reevaluamos hasta que empiezan a causarnos estragos en nuestra vida. No somos lo suficientemente rigurosos para confrontarlas con la realidad.

Siempre la reflexión nos permitirá tener mayor conciencia sobre nuestros pensamientos y razonamientos. Adicionalmente, entrar en dialogo con ellos los volverá más visibles. También indagar más sobre su validez nos permitirá establecer su verdadero valor frente a la realidad. Es importante dialogar con nuestras creencias, dejarlas que fluyan, que se clarifiquen. Luego debemos hacer la discusión de un experto que buscar confrontar las evidencias con los pensamientos, para poder sacar conclusiones. Las creencias no pueden ser confrontadas con las experiencias de otros, pues éstas hacen parte de nuestro SER y es el SER parte esencial de nuestra individualidad y nuestra unicidad, como seres irrepetibles y únicos en la faz de la tierra.

Para cambiar algo, debemos primero que nada identificar ese algo y saber porque queremos cambiarlo. A nivel mental a ratos sentimos que corre por nuestra mente mucha basura de información, que nuestros sistemas mentales de limpieza de información no alcanzan a ejecutar su trabajo o que alguna de las herramientas de procesamiento de información no está funcionando o están obsoletas. Una de esas herramientas son las creencias. Identificar las que no funcionan es nuestro primer reto y para hacerlo, debemos remitirnos a la visión que tenemos del mundo y a los resultados de la asignación de significado que hacen nuestras creencias a nuestras experiencias.

Si, por ejemplo, creo que todos los políticos son corruptos, muy seguramente tendré una visión del mundo como un lugar administrado por bandidos en el cual nunca se puede confiar en los políticos. Es difícil vivir tranquilo en este mundo mientras mi creencia sea así. ¿Pero cómo es posible que no haya un solo político honesto? Ahora que he seleccionado una creencia que quiero cambiar, debo llevarla al plano consciente reflexivo para desmenuzarla y analizar su contenido. Mi creencia que todos los políticos son corruptos es una generalización no válida y dañina para mi participación ciudadana. Es no válida porque hablar de 'todos' es una generalización imposible de cumplir. Igualmente debo de identificar como apareció en mi vida esta creencia, como ha venido operando, como conjuga con mis valores, tal como la confianza, como opera y a cuales resultados conductuales me induce.

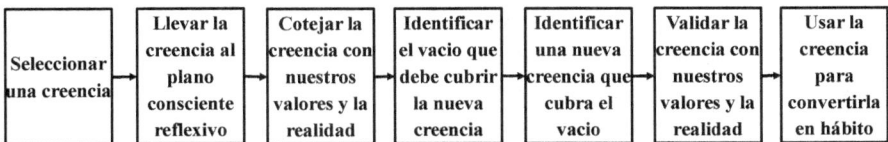

Seleccionar una creencia	Llevar la creencia al plano consciente reflexivo	Cotejar la creencia con nuestros valores y la realidad	Identificar el vacio que debe cubrir la nueva creencia	Identificar una nueva creencia que cubra el vacio	Validar la creencia con nuestros valores y la realidad	Usar la creencia para convertirla en hábito

Consciente de que esta creencia está desfasada de la realidad y de mis valores democráticos, ahora debo de buscar otra creencia que cumpla el papel de permitirme participar en la vida ciudadana sin tantas prevenciones. Una candidata para reemplaza mi vieja creencia puede ser creer que existe por lo menos un político honesto. Al creer que existe, estoy llenando el vacío que tenía con la creencia anterior para poder participar en la escogencia de un candidato para un puesto público. Mi nueva creencia está acorde con mis valores democráticos sobre la transparencia y la honestidad de nuestros funcionarios públicos. La mejor manera de usar mi nueva creencia, es investigando a los candidatos que están postulados para un cargo público, para así identificar al candidato honesto por cual potencialmente podría votar, para luego participar con mi voto en las correspondientes elecciones.

Si uso mi viejo valor y voto, me voy a sentir incoherente interiormente ya que a pesar de que pienso que no hay ni un político honesto, por honesto que sea mi candidato, mi creencia ya lo pre clasificó como deshonesto y mi voto será potencialmente hacia un político deshonesto.

Si uso mi nueva creencia y no investigo a los candidatos para asegurarme que el que me gusta y por el cual voy a votar es honesto, estaré siendo incoherente con mi creencia y con mi cambio de creencia, pues de alguna manera yo debo soportar la realidad con mi creencia. Si el político por el cual yo voté y de acuerdo a mis indagaciones me pareció honesto, pero en la práctica no lo fue, me sentiré defraudado con él, pero no conmigo mismo. Pero si yo no lo investigué, existiendo dudas razonables sobre su conducta moral y en su ejercicio mostro ser deshonesto, podré sentirme como un cómplice de él. Este ejemplo llama la atención de la responsabilidad que tenemos con nuestras creencias. No se trata de creer a ciegas en que existe por lo menos un político honesto y por ese fue por el que yo voté, sino de que la creencia esté respalda por la realidad a la cual tenemos acceso de conocer.

Dado que lo que nos afecta directamente no son siempre las experiencias que tenemos, traducidas en hechos reales, sino la forma como interpretamos o decodificamos lo que percibimos de esa realidad, lo mismo que el significado que nosotros le damos a través de nuestras creencias, es importante enfocarnos en lo que podemos controlar y es claro que no tenemos control del mundo exterior. No podemos controlar lo que los demás hacen. No podemos controlar la naturaleza. Solo podemos controlarnos a nosotros mismos, e incluso, solo una parte de nosotros mismos, lo que está en nuestro interior.

El mundo de las experiencias físicas, están al exterior de nuestras vidas y la decodificación y asignación de significado en nuestro interior. Es en estos dos últimos procesos donde podemos trabajar para que nuestra vida sea mejor. El tercer proceso interior es el de la visión del mundo. Solo la razón puede contrarrestar una errada visión del mundo. En el proceso de salida se cocinan los resultados: las emociones, los sentimientos, las actitudes y nuestra conducta, los cuales son en buena medida, dependientes de la decodificación de la información de las experiencias, nuestras creencias y nuestra visión del mundo. Si tenemos una decodificación corrupta y/o unas creencias tóxicas, seguramente nuestra visión del mundo estará distorsionada, corrupta y será tóxica y no con mucho esfuerzo podremos predecir qué clase de resultados iremos a obtener.

Si no sufrimos de deficiencias biofisiológicas, nuestros sentidos no captarán lo que realmente pasa en nuestro mundo exterior, pero nuestro sistema de decodificación es corrupto, la interpretación de los hechos también lo será. Si ese no es el problema tampoco, pero nuestras creencias son tóxicas, todo el significado que le demos a la información proveniente de nuestras experiencias, será tóxico también y nuestra visión del mundo será tan eficiente o deficiente como lo fueron nuestros sentidos al capturar la información de nuestras percepciones.

A estas alturas ya es poco lo que se puede controlar sobre nuestra conducta, ella solo reflejará todas las deficiencias que se hayan presentado en los procesos anteriores. Nuestras acciones solo exteriorizarán nuestra conducta y pondrán de manifiesto nuestras creencias. Ya nos estaremos diciendo que todo lo anterior suena sencillo de administrar, pero que está lejos de la práctica y esa reflexión puede ser correcta. El asunto es si sí estamos realmente interesados en perfeccionar nuestro interior, nuestro SER. Nuestros pensamientos automáticos e irracionales nos desbordan, pero ello sucede hasta cuando podamos tomar conciencia de que esto es lo que está pasando y nos comprometemos con la tarea del cambio.

Cualquier cambio que queramos hacer en nuestra vida, siempre partirá de un cambio en nuestro SER. La decodificación y la asignación de significado a nuestras percepciones, deben ser puesta en tela de juicio una vez somos conscientes que no nos funciona. Es importante empezar por confrontar los hechos con nuestra lectura de los mismos, nuestras creencias con la realidad de la vida y la concordancia de nuestras reacciones con todo lo anterior. Debemos reflexionar si nuestras reacciones son sabias, si están acordes o son racionales con lo que pasa y si sería posible reaccionar de una manera más sabia para que nuestra vida sea mejor.

Nuestros hábitos habitan en nuestro inconsciente y por ello están fuera de nuestro manejo, entonces si realmente queremos cambiar, debemos cambiar nuestros hábitos, para lo cual hay que volverlos visibles a nuestro consiente. Dicho en otras palabras, debemos volver consciente lo habitual. Por otra parte, si nuestros pensamientos automáticos, tales como nuestras creencias, tiene su vida propia y andan por ahí sueltas haciendo de las suyas, debemos pasar de la automaticidad de nuestros pensamientos a una reflexión consciente sobre ellos, es decir, debemos volver habitual lo consciente. Debemos ser capaces de parar, contrastar los hechos con nuestras lecturas y reflexionar si todo ello tiene sentido para nuestra vida, si es beneficioso y nos es funcional realmente.

Vivimos preocupados por muchas cosas que no podemos controlar y es así como pasamos la vida en el círculo de las preocupaciones, sobre asuntos que están en nuestro exterior, descuidando ponerle atención a nuestro círculo de influencia, a nuestro interior. Para que tratar de cambiar a los demás y al mundo que nos rodea, si no mucho lograremos, pero si nos desgataremos y mucho perderemos. Las pérdidas empezarán con una relación conflictiva con nuestro mundo exterior y se extenderán a la pérdida de tiempo y energía para cambiar lo que, si tenemos la posibilidad de cambiar, nuestro interior.

Recordemos que existen tres elementos en la vida: nosotros, los demás y el mundo que nos rodea. Si cambiamos nuestro interior, cambiaremos nuestra conducta y cambiando nuestra conducta, cambiaremos nuestra relación con los demás y con el mundo exterior. Entonces cualquier cambio positivo en nosotros mismos, se reflejará en un cambio positivo en los demás y si cambiamos nosotros y cambian los demás, lograremos cambios en el mundo que nos rodea.

Claro está que tenemos que fortalecer muchos de nuestros músculos mentales, tales como los que solidifican nuestra moral, nuestra ética y nuestros valores y tenemos que usar la plasticidad que tiene nuestro cerebro para cambiar sus conexiones neuronales, optando por nuevas y mejores rutas que reflejen de una manera más racional, fiable y funcional, lo que queremos realmente para nuestra vida. Pero si vivimos en un mundo cambiante y tenemos una vida que evoluciona, que puede ser objeto de la perfección, todo lo que queramos hacer para mejorarnos no es una tarea solamente de ahora, del momento, de la circunstancia, es una tarea de por vida.

Nunca haremos un viaje si no definimos de donde partiremos y a donde llegaremos, Pero nunca haremos un viaje si no nos paramos en el punto de partida y empezamos a viajar. Tal vez no avancemos como esperábamos, tal vez no lleguemos tan rápido como esperábamos, pero ya estamos viajando. Tratar es el primer y más importante paso que debemos hacer, en nuestro viaje diario y continuo hacia la búsqueda de nuestra perfección. Debemos partir hoy y ahora con lo que somos y debemos tratar de mejorarnos como seres humanos de ahora en adelante y por siempre, mientras pertenezcamos a ese grupo privilegiado que existe en la faz de la tierra que se denomina los "seres humanos". Si no tratamos, nunca lograremos nada, pero igualmente nunca sabremos si estábamos listos y capacitados para cambiar, para mejorar.

De la misma manera como estamos disponibles para recoger los premios y laureles fruto de nuestras acciones positivas y que generan buenos resultados, debemos ser responsables por los malos resultados que nuestras acciones erradas causen. La responsabilidad nos libera del yugo de la dependencia de otros y nos da la verdadera potencialidad que tenemos, pero que no habíamos descubierto y/o utilizado por estar escondiéndonos y justificándonos en las acciones de los demás. La mayoría de las responsabilizadas que les achacamos a los demás con respecto a nuestra vida, pertenecen al pasado, pero solo vivimos en el presente y es aquí y ahora que debemos responder por nosotros mismos y por nuestras acciones.

Las creencias limitantes

"Una creencia no es simplemente una idea que la mente posee, es una idea que posee a la mente."

Robert Bolt

Para entender las creencias limitantes, basta con conocer las creencias potenciadoras. Estas últimas son las que nos dan la energía necesarias para el diario vivir, nos ayudan a ser responsables, facilitan nuestra congruencia entre nuestras emociones y nuestro comportamiento, nos inducen a obtener siempre ganancias de los fracasos, nos impregnan de confianza y afianzan nuestra seguridad personal, nos estimulan para establecer nuestras metas y nos clarifican la factibilidad de ellas, facilitan nuestras relaciones con los demás y consistentemente cooperan con nosotros para el logro de nuestras metas. Las creencias limitantes hacen todo lo contrario.

Al igual que el artista trabaja, trabaja nuestro perfeccionamiento. Le daremos vida a nuestra vida pintándola de valores, creencias, señalando caminos, estableciendo metas y haciendo lo requerido para que lleguemos al lugar deseado. Es algo así como pintar un cuadro. Todo será valor agregado. Por otra parte, seremos escultores de nuestra vida, quitándole a nuestro interior todo aquello que no sobra, como la envidia, el resentimiento, los malos hábitos, la arrogancia y la baja estima, entre otras cosas, para descubrir el verdadero SER que se esconde detrás de todas esas imperfecciones. Pintando lo que queremos y esculpiendo nuestro interior, siempre viviremos una vida de perfeccionamiento y siempre iremos logrando los resultados a los cuales les hemos apostado.

Al lado de nosotros siempre estarán presentes artistas expertos en sabotear nuestra obra de arte, nuestra vida. Esos artistas nos pintarán una vida limitada, en la cual no hay merecimiento, no hay capacidad y no hay SER suficiente para afrontar la vida. En nuestro dialogo interno aparecerán pensamientos irracionales, que podemos darlos como válidos una vez aparezcan en nuestra mente. Son pensamientos automáticos y negativos, de corto contenido pero poderoso y negativo mensaje, que tienen como objetivo paralizarnos y limitarnos. Estos pensamientos hablan mal de nosotros, tratándonos de estúpidos, de incapaces y de aburridores, entre otras cosas, buscando darle un sinsentido a nuestra vida.

Hay que estar alerta con los pensamientos irracionales, pues no están respaldados por los hechos o la realidad exterior, son involuntarios, son exagerados y muy dramáticos y lo único que nos generan es un malestar emocional. Parten de un acontecimiento disparador o activador ya sea mental o interior o exterior, que es evaluado subjetivamente. Una vez están activos, son decodificados para que nuestras creencias le den un significado, que a su vez pueden ser irracional también, es decir, no basadas en hechos lógicos. Si la decodificación no tiene altos niveles de exigencias con nosotros mismos o con los demás, podemos terminar ansiosos y deprimidos, lo que finalmente nos conducirá a conductas autodestructivas.

Cada pensamiento automático y negativo requiere ser tratado de una forma severa. Primero debe ser confrontado con los hechos. Segundo, se debe establecer racionalmente sus distorsiones. Tercero, debe ser cambiado por pensamientos que se ajusten a la realidad.

Las creencias limitantes no son otra cosa que creencias que disminuyen nuestro potencial y condicionan nuestra existencia. Son creencias que regulan negativamente toda nuestra existencia ya sea en el amor, el éxito económico, la felicidad, la confianza en sí mismo y en los demás o nuestras verdaderas capacidades. Las creencias limitantes se convierten en una cárcel imaginaria, abarrotada por falsas ideas sobre nosotros mismos, los demás y el mundo que nos rodea, pero no una cárcel cualquiera, una cárcel cómoda que nos incomoda.

Las limitaciones autoimpuestas no necesariamente bloquean directamente nuestros alcances, sino que también lo hacen indirectamente, a través de mecanismo de perfeccionamiento a todo nivel, quitándonos la posibilidad de aceptar que somos seres humanos que podemos errar o de aceptar que los demás puedan errar o aceptar que el mundo es menos perfecto de lo que quisiéramos que fuese. Entonces la asignación de significado a la información de nuestras experiencias, es tan estricto y poco humano, que solamente actuaremos o aceptaremos la actuación de los demás cuando sea perfecta. De esta manera desarrollamos fobia emocional a cualquier descontrol emocional, fobia a los conflictos, a la existencia de cualquier discrepancia, nula tolerancia a la imperfección de nuestro desempeño y no aceptación del mundo real como lo es, no como lo recreamos en nuestra mente.

Las creencias limitantes paralizan nuestra existencia y no permiten que podamos mejorar o perfeccionar nuestra vida. Es familiar escuchar que es que "somos así porque así somos y no hay nada que hacerle, gústele al que le guste". También nos hace creer que somos seres endebles ante la naturaleza ya sea por los fenómenos climáticos, por la herencia biológica, por la acción del hombre o en la mayoría de los casos, por la capacidad de nuestra mente de inventar problemas para complejizar más la vida, en cambio de inventar soluciones para facilitar más nuestra existencia. Nos volvemos más cuadriculados que el televisor, desconfiados de nosotros mismos y de los demás y somos miedosos de un mundo cada vez "más peligroso".

La mala asignación de significado que hacen nuestras creencias limitantes nos llevan a concluir que nuestros errores no hacen parte del camino a nuestro éxito, sino que son fracasos irreversibles para nuestra vida. Que vivimos en una total escasez de recursos y que no hay posibilidad de crear los que hagan falta. Las creencias limitantes nos crean un mundo sin opciones, un mundo que desconecta nuestros pensamientos con nuestras acciones y nuestras acciones con nuestros objetivos y usa la suma aritmética para adicionar las partes de un todo, olvidándose que la relación de las parte siempre es superior al todo.

La otra cara de la realidad, son las creencias potenciadoras, las que le dan un significado positivo a la realidad para permitir el desarrollo humano. Estos significados permiten y posibilitan que nuestros deseos se volverán realidad, que nuestras capacidades estén por encima de los requerimientos y que como seres humanos sintamos que nos merecemos lo mejor.

Las creencias potenciadoras responden a nuestra insatisfacción con lo que vivimos: lo que somos, lo que hacemos y lo que tenemos. También ponen en duda la validez de las creencias limitantes y nos empujan a evolucionar hacia adelante y no involucionar hacia atrás. Las creencias potenciadoras están acordes con nuestra realidad actual, no con la realidad de nuestro pasado.

Para cambiar nuestras creencias limitantes debemos ir una por una. Identifiquemos la creencia limitante. Identifiquemos la creencia nueva y potenciadora. Identifiquemos como la nueva creencia se operará y que resultados esperamos obtener de su uso. Tomemos la creencia limitante y pasémosla por la máquina de destrucción de creencias absolutas e inoperantes, que no es otra que dejar de usarla para siempre. No creemos museos de creencias, pues siempre tendremos la tentación de volver a usarlas.

Usemos la nueva creencia hasta que se nos vuelva un hábito y de esa manera quede incorporada a los comandos del piloto automático que existe en nuestro interior.

Hay eventos que nos marcan y que indudablemente alterar nuestras creencias. Algunos son positivos y ayudan a que nuestras creencias también lo sean. Otros son negativos y ayudan a que nuestras creencias sean limitantes. El cambio de las creencias limitantes tiene que pasar por la disciplina del uso de unas nuevas creencias. Por buenas que sean las nuevas creencias, sino no se convierten en hábitos a través de su uso disciplinado, nuestra vida se desarrollará entre bandazos, unas veces hacia las creencias limitantes y otras hacia las potenciadoras.

Siempre corremos el riesgo de autoengañarnos, de no aceptar nuestros errores, de prevalecer tercamente con nuestros defectos. En ese camino algunas de nuestras creencias son fraudulentas, no responden a lo que realmente somos y queremos hacer. Tan fraudulentas también serán nuestros sistemas de decodificación de la información que perciben nuestros sentidos. Solo el verdadero compromiso con el perfeccionamiento de nuestra vida nos permitirá reflexionar profundamente sobre la necesidad de cambiar. En ese camino también tendremos que cambiar nuestras malas creencias.

Este proceso de perfeccionamiento humano va adquiriendo forma en la medida que somos responsables de nuestros hechos y nuestros resultados, no solamente para reclamar los premios de los buenos resultados, sino que también para poner la cara y responder por los malos. Durante las primeras dos décadas de nuestra vida, nuestra responsabilidad es limitada. Estamos en formación hasta los 20 años. Nuestro aprendizaje ha sido a través de la interacción social. Ya entre los 21 y 30 años de edad, el maní es a otro precio, nuestro kit de herramientas las ponemos a disposición de nuestras metas, siendo nuestras creencias una parte de éste kit.

Entre los 31 y 60 años las relaciones sociales y económicas se complejizan un tanto, nuestras responsabilidades crecen exponencialmente y solo de nuestras decisiones y acciones dependerá completamente nuestra vida. Nuestra prole podrá empezar a hacer uso de nuestro legado. Entre los 61 y los 75 años llevamos a cabo la transición hacia el retiro y empezamos a disfrutar del mismo.

Después de los 75 años, nuestra vida correrá entre la poca o escasa selectividad en el hacer que se nos sea permitida, entrando paulatinamente al periodo de la dependencia, siendo ahora adultos con algunas características de niños.

En cada etapa de esa la vida, nuestras creencias jugarán un papel relevante en nuestro desarrollo. Si nuestras creencias no son potenciadoras, sino que son irresponsables, nuestros resultados serán limitados. Tendremos que vivir pagando por nuestras malas decisiones. Una buena cura para ello, será siempre determinar a donde queremos llegar y que queremos lograr, pues mientras no sepamos a donde queremos llegar, no llegaremos a ninguna parte y mientras no sepamos que queremos lograr, con cualquier cosa debemos contentarnos.

Las creencias en la era de la modernidad

Las creencias siempre están encuadradas en un contexto ya sea histórico, de edad, de género, de grupo, espacial, geográfico, de costumbre, de operación de la vida diaria o muy posiblemente de la combinación de todos o algunos de los anteriores contextos. Es a eso a lo que podemos denominar el mapa donde tiene validez las creencias y al ser personales, la contextualización solo tiene validez y sentido en particular para cada uno de los seres humanos. Por ello, no es posible entender las creencias ajenas sino comprendemos previamente el contexto en el cual se desarrollan.

Igualmente, el contexto, le da sentido al mundo, e identidad a las personas, prescribe los límites de la percepción de los hechos, e invita a la acción. Pero no por ello es contexto es estático, sino que, al contrario, es dinámico como lo es la vida misma. Es por esto que una creencia descontextualizada es una creencia obsoleta o inoperante. Visto esto de otra manera, las creencias son válidas dentro de su contexto y el contexto está temporalmente representado por el ahora, no por el pasado, no por el que se pretende crear para el futuro.

El contexto se ha convertido en el caballo de batalla de la llamada "modernidad". Las actuales creencias son explicadas en la práctica a través del cambiante contexto socioeconómico y político. Ahora es posible que, dentro de un mismo contexto geográfico, las personas mayores sigan siendo fieles a sus creencias y aunque respeten las creencias de los jóvenes y no luchen contra ellas, no está dispuestos a cambiarla las propias, pues su contexto geográfico es el mismo de los jóvenes, pero su contexto moral no es necesariamente el mismo. Estamos pasando por un mundo en el cual las creencias pasan por una digitalización. No se trata que ahora se tenga gran variedad de información para acceder, distribuir o compartir, se trata que las creencias sobre asuntos como la privacidad han sido digitalizados.

La población en masa, sin identidad, tratada como objeto, es llevada a que crea en lo que ve, sin darse cuenta que lo que hacen los que manejan los medios masivos de desinformación, es hacerles creer que lo que se ve es un reflejo de lo que se debe creer. Entonces, primero se le deforma las creencias a la población y luego se les hace creer que la nueva forma de las creencias, son justas para juzgar lo que pasa en el mundo, aunque sobre ello, inicialmente la población no esté de acuerdo.

La educación de valores y creencias no institucionalizadas, la que se debe y se puede proveer en el núcleo de la familia, ha sido reemplazada por una cuadromanía y screenmanía sin precedentes en la historia de la humanidad. Todo empezó con el televisor. Ese aparato cuadrado que tenía como fin transmitirnos no solamente la vos, sino que también las imágenes de lo que acontecía en el mundo, lo mismo que servir de fuente de esparcimiento. Muy pronto la información del televisor nos mostró sus verdaderas intenciones, la de lograr que su forma fuese adaptada por nuestra mente, cuadriculando nuestra vida. Fue así como los límites de nuestro conocimiento del mundo se fueron reduciendo al tamaño del cuadrado del televisor y nuestra mente se volvió teledependiente. Con el tiempo el televisor ocupo los espacios dejados por los padres de familia quienes, por estar trabajando para pagar las cuotas del mismo ya no tenían tiempo para atender sus obligaciones como primeros educadores de sus hijos.

Al medio de comunicación que usaba el televisor, fue denominado la televisión y fue ésta la que paulatinamente nos fue volviendo de mente cuadriculada. Nuestros límites críticos y de creatividad se nos fueron reduciendo. La televisión ya venía con sus propios criterios para juzgar la vida ya no era necesario que utilizáramos los nuestros, e incluso ya no era válido usar los nuestros. Usar los nuestros era juzgado como muestra de comportamiento antisocial, pues como se nos iría a ocurrir pensar que nuestros criterios eran más acertados que los de la televisión, televisión creada, administrada y operada por expertos en todo. Así la televisión fue apoderándose de nuestra vida e indicándonos que estaba bien y que estaba mal, que era permitido y que no lo era. Poco a poco el contenido de la televisión fue trasladándose a nuestra mente y nos convertimos en teledependientes. Todo podría faltar en nuestros hogares, menos el televisor.

En las últimas décadas el hombre revoluciono al mundo con la invención de lo digital. El proceso empezó con otro aparato cuadrado y con pantalla, el computador. Pronto se le dio paso al Internet para fines comerciales, dejando de ser un privilegio de los ejércitos y el computador se convirtió en otro TV, pero con más versatilidad. Ahora se podía trabajar, se podría ver la televisión, se podía jugar, se podía comunicar con otros, se podía hacer de todo con el computador.

En la ruta del SER al TENER

Junto con el Internet vinieron los celulares y junto con los celulares vino una tripleta de medios a través de los cuales podíamos comunicarnos, educarnos, divertirnos y especialmente educarnos según los parámetros de una elite dominante.

Ya no somos los padres de familia los que formamos a nuestros hijos, es el mundo digital, con la televisión a su cabeza y lo hace todo el tiempo y de diferentes maneras ya sea con los dibujos animados, con el profesor Simpson o con series como Friends. El restante moldeado lo hacen los noticieros, quienes alientan a tener valores de doble moral, presentando contradicciones de juzgamiento diferenciado sobre un mismo hecho, pero sobre diferentes sujetos. Por ejemplo, mientras nuestro gobierno usa la tortura como medio de guerra, vive acusando de irrespetar los derechos humanos, a aquellos países que no son identificados como amigos nuestros y todo ello no lo van enseñando los noticieros.

Una herramienta de educación o mejor de deseducación, complementaria y a veces más importante que los otros medios, lo constituyó el cine. Hollywood nos fue llevando de la transición de lo inaceptable a lo aceptable. Así lo fue haciendo con la moda, las creencias religiosas, el cigarrillo, el aborto, las preferencias sexuales, la marihuana, la cocaína, las brechas sociales y económicas, el consumismo y en general, con todo lo relacionado con nuestra vida. Todos los medios de comunicación, algunos supuestos a cumplir un papel de medios de información, fueron revelando soterradamente sus verdaderos objetivos: mantenernos dopados, deseducados, desinformados, dependientes, empobrecidos intelectualmente y especialmente, entretenidos como niños para que no nos diéramos cuenta de lo que realmente pasaba. Lo peor del asunto es que su objetivo, ellos ya lo lograron y lo siguen manteniendo, a pesar de que nunca la humanidad había tenido la oportunidad de tener acceso a tanta información.

Pero como los valores que presentan Hollywood o la televisión van variando de acuerdo a los intereses de las elites que nos gobiernan, la educación en valores es un trabajo continuo del cual ellos se encargan muy bien. Anteriormente era la televisión quien particularmente jugaba un papel preponderante en ello, pero ahora son todos los medios, cada vez que lo que hacen es:
- No informar sobre la realidad.
- Recrear una realidad, diferente a la realidad.
- Matar nuestra creatividad y la de nuestros hijos.
- Matar nuestra capacidad crítica, nuestra razón, hasta volvernos en loros repetidores.
- Dirigirnos hacia un modelo de estilo de vida o mejor, de consumo.
- Destruir y crear reglas morales (robo, drogas, sexo, corrupción, mentira).
- Crear ídolos y héroes de la noche a la mañana.
- Convertir de la noche a la mañana en villanos a nuestros ídolos y héroes.

- Robarnos el tiempo.
- Empobrecernos cultural, mental e intelectualmente.
- Volvernos sedentarios.
- Destruir nuestra fuerza de voluntad.
- Destruir nuestra disciplina.
- Ayudarnos a ganar peso.
- Ponernos a competir con los demás y matar nuestra solidaridad.
- Crear insatisfacción permanente con lo que tenemos.
- Enfocarnos en apreciar y querer lo que no se tiene.
- Crearnos adicción y dependencia.
- Desplazar a los padres como educadores y líderes de la familia.
- Crearnos una forma de vida de aspiraciones materiales.
- Enseñarnos y adoctrinarnos a ser individuales, pero no singulares.
- Enseñarnos y motivarnos a hacer algo sin ningún esfuerzo: a desinformarnos recibiendo seudo información sentados en el sofá de la sala de la casa.
- Destruir nuestra autoestima cada segundo, para luego vendernos productos que nos "ayudan a reconstruirla", claro está que sólo por un momento.
- Hacernos sentir culpable de la vida que llevamos (escasez material y estética corporal).
- Darnos promesas falsas.
- Asociar a personas con productos y productos con valores.
- Hacernos creer que las corporaciones trabajan para ayudar a construir un mundo mejor, aunque los resultados parecen mostrar que trabajan para destruirlo.
- Convertirnos en consumidores activo para comprar, e inactivos para pensar en los efectos nocivos del consumo sobre el planeta.
- Crearnos un sentimiento de insaciabilidad con el consumo: rendimientos decrecientes de la satisfacción.
- Servir de medio de relaciones públicas del gobierno, para promocionar las guerras y las crisis económicas.
- Construirnos una lealtad con las marcas y deslealtad con nuestros valores.
- Vendernos promesas de recompensas sin satisfacción total.

Para darle credibilidad a toda la basura que los medios de desinformación nos viven proveyendo, se hace uso de los denominados "hombres de las credenciales", que son aquellas personas encargadas de promocionar y vender una versión de cualquier cosa que moldee nuestra mente de acuerdo con los intereses de las élites que están detrás del poder, es decir, de los que verdaderamente nos gobiernan. Estas personas tienen algún tipo de credencial que le da credibilidad a su discurso. Dentro de la lista de posibles credenciales están: conocimiento, experiencia, fama, posición, edad, pertenencia a un determinado grupo, raza, género, gremio al que representa intereses particulares, religión, localización, afiliación política, abolengo familiar y poder económico o político, entre otros. Cada "hombre de las credenciales" cumple con un papel, entre los cuales se destacan:

- El maestro moral: tiene la verdad revelada que se ajusta a los intereses de quien pague por ella.
- El idiota moral: su causa es usada por otros.
- El escudero moral: usa su causa y credibilidad como escudo para embaucar a otros en otras causas.
- El francotirador moral: su posición es inflexible con unos pero flexible con otros.
- El chacal moral: vive a la caza de nuevas víctimas y recibe pago cada vez que ataca a una víctima.
- El sicario moral: su posición se vende al mejor postor. Su víctima es pre seleccionada.
- El mercenario moral: su ataque se mantiene constante contra sus víctimas mientras le sigan pagando por hacerlo. No tiene que tener vinculación ideológica con el que paga.
- El traficante moral: vende su causa a diferentes mercados y públicos sin medir las consecuencias de sus actos.
- El asaltante moral: vende credibilidad y abusa de la confianza que otros depositen en él.
- El bloguero moral: agente moral a sueldo representando una causa de la cual no se enteran sus seguidores, pero de la cual rinde debe rendir cuentas a su patrón.
- El youtuber moral: crea información descontextualizada, amañada, parcializada y tendenciosa, sobre un tema que le interesa a su patrón.

En general, estos expertos teóricos, que en la mayoría de los casos no tienen ninguna experiencia en lo que nos quieren enseñar de la vida, tienen un precio. Su discurso, su pluma, su editorial, su libro tiene un precio y mantienen posiciones completamente opuestas a las que ahora nos venden, hasta que alguien paga el precio que ellos le ponen a sus ideas y a sus servicios. No importa que sean científicos, premios nobel, profesores con post doctorados, religiosos, políticos, actores, actrices o deportistas, todos tienen un precio y siempre hay alguien dispuesto a pagarlo. Lo importante es que tengan alguna credibilidad ante las masas de población pasiva, que están habidas de que alguien direccione sus vidas. De esta manera nos acostumbramos a tener ídolos para todo, pues es mejor hacer lo que dice el ídolo que hacer lo que me manda la conciencia y es mejor que nuestros hijos acaten a nuestros ídolos y a sus propios ídolos, que nos acaten a nosotros mismos. Tenemos tanta inseguridad interior, que porque no seguir a otros que han logrado la fama y fortuna que tanto deseamos y que nos ha sido esquiva hasta ahora.

Los medios de comunicación nos crean falsos debates sobre política, sobre la guerra, sobre el estado de la economía, sobre el clima y sobre el cambio de nuestros valores, entre otros muchos temas. El falso debate busca desenfocar las verdaderas preocupaciones que tiene la población de a pie, manipular sus creencias e imponer una forma de pensamiento condicionado a los intereses de las elites. Esto se debe a la falta de independencia de los medios, pues los mismos que nos gobiernan son los dueños de los medios y los que los sostienen, las grandes corporaciones, los secuestran con jugosos contratos de mercadeo.

La propiedad de los medios de comunicación está concentrada en corporaciones multinacionales, fondos de inversión y personas acaudaladas. Son estos mismos los que pagan por la propaganda que los medios emiten, adicionando otras grandes corporaciones y al gobierno. La información que nos comunican los medios pasa por los intereses de las corporaciones, los banqueros y el gobierno, representando solamente sus intereses y no el interés del público en general. El problema no es solamente de un conflicto de interés, es un secuestro a la información, lo mismo que todos los comunicadores que en ellos trabajan. Cada vez que un comunicador quiere informarle al público algo que nos afecta, éste es censurado y si insiste en su idea, será despedido. Los medios están llenos de obreros bien pagos, pero al final obreros que cumplen con la tarea que les ordenan sus jefes y que no es otra que mantenernos en la oscuridad desinformándonos. Los medios de comunicación no cubren las noticias, las encubren.

Los medios de comunicación hacen el papel de las agencias de publicidad para el gobierno, vendiéndonos guerras, falsos valores democráticos, crisis económicas creadas y mucho miedo. Una vez compramos todo lo anterior, especialmente el miedo, aparecen las reformas políticas y constitucionales a través de las cuales le damos poder ilimitado a nuestros gobiernos para que hagan todo lo que quieran en nombre de la democracia y la libertad. A su vez el gobierno privatiza el poder a todo nivel, con ejércitos de mercenarios privados, contratistas para que desarrollen las actividades de defensa, contratistas para que administren nuestra seguridad aeroportuaria y portuaria, para que administren nuestra información y en general, para que ejerzan el poder que el pueblo le ha dado al gobierno en pro de nuestra seguridad.

Dentro de las creencias digitales modernas está el de la eliminación de la privacidad. Creemos que ahora no tenemos para que mantener nuestra vida en privado y nos dejamos llevar por la regla despersonalizada de que todos los demás ya lo están haciendo. Cada vez que aceptamos los términos y condiciones, que aparece en letra pequeña, cuando instalamos una nueva aplicación a nuestro teléfono o computador, estamos autorizando a los fabricantes del software a que dispongan de nuestra información como mejor se les plazca. Después de aceptar los términos y condiciones de la aplicación, nuestra información es propiedad de otros y esos otros no solamente la publican, sino que se la venden a otros y esos otros, también hacen lo que se les antoje con nuestra información.

Falsamente creemos que Google y todas las redes sociales son gratis, son como hermanitas de la caridad digital. La realidad es que todos pagamos un alto precio por el acceso digital gratis y lo pagamos con nuestra información. Nunca sistema alguno de marketing había podido saber tanto de los consumidores como ahora lo sabe Google. Google sabe que comemos, que vestimos, como nos divertimos, como nos frustramos, que pensamos, que dirección ideológica tenemos, si es que la tenemos, como nos emocionamos y que nos emociona, que aberraciones tenemos y que afiliación y/o práctica religiosa tenemos. Pero para Google eso no es difícil. Nosotros le entregamos toda nuestra información y lo hacemos cada vez que entramos al Dr. Google para hacerle una consulta.

En forma parecida trabajan las redes sociales, aunque éstas al logran captar con mayor profundidad nuestro diario vivir, nos ofrecen una terapia digital a nuestro ego, permitiendo captar toda nuestra pobreza interior, la pobreza de nuestro SER, lo mismo que nuestros más bajos instintos para perjudicar al otro y nuestra desbordada creatividad para crear una falsa vida digital. Con las redes sociales nuestra relación es más íntima que la que tememos con Google. A la red le contamos todo, pues tenemos la esperanza que nuestra vida se vuelva viral y así podamos pasar del anonimato a la fama en un abrir y cerrar de ojos. Si para ello tenemos que mostrar aquellas partes a donde poco nos llega el sol o tenemos que poner esas partes en escena, hay que hacerlo, pues al final siempre podremos disculparnos con un "yo no sabía", "fue un accidente', "como humanos herramos", etc.

Cuando aplicamos a un trabajo nos damos cuenta cuando nos va a costar haber renunciado a la privacidad de nuestra información. El empleador nos puede rechazar como candidatos a la posición que hemos aplicado, debido a nuestra conducta inapropiada, deducción hecha a partir de las fotos y/o videos inapropiados que andan sueltos en la red y en los cuales aparecemos. Igualmente, nuestra información es vendida o compartida por la mayoría de las redes sociales con las agencias de seguridad de los estados, permitiendo con ello, a que nos controlen cada vez más.

Creer que lo que los demás hacen es de facto correcto es un error, error que se paga muy caro. Si no alteramos las viejas creencias sobre nuestra privacidad, que no han perdido validez, muy seguramente nos ahorraremos miles de problemas. Desafortunadamente para aquellos inocentes y/o ignorantes que piensan que todo lo vale por un minuto de fama en el ciberespacio, no han podido entender que en mundo Espectaculandia no todos los videos porno filmados disque sin nuestra autorización, van a ser publicitados y les va a lanzar al estrellato, aunque muy seguramente el resultado que van a lograr es que la vida los estrelle contra la realidad.

En el furor del uso de las aplicaciones de las redes sociales, todos quieren inventar y presentar su propia historia. La gente ha encontrado como Facebook les permiten crear su FakeLook. La competencia social no había contado con un instrumento tan falso y a la misma vez tan poderoso para inventarnos una nueva vida. Las redes sociales han permitido la fabricación de nuevas vidas llenas de falsas fotos, videos e historias y la creación de una comunidad virtual que aguanto hasta cuando aguante el Wifi. Si nos desconectamos de la red social, dejamos de existir y por preocupados que estén nuestros "fans", andaremos muertos hasta que no seamos otra vez agentes digitales.

Nuestra vida social ahora no dependerá de nuestras habilidades con el lenguaje verbal y el corporal, ni con nuestra mirada seductora, ni mucho menos de nuestra personalidad arrolladora, pues a quién le interesa eso si ahora ni se escribe, nos comunicamos con monosílabos y un sin número de símbolo vía texto. Ya ni siquiera llamamos para conectarnos con el timbre de la voz del otro, con solo ver los símbolos debemos saber cuál es el estado emocional del otro, cuáles son sus sentimientos, cuáles son sus intereses.

Hemos dejado de lado el bodymedia, nuestro cuerpo como medio de comunicación que, aunque también es susceptible de maquillaje, también es susceptible de su confrontación. Nuestro SER, nuestro interior, como nuestro cuerpo forman nuestro bodymedia. Este no depende del Wifi, anda con nosotros todo el tiempo, no requiere que esté conectado a una fuente de poder, está dotado de un rico y potente lenguaje, exhala pura y real energía todo el tiempo, es real a pesar de cualquier cirugía y maquillaje y lo más importante, es vivo, animado y humano.

En la red social, si se trata de nuestra imagen corporal, para eso tenemos Photoshop. Es sorprendente como ese valioso e interesante software no solamente permite desarrollar verdaderas obras de arte digital, sino que también hace milagros quirúrgicos estéticos, eliminándonos lo que no sobra de carne o aumentándonos lo que nos falta, estirando nuestra piel, eliminando nuestras arrugas y rejuveneciéndonos. Parece que pocos se han percatado que ese es realmente el mejor rejuvenecedor que ha inventado el hombre. Pero igualmente nos ayuda, a recrear propiedades que no tenemos y tal vez nunca lleguemos a tener, tales como carros lujosos yates y casas o nos podrá recrear vacaciones que nunca hemos tenido y que tal vez nunca tendremos. Al final, los únicos engañados son los engañadores. Alguien nos vera frente a frente y dará cuenta de nuestro engaño.

Pero las redes sociales van mucho más allá de lo imaginado, jugando un papel de verdaderos psicólogos, curando la timidez, el pánico escénico y las dificultades de socialización de una sociedad cada vez más unipersonal. Todo ello al alcance de un mundo FakeLook, en el cual todo lo podemos inventar y nada tendremos que comprobar, pues así se quisiera, lo que paso hace diez segundos ya es viejo ya está desactualizado.

En la ruta del SER al TENER

El desarrollo de las redes ha traído toda una nueva cultura, tal como lo de volver algo viral o romper el Internet. Realmente mucho de lo que aparece en las redes es viral, pero no en el sentido de la popularidad que pueda coger un determinado tema, sino en sentido de lo dañino que es para la mente humana. Si fuéramos un poco cuidadosos con lo viral, nos daríamos cuenta de cuanto de ello es falso, de cuanto ello solo está diseñado para introducir en nosotros una nueva creencia, que luego será utilizada con el siguiente tema viral, para que nosotros aceptemos cosas que en nuestros cinco sentidos no aceptaríamos.

Vivimos tan entretenidos con los juguetes digitales, con las redes, con este mundo digital mediático, que nos hemos abandonados a nosotros mismo para darle espacio al mundo digital para que maneje o mejor, manipule nuestras vidas. Perdemos tiempo precioso chequeando lo último viral, nuestras redes sociales y los sitios de la web dedicados al chisme, mientras que abandonamos cultivarnos internamente, cultivar nuestro SER, con información que también está en la red, pero que no es de interés viral.

Nuestras viejas creencias eran más dirigidas a la búsqueda de la buena vida, de una vida con el propósito de poder satisfacer nuestras necesidades, pero al mismo tiempo, de poder contribuir a que los demás satisficieran las de ellos, como parte esencial de la vida social en comunidad. Las nuevas creencias están dirigidas a cubrir no necesidades sino caprichos ilimitados y por ello nunca saciables, a gratificarnos ya y ahora y volvernos a gratificar a los pocos segundos, a brindarle culto a la personalidad ya no solamente de nuestros héroes patrios, sino que ahora a los héroes mediáticos que aparecen y desaparecen con igual velocidad, a competir socialmente por quien puede recrear una mejor vida a sabiendas que esa vida es construida artificialmente y por lo tanto es falsa, a querer no estar afuera de la red para no sentir pánico socio digital de no hacer parte del momento, a estar informados de lo banal y desinformados de lo importante, a hacer lo que sea por tener nuestro minuto de fama confiando en que en ese minuto nos paremos en el botón que nos disparará al mundo viral, a aceptar la falsa vida de los demás mientras ellos aceptan la falsa vida propia.

En esta desenfrenada carrera por la modernidad nuestra participación en la creación de la cultura es mínima por no decir que nula. Nada de lo nuevo proviene de una búsqueda del buen vivir. Estamos enceguecidos con el hecho que ahora nos podemos comunicar en tiempo real y alrededor de toda la tierra, olvidándonos que nuestra comunicación se ha vuelta tan virtual, tan liviana, tan sin sabor, que lo que realmente hacemos es mandarnos señas como lo hacen otros primates.

Es común ver en un restaurante a toda una familia sumida en sus propios celulares. Es corriente que a la hora de la cena nuestros hijos nos respondan desde la otra habitación de la casa, con un texto, que no pueden pasar a compartir con nosotros los alimentos. Vivimos "súper ocupados", somos personas ocupadas. No tenemos tiempo para nada. Pero todo esto es mentira. No estamos súper ocupados, estamos digitalmente entretenidos dejando que la vida nos la robe la tecnología. No tenemos capacidad mental para parar y reflexionar cuanto de la modernidad debemos utilizar, a qué ritmo debemos utilizarla y que lugar de prioridad le debemos dar al tiempo que le regalamos a la falsa vida tecnológica.

El hombre cada día está más solo. Cada día se reúne menos. Cada día se conecta más, pero esa conexión es virtual, no es real. Tarde o temprano nos desconectarán la red y no tendremos forma de comunicarnos. No tendremos un plan y un protocolo de emergencia para comunicarnos. Somos digital dependientes 100% y ni siquiera pensamos en cómo sería la vida sin la comunicación digital, en cómo era la vida nuestra y la de nuestros antepasados sin la comunicación digital. Pronto saldrán aplicaciones digitales con las cuales podremos crear nuestra propia red social, sin que requiramos que en esta red participen seres humanos. No seremos imprescindibles para estar en la sociedad digital.

Ya se decía arriba que debemos tratar de cambiar lo que podemos cambiar, no lo que sabemos que no podemos cambiar. Y debemos influir en lo que podemos cambiar. Y esa es precisamente la tarea que nos queda por hacer a cada uno. Esta tarea va encaminada en varios frentes.

- Primero no debemos reducir en lo posible la comunicación virtual entre los seres humanos. Vernos cara a cara y escuchar nuestras voces cotidianamente, sin la intermediación de un aparato digital, debe ser una prioridad.
- Segundo, no debemos permitir que el lenguaje se resuma a monosílabos y símbolos. Nuestros idiomas son lo bastante ricos como para sucumbir a tamaño despropósito.
- Tercero, debemos darle a la comunicación digital su justa importancia, es decir, sin abandonarla, utilizarla de la mejor manera posible sin que ello se vuelva una navaja de doble filo que nos vaya a terminar acuchillando.
- Cuarto, debemos vacunarnos contra todo lo viral. Esa vacuna la tenemos disponible y está en nuestra razón. Su antídoto es el sentido común. Debemos dejar de ser borregos de nuestros gobiernos y las corporaciones y tratar de usar Google, Apple o de Microsoft solamente para los fines de un buen vivir.

Ya todos nos estaremos preguntando cómo lograr lo anterior.
- Lo primero y más importante es retomar nuestra verdadera identidad como seres humanos pensantes, críticos, creadores de soluciones y con una posición de singularidad que nos hace irrepetibles.
- Segundo, debemos obligarnos a evitar que la red social se nos vuelva el lugar de reunión. Para ello debemos retomar la cafetería, la tertulia, la

librería, la sala de la casa, como los sitios en los cuales debemos socializarnos.

- Tercero, debemos evitar que nuestro espacio familiar se vuelva un espacio de zombis, aplicando reglas como compartir los alimentos en familia sin que se permita el uso de celulares, dialogar con nuestros hijos sin que se permita el uso de celulares y determinar el uso del tiempo compartido dentro de la vivienda familiar, con momentos determinados en los cuales no se permite el uso de aparatos digitales.
- Cuarto, programar con la familia actividades al aire libre que nos alejen del mundo de la pantalla: TV y computador y minimizar el uso del celular mientras estemos en dichas actividades.
- Quinto, usar la tecnología digital para todo aquello que nos beneficia el buen vivir, sin que ello vaya en menoscabo de nuestra esencia de seres sociales vivos, pensantes, expresivos. El punto es darle la dimensión que nosotros queremos darle a la comunicación digital y no que la comunicación digital nos ubique dentro de su esquema mercantilista y masificador.

La espiritualidad

"No eres un ser humano en busca de una experiencia espiritual. Usted es un ser espiritual inmerso en una experiencia humana."

Teilhard de Chardin

Para empezar a abordar el tema de la espiritualidad, es importante diferenciar la trascendencia, la espiritualidad y la religiosidad. La transcendencia es ir más allá de un límite determinado, por ejemplo, para dejar un legado que le aporte o contribuya con los demás o ir más allá del mundo natural. La espiritualidad es nuestra parte subjetiva que transciende la realidad, como el vínculo entre el ser humano y un ser superior, una divinidad o Dios, en busca del sentido de la vida. La religiosidad es la interpretación cultural de la espiritualidad buscando darle sentido a lo desconocido.

Con una visión religiosa se diría que, si el hombre puede desarrollar su espiritualidad, éste debe tener espíritu. El espíritu es el componente inmaterial del ser humano que le da aliento, valor, fuerza y ánimo a su vida y que le permite conectarse con lo sobrenatural. El alma es una entidad inmaterial también, que se considera como inmortal, la cual se separa del cuerpo del hombre en el momento de su muerte. Mientras el espíritu energiza la mente y el cuerpo del ser humano, el alma permite que el cuerpo adquiera vida, visión, oído, pensamiento y habla, inteligencia y emociones, voluntad y deseo, personalidad e identidad. El alma se activa con la energía del espíritu, pero cuando la energía se acaba, nos morimos, el alma se deprende del cuerpo y sigue hacia la inmortalidad. El espíritu es el eje vertical de la vida del ser humano, que le permite conectarse con Dios y el alma es su eje horizontal que le permite caminar en el mundo y ser inmortal.

La espiritualidad se caracteriza por la sensación de la unidad de todo lo existente, en el cual el yo como sujeto y el mundo como objeto no están, sin la existencia del tiempo y el espacio, sin que exista una causalidad de las cosas, pero si un sentimiento de paz al estar en contacto con lo sagrado. La unidad con todo lo existente incluye nuestro interior como una dimensión intrapersonal (paz), con nuestro exterior como una dimensión interpersonal (amor) y el más allá como una dimensión transpersonal (trascendencia).

En la dimensión intrapersonal nos reconciliamos con nosotros mismos, nos perdonamos a sí mismos y le damos sentido a nuestra vida. En la dimensión interpersonal nos conectamos con el otro, con la sociedad y con el planeta bajo relaciones de respeto, compasión y amor. En la dimensión transpersonal nos expandimos para traspasar la percepción limitada de la realidad que nos ofrecen nuestros sentidos y vamos más allá de la razón para sentirnos en la presencia de un ser superior o un espacio sobrenatural.

La espiritualidad presta atención a la voz interior, lo trasciende todo y lo hace verdadero, es divina, no tiene reglas, une lo interior (paz) con lo exterior (amor), hay que buscarla, se basa en la fe, es un nivel elevado del SER, se vive en el presente, en el ahora, libera nuestra consciencia, es un viaje personal, se relaciona con la práctica de la virtud, busca sentirnos salvos y liberados.

La Fe

"La fe es el poder de la fuerza imaginativa, que convierte la realidad en irrealidad y la irrealidad en realidad; es la contradicción directa con la verdad de los sentidos, es la verdad de la razón. La fe niega lo que afirma la razón y afirma lo que ella niega."

Ludwig Feuerbach

El hombre por naturaleza quiere alcanzar la verdad en todo, es un explorador nato de la verdad. Para ello acude a sí mismo, a su razón, a la ciencia por medio de la experimentación o al conocimiento o razón ajena. Cuando acude a la razón ajena, busca sapiencia y autoridad en la razón del otro, que le den confianza para creer en esa razón. De esta manera llega a la fe, a creer en lo que otros declaran como cierto, como verdadero, sin que cuente con la comprobación directa sobre la existencia de esa verdad. De esta manera el ser humano tiene fe en la existencia y funcionamiento de las cosas del mundo, en las otras personas, fe interpersonal y en lo sobrenatural o divino, fe en un ser superior. Cuando ese ser superior es identificado como Dios, se crea una fe interpersonal entre su humanidad y lo divino.

Cuando nos surge una duda tratamos de investigar para resolverla, en cuyo caso no podemos tener asentamiento alguno sobre la creencia que está en duda. Nuestras opiniones tienen algo de asentamiento de las creencias que ellas representan, siendo posible investigar para reforzar nuestra opinión y su creencia. La ciencia no plantea creencias, sino que plantea hipótesis y las corrobora con la experimentación. Una vez la hipótesis ha sido aceptada, la creencia en ella es firme. Cuando tenemos una evidencia de algo, no requerimos de experimentación para creer en lo que representa la evidencia, entonces la creencia tiene un asentamiento firme. La fe no requiere pasar por la investigación, aunque si puede mediar el conocimiento propio y ajeno sobre lo que representa su creencia, pero de cualquier manera la fe tiene un asentamiento firme.

La fe es la certeza de que algo en lo que creemos es verdad y creer significa aceptar con total convencimiento esa verdad, como si hubiese sido conocida directamente por nosotros. La fe la utilizamos en nuestro diario vivir. Tenemos fe en lo que nos dicen otras personas, tenemos fe en cosas que, aunque no entendemos, las damos como ciertas, tenemos fe en nuestros médicos, tenemos fe en la honestidad de la amistad de nuestros amigos, tenemos fe que el hombre fue a la luna, tenemos fe en que el mundo atómico existe, tenemos fe en casi todo, incluso en nosotros mismos y de todo lo que tenemos fe, casi nada lo hemos comprobado, lo cual no nos ha quitado la fe.

Si no tuviéramos fe, sí no creyéramos en nada o creyéramos en pocas cosas, sería humanamente imposible vivir. La fe está metida en toda nuestra vida. Buscamos a un notario para que dé fe pública de un documento nuestro, de una actuación nuestra. Vivimos más por fe que por nuestras creencias verificadas y depositamos la fe en los demás más de lo que conscientemente podríamos notar. La fe trabaja como un vínculo social para viabilizar, agilizar y operacionalizar las relaciones entre los seres humanos. Si nadie creyera en nadie la vida sería burocráticamente caótica. Tendríamos que estar probando todo lo que los demás son, lo que los demás nos dicen y tendríamos que estar probándole lo mismo a todos los demás. Incluso cuando tenemos dudas del comportamiento de otra persona, le damos el beneficio duda, es decir, seguimos creyendo o teniendo fe en el otro pesar de la duda.

En la búsqueda de la verdad, el hombre hace uso de la fe y de la razón, siendo entonces complementarias para su fin. Todo lo que el ser humano no puede resolver con la razón y que por naturaleza debe resolver, se lo deja a la fe, lo cual muestra que la ciencia solamente nos da cuenta de una parte de la realidad. Pero como el proceso de la ciencia es dinámico, en la medida que la ciencia de evidencias sobre aspectos de la vida del ser humano, que antes correcta o incorrectamente se explicaban por la fe, creeremos en la ciencia, pero seguiremos creyendo en la fe.

La existencia de la fe pasa por el acto del entendimiento, al aceptar que lo que conocemos es verdadero, independientemente de que lo que conocemos no lo hemos comprobado o corroborado físicamente. La fe funciona como el músculo mental de la creencia. Entre más ejercemos un acto de fe, más se nos incrementa nuestra creencia, nuestra fe. Cuando no ejercitamos el músculo de la creencia, el poder de ese músculo se debilita osa el músculo de la fe nos falla, la fe se deteriora, se debilita y hasta puede desaparecer.

Cuando nuestra fe se ha asentado lo suficientemente bien en nuestra vida, nuestra fe será absoluta, no subjetiva, no responderá a nuestros sentimientos ni emociones, no será relativa a lo que pase a nuestro alrededor, no se partirá o debilitará por ningún evento, se mantendrá siempre firme. Con fe se vive en la luz. Sin fe se vive en la oscuridad.

Ahora bien, si podemos aceptar que todo lo anterior es razonablemente cierto, la fe no responde a creencias religiosas, sino que la fe es algo que tenemos los seres humanos por naturaleza, entonces todos los seres humanos tenemos el poder de la fe, la cual la usamos en nuestro diario vivir sobre aquello que no vemos, no tocamos, pero damos por ciento que existe, que es verdad, que responde a nuestra fe.

Algunas características de la fe son:
- La fe se ejerce en libertad: la verdadera fe no nace, crece y subsiste en el miedo. No se puede tener fe por temor, por evitar una la culpa, por evitar el castigo, por conveniencia. La fe se ejerce con completa libertad y consciencia.
- La fe no es delegable: la fe nace, se desarrolla y crece al interior de nuestro SER y por ello no es posible delegar su construcción. Esto significa que la cantidad y el poder de la fe depende sola y únicamente del trabajo que cada ser humano lleve a cabo en su interior.
- La fe no es transferible: por mucha fe que tengamos, nunca podremos transferible ni siquiera un poquito de ella a otra persona. Podremos guiar a otra persona en el camino de la fe, como contribución humana para que la fe nazca, crezca o se desarrolle en ella. Igualmente, nadie nos podrá transferir una parte de su fe.
- La fe es inagotable: no hay límite en el uso de la fe. Por más fe que tengamos y usemos en nuestra vida, nunca podremos agotarla. Lo que se agota es nuestra paciencia y luego nuestra fe, cuando los tiempos de la respuesta de la fe no son iguales a nuestros tiempos.
- La fe no es medible: no es posible determinar cuanta fe tenemos. Podemos saber que tenemos o no tenemos fe y podemos sentir y sopesar que somos personas de fe, pero nunca podremos saber realmente cuanta fe tenemos. Si la fe no es medible, tampoco es comparable en términos de cantidad. Lo que sí es posible es notar que nuestra fe ha crecido o que hemos perdido parte de nuestra fe.

- La fe no es demostrable: solo cada ser humano a su interior puede saber si tiene o no tiene fe, pero nunca será posible demostrar que realmente la tenemos. La fe está situada en nuestro SER, en nuestra parte no visible de nuestra vida. Es posible que nuestras acciones puedan dar señales de la existencia de nuestra fe, aunque igualmente, con nuestras acciones podemos fingir que tenemos fe. Solamente cada uno en su interior, en la privacidad de su SER podrá dar cuenta de su fe.
- La fe nunca desaparece: es humanamente imposible vivir sin fe. Pueda que algunos seres humanos tengan unas formas de la fe y otras no, pero si no tienen fe en nada, sus vidas se paralizarían, pues deberían vivir probándose a sí mismos que son lo que piensan ser y probándole a los demás que son lo que dicen ser. Igualmente tendrían que tener la capacidad de probarlo todo, incluyendo tanto el diario vivir, como todo lo que científicamente otros han probado. Es posible que no tengamos fe en algunas cosas, en algunas personas o en Dios.
- La fe no se aparenta: si la fe no se puede ver, debido a que está al interior de nuestra SER, no es posible aparentar que la tenemos. Aparentamos las señales de la fe, con nuestras acciones le hacemos crecer a los demás que tenemos fe, pero nunca podremos hacerle trampa interior a nuestra fe.
- La fe no es monetizable: no es posible darle un valor monetario a la fe. La fe no se puede usar en ninguna transacción, ni con los congéneres ni con Dios.
- La fe no es negociable: no es posible recibir nada a cambio por nuestra fe. Es el poder de la fe la que nos permite que nuestros deseos a través de la ésta se vuelvan realidad. No es posible negociar la fe con un ser divino, con Dios. Los que tienen fe en Dios le piden con fe y Dios les concede sus deseos, lo cual no tiene nada que ver con la cantidad monetaria que éstos le hayan aportado a la religión que está relacionada con Dios. Tampoco podemos pedir descuentos o sacarle ventajas a una transacción comercial, por la fe que le tenemos a las cosas que están envueltas en dicha transacción o a las personas con las cuales estamos negociando.
- Los guías al encuentro de la fe: los sherpas o guías de la fe solo podrán acompañarnos al inicio del camino, pero no podrán acompañarnos al encuentro de la fe. Ningún guía podrá acompañarnos y/o guiarnos más allá de donde ellos mismos han logrado llegar con su fe.

La fe: nuestra fábrica de futuro

Otra forma de la fe, es la creencia que tenemos los seres humanos en que lo deseamos con la fe absoluta se nos va a cumplir. Es decir, el hombre cuenta con una máquina de crear su futuro, la máquina de la fe. Es una fábrica mental en la que podemos construir a través de nuestra visualización o recreación mental lo que deseamos con toda la fuerza de nuestra fe, que cotidianamente lo denominamos con todas las fuerzas de nuestro corazón. Es una fábrica que pone a trabajar nuestro deseo, nuestra imaginación, nuestra visualización del deseo y a punta de pura fe absoluta lo vuelve realidad.

Este es el punto más importante de la fe, su capacidad para fabricar nuestro futuro. Cuando tenemos fe absoluta, todo el universo se pone a nuestro servicio, para que todas las cosas se den y nuestros deseos se vuelvan realidad, lo cual no es otra cosa que la fabricación de nuestro futuro a punta de fe. Este es uno de los poderes que solo tiene el ser humano sobre la faz de la tierra. Ningún animal tiene esta capacidad.

Para que la fábrica funcione bien, nosotros debemos tener completamente claro que es lo que deseamos. No podemos tener una foto borrosa de nuestros deseos. No podemos construir una maqueta aproximada de nuestros deseos. No podemos pedir que los demás nos construyan nuestros deseos. No podemos copiar los deseos de los demás. No podemos pagar porque nos construyan nuestros deseos. La fábrica de la fe depende 100% de nosotros mismos.

De acuerdo a la capacidad que tiene nuestro SER, nuestra fe podrá construir nuestros deseos. Si tenemos un ser empobrecido, nuestros deseos también lo serán, Si tenemos un SER enriquecido, nuestros deseos también lo serán. Nuestra fábrica de deseos, nuestra fe, premiará a los seres más ricos y castigará a los seres más pobres, es decir, volverá realidad los inmensos deseos de los que tienen mayor fe, independientemente de lo la abundancia que ya tengan y volverá realidad, solamente parcialmente, a los deseos de aquellos que tienen una fe empobrecida, independientemente de las carencias que éstos tengan.

La justicia de la fe no aborda las necesidades o carencias ola abundancia. La justicia de la fe aborda el merecimiento que se le debe dar al que tenga verdadera e inquebrantable fe. Pero la riqueza de la fe no puede habitar en un SER interiormente pobre. La riqueza de la fe solo se deposita en un SER inmensamente rico en su interior. Un SER que ha podido descubrir que tiene la capacidad de fabricar su futuro, con solo definir con claridad y nitidez lo que desea y con poner toda su fe en que esto se hará realidad, ese futuro deseado se le volverá realidad.

El problema que se tiene con la fe es que no confiamos en ella. La vivimos craqueando y debilitando con nuestras dudas. Normalmente después de definir nuestro deseo y ponerle fe, le adjuntamos una suficiente dosis de duda y la trasladamos verbalmente con aquellas expresiones tales como "por así acaso", "por si las moscas", "de pronto", "sin embargo yo me aseguro", "tal vez se me dé", "por qué no intentarlo", entre otras, como si la fe se tratara de una lotería a la que le estamos jugando.

Otro elemento que nos juega en contra de nuestra fe, es que a pesar de que nuestra fe sea absoluta, nuestra impaciencia también lo es. Si no se nos dan las cosas a tiempo, abandonamos la fábrica de la fe o la cerramos. Cuando la abandonamos estamos dejando de tener fe absoluta. Somos implacables con el tiempo nuestro, aunque desconocemos el tiempo de la fe. El abandono se traslada nuevamente a nuestro lenguaje y utilizamos frases como "yo ya no tengo mucha fe en ello", "yo creía al principio, pero ahora no sé", "yo estaba seguro de ello, pero ahora no", "si se da bien", "no sé cómo pude creer en ello", "yo pensaba que eso sería rápido", entre otras.

Antes de que ponemos a funcionar la fábrica de futuros de la fe, contaminamos tanto nuestros deseos con lo que estamos viviendo que, nuestra fabrica empieza a funcionar a media marcha, con poco material y con los motores semi apagados. Entonces le ponemos tan poco poder a nuestra fe que ella nunca nos responde como nosotros quisiéramos. La fe no se alimenta de lo que vivimos, pues si así fuera, nunca existiría. Le ponemos tanta racionalidad a la fe de acuerdo a lo que hemos vivido, que consideramos realmente poco probable que nuestros deseos se hagan realidad. ¿Pero quién ha dicho que la fe depende de lo que vivimos?, pues si la fe es una fábrica de nuestros deseos, ella trabaja en tiempo futuro y nuestra realidad trabaja en tiempo presente. Entonces esperamos que lo que nos viene sea igual o peor a lo que ahora tenemos. Y lo peor, es que se nos cumple. Declaramos una profecía negativa o neutra sobre nuestra vida que, con el poder de la fe se autocumple. Se podría decir que utilizamos nuestra fe para que nada cambie para bien y mejor cambie para mal. Tenemos fe en que nuestra profecía o mejor nuestra premonición negativa, se nos cumpla.

Pero de igual manera podemos declarar una profecía positiva y ponerle el poder de nuestra fe para que se nos cumpla. En este caso sería una profecía buena que tiene el poder de conocer de antemano todo lo que nos viene y que se apoya en nuestra fábrica de futuro para que se vuelva realidad.

Por mucha fe que tengamos, si nuestros deseos no son claros, específicos, detallados, nunca lograremos lo que en el fondo de nuestro interior deseábamos. La visualización es la mejor herramienta del deseo. Esta nos permite darle las especificaciones claras a nuestro deseo. Es lo mismo que hacemos cuando vamos a comprar un electrodoméstico. Miramos sus especificaciones, las comparamos con otros y finalmente nos decidimos por aquel que tiene las especificaciones deseadas. Lo mismo debemos hacer con nuestros deseos. Debemos ser minuciosamente detallados con las especificaciones de nuestros deseos, para que la fábrica de futuro cree exactamente lo que deseamos y no lo que genéricamente produce la fábrica.

El SER que es rico interiormente tiene la capacidad de especificar claramente su deseo. El SER pobre interiormente es muy genérico, piensa que sus deseos no se van a cumplir y que por ello piensa para que gastarles tiempo a las especificaciones. Con cualquier cosa genérica que reciba estará bien, como si su fábrica de futuro fuera prestada, estuviera a la merced de otros, no tuviera la capacidad de fabricar cualquier deseo. Igualmente el SER interiormente pobre puede pensar que no se merece tener lo mejor, que sus deseos no pueden ser tan grandes como quisiera, que si nunca ha recibido algo mejor a lo que tiene, no se entendería porque ahora una fábrica de futuro podría proveer algo mejor.

Si bien es cierto que la tenencia de la fe es democrática, todos tenemos la misma posibilidad de tenerla, el desarrollo de la fe no lo es. La fe depende solo y únicamente de cada ser humano. No podemos poner una queja a la Agencia de Control de la Fe, sobre el tamaño y el poder de nuestra fe, basada en el tamaño y el poder de la de los demás. El alimento de la fe también es democrático. Todos tenemos la misma posibilidad de acrecentar nuestra fe. Pero la determinación y la tarea para que nuestra fe sea grande y poderosa, solamente dependen de cada uno de nosotros.

La fe no depende de nuestro nivel social o económico, ni de las propiedades materiales que tengamos, ni del sitio donde vivamos, ni de nuestra nacionalidad o género, depende de una decisión personal de tener fe y el tamaño y la capacidad de la fábrica de futuros, de nuestra fe, depende de la fe que tengamos en el poder de la fe. Si creemos solamente en lo que podemos ver, tocar o comprobar a priori, puede que sea poco probable que creamos en el poder de la fe o sea, muy poco probable que tengamos fe en la fe.

La fe tampoco depende de nuestro desarrollo intelectual, e incluso nuestra capacidad intelectual puede alejarnos completamente de la fe, al obligarnos a creer solamente en lo físico o comprobable. Por otro lado, la falta de desarrollo intelectual también puede llevarnos a alejarnos de la fe, al hacernos poco reflexivos sobre aquellas cosas sobre las cuales no tenemos dominio, no vemos, no tocamos, pero deseamos. Tanto el intelectual como el no intelectual pueden tener fe y a juntos les puede trabajar de igual manera. Ellos tienen la misma posibilidad de montar su propia fabricar de futuro y de darle tanto poder como cada uno quiera.

La fe no puede transmitirse. Lo que se transmite es la fe en la fe. Lo que se transmite es el conocimiento sobre el poder que tiene la fe, pero hasta ahí pare de contar. Si la fe se pudiera transmitir, la fe debería ser medible o cuantificable y no tiene ninguna de las dos propiedades. Entonces la fe es como el ser humano: única e irrepetible. Nunca se podrá comparar la fe entre dos seres humanos, a pesar de que se puedan ver los resultados de la misma, en algunas ocasiones.

La fábrica de futuro tiene dos grandes líneas de producción. Una intangible a los seres humanos, compuesta por todos aquellos productos que quedan depositado en nuestro SER, productos tales como nuestro cambio de conducta, cambio de la manera errada como vemos y administramos nuestra vida, cambio en la misma fe. La otra línea de producción es la tangible, es aquella que obedece a nuestros deseos que se materializan a nuestro exterior. En ambos casos la fe tiene poder, aunque trabaja de forma diferente.

En la ruta del SER al TENER

En la fábrica de futuro intangible entra en juego nuestra disponibilidad para el cambio, nuestro libre albedrío. Por buenos productos que elabore nuestra fábrica de futuro, si no abrimos la puerta de nuestra mente para que tomen posición dentro de ella, la fe no nos obligará a que aceptemos sus productos.

En la fábrica de futuro tangible, el poder de la fe pondrá de acuerdo a todo el universo para que conspire positivamente en favor nuestro. En este caso el peligro a que se enfrenta nuestra fe, es a nuestra duda de cómo podrá suceder todo eso que no hemos podido hacer físicamente nosotros por nuestra cuenta. La razón podrá paralizar los departamentos de producción de nuestra fábrica de futuro y al necesitarse que todos los departamentos de nuestra fábrica de futuro hagan lo suyo, será imposible que la fábrica culmine exitosamente su obra y nos encontraremos que nuestra fe solo nos dio productos sin terminar o tal vez no pudo ni siquiera elaborar un prototipo.

La razón es la principal enemiga de nuestra fe. Tiene la capacidad de convencer a nuestros ingenieros de nuestra fábrica de futuro, que lógicamente es imposible que nuestros deseos se vuelvan realidad. La razón entonces invita a toda nuestra planta de producción al paro, paro que no se levantará hasta que las condiciones que la razón ve como necesarias para que nuestros deseos se vuelvan realidad, no se cumplan. Pero como nuestra fábrica de futuro no trabaja con lo que existe, sino que crea sus propias soluciones, crea su propia tecnología, la razón puede llegar a ganarle la partida si nosotros se lo permitimos. Es ahí cuando debemos declarar con fe "yo no sé cómo, pero yo sé que se hará". Esta es la mejor profecía autocumplida que derrotará la razón.

Cuando pasamos de la razón, de la lógica propia, de nuestra intelectualidad y nuestra fe puede trabajar con sus propias herramientas y tecnología, la fe se puede ver condicionada por los resultados ajenos. Esto lo verbalizamos con frases como "pero eso no le funcionó a fulano", "sultanita con tanta experiencia no lo pudo hacer", "si aquel con tantos años acá no lo logro hacer", "si perencejo con tantas conexiones y amigos que tiene no pudo", "pero como yo soy nuevo en esto", "pero si ese va a la iglesia todos los días, no como yo", entre otras tantas. Parece que nuestra fábrica de futuro estuviera condicionada a las pobres fábricas de los demás o que el universo hubiese elaborado manuales estrictos de fiel cumplimiento por todas las fábricas de futuro o que los materiales de mi fábrica de futuro provinieran de la misma fábrica de la cual proviene la de los demás. Todo lo anterior está errado. Los resultados de nuestra fábrica de futuro, son completamente independientes de los fracasos que los demás obtuvieron en el pasado, en sus propias fábricas.

En un caso especial nuestra fábrica de futuros puede estar condicionada a los demás, cuando estamos tratando que nuestra fábrica fabrique productos para que sean usados y beneficien a los demás. Mientras los demás no abran la puerta mental, el libre albedrio, para que la fe haga su trabajo en ellos, toda nuestra producción no saldrá de nuestra fábrica, quedará bloqueada por los demás. Si los demás no tienen fe y no se predisponen para el cambio, la energía de nuestra fe no podrá conectarse con la energía de la fe de los demás. Si los productos de nuestra fábrica de futuros están direccionada a la vida exterior de los demás, ellos deben tener fe también, pues al final la fe es el poder de la energía interna que tiene el SER. Si la energía de uno es positiva y la del otro es negativa, éstas al hacer contactos se repelerán, no se atraerán. La fe respeta el libre albedrío tanto propio como ajeno.

Nuestra fe como fábrica de futuro trabaja en un plano sobre natural, en el cual no se pueden encontrar razones lógicas para explicar el por qué todas las fuerzas del universo se alían solamente para que nuestros deseos se vuelvan realidad. Pero la fe funciona en otro plano sobre natural, el de la creencia en un ser superior, en un Dios que tiene poderes inigualables a cualquier otro ser humano.

El enfoque con el cual se arma la fábrica de futuro determina la capacidad de la misma para volver realidad nuestros deseos. Una fe atomizada entre la seguridad y la duda, no podrá darnos los resultados esperados. La fuente de los materiales de la fábrica de futuro determina la calidad de la fábrica. Si nuestra fe está contaminada por la envidia, la revancha, la competencia o el poder sobre los demás, nuestra fábrica de futuro será corrupta y de igual manera serán sus productos. La calidad de nuestra fábrica determina la cantidad de productos que ella nos producirá. La fe no se agota, los que nos agotamos somos los seres humanos que nos rendimos frentes a las evidencias del diario vivir y nos desviamos del sentido de la fe, como fábrica de futuro. Por otra parte, creemos que nuestra fábrica de futuro solo sirve para algunas cosas, es decir, que nuestra fábrica de futuro no es exhaustiva en el cubrimiento de todo lo que deseamos para nuestra vida. La fe va hasta donde nuestra fe en ella se lo permita. Si nuestra mente es miope, así será nuestra fe. La fe respeta la libertad de creer en ella.

Cuando logramos armar una buena fábrica de futuro, sin una gota de duda, enfocado a la realización de nuestros deseos sin desmedro de los demás, con la clara visión que su producción es inagotable y que sus productos no tienen límite en cuanto a su variedad, con el ánimo que sus productos nos lleven a tener una vida plena y llena de felicidad, nuestra fábrica será la más grande fábrica de futuro que nosotros mismos hubiésemos imaginado y se mantendrá en producción por el resto de la vida que nos quede. Esto último significa que nosotros somos los únicos responsables de que la fábrica se mantenga en pie y eso dependerá de nuestra capacidad de tener fe cada segundo de nuestra vida. Si nuestra fe muere, nuestra fábrica cerrará sus puertas.

Un aspecto interesante de la fábrica de futuro, es que nunca seremos penalizados por nuestros descuidos, nuestras falencias en su administración, e incluso por el cierre de la misma, pues siempre estarán abiertas las puertas de poder volverla a poner en funcionamiento la fábrica de futuro.

En la ruta del SER al TENER

Ahora solo detengamos a pensar que otro aspecto de nuestra vida, diferente a nuestra fábrica de fututo, tiene el poder ilimitado de ella, requiere de tan solo una cosa para que funcione, la fe, cuesta nada su montaje, pues la fe está incluida como un atributo de nuestra vida, solo debemos activarla y usarla y no nos penaliza por nuestro uso, abuso y mala gestión y administración. Estamos ciegos ante esta realidad y es por ello que buscamos hacerlo todo desde afuera de nosotros mismos, dependiendo y utilizando nuestras limitadas fuerzas físicas, obteniendo limitados resultados y reclamándole continuamente a la vida que por que no logramos lo que deseamos. Nuestra realidad se incuba en nuestro interior. El exterior solo le da la apariencia física y nos permite utilizarla. Nuestra fábrica de futuro está en nuestro interior, no depende de nuestro pasado ni de nuestro presente, sólo responde a la creencia absoluta de que nuestros deseos se nos convertirán en nuestra realidad. Parece que es más fácil afrontar la intemperie de nuestra naturaleza, que la intemperancia de nuestro ser.

La fábrica de futuro, como cualquier fábrica no opera sola, ésta depende de nuestro trabajo, que no es otro que hacer nuestra parte. Con fe podemos pedir que nos conceda un determinado empleo, pero debemos aplicar, presentar las pruebas requeridas y asistir a las entrevistas a tiempo. Si pedimos por una cura para una enfermedad, debemos ajustar nuestra dieta, tal vez hacer ejercicio y dejar de fumar. Si deseamos un negocio, debemos ser honestos con nuestra contraparte y completar los requisitos de ley. Hacer nuestra parte es hacer lo que humanamente podemos y debemos hacer. Es lo que denominaríamos, convertirnos en nuestro primer ángel de la fe.

La fe en un Ser Supremo

"No se vive sin la fe. La fe es el conocimiento del significado de la vida humana. La fe es la fuerza de la vida. Si el hombre vive es porque cree en algo."
León Tolstoi

La creencia en un ser superior, que comúnmente llamamos Dios, es revelada no por sus fuerzas naturales, sino por el poder que creemos que tiene Dios. Las verdades reveladas sobre un Dios, no pueden ser creíbles a la luz de nuestra razón e inteligencia natural. Son verdades que se creen sin requerir que pasen pruebas de comprobación alguna, aunque la razón juega un papel importante, al no poder encontrar explicación razonable a la luz de la vida física o material, sobre la razón por las cuales algunas cosas suceden. El ser humano encuentra que la razón de la existencia de Dios, excede las fuerzas naturales del conocimiento humano. Ya sea por ignorancia o impotencia, para responder a las preguntas existenciales, del de dónde vinimos y hacia donde iremos después de la muerte o por encontrar razonable la existencia de un ser superior, que haya ordenado tan sabiamente el universo y todo su contenido, la razón abre la puerta a la existencia de lo sobrenatural.

El creyente en Dios se despoja de su continua preocupación y quehacer por explicárselo todo, para creer en algo que no se puede ver u oír, pero que se intuye y/o se siente que existe y que se acepta como real, algo que no se puede dominar, la existencia de Dios. Al no poder ver u oír a Dios, el ser humano no lo considera irreal, sino que, al contrario, tan real que es lo que sostiene y posibilita la realidad de todo lo demás.

Para creer en Dios, se tiene que luchar contra la creencia de solo creer en lo que puede ser evidenciado por nuestros sentidos. Es la lucha entre nuestra razón, junto con nuestro ego, para aceptar que existen un ser superior a nosotros mismos. La creencia en Dios también tiene que estar por encima de la limitación de nuestra razón, que nos exige que tengamos que explicarnos lógicamente la existencia de Dios, para poder creer en él. La fe no es demostrable en ningún caso, aunque podamos pretender aproximarnos a ella y mucho menos es demostrable, la fe en Dios. El creyente en Dios, razonablemente sabe que su creencia no se basa, ni se podría basar, en lo que comprende y prueba.

La fe en Dios se fortifica con la experiencia y no con la experimentación. La experiencia de la fe es el uso de la fe y entre más se usa, más se conoce, más se cree. La experimentación demuestra una verdad directamente a través de evidencias. Por eso la existencia de Dios no puede demostrarse, no se puede obtener de un experimento, solo se puede obtener de la experiencia con la fe en Dios. Esta experiencia es no visible o perceptible por nuestros sentidos, es una experiencia vivida sin ninguna explicación.

La religión, como organización humana, busca exponer la fe en Dios a través de los ya creyentes, que funcionan como testigos de su existencia y basa su credibilidad en la coherencia del mensaje que Dios quiere dar. Si se cree en el testigo y el mensaje es coherente, la fe en Dios se puede afianzar. Una vez se tiene fe en Dios, a medida que se conozca más a Dios, a través de la fe, se tendrá más fe en él. La religión apoya a sus feligreses con los dogmas de fe, las sagradas escrituras, el ejemplo de vida, la comunión y los ritos. Todo lo anterior no significa que la fe en Dios sea correcta, que la religión sea correcta y que los feligreses estén en lo correcto.

La diferencia entre la fe que tenemos en Dios y la fe que le tenemos en nuestros congéneres, está en la fiabilidad de nuestras creencias. Se cree en un Dios que nunca falla, que nunca nos fallará y por ello nuestra creencia en él es irrestricta e ilimitada. La creencia en nuestros congéneres varía de acuerdo como ellos nos tratan, como ellos soportan la fe que les depositamos. La expectativa en el poder de Dios es absoluta. La expectativa con nuestros congéneres es relativa, tanto a lo que nosotros mismo hacemos, como a lo que ellos hacen. Tanto nosotros como nuestros congéneres podemos fallar. Y de hecho eso es lo que hacemos a diario. Esa es la imperfección de nuestra naturaleza.

La religión nos adoctrina en la fe en Dios y condiciona nuestro proceder al miedo o respeto que le debemos al ser superior. Igualmente nos eleva nuestro conocimiento de la divinidad de Dios, por encima de cualquier conocimiento humano, por elevado que este sea. Al ofrecernos la religión una explicación divina a nuestras angustias existenciales, nos invita a que caminemos por la vida bajo el manto y la protección de Dios y que solamente nuestra fe en Dios, que también es autoridad en la cual debemos creer, nos garantizará entrar al paraíso prometido después de que abandonemos este mundo, después de que muramos. Este paraíso es representado de diferente manera por cada religión.

Para que la fe pueda operar dentro del ser humano, está debe ser ejercida con plena libertad. La fe en un ser superior puede ser el resultado de la búsqueda de un sentido a la vida, pero una vez esa fe se ha asentado en el SER, la libertad puede darle paso al miedo, miedo a no ser salvo por no tener fe en el ser superior. Para que la libertad de la fe se mantenga, debería de no existir un premio o castigo por seguir la fe, por creer, debería de desaparecer el estímulo de pérdida o ganancia por tener la fe y prevalecer el acercamiento al ser superior, solamente con el objeto de parecerse a él. De esta manera, la fe en el ser superior sería siempre positiva y contribuiría a que cada ser humano buscara la perfección, buscara ser cada día un mejor ser humano.

La existencia del dogma sobre la existencia de una vida en el paraíso o una en el infierno, nos produce miedo y terror, lo cual va en contra de nuestra libertad. Si Dios es amor, no se puede amar incondicionalmente con miedo. La fe debe ejercerse solo para la búsqueda de la plenitud del ser humano, con la seguridad que la fe en Dios nos ayudará a encontrarnos con nosotros mismos, a encontrar al otro y a vivir una vida plena. Pero el miedo también puede aparecer en el momento en que la religión declara el monopolio de la salvación. Si solo podemos salvarnos con el Dios de una religión, por puro miedo humano, no estaremos en condiciones de ni siquiera tratar de experimentar con otra religión y nuestra libertad en la fe desaparecería.

El creyente en Dios ha superado las limitaciones de la razón, se ha apoyado en ella misma para aceptar su la existencia de Dios y ha predispuesto su SER para percibir, conocer y adorar, algo que está por fuera de sus posibilidades naturales, lo sobrenatural. Al aceptar la existencia de lo sobrenatural, se está aceptando la existencia de algo superior a cualquier ser humano, a lo cual varias culturas le llaman Dios. Por medio de la religión el hombre podría conocer las bases de la revelación de la existencia de Dios, aunque no necesariamente solamente por esta vía, pues el ser humano puede llegar a tener una relación con Dios, sin que requiera para ello a la religión.

La religión institucionaliza la creencia de Dios y sus feligreses se vuelven los testigos de dicha realidad, ante lo cual, éstos pueden quedar atrapados en la religiosidad, como también superar esta etapa y entonces, desarrollar su espiritualidad y así crear una relación con Dios, por medio de la fe. Si el ser humano solo puede acceder a Dios por medio de la religión, la religión se constituiría en un intermediario necesario para llegar a Dios, lo cual es completamente absurdo, pues la relación con Dios es directa entre el ser humano y él, sin que en ello medio ninguna religión. Sin embargo, es posible que la religión sirva como facilitador para que el ser humano entre en el camino de la creencia en Dios, siempre y cuando no se quede atrapado en la religiosidad, la cual no necesariamente requiere de tener una relación con Dios.

Las creencias religiosas

"La religión no mantiene a nadie. Tiene que ser mantenida. No produce trigo ni maíz; no ara la tierra; no derriba bosques. Es una mendiga perpetua. Vive del trabajo de otros y luego tiene la arrogancia de pretender que ayuda al que da."

Robert Ingersoll

Como ser racional el hombre busca encontrar una respuesta a todas sus preguntas y esto incluye las preguntas existenciales sobre su procedencia, la forma como fue creado, quien lo creo y creo el mundo que lo rodea y que hay después de la muerte. Dentro de su búsqueda racional, el ser humano no pudo en el pasado y no ha podido en el presente, encontrar tales respuestas. Como vía alterna, el ser humano ha identificado a seres divinos, sagrados o superiores a él, dotados de poder y/o perfección inigualable a cualquier otro ser humano y que son los que rigen su destino.

En estos seres superiores el hombre ha puesto sus anhelos de felicidad y perfección y en medio de la búsqueda ha desarrollado distintas formas de aproximarse al ser superior, de agradarle, de agradecerle y de alabarle, a lo cual le ha llamado religión. Entonces la religión ha sido el reconocimiento de realidad consciente, efectiva y absoluta, de la cual es totalmente dependiente. Con la práctica de la religión, ésta se ha vuelto parte esencial de la cultura del ser humano, lo cual viene ocurriendo desde tiempos inmemorables y como cultura, ésta ha sido legada y transmitida desde siempre, siendo parte de su herencia cultural.

El elemento religioso del hombre se hace real a través de sus expresiones religiosas y con estas, trata de ascender o transitar hacia el creador para conocerlo y honrarlo, como también para invitar a que el creador descienda sobre él para protegerlo, santificarlo y salvarlo. Como práctica habitual, la religión contiene un sistema de creencias que se vuelven costumbres con su práctica, envueltas con elementos sagrados que son aceptados por la comunidad. La experiencia religiosa contiene oraciones dirigidas al creador, lugares donde las oraciones toman mayor poder, ritos que acompañan la expresión de dichas

oraciones y lugares y momentos sagrados y especiales, que sirven para re con-
memoran la presencia del ser sagrado en este mundo.

Estos elementos juntos, conforman la religiosidad de los creyentes, religiosidad que es utilizada por estos para contactar o llegar a Dios, vistos como
elementos interceptores o intermediarios entre el creyente y Dios. Es así como
cada religión tiene predeterminado los lugares sagrados, perfiladas sus ceremonias y ritos, resaltados ciertas fechas, disponible ciertos mitos, enlistadas
deidades y sus poderes, e incluso, prefijados ciertos ritos a través de los cuales
el creyente ira a la fija para contactar a Dios y para que él le escuche y le
conceda el deseo pedido.

Como soporte a la práctica religiosa, la religión tiene un cuerpo interior
en cuando a sus dioses, deidades y profetas, un cuerpo exterior en cuanto a
los sacerdotes o pastores, guías espirituales y grupos de oración, entre otros y
unas guías morales que les sirve a sus creyentes para aproximarse al ser superior y para serle fiel en su infinita sabiduría. Todo ello, le da una conformación
institucional a la religión, que sirve como vínculo o facilitador de la comunicación entre el hombre y el ser superior. Este ser superior es denominado
como Dios.

La religión como institución social es la ordenadora de los asuntos sagrados de sus creyentes, que incluyen los ritos o ceremonias que le dan
formalidad a la religión y que sistematizan su práctica. Igualmente, los rituales contienen las ceremonias, tales como la de bautismo o iniciación en la
religión olas de matrimonio. La experiencia religiosa vincula emocionalmente
a sus fieles, materializada en los rituales o actividades frecuentes, que siguen
unas doctrinas ideológicas, buscando que sus contenidos se vuelvan enseñanzas y práctica habitual de ellas, fundamentadas en una teología, la cual
formaliza intelectualmente las creencias religiosas.

La religión como instrumento social de manipulación de las masas humanas, invita a la conformidad, a la aceptación de nuestra realidad con mucha
resignación, utilizando todo su contenido doctrinal, de símbolos, de creencia
y valores y de normas morales, para facilitar una cohesión social, aportándole
a los creyentes herramientas espirituales de identidad, misión y visión espiritual, para afrontar tanto lo desconocido en la tierra, como en el más allá.

La religión como medio para aceptar verdades reveladas pero no com-
probables en el mundo físico, sobre asuntos tales, como nuestra procedencia
humana y el futuro de nuestra alma después de la muerte, es mística en cuanto
da por hecho la existencia de un ser superior santo, Dios, capaz de hacer cosas
que no están al alcance del ser humano, tales como los milagros. Igualmente,
la religión puede ser ascética, en la medida que considera que un camino para
la purificación del alma del ser humano, es a través de la abstinencia o negación de los placeres materiales.

Aunque algunas religiones se consideran universales, basadas entre la
lucha entre el bien y el mal y apoyadas en códigos morales, es posible que

algunos líderes carismáticos pueden llegar a constituir sectas religiosas, centradas en el culto a dicho líder o incluso algunas puedan contener elementos de animismo o aceptación de divinidad en ciertos elementos de la naturaleza. También pueden ser politeístas al creer en más de una deidad o Dios, ser monoteístas al creer en una sola deidad o Dios o ser no teístas al no considerar la existencia de una deidad o Dios especifico, explicando el proceso moral ordenador de la sociedad en la mera práctica religiosa.

Es así como cada religión propone una idea de la aceptación. Una forma puede ser la natural, al admirar la perfección y el orden con que funciona el universo y así aceptar la existencia de un ser supremo que todo lo creo y lo ordenó. También Dios puede ser revelado a través de las sagradas escrituras de la religión, usando la fe. Otra vía puede ser a través de la propia vivencia, al encontrar que solo Dios puedo ser el responsable de las bendiciones recibidas. Una vía integral es ver el universo, hacer uso de la fe y ser consciente de las bendiciones recibidas, para así aceptar la existencia de Dios. En este orden de ideas el hombre termina siendo un ser esencialmente religioso, independiente de su raza, su género, su nacionalidad y su cultura.

Al igual que el hombre puede pensar en que sus creencias religiosas provienen de la divinidad, también puede considerar desde el enfoque positivo, que solo existe todo lo que el hombre pueda comprobar a través de la experimentación. También se puede dudar de la espiritualidad pensando en las teorías de la evolución, aunque que con ello no se pueda contestar la pregunta de quién creo el primer ser no evolucionado, el ser base de la evolución. Si el apoyo es con base en el racionalismo, en el que el ser humano se obliga a la búsqueda de respuestas de su antes, su ahora y su después de la muerte, se diría que su razón crea la religión como un método de llenar todos sus vacíos existenciales. Si el enfoque es capitalista, el marxismo dirá que la religión es una herramienta más de dominación para la clase proletariado.

Dependiendo del enfoque como veamos la religión, nuestra actitud frente a ella puede ser de absoluta aceptación, dando por sentado que Dios existe y que debemos tener una relación con él. Si nos declaramos ateos, diremos que Dios no existe y que todo se limita a la información de nuestros sentidos. Si tendemos por la vía agnóstica, en la cual no se niega ni se afirma la existencia de Dios, pensaremos que es imposible develar todas las preguntas existencialistas que tenemos y por ende nos abstendremos de buscar las respuestas. Si nada de lo anterior es bueno para nosotros, terminaremos desinteresándonos por preguntar o responder cualquier inquietud existencial.

El ser humano puede combinar sus creencias y así creer en mitos religiosos a través de relatos en los que se combina la presencia de Dios, con el hombre y la naturaleza, buscando respuestas religiosas. También puede acudir a la magia para dominar las fuerzas divinas y ocultas para beneficio propio, buscando controlar el curso de la naturaleza con el fin de obtener fines prácticos, para controlarla a su antojo, sometiendo los poderes superiores. Si el objetivo de la magia es influir, hacer daño o proteger a otros, ésta se convierte en brujería. Cosa diferente pasa con la hechicería, en la cual el hechicero de una tribu trata de ayudar a sus congéneres ofreciéndoles sus conocimientos de farmacopea, adquiridos por medio del contacto con otros hechiceros, que le han enseñado cosas que curan.

Por otro lado, puede acudir a la superstición, creyendo que una fuerza superior puede ayudarlo o perjudicarlo ocaer en la idolatría al adorar a un falso Dios ya sea un ser humano ola inmanencia que mantiene la preeminencia de la experiencia religiosa interna por encima de la sapiencia reflexiva de Dios. El idolatra mantiene una relación de sometimiento, dependencia y adoración al falso Dios.

Dentro de las principales religiones están el Hinduismo, el Budismo, el Islamismo, el Judaísmo y el Cristianismo, las cuales, a diferencia a lo que cotidianamente pensamos, éstas guardan muchas cosas en común, entre las cuales se destacan:

- La creencia en un ser supremo
- La existencia de un culto y unos ritos para comunicarse con el ser supremo, por medio del cual los relatos y los mitos se hacen presentes.
- Contienen la oración como forma humana para conectarse con lo divino, la cual puede incluir alabanzas, súplicas, peticiones, agradecimiento y honra.
- La existencia de unos preceptos morales que hay que acatar, para estar en comunión con el ser superior, haciendo parte esencial de la adoración de lo sagrado y siendo precedido por un encuentro con el ser superior como una invitación divina hacia el cambio de conducta, todo ello enmarcado en la búsqueda de la felicidad.
- Ayudan a que el ser humano encuentre sentido a su existencia.
- La creencia de la existencia de otra vida después de la muerte, que hace que la vida personal sea transcendente y que perdure más allá de la muerte.
- La influencia social de la religión como elemento que desborda al practicante y afecta e influye en toda la sociedad, tanto en lo referente a lo moral, como en lo referente al culto y los ritos que involucran fechas y lugares sagrados.
- La influencia cultural a diferentes niveles, tal como en la expresión artística a través de las artes plásticas, la arquitectura, la alimentación, el vestuario, el calendario, los lugares santos y los preceptos morales que aplican a las personas y a la sociedad.
- La creencia religiosa trata de una experiencia vivida pero indemostrable.
- Tienen como finalidad darles respuesta a las preguntas existenciales.
- Incluyen un relato situado en un pasado remoto, expresado a través de mitos que dan cuenta sobre las preguntas existencialistas del ser humano, incluyendo el origen del universo, la creación y el fin del mundo.

- Son una forma de vida, que organiza y gobierna todos los quehaceres del ser humano, en el camino hacia la plenitud de su vida.
- Cimienta creencias divinas que se hacen incuestionables y no dignas de comprobación alguna.
- Son institucionalizadas a través de una jerarquía religiosa o eclesiástica.
- Tratan de colectivizar y homogeneizar a los creyentes a través de la práctica de sus ritos.
- Utilizan los ritos en forma positiva cuando llevan al creyente a otro nivel y en forma negativa cuando son prohibicionistas.
- Los ritos tienden a movilizar, mediante su poder intrínseco, la voluntad del ser superior.

Aunque existen muchas similitudes entre las religiones, algo que las diferencia es en la determinación del ser superior, del Dios de cada religión, lo cual se constituye en la base de la disputa entre las religiones. Cada religión declara tener la única vía, para que las personas salven sus almas después de la muerte, lo cual equivale a decir que cada religión pretende tener el monopolio de la salvación de las almas. Como respaldo de esto, las sagradas escrituras y los dogmas de fe de cada religión, contiene las doctrinas que así divinamente lo determinan.

Dada la ignorancia que tenemos los seres humanos, sobre lo que pueda pasar con nuestra alma después de la muerte, debido a que no existe el primer ser humano no divino que haya muerto he ido al más allá, para luego volver a la vida, las doctrinas religiosas venden miedo y salvación, miedo a ir a un infierno, que nadie conoce, pero que la religión lo describe como un lugar donde las almas impuras sufrirán hasta la eternidad y salvación de no caer en el infierno. Basado en el miedo y la salvación, cada religión les vende la idea a sus feligreses, que solo a través de su Dios y su religión podrá salvar sus almas, declarando a la par, que todos los feligreses de las otras religiones están condenados a no salvarse.

Mientras todo esto sucede, los seres humanos se siguen matando por cuestiones religiosas, aunque los grandes jerarcas de las religiones se viven juntando para llegar a acuerdos de acercamiento religioso, como si se tratara de una cierta negociación, para que puedan convivir todas las religiones sin pisarse las mangueras. Aunado a lo anterior, las religiones trabajan de la mano de los gobernantes, tanto para asegurar la supervivencia de la religión, como para asegurar la supervivencia de los gobernantes. A la postre todo esto se reduce a una lucha de poder político, económico, social y religioso, en la cual los feligreses son usados como un rebaño al que hay que dirigir hacia un determinado potrero, el potrero de propiedad de la religión a la cual pertenecen, sin que ello implique realmente, guiarlos a que logren la supuesta salvación de sus almas de la cual tanto hablan las religiones.

En la ruta del SER al TENER

El ejercicio de la religión y la política guarda bastante similitud y tal vez por ello es que trabajan mancomunadamente la religión y la política. Ambas venden miedo a algo, el cual lo crean y lo alimentan continuamente. Luego venden un paquete que tiene la particularidad de contener la solución única e infalible para acabar con el miedo. Todos los que no se adhieran al movimiento ya sea religioso o político, no serán salvos. El quid del asunto es que la solución solo funcionará en tiempo futuro, mientras que nada sea hace en el presente. La religión no se interesa por ayudar a sus feligreses para que sean mejores seres humanos, pues la verdadera vida está después de la muerte. Los políticos no solucionan los problemas presentes de la población, porque siempre andan creando planes y programas para prevenir catástrofes futuras, mientras que la población sigue esperando una solución a sus problemas reales que subyacen en el presente.

Para que feligreses y partidistas, que pueden ser los mismos, no despierten ante tal manipulación, la religión y la política venden lealtad religiosa y política. Los feligreses no pueden criticar o poner en tela de juicio el comportamiento de sus guías religiosos, pues ellos son los enviados de Dios en la tierra, algo así como pequeños diosecitos. Los seguidores de un político no pueden criticarlo, pues ellos han jurado lealtad al partido al cual pertenece el político y en caso de hacerlo, serán satanizados como inadaptados comunistas que no entienden el significado de la democracia.

A lo largo de la historia, la religión y la filosofía se han cruzado muchas veces, surgiendo una relación de autoreflexión entre las dos, que las ha llevado a plantearse las mismas preguntas: ¿por qué? y ¿para qué? Dentro de la preocupación de la búsqueda del sentido de la vida, encontrando las respuestas en la razón para la filosofía y en la revelación para la religión, sin que esta última abandone la razón como parte de la fuente de respuestas. Por su parte la ciencia se plantea el ¿cómo? dentro del campo material y busca la respuesta en la experimentación.

La religión "cumple" diferentes papeles, entre los cuales se destacan:
- Psicológica: preguntas existencialistas, manejo del estrés, cura para las enfermedades, fortalece la mente para afrontar la adversidad.
- Social: cohesiona a la sociedad, pero no necesariamente a los pueblos, reduciendo el conflicto interior, aunque se usa de disculpa para el conflicto entre los pueblos, sirviendo de herramienta de conformidad de la población menos favorecida.

El proceso religioso

"¿Cómo se puede tener orden en un estado sin religión? La religión es un formidable medio para tener quieta a la gente."

Napoleón Bonaparte

Ningún ser humano hace su arribo a la tierra con la religión debajo del brazo o con una creencia predeterminada hacia un Dios en particular. Todos los seres humanos hacen de la religión uno de los elementos constitutivos de su cultura, pero las creencias culturales no son fruto de nuestro antojo y decisión, la mayoría de ellas fueron heredadas de nuestros antepasados, especialmente las religiosas. Nuestra aproximación con la religión la hacemos por medio de dos vías: inconscientemente inducidos o conscientemente o buscado.

Para todos los que hallamos crecidos bajo las enseñanzas católicas/cristianas o judías, la religión nos vino como un kit más de nuestra vida. Inicialmente fuimos religiosos practicantes a la fuerza, sin ninguna convicción. Desde muy niños y sin nuestra autorización fuimos llevados a la iglesia para practicar el rito de la religión de nuestros padres o guardianes. De esa manera nos vinculamos inconscientemente como miembros de una religión.

Para otras personas la vinculación con la religión fue distinta. De niños nunca fueron ni invitados ni obligados por sus padres para asistir a un rito religioso, pero de adolescentes o adultos identificaron la necesidad de llenar el vació espiritual que deja la falta de creencias en lo sobrenatural y por invitación o búsqueda personal, conscientemente se vincularon al menos por una sola vez a una religión. Tanto los que fuimos inducidos, como los que buscaron la vinculación con una religión, empezamos por tener una experiencia ritual, que fue el principio de nuestra adhesión cultural a la religión. A los que buscaban la religión, puede que no les haya gustado el rito y ante esta decepción optaron por buscar otra religión, otro culto o abandonar la religión.

Otras personas nunca han tenido el interés en vincularse con alguna religión, pero que al igual que algunos de los decepcionados del rito, han querido buscar tener una experiencia espiritual, que los puede llevar a tener una experiencia divina o sobrenatural. Pero también los hay que nunca han buscado tener ni experiencia religiosa, ni experiencia espiritual, ni tampoco creencia alguna y sin religión y sin espiritualidad mantienen creencias no religiosas. En estas opciones también está los que terminaron decepcionados de las religiones, de las creencias, de la espiritualidad, es decir de todo.

Aquellos que aceptan la experiencia ritual inicial o que han estado obligados a tenerla, han pasado al conocimiento de la religión, con sus dogmas, estructura, jerarquía, sagradas escrituras y oraciones. Parte de este grupo de personas, al tener un conocimiento de lo que es la religión se han decepcionado y han terminado aborreciendo las religiones o buscando otra.

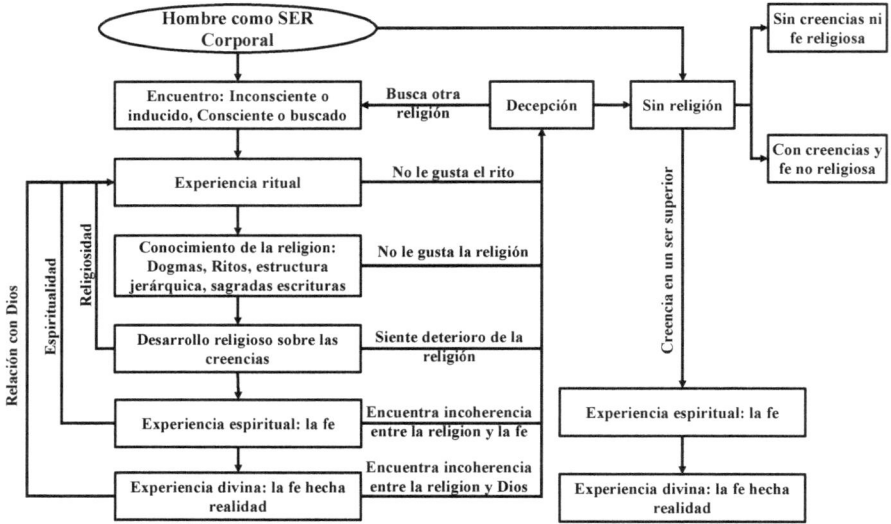

A los que les ha gustado la religión o se han mantenido en ella, han pasado a tener un desarrollo progresivo sobre las creencias religiosas, es decir han desarrollado su religiosidad. Los que han sentido que se ha presentado un deterioro en la religión han salido decepcionados a buscar otra religión o a renunciar a las religiones.

Los que han pasado de tener conocimiento sobre las creencias religiosas, a tener fe en el Dios de la religión, han podido desarrollar su espiritualidad dentro de la religión. Los que han encontrado incoherencia entre la religión y su fe, han salido decepcionados a buscar otra religión o a renunciar a las religiones.

Los que han pasado de tener una experiencia espiritual a tener una experiencia divina, es decir, a sentir que su fe funciona como parte de su vida, han creado una relación con el Dios de su religión. Los que han encontrado incoherencia entre la religión y Dios, han salido decepcionados a buscar otra religión o a renunciar a las religiones.

Lo que podemos ver es que el libre albedrio nos permite establecer diferentes niveles de relación con lo sobrenatural, siendo importante saber con claridad, en donde nos encontramos ubicados y por qué nos encontramos allí. Huelga decir que las religiones son creaciones del hombre, sobre los cuales le han asignado divinidad o iluminación celestial, pero nada de ello les quita su condición humana y como tales, limitadas e imperfectas. Si la religión fue creada por hombres y el hombre en su egoísmo natural tiende a buscar primero su propio interés, la religión tiende a hacer lo mismo. De igual manera, si aceptamos y encubrimos las falencias humanas de la religión, estamos siendo cómplices de los abusos que ella hace con nosotros mismos.

Un porcentaje importante de los feligreses de algunas religiones, alcanza escasamente a desarrollar su religiosidad. Su relación es con la religión, con el pastor, presbítero o guía espiritual, con los feligreses y con el culto y aunque conocen de las creencias religiosas, nunca logran tener una verdadera fe. En este sentido la práctica religiosa se incorpora como un elemento más a la práctica social. Culturalmente pertenecemos a una religión como practicantes rituales, pero no alcanzamos a desarrollar nuestra fe y mucho menos desarrollamos una relación con Dios.

Esto sucede en buena medida por los delineamientos de la misma religión. Puede pasar que para la religión es más importante la asistencia al rito religioso por parte de sus feligreses, que éstos desarrollen su espiritualidad y tengan una relación con Dios. Si a la religión lo que le importa son los números, tanto en cuanto al número de feligreses que asisten cotidianamente a su culto, como al dinero que aportan éstos a la religión, lo que pase al interior del SER de cada feligreses no es asunto de la religión. Entonces la religión termina trabajando hacia afuera, e invitando inconscientemente a sus feligreses a que enfoquen su vida hacia su exterior.

Ser conocedor de las sagradas escrituras de la religión a la que asistimos es muy importante, pues es así como se forma la relación con Dios, pero aplicar en nuestra vida diaria lo que dicen las sagradas escrituras puede ser más importante que la exhaustividad en su conocimiento. Entonces vale más leer menos y aplicar más, que solo leer y repetir como loros sin que ello implique la aplicación de lo leído. La práctica de la religiosidad, por si sola, es la desconexión entre el creyente y la fe en Dios. Pero la religiosidad es suficiente conexión con la religión, para que ésta tenga suficiente poder y dinero, que le permita decidir hacia a donde debe ir la vida de sus feligreses.

La religiosidad lleva al practicante a que se ponga al servicio de Dios, bajo la premisa que Dios necesita de ello, lo cual refleja de alguna manera lo que llevamos en nuestro inconsciente colectivo, respecto a agradarle a Dios para que éste no nos castigue y en cambio nos bendiga, principios bajo los cuales operaban nuestros ancestros primitivos con sus dioses animistas. Por otra parte, cuando nuestra relación con Dios está basado en la fe, Dios está en todo momento a nuestro servicio, y lo único que hacemos es agradecerle por todas sus bendiciones y pedirle su ayuda y protección para todos los aspectos de nuestra vida, bajo la contraprestación que seguiremos y respetaremos los preceptos éticos y morales que él nos ha transmitido, ya sea a través de las sagradas escrituras de la religión del Dios en el que creemos, o en aquello que consideramos que es bueno para nosotros y para toda la sociedad, y que de ninguna manera puede causar perjuicio a ningún ser humano.

Las religiones per se no son buenas ni malas. Lo que hace el cambio entre lo bueno y lo malo es el aporte real que le hacen a la espiritualidad de sus creyentes. Si las religiones se interesaran por ayudar a que sus feligreses fueran mejores personas, no mejores religiosos, la sociedad funcionaría mejor y los feligreses tendrían más fe y verdadera comunión con Dios. Pero si los feligreses tuvieran verdadera comunión con Dios, no una comunión de apariencias sociales, no una comunión para mostrar, sino una comunión entre el SER interior y Dios, ellos encontrarían a la iglesia como menos necesaria para tal comunión.

Cuando la religión emplea el miedo a Dios, como herramienta de adoctrinamiento o manipulación, ésta destruye la esencia de la fe en cuanto a la libertad de creer y secuestra la espiritualidad de sus creyentes, para que éstos se mantengan fieles a la religión y fieles a Dios, para no ser castigado por su furia. Entonces pasamos de una fe en Dios en base al amor, a un amor irrestricto e ilimitado de Dios hacia los creyentes, a una relación de yugo espiritual para evitar el castigo.

Si la religión no es coherente en cuanto lo que dice y lo que hace, sus creyentes pueden volverse alcahuetas morales o pueden decidir marcharse. Esta incoherencia es el actual veneno de la religión. Ahora los feligreses pueden conocer más sobre la historia y la actuación de la religión, sobre el papel que jugó en el pasado y el que juega actualmente, sobre las relaciones de ésta con el poder, sobre la doble moral de criticar a aquellos que no comulgan con ella, pero al mismo tiempo, mirar para otro lado cuando los que comulgan con ella, hacen lo mismo que los anteriores.

Solo con nuestro ejemplo podemos los padres transmitir nuestros valores a nuestros hijos. Sin importar nuestro discurso, los hijos aprenden viendo lo que hacemos, más que escuchando lo que decimos. Cuando nuestros hijos ven nuestra doble moral, interpretan que esa es la vía correcta para sobrevivir en esta vida. Eso mismo pasa en la relación entre la iglesia y sus feligreses, en la medida que la religión tiene un rasero diferente para aplicar a diferentes seres humanos. La religión enseña que es prohibido matar, pero si hay que matar en defensa de la religión, eso no está prohibido. El mensaje parecería ser, que debemos seguir las reglas morales, hasta cuando ellas no nos afecten nuestros intereses.

La fuerza de las enseñanzas radica en su firmeza. Si la religión defiende por siglos un dado valor, como el de la heterosexualidad, pero ante una crisis de la religión, vista como pérdida de credibilidad, es decir de feligreses, empieza a hacer señas sobre tolerancia hacia el comportamiento homosexual, la credibilidad moral de la enseñanza queda nula y por ende la credibilidad moral de la religión. Si además la religión es conocedora que la homosexualidad ha sido parte del comportamiento humano desde tiempos inmemoriales y la misma religión ha permitido que entre sus pastores o sacerdotes ese comportamiento haya sido permitido durante siglos, entonces el objetivo de la religión ha sido el de manipular a los feligreses para sentirlos sucios, impuros y temerosos de Dios, mientras que la misma religión a su interior no ha aplicado nada de ello.

Uno de los conflictos más grandes de la religión con el mundo es el dinero. Las religiones enseñan que Dios es el dueño de todo lo que hay en el universo, pero convierten a Dios en limosneros para que así sus feligreses llenes sus arcas de dinero. Enseñan erróneamente que la humildad significa pobreza material y que la pobreza es una virtud del ser humano, pero al mismo tiempo son arrogantes, viven tapados en dinero y no aplican la caridad que tanto enseñan. Si cualquier padre lo que más desearía es que sus hijos tuvieran toda la abundancia material que permite el universo, como se puede pensar que los hijos de Dios están excluidos de este mandato. Algunas religiones funcionan como verdaderas multinacionales de la fe, pero en cambio de fe enseñan miedo, pues el miedo les da poder y dinero.

El discurso de algunas religiones no es el mismo para todas las capas sociales. Hacia abajo enseñan el aguante, la aceptación y la humildad y hacia arriba, el reconocimiento de un libre mercado económico, que la única forma como la religión lo puede aceptar, es a través de las contribuciones. Entonces la religión termina aliado a los de abajo para aplacarlos, para mantenerlos inmóviles y para sacarles algún dinerito y aliada hacia arriba, para recibir las grandes donaciones.

En tanto que las religiones sean multinacionales, están obligadas a mantener una jerarquía con línea de mando, que termina siendo tan burocrática y tan corrupta, como la de cualquier otra corporación. Definitivamente es incompatible servirles a dos señores: a Dios y al dinero. Por otro lado, la religión debe de ganar suficiente dinero para mantenerse y para operar en un libre mercado, en el cual hay que sobornar, negociar, corromper y llegar a acuerdos extrajudiciales, en aquellos casos que se presenten demandas. Y luego nos hablan de santidad celestial.

Cuando una religión acepta grandes contribuciones de corporaciones o individuos, pierde todo su poder de discernir del comportamiento de los contribuyentes y por mal que ellos actúen, la religión se mantendrá callada o mirará hacia otro lado. Es lo mismo que sucede con los medios de comunicación, al quedar impedidos de reportarle a la población las malas actuaciones de sus clientes. Entonces qué diferencia hay entre lo divino de la religión y lo humano de las corporaciones. Ninguna diferencia hay. Los medios manipulan, desinforman y comercian con información. La religión manipula y comercia con la fe de sus feligreses.

Si se dice que los militares no están hechos para gobernar, los clericós tampoco están para administrar, pero deben hacerlo, aunque ellos los desvié del camino de la salvación de almas de la cual tanto nos hablan. Entonces las religiones terminan teniendo un ejército para defender a la iglesia y captar nuevos feligreses, otro para la captación de dinero y otro para la administración del mismo. Pero esto no es posible hacerlo a todos los niveles de la organización religiosa, entonces en el nivel básico, el de los cleros, pastores o sacerdotes, estos deben cumplir con todas estas tareas, pero particularmente las relacionadas con el dinero. En este enfoque capitalista de lo divino, lo mejor que pueden hacer los cleros es alimentar la religiosidad, pues ello garantizará por lo menos mantener la masa de feligreses, lo mismo que el recaudo de dinero requerido para mantener e incrementar la riqueza de la religión.

Los enemigos de las religiones están al interior de sus instituciones. Las peleas intestinas entre las religiones son solamente un reflejo de la lucha por el poder y el dinero. Cada religión se designa como poseedora del único camino hacia la salvación del hombre, como si la salvación fuera un monopolio humano.

Para tener fe en Dios y una relación con él, el hombre no necesita las religiones. Las religiones se hacen indispensables, en la medida que llenan de miedo a sus feligreses sobre la furia de Dios, aunque contradictoriamente enseñan que Dios es amor. Algunas religiones llegan a castigar socialmente a los feligreses desertores, prohibiéndoles a los feligreses activos, tener cualquier contacto con los desertores, independiente que exista una relación de parentesco tan fuerte, como la de entre padres e hijos. A pesar de ello, siguen hablando de amor al prójimo.

Arriba se mostraba que la decepción es la manera como la gente termina saliéndose de la religión, buscando otra o aborreciendo pertenecer a alguna. Pero los que logran mirar con ojos humanos lo humano de la religión y con ojos divinos lo divino de la religión, son los que tienen criterios para tomar esta decisión. No hay nada de malo en pertenecer a una religión, lo malo es no tener consciencia si el sitio donde estamos ubicados, la religión, es el sitio donde nuestro SER realmente logra perfeccionarse. Igualmente, es importante no ser cómplice de la religión. En la medida que somos cómplices, nos volvemos de doble moral. Disculpar a los cleros de todas sus aberraciones solo por el hecho que son seres humanos susceptibles de pecado, es aceptar que tenemos un doble rasero, pues eso mismo no pensamos de todos los demás delincuentes.

Cuando la religión acepta que hay manzanas podridas en su estructura organizacional, pero lo que hace es pasarlas de un saco a otro, lo que está haciendo es permitir que las buenas manzanas del nuevo saco también terminen pudriéndose. Si los feligreses saben de ello, pero lo callan, están siendo cómplices e igualmente culpables. Como lo son las altas jerarquías de su religión. Es duro aceptar que en lo que hemos creído toda una vida nos falle, pero si creamos una verdadera relación con Dios, no con la religión o su clero, podremos denunciar el mal proceder de la religión y de su clero y mantener firme nuestra relación con Dios. Pero cuando no tenemos una verdadera fe y una relación con Dios, nos da miedo perder nuestra relación con la religiosidad. Todo lo que hay alrededor de la religión es humano. Lo único divino es la relación que se tiene con Dios.

Las religiones viven en disputas, basadas en la jerarquía divina de sus creencias. Cada una considera que su Dios es el único salvador y que solamente él puede hacer milagros. Las que creen en los interceptores ante Dios y admiten que también éstos pueden hacer milagros, lo que realmente tienen es una creencia politeísta, con seres superiores jerarquizados. Otras prohíben comidas, bebidas, fiestas y hasta que los feligreses se sometan a ciertos procedimientos quirúrgicos. Al final del día, todas ofrecen una versión de la verdad sobre Dios y no hay forma de establecer quien está en lo correcto y quién no.

Por otra parte, los feligreses defienden su fe, pues están absolutamente seguros que son verdaderas. Los más extremistas llaman a guerras santas e identifican como infieles a todos los que no profesen sus creencias. El fanatismo nubla la razón y permite la manipulación. Algunos fanáticos son verbales, descalificando cualquier otra creencia. Otros pasan a las manos o a las armas, matando a los que no tengan sus mismas creencias. Lo absurdo de todo es que pasan por encima de los principios básicos de sus creencias: paz, amor y entendimiento entre los hombres. Nadie tiene el derecho de atentar ni verbal ni físicamente contra otro ser humano, por el solo hecho de tener creencias diferentes a las propias. Las creencias religiosas de los demás, por absurdas que nos parezcan, deben ser respetadas y por ninguna razón, nuestras creencias pueden afectar física o emocionalmente a los que no las tengan.

La conexión con el Ser Superior

"¿Por qué he de preocuparme? No es asunto mío pensar en mí. Asunto mío es pensar en Dios. Es cosa de Dios pensar en mí."

Simone Weil

El ser humano por naturaleza, siempre ha buscado tener una respuesta para cada pregunta que le resulte, sobre cada aspecto de su vida, desde lo más cotidiano, tal como ¿por qué las gaseosas tienen jugo artificial de limón y los detergentes jugo natural de limón?, como las más trascendentales, tal como ¿quién creo y ordenó el universo y todo lo que en éste se encuentra? Tanto las preguntas cotidianas, como las trascendentales, están dirigidas a encontrar la verdad, pero como la verdad solo existe en la realidad de la las cosas, las preguntas están realmente dirigidas a encontrar una versión de la verdad, la cual siempre estará dependiente de quien y como se postule la pregunta y de quien postule la respuesta. Cuando existen varias formas de describir o determinar la versión de la verdad, a cada una de ellas se le llamará una teoría y es así como el hombre ha "determinado" el origen de la tierra y la antigüedad de la misma, entre cientos o miles de preguntas que le ha surgido a la humanidad, a lo largo de su historia.

En la ruta del SER al TENER

Aunque mucho de lo que escuchamos a diario se le denomina científico y se le diferencia de todo lo demás, de lo no científico, por su rigurosidad metodológica, parece que se olvida que por muy científico que lo científico sea, todo ello es finalmente es una versión humana de la verdad y al ser humana, es una versión tan limitada como lo son sus postulantes, los científicos humanos. Entonces se dice que los instrumentos científicos son infalibles, en el sentido que, todas las medidas que se hagan a través de ellos, sobre un fenómeno determinado, controlando que se haga bajo las mismas condiciones, darán el mismo resultado. Así se podría decir que lo que hace a un instrumento infalible, es el hecho que éste no tiene conciencia. Ahora, el asunto es preguntarse que mide realmente el instrumento científico de medición y la respuesta es sencilla, lo que quiso que midiera el científico que lo creo, científico que si tiene conciencia, hecho que se trasluce en que todos los sesgos y limitaciones que son inherente a sus conocimiento científico, pasarán a ser parte de los sesgos y limitaciones de los instrumentos científicos que él construya.

Dada la complejidad que encierran algunas preguntas, tales como las existenciales, (¿de dónde vinimos y hacia dónde vamos?), es casi imposible que una sola generación de científicos la pueda contestar y de hecho, eso es lo que ha pasado. Cada generación de científicos lanza una teoría dirigida a contestar una pregunta, cuya respuesta está contaminada tanto por los sesgos que tiene el científico, resultantes de sus creencias, más los sesgos que tiene el que le paga al científico, más los sesgos de la sociedad de científicos al cual está inscrito el científico, más los sesgos de todos los intereses especiales que están alrededor del científico. Adicional a esto, el científico está limitado a sus conocimientos y a las herramientas científicas disponibles, para probar sus teorías. Todo lo anterior, lleva a que cada teoría se convierta en una capa que se retira de la superficie que cubre la verdad, una capa de ignorancia y entre más capas se retiran, más y mejores preguntas emergerán y más y mejores respuestas se logrará encontrar.

Cada vez que los científicos logran retirar una capa de la ignorancia humana, se están acercando más a la verdad y cada avance para retirar una nueva capa de la ignorancia, parte de la experiencia y el conocimiento acumulado durante todo el proceso llevado a cabo, para retirar las anteriores capas. De otra parte, en la remoción de cada capa de ignorancia humana, participan varios científicos, los cuales, aunque aparentemente compiten por tener la primicia de hallar la verdad, lo que realmente hacen es crear teorías que dan cuenta de una partecita de la verdad y con ello, se complementan hasta lograr remover la capa de la ignorancia en la que se está trabajando. En algunas ocasiones resulta uno que otro científico sabio, el cual logra por sí solo remover una capa gruesa de la ignorancia humana y con ello, contribuye a acelerar el proceso de búsqueda de la verdad, aunque de cualquier manera, ese científico sabio, partió de los errores y de los aciertos de otros científicos que lo antecedieron, e inevitablemente, acertó y cometió errores, como igualmente lo hicieron sus predecesores.

Por otra parte, los científicos lograr contestar preguntas sueltas y en algunos casos parte del funcionamiento de parte de un determinado sistema, pero no siempre logran poner todas las piezas juntas para determinar cómo funciona todo el sistema. Si hablamos del origen de la vida humana, los científicos han avanzado en este sentido, no se diría que mucho o poco, pues no se sabe todo lo que falta por aprender, al conocer cómo funciona el ADN de los seres humanos, las cualidades de éste y su asombrosa potencialidad para crear la vida humana. Sin embargo, no se ha podido saber cómo fue que se creó el primer ser humano, dotado de un organismo tan complejo y organizado. Se puede decir que los científicos cada día encuentran más explicaciones a cómo funcionan las partes del cuerpo humano, pero no como esas partes en un principio se ordenaron y organizaron de la forma como están, para crear un ser tan perfecto como lo es el ser humano.

Se diría entonces que los científicos no han podido encontrar el principio del principio. Ante la irrefutable prueba de la perfección del ser humano, algunos científicos no han tenido más remedio que aceptar que el ser humano tuvo que haber sido creado por una inteligencia superior al mismo ser humano y esa misma inteligencia ha sido la encargada de organizar y orquestar el funcionamiento del universo y de las relaciones de los seres humanos con el mismo. A esa inteligencia superior creadora del universo, el ser humano le ha denominado de diferentes formas, tal como Matriz Inteligente, Ser Superior o sencillamente Dios.

Si se acepta la existencia de ese Ser Superior como el creador y organizador del universo y todo su contenido, se debe de aceptar que en su creación él conecto todo lo creado con él mismo y al mismo tiempo, conecto cada parte de la creación entre ellas mismas. De esta manera todo lo que existe en el universo está unido por una gran red o malla invisible, inmaterial y multidimensional, que hace que el uno haga parte del todo y el todo haga parte del uno. Es así como cuando se tira de la punta de un hilo de la gran malla, su efecto se siente a lo largo de todos los nodos o puntos que están unidos con el hilo de la malla, lo cual conduce a que aparentemente no exista casualidad racional alguna, que conecte los efectos que sienten diferentes seres humanos conectados al mismo hilo de la malla, pues la malla es invisible y los seres humanos se encuentran en diferentes localizaciones del globo terráqueo, aunque perciben efectos similares. Se podría decir que este es un efecto invisible de resonancia.

Cada vez que un ser humano actúa sobre la malla, particularmente sobre un nodo de la malla, los efectos de dicha actuación las siente él mismo, pues la malla lo cimbra o lo zambulle, reflejando en el mismo dichos efectos, pero de la misma manera, estos efectos son sentidos por todos los seres humanos que están conectados a nodos de la malla, que están conectados con el nodo del ser humano que actúo sobre la misma, en un proceso de resonancia. El único que sabe de estas relaciones entre efectos y objetos afectados es el Ser Superior, ser al cual los seres humanos no lo pueden ver, ni tocar, pues el Ser Superior está en una dimensión superior, pero al cual accede el ser humano a través de su espíritu.

Dada la conexión natural que tenemos todos los seres humanos con el Ser Superior, esta conexión viene por defecto incluida en la dotación de cada ser humano, solo que no viene activada, pues su activación hace parte de la decisión que tiene cada ser humano, al ejercer su libre albedrío. A algunos seres humanos, sus progenitores desde la niñez les abonan el campo para que dicha conexión se haga realidad en el momento en que ellos tengan razón de ser y esto lo hacen a través de la religión. Parte de estos seres humanos una vez tienen razón de ser, activan la conexión al aceptar la existencia del Ser Superior, que llaman Dios. Pero activar la conexión con Dios, no es suficiente para conectarse con él. La conexión se hace a través de la espiritualidad y se cristaliza con la fe, a través de la cual se crea una relación con Dios.

Por fuera de los practicantes de alguna religión, están los que no creen en la existencia del Ser Superior, que se denominan ateos. Otros son indiferentes al tema de la existencia del Ser Superior y aunque no se definen claramente ser ateos, tampoco desarrollan su espiritualidad. A otros les parece que su espiritualidad no debe estar condicionada a la vinculación de una determinada religión y optan por desarrollarla a su manera y así se conectan con el Ser Superior, llegando a tener igual o más fe que un ser humano vinculado con una religión.

El mundo está lleno de experiencias de ateos o indiferentes, que en un momento de la vía sintieron el llamado de Dios y que terminaron desarrollando su espiritualidad, su fe y una relación con él. Dentro de los ateos y los indiferentes, están aquellos que llegaron a Dios debido a una situación de calamidad, frente a la cual vieron que solo Dios podía salvarlos de dicha calamidad, lo que muestra que sin curso ni entrenamiento previo, lograron conectarse con Dios, dado que desde que nacieron venían con la conexión lista para activar. De igual manera como se conectan se pueden desconectar y volver a conectar. Este proceso espontaneo de conexión con Dios solo es posible si se tiene la conexión, entonces la conexión del ser humano con Dios es algo innato en su SER, algo que viene con su naturaleza, pero la activación o desactivación de la conexión real con Dios, hace parte del libre albedrío que tiene el ser humano.

El proceso de la conexión con el Ser Superior

No se podría decir que existe solamente una vía para llegar a conectarse con Dios, sin embargo, se pueden esbozar posibles caminos como el resultado de acceder a posiciones binomiales, en las cuales solo se accede a una sola.

En el primer cordón de acceso nos encontramos con el ego y la consciencia del SER. El ego en su prepotencia predica a través del dialogo interno del ser humano, que no existe más que la fuerza del hombre para lograr todo lo que éste quiera lograr hacer y que, por lo tanto, éste no necesita de la ayuda o intervención de ningún poder exterior a él, para vivir y lograr sus objetivos en la vida. Al otro lado del binomio, se encuentra la consciencia, que predica que no es posible ser tan perfecto, sin que dicha perfección, haya sido orquestada y dirigida por un Ser Superior, que

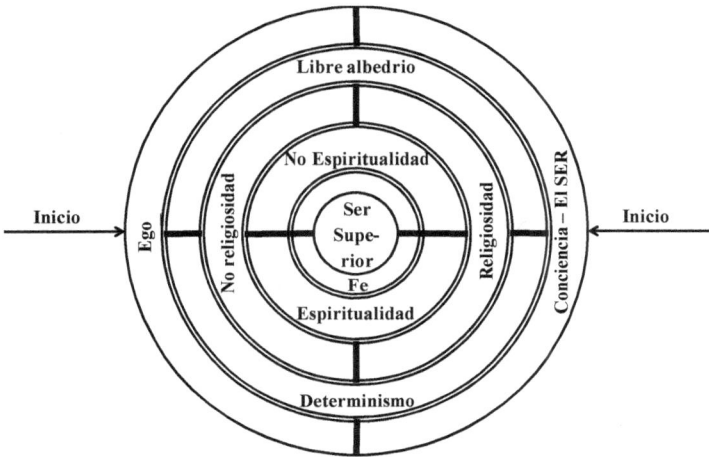

normalmente se le denomina Dios.

Independiente de la forma como se pasó del primer anillo al segundo anillo, en el segundo anillo binomial se encuentra el libre albedrío y el determinismo. El libre albedrío invita a que libremente se determine si aceptar lo que nos dice el ego o aceptar lo que nos dice la consciencia, mientras que el determinismo nos indica que por naturaleza divina, debemos aceptar la existencia del Dios. Pasado este anillo nos encontramos con el tercer anillo binomial, que por una parte nos invita a no ser religiosos y por la otra a serlo. La opción de no religiosidad no necesariamente indica la negación de la existencia de Dios y/o el no interés en conectarnos con él. La opción religiosa, nos indica que esa es una vía segura para conectarnos con Dios. El cuarto anillo binomial, nos da las opciones de ser espirituales y de no serlo. El desarrollo de la espiritualidad, es la puerta a la sala de espera para conectarnos finalmente con Dios. Independientemente de la manera como hallamos accedido a este anillo, si no desarrollamos nuestra espiritualidad con Dios, será imposible conectarnos con él. Aquí la cuestión no es la de creer o no creer en su existencia, la cuestión es en dar los pasos iniciales para construir una relación con Dios, para lo cual debemos traspasar nuestras creencias religiosas y no religiosas y aceptar de corazón que nuestra vida es gobernada por Dios.

El quinto anillo, el de la fe, es el punto culminante de la conexión, es el que nos permite crear una relación directa con Dios, creyendo totalmente que Dios tiene el poder que no tiene ningún otro ser en el universo y que ese poder está a nuestra disposición a través de él. Este es un paso de perfeccionamiento espiritual del ser humano, en el que no existe la duda sobre el poder de Dios y sobre la mutua fidelidad y lealtad que existe en dicha relación.

Es posible que para muchos la religiosidad se haya convertido en una forma engañosa de conectarse realmente con Dios o que, habiendo superado incluso la prueba de la espiritualidad, no hayan logrado crear una relación con Dios. En un mundo lleno de tantos dioses mundanos, la mayoría basados en la materialidad, es posible vivir entretenido buscando en el placer la felicidad, como también, convertir en dioses aquellos que han servido como supuestas guías para encontrar el camino que conduce a Dios. De ello solo puede dar fe el corazón de cada ser humano y más allá de cualquier apariencia social envuelta en religiosidad o falsa espiritualidad, solo cada ser humano, en su examen de consciencia, sabrá qué tipo de relación tiene con Dios.

Los seres humanos funcionamos con una combinación de dos combustibles: ego y conciencia. De acuerdo a como combinamos los dos combustibles, nos convertimos en seres mundanos al 100%, seres mundanos y espirituales o seres espirituales al 100%. Ser mundano al 100% es casi que imposible, pues nuestra misma naturaleza nos atrae hacia la espiritualidad. Ser espirituales 100%, también es casi que imposible, pues nuestra misma naturaleza biológica nos obliga a vivir en el mundo material.

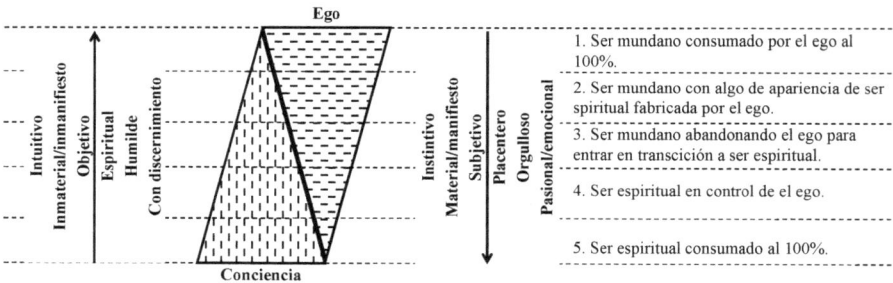

Ego

Intuitivo / Inmaterial/inmanifiesto / Objetivo / Espiritual / Humilde / Con discernimiento

Instintivo / Material/manifiesto / Subjetivo / Placentero / Orgulloso / Pasional/emocional

Conciencia

1. Ser mundano consumado por el ego al 100%.

2. Ser mundano con algo de apariencia de ser spiritual fabricada por el ego.

3. Ser mundano abandonando el ego para entrar en transcición a ser espiritual.

4. Ser espiritual en control de el ego.

5. Ser espiritual consumado al 100%.

Cuando es el ego el que gobierna nuestra vida, nuestros instintos animales son los que nos gobiernan, solo vivimos por lo material y creemos en lo que se nos pueda manifestar físicamente. En este estado estamos desconectados de lo espiritual y convertidos en carne con ego. Nuestra realidad es subjetiva, debido a que vivimos en la búsqueda de placer, placer que debe llenar nuestra insaciable adición por la gratificación y es nuestro orgullo, nuestras pasiones y nuestras emociones, las que manejan nuestra conducta.

Dada nuestra naturaleza espiritual, sobre la cual tenemos libre albedrío de ejercerla o no, vivimos respondiéndole a la sociedad de acuerdo a sus requerimientos, para que nos aprueben y nos acepten, lo cual nos lleva a que seamos algo religiosos, que es erróneamente visto por la sociedad como si fuésemos algo espirituales. Para ello, nuestro ego nos construye una imagen de seres mundanos con algo de apariencia espiritual.

En la medida que nos empezamos alejar del umbral del ego, nos vamos dirigiendo hacia el umbral de la conciencia, la cual es intuitiva, inmaterial e inmanifiesta, objetiva, espiritual, humilde y con capacidad de discernimiento. Es así como pasamos a un estado de seres mundanos en la búsqueda de la perfección, en transición a lo espiritual, lo cual pasa cuando nuestra conciencia se ha despertado y nos hemos dado cuenta que somos seres espirituales que utilizamos un cuerpo físico como vehículo de transporte. En este estado, entramos en la transición de la creencia religiosa, a la búsqueda de la experimentación espiritual.

Si la experimentación espiritual se incrementa, la experimentación física decrece y es entonces cuando entramos en el estado de ser seres espirituales en control de nuestro ego. El acceso a este estado, solo es posible si hemos entendido que el rito religioso no es la espiritualidad, que las creencias en lo sobrenatural, en un Dios, no son suficiente para conectarnos con él, que solo viviendo la espiritualidad, experimentándola y alejándonos de nuestra vida material, la que nos impone nuestro ego, podemos realmente desarrollar nuestra espiritualidad y conectarnos con el ser supremo. Si nuestra conciencia fuese completamente espiritual, libre de nuestra conciencia material, lograríamos ser 100% espirituales, lograríamos ser dioses, lo cual, por supuesto, no está al alcance de nosotros, dada nuestra naturaleza humana biológica.

Aunque la perfección del SER se logra en la medida que desarrollamos nuestra espiritualidad y dominamos nuestro ego, sería aventurado e irresponsable determinar cuál es la combinación exacta entre ego y conciencia, que deberíamos tener para ser seres plenos, pero lo que sí se puede señalar, es que en la medida que dejamos de ser seres mundanos, nos descargamos del egoísmo y la codicia, a las cuales nos ha sometido nuestro ego y nos liberamos del magnetismo que produce lo material, para energizarnos con la energía que produce los espiritual. Ese es el camino de la perfección del SER, sin dejar de HACER y de TENER.

Aproximación de una formulación de la fe

Los seres humanos se aproximan a Dios de diversas maneras, con ritos, oraciones, u obras o con una combinación de todas o parte de las anteriores opciones. Sin embargo, la conexión real con Dios la hacen a nivel mental, utilizando el espíritu como vehículo y la fe como instrumento de mediación mental para tal fin. Dado que la fe en Dios es la que permite crear una verdadera relación con él, la fe no se puede ejercer desde el mundo material, sino que se hace desde el no material, que es el mental y la manera como se lleva a cabo la conexión con Dios, es a través de energía mental. Cada vez que el ser humano quiere conectarse con Dios, aísla su mente de toda perturbación mundana y concentra toda su energía en Dios, hasta llegar a sentir que está en la presencia de él, pero dado que Dios no es visible ni material, la presencia de Dios se siente como una energía que se ha conectado con la energía del portador de la fe. Esa energía se transforma en pensamientos y sentimientos, lo cual sucede cuando el portador de la fe siente que se ha comunicado con Dios.

Como una aproximación de una formulación de la fe, aquí se propone establecer una fórmula práctica de ésta, no teórica. La fórmula parte del hecho que para conectarse con Dios hay que sentir emoción por ello. Un ser humano apagado y sin emoción, dificultosamente se podrá conectar con Dios. Este es el sistema que utiliza la alabanza a Dios, que sirve como de un método de calentamiento previo antes de la conexión. A medida que el calentamiento avanza, la emoción se va haciendo más intensa y esa intensidad se convierte en energía que mueve al creyente para conectarse a Dios. Es como el cohete propulsor que impulsa al creyente a conectarse con Dios.

Sin embargo, cuando todo el proceso ritual y alegórico ha pasado, la emoción debe desaparecer, pues la emoción está basada en algún patrón de pensamiento, el cual está excesivamente energizado y por ello energiza la emoción. A su vez, la emoción al recibir tal carga de energía, retroalimenta el pensamiento y mientras esta relación entre emoción y pensamiento se mantenga, ninguno de los dos desaparece, lo cual crea un ruido mental que no deja que la conciencia tome lugar.

A mayor emoción menor conciencia y a menor emoción mayor quietud mental. Cuando la emoción tiende a desaparecer, la quietud mental tiende a ser plena. Cuando la emoción tiende a desaparecer, la conciencia se ejerce a plenitud. A medida que la emoción incrementa, la conexión con Dios tiende a ser nula. A medida que la emoción tiende a desaparecer, la conexión con Dios se potencia. Una mente emocionada, en estado de no reposo, de no quietud, es poco probable que permita la conexión del SER con Dios. La emoción es una perturbación mental que se refleja en el cuerpo, que implica una activa participación del pensamiento.

Otro elemento de la fe es la consciencia de la existencia de Dios, pero no como un Dios material pues él no lo es, sino como un Ser Supremo que todo lo puede y que, a diferencia de los seres humanos, él es único y todo poderoso. Tener consciencia de la existencia de Dios, es tener conciencia del poder que tiene Dios, lo mismo que de la aceptación que solo él podrá hacer lo que a los humanos les es imposible hacer, dadas sus limitaciones mentales y físicas, como seres perfectos en su construcción, pero imperfectos en su desempeño humano.

Dada la imperfección humana, el ser humano que es consciente de ello y que quiere conectarse con Dios, busca perfeccionar su SER, como una manera de emular la perfección de Dios. El perfeccionamiento del SER del ser humano, se logra cambiando todo aquello que no es bueno en su SER y que humanamente puede cambiar. El perfeccionamiento del SER es el resultado de tener consciencia de su anotomía, la del SER, de sus limitaciones, de sus posibilidades y especialmente del compromiso consigo mismo para superar todo aquello que no le es beneficioso al SER. La consciencia finalmente, se convierte en una energía vital que le sirve al SER humano para comunicarse con Dios.

Como contrapeso a la consciencia, el ser humano tiene el ego, el cual le crea miedos frente a cualquier acción consciente que éste quiera hacer, miedo a perder su libre albedrío, a aceptar que hay un ser superior que es todo poderoso y que como tal, todo lo puede y que, por ello, el ser humano terminará dependiendo de él. El ego es el diablillo que se opone a que nos liberemos de las cadenas del miedo y que nos mantiene prisioneros para que seamos dependientes de él y no de otra fuerza poderosa, como es la que tiene Dios.

Si no hay consciencia no hay miedo, pero no necesariamente tiene que haber miedo si hay consciencia. Una vez se ha superado la batalla con el ego, la consciencia no tiene oposición. El miedo es una energía que paraliza al ser humano, que lo hace sentir que se encuentra al borde de la no existencia, al borde de que todo se acabe. Por ello cuando se siente miedo, se siente como si se estuviera acabando la vida. La fe depende del tiempo que nos dure la conexión con Dios. Cada vez que nos conectamos con Dios (CD), tenemos una experiencia de fe y en la medida que esa experiencia es duradera, la fe en Dios se intensifica.

$$CD = 1/IE \times (C - IM) \times t_{IE}$$

$$FE = \sum CD$$

IE = Intensidad de la emoción (energía que mueve y por ello no proporciona quietud mental).

C = Consciencia de la existencia del Ser Supremo. Conjugación del perfeccionamiento del SER convertido en energía que lleva a la acción espiritual para conectarse con el Ser Supremo.

IM = Intensidad del miedo de perder el libre albedrío (energía que paraliza). Pérdida esperada convertida en energía que paraliza.

ELAt = Sentimiento de libertad (libre albedrío) que se siente antes de conectarse con Dios, en el tiempo t.

ELAt+1 = Sentimiento de pérdida de libertad esperado (libre albedrío) en el momento de conectarse con DIOS, en el tiempo t+1.

IM = ELA en el período t+1 – ELA en el periodo t.

tIE = Tiempo de la intensidad de la emoción.

CD = Conexión con Dios.

La fe es el resultado de las conexiones con Dios. Si las conexiones con Dios son esporádicas, la fe será esporádica y tenderá a desaparecer. Si las conexiones con Dios son continuas, pero de poca intensidad, la fe será de poca intensidad. Si cada conexión tiene alta intensidad y las conexiones son continuas, la fe será total. Cuando esto sucede, el ego queda por fuera de juego y el miedo a tener fe en Dios desaparece completamente. Cuando se le teme a Dios, el tiempo de cada conexión tenderá a ser cero, pues será una conexión con un verdugo, al cual hay que evitarlo, contrario a lo que debería ser, una conexión con un Ser Supremo lleno de amor y compasión.

El retroceso espiritual

"Creo que la esencia de la práctica espiritual es su actitud hacia los demás. Cuando usted tiene una motivación pura, sincera, entonces usted tiene una actitud correcta hacia los demás sobre la base de la bondad, la compasión, el amor y el respeto."

Dalai Lama

Desde pequeños aprendemos que hace miles de años, la Tierra estaba habitaba por seres humanos que convivían en una civilización poco desarrollaba, en la cual se desconocía cómo funcionaba la naturaleza y por lo tanto, se le atribuían poderes mágicos a ésta. En dicho tiempo, el denominado prehistórico, el hombre no sufría de egoísmo, pues se compartía un mismo objetivo, que era el de sobrevivir ante la inclemencia de la naturaleza y ante el acecho de los animales depredadores. Tampoco sufría de codicia, pues no existía la propiedad privada. El hombre era más inocente e ignorante, en el sentido de no saber cómo funcionaba la naturaleza y al no contar con herramientas y sistemas de producción, dependía de los dones de la naturaleza, la cual le brindaba alimento sin procesar, conformado por plantas, frutos y animales salvajes.

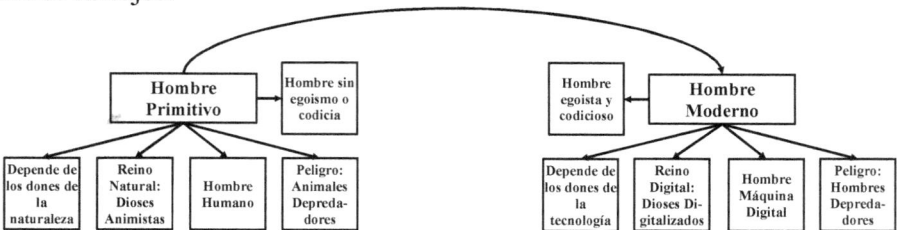

Dada su ignorancia y al mismo tiempo, su necesidad de querer explicárselo todo, el hombre primitivo le asignó alma y espíritu, un ánima, a animales, plantas, rocas, montañas, ríos, al sol y a la luna, bajo la creencia que cada ánima era un espíritu poderoso que tenía el poder de ayudar o hacer daño, por lo cual debería ser reconocido como ánima, adorado y temido. Con base en estas creencias, las religiones primitivas crearon los dioses animistas, deificando a las ánimas, asociados a prácticas espiritistas, de brujería, de adivinación y de astrología, usando magia, hechizos, encantamientos, supersticiones, amuletos, talismanes o cualquiera cosa que se pensara que protegería a los hombres de los espíritus malos, lo mismo que agradar y aplacar a los espíritus buenos. De cualquier manera, el hombre no era un sujeto objeto de consumo, sino que era un hombre humano. El mayor peligro, fuera de los fenómenos naturales, eran los animales depredadores.

Miles de años más tarde, el hombre moderno se cree superior al hombre primitivo, pues cree que dicha superioridad se la dan los adelantos tecnológicos, junto con su desarrollo intelectual, sin darse cuenta que eso que aparentemente lo hace superior, es lo que lo hace inferior al hombre primitivo, pues el hombre moderno está lleno de egoísmo, solo piensa en sí mismo y de codicia, no hay nada que satisfaga su ilimitado deseo de poseer y acumular. Esto lo está llevando a su autodestrucción, como si viviera en una etapa anterior a la prehistoria.

El hombre moderno depende de los dones de la tecnología, no puede vivir sin ella, desayuna, almuerza y come pegado a la tecnología, no hace nada por sí mismo, debido a que espera que la tecnología se lo resuelve todo. Es así como el hombre moderno ha convertido a la tecnología en el Reino Digital, la cual está llena de dioses digitalizados, pasando del animismo primitivo al tecnologismo moderno y retrocediendo de esta manera a la era del politeísmo material, el cual le asigna a cada tecnología o a sus creadores, ciertos poderes que están por encima de la capacidad individual de cualquier ser humano. Así el hombre moderno ha podido construir sus propios dioses, bajo la premisa que él todo lo puede controlar y que más allá de la materia no existe nada.

En el Reino Digital, el hombre termina siendo un hombre máquina digital, un número sin identidad espiritual, el cual hace parte de una gran maquinaria de consumo, bajo la vigilancia y el control digital, que determina su estilo de vida. El mayor depredador ahora, es el propio hombre, con muchas formas de depredación. Hay depredadores banqueros, religiosos, industriales, energéticos, tecnológicos, alimentarios, armamentistas, comerciales y guerreros, entre otros. La diferencia de cada depredador moderno, es la forma como maneja a su víctima. Por ejemplo, el banquero no quiere matar a su víctima, la quiere mantener bajo su control y esclavizarla financieramente, mientras que el guerrero, quiere someter a sangre y fuego al gobierno y la población de un determinado territorio, sin importar que muera población civil compuesta por mujeres, ancianos y niños, con tal de hacerse al dominio directo o indirecto del territorio y de todos sus recursos naturales. El depredador religioso arma guerras santas con la disculpa de defensa de sus creencias religiosas, sin importar cuantos y quienes mueran en la misma. El depredador comercial abusa del dominio del mercado, para quedarse con una buena tajada del fruto del trabajo de la masa de la población. El depredador tecnológico, produce una tecnología que secuestra a todos sus usuarios a través de tiendas virtuales y productos con tecnología exclusiva para su marca, de forma tal que los usuarios de la tecnología se queden sin opciones, por fuera de la opción que éste ofrece.

En el Reino Digital, la nueva religión es el consumo, dirigida a seres humanos desepiritualizados, buscadores de placer, desesperados por cubrir necesidades creadas, adictos a la continua gratificación, llenos de dioses animistas y con el mayor potencial de autodestrucción nunca antes visto ya sea con el uso y abuso de las drogas, el alcohol, el juego o el tabaco o con el uso desproporcionado de poder, para declarar y llevar a cabo guerras a cuanto pueblo piense diferente al que sustenta el poder o mejor, a los que representan a los que tienen verdaderamente el poder. Si el hombre pierde su esencia espiritual, entra de lleno a formar parte del reino animal, un animal que tiene una capacidad racional limitada, que está programado para que coma, trabaje, se asee, duerma y consuma mucho más allá de lo que sus posibilidades económicas se lo permiten. Este es la versión del humano que se convirtió en animal, cuando acepto renunciar a su espiritualidad por vivir sometido al Reino Digital.

Ahora somos más primitivos que nuestros ancestros primitivos. Por lo menos para ellos sus enemigos eran los animales depredadores, no era su condición, ser depredadores de ellos mismos. Por lo menos ellos adoraban a sus ánimas, debido a su ignorancia, no como los seres humanos modernos que, debido a su sabiduría, adoran a su tecnología. Por lo menos ellos no tenían nada, no había propiedad privada, aunque a la vez lo tenían todo, pues todo era de todos, no como nosotros, que seguimos sin tener nada, aparentando tenerlo todo y cooperando para que una minoría lo acapare todo. ¡Qué modernos somos!

Mientras que al hombre primitivo le sobraba en donde habitar, el hombre moderno con su tecnología industrializó de producción agraria, empujo a toda la población a vivir apiñada en las grandes ciudades, en donde existía la posibilidad de "sobrevivir mejor". Ahora la tecnología tiene acorralada a la población citadina, pues cada vez se necesita menos mano de obra para hacer los mismo que se hacía en el pasado, menos mano de obra manual y la mano de obra especializada ya está casi que completamente saturada. Es innegable el hecho que la tecnología destruye más puestos de trabajo que los que produce, lo cual redunda en desempleo y ampliación de las brechas de riqueza entre ricos y no ricos.

Pronto tendremos que volver al campo, a las zonas rurales, de donde fuimos saliendo, renegando no querer seguir siendo campesinos, pues la vida moderna nos ofrecía prosperidad y comodidad. Ahora ese espejismo nos empezará a pasar una cuenta de cobro y solo podremos pagarla regresando a nuestros terruños. La contaminación se ha convertido en un problema mayor, dada la excesiva acumulación de la población en las grandes ciudades y los cada vez más grandes requerimientos de producción para atender sus necesidades.

Volveremos a ser primitivos, pero más primitivos que nuestros antepasados, pues seremos primitivos empobrecidos espiritualmente y con mucha escasez material, si es que no antes de ello, algunos de los dioses humanos modernos, los súper hombres gobernantes, se les termine saliendo de control el dominio de sus egos y determinen el inicio de una guerra nuclear, en la cual la mayoría pereceremos, quedando una minoría a salvo, la que tiene acceso a lugares de resguardo nuclear, quienes pasarán de ser esclavizadores, a ser esclavos de la misma naturaleza, pues ya no tendrán población para gobernar y esclavizar y tendrán que luchar con una naturaleza descontrolada, fruto ello del poder de su tecnología. ¡Qué modernos somos!

Las actitudes

"Debido a nuestra actitud, decidimos leer o no leer. Por nuestra actitud, decidimos intentar o darnos por vencidos. Por nuestra actitud, nos culpamos a nosotros mismos por nuestros errores o culpamos tontamente a otros. Nuestra actitud determina si amamos u odiamos, decimos la verdad o mentimos, actuamos o posponemos, avanzamos o retrocedemos; y por nuestra propia actitud, nosotros y sólo nosotros, decidimos si tendremos éxito o fallaremos."
Jim Rohn

La actitud es la valoración favorable o desfavorable que hacemos con respecto a un ente, que puede ser un sujeto, un objeto o una situación o la forma como respondemos al ente, con respecto o una situación que componen los elementos perceptivos de todo lo que nos rodea. Es una predisposición a pensar, sentir y actuar de cierta manera. Las opiniones son actitudes expresadas con palabras.

Las actitudes son tanto adquiridas como forjadas a lo largo de la vida. Entre más consistentes sea, relativamente estables y duraderas, son más difíciles de cambiar, más resistentes al cambio. Gran parte de las actitudes son automáticas, lo cual significa que no pasan por nuestro consciente, sino que se disparan sin previo aviso y entonces tienen el poder de inducirnos selectivamente a tener comportamientos que no controlamos conscientemente. Por otra parte, las actitudes no son observables directamente, sino que se infieren de nuestra conducta ya sea verbal o no verbal.

La actitud se forma a través de un componente cognitivo, uno afectivo y uno conductual. El cognitivo se relaciona con lo que se piensa sobre el ente, basado en creencias o conocimientos, los cuales refuerzan, justifican y explican la actitud. El afectivo se relaciona con lo que se siente sobre el ente, basado en los sentimientos, las emociones y las vivencias. El conductual se relaciona con las experiencias pasadas relacionadas con el comportamiento que se ha tenido ante el ente y la intención de comportarse de cierta manera frente a éste.

La conducta es coherente con la cognición y la afectividad y refuerza a ésta última. Algo interesante de la actitud es que emplea las mismas tres dimensiones que la generan: cognitiva, afectiva y conductual, para expresarse en forma de respuestas, que se le dan al ente objeto de actitud.

El componente cognitivo es el que crea los estereotipos, basado en creencias exageradas que se asocian a una determinada categoría. Es el resultado de la simplificación de las características individuales cada uno de los miembros de un grupo. Es la manera de eliminarle los atributos particulares y propios del ente y reducirlo a una categoría, para poder homogenizarlo y aplicarle el estereotipo. El componente afectivo es el que crea los prejuicios, que son actitudes hostiles y/o sobrevaloradas sobre un ente por el mero hecho de pertenecer a un grupo especial, al que se le atribuyen determinadas características (estereotipo) ya sean positivas o negativas, sin conocer las características individuales del ente objeto de actitud. El componente conductual es el que crea un comportamiento hostil sobre un ente basado en el estereotipo y en los prejuicios que le han creado los componentes cognitivo y afectivo, respectivamente.

Teóricamente la actitud se aplica a entes externos a nosotros mismos, pero en la práctica se encuentra que las personas tienen actitud sobre sí mismas, creadas o basadas en la actitud que otros les expresan con su comportamiento, como el caso de la discriminación. Si creemos que el estereotipo y los prejuicios que los demás nos han creado, debido a nuestra pertenencia a un grupo racial, a la preferencia sexual, a la edad, al género, a la profesión, a la localización geográfica o cualquier otra razón y que usan en el trato con nosotros es válido o simplemente la asumimos, indirectamente estamos discriminándonos a nosotros mismos. Algunas personas rechazan la discriminación no asumiendo y lo expresan con la frase "es que yo no me dejo discriminar", que significa que no asumen como válida dicha discriminación.

La actitud cumple diferentes funciones en la vida de los seres humanos, tal como la de obtener refuerzos teniendo actitudes positivas o evitar castigos teniendo actitudes negativas, a lo cual se le denomina función instrumental, de ajuste o utilitaria. También la actitud puede servir como defensiva del yo, de la autoestima o en términos prácticos, como defensa de nuestro ego o para reafirmar nuestros valores sociales, políticos, religiosos ocumo función del conocimiento para comprender nuestro entorno y darle significado.

En la vida práctica su funcionalidad dependerá del contexto en el cual nos encontremos y de la maduración interior que tengamos, pues la actitud en muchos casos solo trata de expresar nuestra arrogancia, nuestras creencias de superioridad o de tapar nuestras inseguridades o nuestras incapacidades o limitaciones frente a los retos que nos pone la vida. Dada la multidimensionalidad de los seres humanos, las actitudes se ajustan a ello y pueden ser multifuncionales o también, cumplir diferentes funciones en diferentes personas y así como los seres humanos evolucionamos, cambiamos, maduramos, las actitudes también pueden cambiar a través del tiempo.

Algunas actitudes parecen responder a mecanismo innatos del ser humano, otras al temperamento de cada persona, a sus habilidades o a su herencia genética o a su posición social o económica. Otras actitudes se adquieren de la experiencia directa en la vida, como aquellas que determinan la favorabilidad o no del ente objeto de actitud. Entre más estamos expuestos al ente, más aumenta la valoración dada por la actitud a éste.

Este es el caso de la publicidad, la continua y repetida presencia de un anuncio fuerza nuestra actitud sobre el producto, pero como no siempre es posible llegar al producto directamente, se aplican estímulos por contigüidad, lo cual significa la transferencia de la actitud hacia una persona famosa o un objeto, tal como la música, al producto que se nos quiere vender.

Las actitudes se pueden aprender por refuerzo, las cuales aumentan cuando van seguidas de consecuencias positivas o disminuyen cuando van seguidas por consecuencias negativas. También se pueden aprender imitando las actitudes de otros, lo cual correspondería a un modelo de aprendizaje social. Otra forma es la de ser políticamente correcto en público, asumiendo una actitud que es completamente a la que se tiene en privado. Este es el caso del alcohol, la droga, el racismo, la homosexualidad, el aborto.

Muchas de nuestras actitudes son automáticas, se disparan sin que nos demos cuenta, sin que conscientemente reconozcamos el estímulo que las activa. Si ya se tiene una actitud negativa sobre un ente en particular, la continua exposición ante el ente incrementa la evaluación negativa y en la medida que aumenta la exposición, se diluye la posibilidad de poder ver lo positivo del ente y con ello se diluye la posibilidad de tener una actitud positiva hacia éste. Esto nos ocurre a diario, especialmente con la información negativa que nos transmiten los medios de comunicación.

En la ruta del SER al TENER

Las actitudes no son fijas, éstas son adaptativas al contexto en que se dan y de acuerdo a la información que las está alimentando. Ello lleva a que no siempre evaluamos de igual manera, que nuestra actitud no sea la misma. Si de acuerdo a nuestras creencias tenemos una posición favorable o desfavorable sobre un ente en particular, nuestra actitud puede cambiar una vez valoremos las consecuencias de nuestra actitud. Nos presentamos amables con una persona, aunque ésta no sea nuestra actitud real que tenemos hacia ella, debido a que si no lo hacemos, no conseguiremos el resultado que queremos,

Nuestras actitudes pueden estar condicionadas a la percepción que tenemos sobre la opinión de otros, que puede que no sea la opinión real de ellos, entonces nuestra intención de realizar una conducta la condicionamos a lo que otros piensan sobre si debemos o no realizarla y a la motivación que tenemos para acatar dicha opinión. Si creemos que dar la limosna a la iglesia está bien debido a que nuestros pares piensan que debemos hacerlo y si no hacerlo puede representarnos un castigo social, posiblemente estemos condicionados y motivados a hacerlo, pues queremos ser aceptados y aprobados por nuestro grupo.

La estabilidad de las actitudes depende de la accesibilidad a la información que las estimula. La propaganda política usa este mecanismo para que nuestra actitud se mantenga firme y esté de acuerdo con lo que ella persigue, ya sea que la propaganda esté relacionada con un candidato a una corporación pública, el apoyo a una guerra, el control de la inmigración, el control del aborto o la construcción de un estadio. Si la información es falsa, lo cual puede ocurrir y de hecho ocurre, pero no la están poniendo al frente de nuestras narices a todo momento, nuestra actitud puede ser equivocada pero firme.

Si no alimentamos a una actitud, no la estimulamos, no vamos a poder tener acceso a dicha actitud y en su reemplazo podemos crear nuevas actitudes, las cuales pueden estar alimentadas por nuestro conocimiento y nuestra afectividad. Si por ejemplo un candidato político deja de acosarnos con su propaganda y su contrincante toma su posición y nos acosa con la suya, nuestra nueva actitud hacia los políticos puede ser el de valorar negativamente al político que antes era de nuestra preferencia y positivamente el que antes no lo era. La información que nos estimulará a este cambio de actitud, será la que nos provea el político que nos acosa ahora, la cual puede ser falsa, pobre o superficial o acomodada para presentarnos una realidad, con la cual el político que antes era de nuestra presencia, deja de serlo.

En la medida que no pensemos sobre nuestras actitudes, sino que las recuperemos de nuestra mente, éstas se activarán automáticamente y serán relevantes para nuestro comportamiento. Si por el contrario analizamos las características positivas y negativas del ente objeto de actitud, estaremos procesando elaboradamente nuestras actitudes y entonces nuestra conducta podrá ser razonable y planificada, lo cual dependerá de la motivación y de la oportunidad que tengamos, vista como la capacidad cognitiva que tenemos y el tiempo y los recursos con los que contamos.

Si nuestras cogniciones no son coherentes o consonantes entre sí, nos producirán a un estado psicológico de incoherencia o disonancia, ante lo cual trataremos de que nuestras cogniciones sean coherentes. Esto implica que si nuestra percepción de la realidad se opone a nuestras creencias, existirá una presión para que cambiemos nuestra forma de pensar, cambiemos nuestras creencias, sin que ello implique que necesitemos ser lógicos, para que sean más compatibles con nuestra conducta. Si creemos que debemos ser fieles a nuestra pareja y por nuestra debilidad hacia la carne terminamos siendo infieles, el remordimiento no nos dejará en paz y por ello tendremos que justificar nuestra conducta, cambiando nuestra creencia sobre la absoluta fidelidad, hacia una fidelidad modificada, tal como sería la de que la fidelidad es de corazón y esa la hemos mantenido.

Cada vez que modificamos nuestras creencias y las adaptamos a nuestras necesidades, lo que estamos haciendo es crear reglas dobles para que podamos ser sujetos sociales de doble moral. Eso no solamente lo hacemos como una conducta de sobrevivencia, lo hacemos como una coherencia falsa con el medio en que vivimos. Si nuestros líderes religiosos y políticos, nuestro gobierno, nuestros padres, nuestros amigos, nuestros enemigos y en general todos son de doble moral, creemos que eso nos disculpa para que también nosotros lo seamos.

En alguna ocasión encontré a uno de mis colaboradores mintiéndome, lo cual ya había ocurrido antes, pero en esa oportunidad pude confrontarlo. Después de no tener alguna puerta falsa de escape, éste asumió que estaba mintiendo, pero inmediatamente se justificó, con la teoría que en esta sociedad todo el mundo lo hacía, como si su pecado social, fuese lavado automáticamente por el pecado social de los demás. Para mostrarle su error le indagué sobre lo que haría si estuviera parado al borde de la ventana del piso 15 de un edificio, desde la cual mucha gente se estuviera mandando al vacío. Inmediatamente la respuesta fue la esperada. No se lanzaría por que los demás lo estuvieran haciendo, porque si se lanzase se iba a matar. Entonces la motivación para mentir continuamente es que no se moriría si la pillaran haciéndolo. Finalmente yo le expresé mi reflexión sobre el asunto, diciéndole que yo tenía que soportarle sus mentiras solamente por los dos o tres minutos en que nos reuníamos cada semana, pero que en cambio, esta persona debería soportar sus mentiras 24/7 por el resto de su vida, si no decidía cambiar su actitud, su conducta.

Algunas conductas son irrelevantes con respecto a algunas actitudes, como tener una actitud favorable hacia el control del peso corporal y leer libros todos los días. Otras conductas son consonantes o coherentes con las actitudes, como tener una actitud favorable hacia el control del peso, caminar y comer saludablemente. También tenemos conductas disonantes o incoherentes con las actitudes, como tener una actitud favorable hacia el control del peso, comer incontroladamente y no hacer ninguna clase de ejercicio corporal.

Estas relaciones entre conducta y actitud se nos cruzan a diario en nuestro camino. Somos infieles con nuestra pareja, pero lo disculpamos porque le mantenemos un alto estándar de vida, como si lo uno tuviera que ver con lo otro. Creemos en la fidelidad que debe existir entre nuestra pareja y nosotros y entre nosotros y la pareja y esperamos y reclamamos fidelidad de parte de nuestra pareja, pero somos infieles con ella. Pero también podemos ser coherentes y así como esperamos y exigimos fidelidad de parte de nuestra pareja, somos fieles a nuestra pareja.

En una conversación informal un amigo invita al otro a una fiesta de solteros casados y el amigo le contesta que él no considera correcto ir, pues él está casado. El primero le contesta que él es casado, pero no capado. El segundo le repunta diciéndole, que su esposa es casada pero no tapada. Luego le explica que la asistencia a la fiesta no tiene que ver que no portar un cinturón de castidad, sino con su coherencia entre su creencia de que una pareja se debe fidelidad y los actos que aseguran que ello se dé.

Si actuamos sin tener una actitud preexistente vinculada a dicha actuación, terminada la actuación podremos tener una actitud que le dé sentido a nuestra actuación. Esto es posible en aquellos casos que tenemos una experiencia conductual que no la buscábamos, no la esperábamos, que la enfrentamos sin tener chance de asumirle actitud alguna. Si por ejemplo enfrentamos un incendio en nuestra casa y luego del mismo nos damos cuenta que nunca le pusimos cuidado a los sensores de humo o al uso cuidadoso de velas o a reparar a tiempo un pequeño problema eléctrico, después del incendio tendremos una actitud diferente y definida en cuanto a la importancia que debemos tener con nuestras medidas de seguridad en nuestra casa, para evitar que otro incendio suceda.

Tener actitudes neutras en la vida es casi que imposible. Eso sería como no importarnos lo que suceda a nuestro alrededor. Pero es posible que esto nos pase, especialmente en conductas relacionadas con la prevención o administración de eventos que creemos que nunca nos van a pasar a nosotros ya sean negativos, como los resultantes de una catástrofe natural o el de ganarnos una lotería, pues podemos ser ricos con actitud de pordioseros. Esto es diferente a tener una actitud descuidad, a no tomar posición en algo que de antemano sabíamos que podría suceder.

Las personas que rechazan jugar la lotería, dicen que más allá de sus creencias religiosas, no juegan a la lotería porque nunca se la van a ganar, asumiendo una bajísima probabilidad significa cero probabilidades. Sin entrar en sus creencias, como tampoco en su conducta con respecto a la lotería yo les explico que mientras la lotería sea justa, es decir que no esté amañada para favorecer a que los amigos del gerente de la lotería se la ganen, matemáticamente cada número de la lotería tiene una probabilidad de ocurrencia mayor que cero, es decir, que por poco probable que eso suceda, puede suceder. De esa misma manera explico, lo de la probabilidad que un fenómeno natural nos llegue a afectar. Si estamos en una zona donde es probable que nos visite un huracán y a sabiendas de ello nuestra actitud es descuidada, no nos interesamos en nuestra seguridad, cuando nos visite un huracán y algo nos pase, ese evento correspondería a los que llamamos "una muerte anunciada" y ante una muerte anunciada debemos tomar posición, debemos tener una actitud determinada.

Sobre la disonancia cognitiva, teóricamente se han identificado diferentes teorías. Una primera habla sobre el paradigma de la libre elección, la cual nos dice que, ante la presencia de opciones muy parecidas, la magnitud de la disonancia cognitiva dependerá de lo importante que sea la elección, del atractivo de la elección rechazada y del grado de similitud entre las alternativas. No es lo mismo decidir sobre comernos un perro o una hamburguesa al almuerzo, que decidir cuál es el mejor seguro de vida que debemos adquirir y si se trata del seguro de vida, es difícil decidir cuál es el mejor pues son tan parecidos, aunque cada uno ofrece algo que el otro no ofrece.

Una segunda teoría nos habla sobre el paradigma de la complacencia inducida, lo cual sucede cuando tenemos que cambiar nuestra actitud para que sea consonante con nuestra conducta, particularmente cuando la conducta no nos complace mucho, pero debemos accionarla. Ese es el caso de las tareas aburridas pero inevitables, sobre las cuales tenemos una actitud negativa, pero al no tener escapatoria sobre su ejecución, lo mejor es encontrarles el lado bueno cambiando nuestra actitud a verlas positivamente. Igual pasa con nuestros hijos cuando les prohibimos algo so pena de castigo. Terminan viendo más atractivo lo prohibido, lo cual está justificado por la existencia de la amenaza.

La tercera teoría es la del paradigma de la des confirmación de creencias, lo cual sucede cuando nos exponemos a nueva información que va en contravía de las creencias preexistentes, lo cual nos genera una disonancia cognitiva. Para evitar la disonancia, cambiaremos de creencias o rechazaremos la información para reafirmar nuestras creencias preexistentes. Esto nos sucede con la actitud que tenemos hacia los candidatos a las corporaciones públicas. Ante la presencia de información negativa del candidato de nuestra predilección, podemos terminar cambiando de candidato o rechazar completamente dicha información y así aferrarnos con mayor intensidad a nuestro candidato. Algo parecido hacemos ante información negativa de nuestra pareja. Cuando la asumimos terminamos desconfiando en ella y cuando la rechazamos, terminando más unidos a ella.

La cuarta teoría es el del paradigma de la justificación del esfuerzo, que identifica disonancia cognitiva cada vez que tenemos que hacer algo que no es de nuestro agrado, pero requerido para lograr algo deseado. Para disminuir la consonancia se termina valorando más lo que se ha logrado con esfuerzo, a pesar de que en un principio cueste mucho trabajo adaptarse al esfuerzo requerido. Normalmente valoramos más todo aquello que nos ha costado conseguirlo con esfuerzo. Los narcotraficantes gastan la plata sin miramientos, pues fue plata obtenida con mucho riesgo, pero poco esfuerzo. El empresario honrado sabe cuánto le ha costado tener lo que tiene y por ello lo valora y lo cuida.

Lo interesante de todo lo anterior es que en la medida que reflexionemos sobre nuestras actitudes y conozcamos los caminos que podemos tomar, podremos tener mejores actitudes. La mayoría de la población camina por que ve que los demás caminan, pero si reflexionara lo irracional de su actitud, podría poner su propio ritmo, para que cuando lo desee, apurar el paso cuando lo requiera y caminar despacio cuando lo determine, dejando de seguir a los demás, como si fuera un zombi programado.

La teoría afronta dos problemas. El primero que los teóricos escriben para otros teóricos, como si no fuese referida la teoría a la descripción o el análisis de cuestiones que le atañen a toda la humanidad, entonces la teoría normalmente no tiene una versión para humanos no teóricos. El segundo problema es que las teorías tienen a ser universales y lo que realmente son es muy parciales. Cada teoría ve una cara del problema y con ello aporta un pedacito de verdad que, al unirse con la verdad de otro teórico, con otro pedacito de verdad, le dan forma a una verdad más completa.

Si así lo hiciéramos, lo que con el tiempo tendríamos es una versión de la verdad lo más cercano posible a la verdad que existe en la realidad. Esto no se da a nivel teórico, debido a que cada teórico tiene su propio diablillo que se llama ego, que le dice que su teoría es una verdad universal, lo cual por más sabiduría y esfuerzo que haya puesto el teórico, su teoría va a ser incompleta y tan imperfecta como es la naturaleza humana. Gran parte de lo que asumimos como verdad, es realmente una aproximación a lo que realmente es la verdad, lo cual incluye la verdad científica, pues el científico también tiene sus sesgos e intereses y su propio diablillo.

Algo que encaja perfectamente en este punto sobre la verdad, es lo que mide el cociente de inteligencia. Se dice que el cociente de inteligencia mide lo que el cociente de inteligencia quiere medir. No se puede decir que el cociente de inteligencia es infalible y mide realmente la inteligencia humana. Una prueba científica mide lo que humanamente quiere y puede medir el científico que la diseño y los aparatos que se utilizan para las pruebas científicas, son tan infalibles como lo son las personas que se los inventaron. Esto no quiere decir que existe una relatividad sobre la verdad, pero si quiere decir que lo que sabemos sobre la verdad es una aproximación a lo que es realmente la verdad.

Nuestras actitudes pueden cambiar debido a diversas razones, muchas de las cuales pasan por nuestra dimensión cognitiva. Nuestras actitudes cambian de acuerdo a la credibilidad, confiabilidad y compatibilidad que les asignamos a las personas que nos transmiten nueva información, que pueden llegar a cambiar nuestras actitudes. Así la información de los expertos, los iluminados, los maestros, lo que saben o por lo menos creemos que saben, influyen mucho en nuestras actitudes. Solo basta mirar la forma como la publicidad comercial o la publicidad política, usan todo el tiempo expertos para convencernos o vendernos una idea que por absurda que sea, es creíble porque viene de un experto. Muchos de esos expertos son teóricos, que tienen experiencia de papel, nunca se han embarrado las manos con la práctica de lo que dicen y son tan inexpertos, como nosotros o tal vez menos expertos que nosotros y basan su expertica en la expertica de otros expertos, igual de inexpertos a ellos. Pero como lo dice un experto, la mayoría le creemos.

Otras personas a las cuales les damos mucha credibilidad es aquellas en las que confiamos, en las que creemos que son honestas, en las que su discurso parece que busca solamente lo mejor para nosotros. En este grupo están nuestros padres, nuestros guías espirituales y nuestros maestros, entre otros. Los hay también, los que nos buscan provecho propio, no ganan o sacan nada a cambio por la información que nos proveen y los que se atienen a transmitir una información, dejando de nuestro lado la responsabilidad de que nuestro propio juicio defina nuestra actitud, lo cual nos da confianza. Otros a los que les ponemos cuidado, es a los que se parecen a nosotros, pues su parecido nos da la idea que viven en medio de unas circunstancias parecidas a las de nosotros y por ello, pueden ver la vida de una forma que está acorde con nuestra vida propia.

Pasando de lo que representa para nosotros el mensajero, el tipo de apelación de su mensaje tiene mucho que ver con nuestro cambio de actitud. Dependiendo del tipo de creencia y del contexto donde se aprende, el mensajero puede apelar a nuestra racionalidad o a nuestra afectividad. El mensaje racional tiene la capacidad de sostener y afirmar una creencia, pero el afectivo tiene la posibilidad de tocar nuestros sentimientos y nuestras emociones. Si el gobierno nos está vendiendo una guerra, con mucha probabilidad que va a acudir a nuestras emociones, hablándonos de patriotismo. Si el mensaje del gobierno es sobre el incremento de impuestos, el mensaje va a mostrar cifras que sustentan la necesidad de ésta política. Si el gobierno es más astuto trata de combinar su mensaje apelando tanto a nuestra racionalidad como a nuestra emocionalidad.

En cuanto a nosotros, los objetos de cambio de actitud, el mensajero adapta su mensaje para que esté acorde con nuestros miedos, nuestra estima, nuestro compromiso y nuestro estado interior. Si tenemos miedo de que un potencial enemigo nos ataque, es fácil para el gobierno cambiar nuestra actitud hacia el apoyo a la guerra. Si estamos bajos de nota, deprimidos, el mensajero puede cambiar nuestra actitud negativa por una positiva. Si el mensajero ve un problema potencial que nos afecta a todos, como la contaminación, su mensaje se dirigirá a nuestro compromiso con la causa ambiental.

Si somos poco analíticos, poco reflexivos y muy afectivos, nuestros cambios de actitud provendrán de fuera de nosotros. Arriba se hablaba de la discriminación, como una actitud contra un determinado grupo, pero ese grupo empieza por nosotros mismos. Mientras no reflexionemos y analicemos nuestra actitud y la confrontemos con la realidad, no podremos cambiar nuestra actitud de autodiscriminación. Muchas de las cosas dichas arriba acerca de las actitudes, aplican realmente a la actitud que tenemos con nosotros mismos. A ratos tenemos más compasión por los demás, que la que tenemos por nosotros mismos. Y no se trata de autocomplacernos, de taparnos a nosotros mismos, se trata de enfrentar el contenido de nuestras creencias con el contenido de la realidad. Muchas de nuestras creencias son falsas, entonces muchas de nuestras actitudes son falsas también. Nos derrotamos antes de enfrentarnos a nuestros enemigos, pero lo hacemos a punta de actitud, no a punta de conducta, porque si nos derrotamos antes de la batalla, ni siquiera nos dimos el chance de saber de nuestra valía en el campo de batalla.

Las personas me expresan su actitud derrotista en muchas cosas de su vida, basados en que en esas mismas circunstancias a otros no les ha ido bien. Ante ello les cuestiono acerca de la singularidad de su SER, de su persona. Si algo no le funcionó a otra persona yo no puedo asumir que a mí tampoco me va a funcionar. Muchas cosas suceden por las circunstancias del momento, por el contexto de tiempo, de modo, de lugar. Si se trata de un evento, tal como la presentación de una petición al gobierno, dentro de la cual una norma no es lo bastante específica como para evitar interpretaciones, ¿cómo puedo saber que la interpretación que un funcionario le dio al caso de un conocido mío, sea la misma que otro funcionario le dará a la mía?

Asumir la realidad de los demás, es asumir que no somos singulares. Asumir la actitud negativa de los demás, es asumir que no somos singulares, que no somos únicos. Asumir nuestra propia actitud ante la vida significa que reconocemos que somos parecidos y caminamos por el mismo mundo donde otros caminan, pero que somos únicos y como seres únicos e irrepetibles, nuestra vida también es única e irrepetible.

El fanatismo

"Un fanático es alguien que no puede cambiar de opinión y no quiere cambiar de tema."

Winston Churchill

El fanatismo es la actitud que se manifiesta de forma extrema, exagerada, ciega, apasionada, desmedida, impulsiva e irracional, en la defensa de creencias, opiniones, ideologías, ideas, deportes, hobby o pasatiempo, teorías, cultura, estilo de vida, culto a la personalidad y convicciones, entre otras, por parte de una persona o un grupo de personas, sacralizando algunos aspectos de la realidad, bajo la adhesión y defensa incondicional a una causa, lo cual incluye el proselitismo y puede incluir la violencia, sin que el fanático o el grupo de fanáticos toleren el cuestionamiento o el estudio del asunto objeto de fanatismo, pues considera que su objeto de fanatismo es el mejor y el único válido, menospreciando todo lo que sea diferente a dicho objeto.

La verdad del fanático es la única válida y su actitud es la de tener todas las respuestas, lo cual los desvincula de la búsqueda de la verdad a través del cuestionamiento de las propias ideas, que representa la crítica del otro. El fanático puede llegar a defender causas sobre las cuales no tiene total entendimiento, pero sobre las que siente completa adhesión ya sea como parte de su miedo de sentirse rechazado por el grupo o por el miedo a ser tachado como infiel, antipatriota, desleal, no creyente, hereje o traidor ocumo parte de un culto exaltado y sin razón, que responde al intento regresivo del surgimiento del individuo y la libertad, debido al miedo que ello causa. El fanatismo puede surgir como respuesta a la experimentación de inseguridad que puede sufrir una persona y/o a su sentimiento de inferioridad.

Características del fanatismo
- **Maniqueísmo**: Es el reduccionismo de todo a la existencia de una sola verdad que invalida cualquier versión existente sobre la misma.
- **Autoritarismo**: Es la actitud de imponer una cultura, un estilo o una creencia y el forzamiento a que todos se adscriban a la misma, desechando la posibilidad de la existencia de cualquier diferencia.
- **Discriminación, intolerancia y odio a la diferencia**: Desprecio y rechazo a todo lo que esté por fuera de modelos y etiquetas predeterminadas.
- **Dogmatismo**: Fe incuestionable sobre la existencia de una versión de la verdad que se justifica por su propia naturaleza o con relación a alguna autoridad. Presupone la supremacía del objeto respecto al sujeto.
- **Carencia de espíritu crítico**: Eliminación de la libre discusión o la crítica racional sobre las propias verdades.

- **Intransigencia**: Rechazo al análisis crítico de las ideos o los comportamientos.
- **Reduccionismo doctrinal o simplicidad de análisis interpretativo**: Reducción de las cosas a un número pequeño de opciones, tales como buenos y malos o arios y no arios, fulanos y menganos, mundanos o creyentes, eliminando las características individuales que hace a los seres humanos diferentes.
- **Obsesión**: Abandono de la confrontación de las ideas con los que las critican, bajo el argumento de poca preparación, el irrespeto, la soberbia o cualquier otra razón, como forma de escapar al debate civilizado.
- **Territorialidad**: Determinación territorial dentro de la cual no puede prosperar la búsqueda de la verdad, dado que ya existe la verdad del fanático.
- **Cultivabilidad**: el fanatismo no es innato en el ser humano. Es el resultado del cultivo en una fe ciega.
- **Convertibilidad**: Todo fanático que así lo desee, puede abandonar su fanatismo, en la medida que ponga su capacidad de reflexión al servicio del análisis crítico sobre sus creencias y su confrontación con la realidad que subyace fuera de sus creencias.
- **Fundamentalismo**: Es la aplicación intransigente y estricta de una doctrina o práctica establecida, basada en su interpretación literal y descontextualizada de las fundaciones de una religión o una ideología, desconociendo la diversidad religiosa o ideológica existente, tanto dentro como fuera de la propia cultura.

Tipos de fanatismo:

- **Religioso**: Es el resultante de la fe en algo sobrenatural que se considera como único y válido para toda la humanidad y por ello de obligatorio seguimiento por parte de todos, ya sea por decisión propia o por imposición humana sobre la creencia divina. Es la forma como las religiones mantienen cautiva mentalmente a una parte de sus creyentes, sin que ellas den cuenta de las contradicciones entre el dogma y la práctica, entre los fines y los medios utilizados, entre la jerarquía pastoral y la horizontalidad de los creyentes, entre la abundancia de riqueza por parte de la religión y su jerarquía pastoral y la evidente escasez que sufren los creyentes, entre la regla moral predicada y la regla moral aplicada por la jerarquía de la religión, entre la diferencia entre las enseñanzas y obligaciones de los creyentes pudientes y los no pudientes, entre la exclusividad fastuosidad de los servicios religiosos para pudientes y lo popular y simple para los no pudientes.
- **Científico**: Es la imposición de la creencia en el valor absoluto sobre el resultado de la experimentación científica, independientemente de lo difícilmente discernible de opiniones científicas, filosóficas o religiosas.

- **Económico**: Es la adoración del mercado (liberal) o el estado (conservador), como el único capaz y responsable de establecer la forma como los seres humanos se deben relacionar y desarrollar, tanto en cuanto a lo que atañe a lo social como a lo que atañe a lo económico. Es la manera de imponer una visión única de la economía a toda la humanidad. Es la manera de homogeneizar los procesos sociales y económicos de la población, de manera tal que todos respondan a un solo modelo económico, que facilite la mayor acumulación de poder y riqueza en manos de unos pocos. Es la manera sutil de despersonalizar la individualidad humana y convertirla en una mercancía más del mercado, diferenciada solamente por su capacidad de producción y su capacidad de consumo. Es la manera de romper todas las fronteras físicas para la movilidad del capital y de las mercancías y al mismo tiempo, mantener las fronteras para impedir la libre movilidad del ser humano.

- **Político**: Es la forma como orillan a la población a un solo lado del rio político, bajo el pretexto que los dogmas establecido por un determinado partido y/o las posiciones ideológicas de un político, son verdades reveladas e inamovibles, a no ser que el partido y/o el político determinen lo contrario. Es la mejor manera de mantener fraudulentamente tanto las dictaduras como las democracias. Es el tratamiento ideológico como se le inyecta mentalmente a la población una ideología política y se le crea una dependencia ideológica y una lealtad, tanto con relación al partido o movimiento, como con relación a su líder. Es la manera como se le mantiene viva la ilusión sobre la participación política al ser humano, pues como fanático defiende unos principios y una ideología hasta la muerte y lo refrenda en las urnas. Es la manera como se mantiene viva la idea que hay diferencias ideológicas entre los partidos, lo cual justifica la existencia de ellos y la de los políticos. Es la manera como se viven agarrando los de abajo, para que vivan en paz los de arriba.

- **Jurídico**: Es la forma de asignarle al derecho toda la responsabilidad por encontrarle las mejores respuestas a todas las situaciones de la vida y de creer en dichas respuestas como reflejo de la justicia. Es la forma como se justifican las guerras, las invasiones, el apoyo a otros ejércitos, el gasto militar. Es la forma como nos hacemos creer a nosotros mismos, que todo los legal es moral y que todo lo moral es ético. Es una manera de hacernos pensar que realmente si existe la independencia entre los poderes públicos.

- **Deportivo**: Es el chovinismo y la devoción obsesiva hacia una figura deportiva o un equipo deportivo, por considerarlo como el mejor ante cualquiera de sus rivales. Es el catalizador social de las frustraciones de la población de clase media y de clase baja. Es el mejor instrumento para evitar que el inconformismo social, económico y político de los gobernados, se vuelque en contra de los gobernantes. Es el instrumento mercantilista como las corporaciones logran la transferencia de dinero desde los bolsillos de los fanáticos deportivos, a las cuentas corporativas. Es el impuesto que pagan los fans por el derecho a gastar toneladas de adrenalina. Es la manera como justificamos el gasto de tiempo y dinero en el seguimiento, acompañamiento y apoyo a un atleta o a un equipo.

- **El fan**: Es la manera como las personas irracionalmente idolatran a sus ídolos, llegando a extremos de hacerse daño a sí mismos, a los demás o al mismo ídolo. Es un escapismo frente al vacío espiritual que deja el materialismo a ultranza, en el cual no hay lugar para creencias sobrenaturales y ante la ausencia de ellas, la creencia del ídolo como un Dios de carne y hueso, aparente y temporalmente llena dicho vacío.

- **De género**: Es la manera como se ve en el género de las personas una fuente inagotable de diferenciación humana, que pone a competir a hombres y mujeres por sus derechos y sus obligaciones, como una supuesta búsqueda de su igualdad humana y una real y soterrada cosificación humana, para lo cual no deben existir diferencias de género, para la total conversión en mercancías indiferenciadas a todos los seres humanos. Es la manera como tanto hombres como mujeres alimentan un mercado laboral, disputándose el mercado, tanto con sus personalidades, como con sus capacidades intelectuales y físicas de producción, mientras a la par, se atiburran de toda clases de mercancías innecesarias y consumen toda clase de formas de diversión y esparcimiento, que les permita volver nuevamente a sus puestos de trabajo, para contribuir al rutinario e infinito proceso de producción, comercialización y consumo de mercancías, sin dar cuenta que todo su fanatismo de género se ha convertido en jugosas ganancias para los dueños de los medios de producción y la diferenciación de género se ha desvanecido en cuerpos vacíos y autómatas.

- **Medio ambiental**: Es la manera como se ha privilegiado irracionalmente la defensa de la naturaleza y el medio ambiente, al adjudicarle derechos, inteligencia y sensibilidad al medio ambiente, como resultado de una mala interpretación sobre los deberes que tiene los seres humanos de cuidar la naturaleza y el medio ambiente en donde viven.

- **Intelectual**: Es la manera como damos por cierta y válida una forma de pensamiento, una teoría económica o el contenido geopolítico de un sistema y eliminamos cualquier validez a otra forma intelectual del pensamiento humano. Es la manera como el sistema nos convence de que sus fundamentos no responden al capricho de un ser humano cualquiera, sino al desarrollo intelectual de una mente privilegiada que sabe leer, interpretar y sistematizar mejor que nadie, los hechos, los comportamientos, la forma de pensar, la forma de operar y las expectativas de la humanidad y de resumirlas en un sistema único, viable y funcional, que debe ser acatado y seguido por todos, por el bien de la humanidad.

Las bases o fundamentos del fanatismo son mayormente desarrolladas por no fanáticos, por mentes que saben que buscan, a donde quieren llegar y como lo van a lograr y que saben de las debilidades del ser humano en cuanto a poder liderar su propia vida, sus profundas inconsistencias internas y su continua lucha por ser aceptado y aprobado por el rebaño. El líder no es fanático, pero él desarrolla la metodología para convertir a los demás en fanáticos. El líder sabe de la irracionalidad de las masas y por ello trabaja a nivel de las masas y no a nivel individual. El líder construye el fundamento del fanatismo, buscando llenar los vacíos emocionales, sentimentales, conductuales e intelectuales, que tiene la masa objeto del fanatismo.

Todos los sistemas requieren de fanáticos irracionales, no de personas racionales. Los fanáticos se convierten en los soldados voluntarios de la causa fanática y para que ello se consolide, se utilizan todos los medios de intervención mental, que por repetición fundamente el fanatismo en las mentes del fanático. Pero ello no requiere que el fanático entienda que hay detrás de la causa que defiende, por la que lucha, solo asume que, si fue una mente más brillante la que fundamento su creencia y ésta es seguida por muchos en su rebaño, no es necesario de escudriñar más, para con pleno convencimiento ser un fanático.

A la par con la fundamentación está la práctica, pues nadie puede ser un fanático mental, es necesario ir al campo de batalla a experimentar el fanatismo, a hacer presencia para que los demás sepan que la causa del fanático tiene seguidores y que el fanático hace parte de ellos. Con la experimentación, el fanático se vuelve más irracionalmente radical, siente como quema adrenalina, siente como no está solo, se siente parte de algo. Con la experimentación, el fanático debe reclutar más seguidores, debe de convencer, a las buenas o a las malas, a otros sobre la verdad que encierra su causa.

El fanático no puede abandonar su causa, eso sería como quedarse sin familia, pero también sería objeto de castigo social. Es la familia social, el grupo que comparte todas sus creencias irracionales que le dan fuerza al fanático. No es común encontrar un fanático solo, en medio de no fanáticos, batiendo la bandera de su fanatismo. El fanático tiene que sentir seguridad emocional y física para ejercer su fanatismo. De otra manera, cuando el fanático está en territorio no conquistado, desvanece un poco su fuerza irracional en contra de todos aquellos que piensen diferente y a falta de bandera y sin muchas razones para defenderse, expone su punto de vista fanático, como signo de fanatismo activo.

Mientras que el fanático es el que le pone el pecho a la brisa, siempre está dispuesto a ir al frente de la batalla, es un soldado incansable, es el que menos recibe, el que menos gana por su proselitismo, pero al mismo tiempo, es el que más pierde. En cada confrontación pierde a algún amigo, a algún familiar, pierde la posibilidad de conocer a otros buenos seres humanos, pero que, al no ser fanáticos, se convierten de hecho en enemigos.

Si se trata de la confrontación entre dos fanáticos, que son soldados fanáticos voluntarios de dos bandos opuestos, éstos pueden llegar hasta la confrontación física, con lo cual el fanático pasa de pérdidas sociales a pérdidas físicas y posiblemente a pérdidas materiales, fuera de toda la intranquilidad emocional que puede producir cualquier confrontación irracional. Los fanáticos no soportan compartir espacio con otros fanáticos oponentes, e incluso con no fanáticos. La sola presencia de un fanático del bando contrario, produce malestar e intranquilidad.

Mientras todo esto sucede con los soldados fanáticos voluntarios, los creadores del fanatismo, los que lo avivan y lo administran, son los verdaderos ganadores. Estos no tienen inconveniente de reunirse con los líderes del bando opuesto y no tienen recato en negociar sus posiciones, en hacer alianzas, en sacarle provecho al fanatismo operado por otros. Estos son agentes económicos racionales que, aunque pueden responder a fuerzas económicas superiores de sí mismos, siempre le sacan partido a la confrontación irracional de sus soldados fanáticos, que al ser voluntarios, no cobran por hacer el trabajo sucio.

Toda causa que responda a la irracionalidad es una causa fanática, por ello es posible encontrar fanáticos en cualquier actividad humana y en cualquier nivel operativo o de mando. Para evitar ser irracional no es suficiente tener un doctorado. Cualquiera en su sano juicio de irracionalidad, puede comportarse tan fanático como el más irracional de los irracionales.

Entre el creador del fanatismo y los soldados fanáticos voluntarios, pueden existir muchos avivadores del fanatismo, que actúan también voluntariamente, pero a otro nivel del soldado o que actúan no voluntariamente, como avivadores profesionales del fanatismo. Esta clase de "fanáticos pagados", utilizan su posición, su credibilidad, sus credenciales universitarias, su reconocimiento y su micrófono, para avivar el fanatismo, lo cual no los convierte en fanáticos, pero si les da la oportunidad de sacar partido del fanatismo ajeno.

El fanático puede ser objeto de abuso de la causa que defiende. El fanático político puede sufrir en carne propia la opresión política, social y económica de un dictador, pero no por ello deja de ser fanático del dictador. El fanático de un modelo económico puede sentir como el sistema los exprime, se le queda hasta con el último sentado, es injusto socialmente, es corrupto, es desbalanceado, pero no por ello deja de fanático del sistema. Dado que el fanático es un extremista en potencia, éste no acepta los puntos medios y entonces vive inventándose explicaciones espurias para defender la causa fanática, para defender lo indefendible. El fanático vive engañándose para poder disculpar todas las aberraciones que pasan con el objeto del fanatismo.

El fanático al verse castrado de criticar su propia posición, que es la misma posición que tiene su objeto de fanatismo, se vuelve de doble moral, pues debe juzgar con una regla especial y estricta, a todos los que no piensen de acuerdo al fundamento de su fanatismo, pero debe de cambiar de regla para juzgar a sus pares, a sí mismo, a la jerarquía de su movimiento fanático o al mismo movimiento fanático, pues el uso de la razón está completamente prohibido.

El fanático corre el riesgo de ser penado por el sistema, si el sistema encuentra que su causa va contra el mismo. Esta clase de fanático es marcado peyorativamente como "fanático". Si el fanático no va contra el sistema y, por el contrario, su acción fanática apoya el sistema, el fanático es visto como un aliado del sistema y sus excesos son disculpados, disminuidos y explicados como parte de su compromiso como mártir a la causa. Si la causa del fanático no afecta al sistema, puede que pase desapercibido, mientras no haya queja alguno que su accionar tenga un efecto social negativo.

Lo peor que le pasa al fanático es no ser consciente de su calidad de soldado fanático voluntario. Es como andar para adelante porque los demás lo hacen, pero sin saber para donde se va. Dada su participación como soldado, éste se encuentra en la escala de menor poder y de menor sabiduría dentro de la pirámide del movimiento, que representa la causa del fanático. Este es el caso de la mayoría de los fanáticos, que no saben cuáles son los reales intereses de los que manejan los hilos del poder de su movimiento fanático. Se sienten identificados con una causa, aunque realmente no la conocen. Hacen trabajo sucio que consideran que es bueno para la causa, aunque no saben cuál es el fin de dicho trabajo. Se sienten conectados a un todo del que escasamente conocen el color del uniforme, pero se les hace dificultoso distinguir las caras y los tonos de voz de sus participantes. En forma resumida, muchos fanáticos no son más que idiotas útiles de algún sistema, sistema que responde al insaciable apetito por riqueza y poder del que padecen sus dueños.

La libertad

"Aquellos que cederían la libertad esencial para adquirir una pequeña seguridad temporal, no merecen ni libertad ni seguridad."

Benjamín Franklin

La libertad es la posibilidad que tenemos los seres humanos de elegir aquello que nos conviene, sin que algún factor externo no lo determine y de determinar si lo que nos conviene, es bueno o no lo es. La libertad como capacidad es la que nos permite saber, decidir y elegir por nosotros mismos lo que nos conviene y de responder por las consecuencias de nuestra elección. También la libertad como capacidad es la que le permite al ser humano autodeterminarse y ser independiente, ver los pros y los contras de una acción y analizar y poder escoger entre distintos valores y bienes.

En la ruta del SER al TENER

La libertad está compuesta por tres elementos. La libertad de necesidad, que es la posibilidad de actuar o no actuar. La libertad de especificidad, que es la capacidad de decidirse entre diversas opciones. La Libertad de contradicción, que es decidir entre dos cosas opuestas.

La libertad se ejerce tanto a nivel interno o de pensamiento (psíquica o libre albedrío), como a nivel externo o físico. La libertad como independencia corresponde a la libertad interna, que es negativa, en el sentido que está ausente de constricciones o vínculos de conciencia en la toma de decisiones. No hay obligación moral para una acción determinada. La libertad interna es positiva, en el sentido de gobernarse a uno mismo y de autodeterminarse. A nivel superior de la libertad interna positiva, está la libertad moral, que es la adhesión del ser humano a valores y reglas morales, que le facilitan la elección de sus actos por el recto camino de la moralidad.

La libertad externa, denominada de acción, consiste en la ausencia de vínculos materiales que suprimen o disminuyen la acción física del ser humano, tales como las cadenas, los grilletes, la cárcel o la violencia. Se dice que la libertad física es negativa en cuanto se ejerce en ausencia de prohibiciones legales y sociales y es positiva, en cuanto es la que nos permite participar como agentes sociales en lo relativo a la vida social y política del territorio donde vivimos, traslucido en la libertad de religión, de expresión, de movimiento y de asociación, entre otros aspectos de nuestra vida. A nivel superior de la libertad externa positiva, está la libertad legal, que es la adhesión del ser humano a reglas legales que le facilitan la elección de sus actos por el recto camino de la legalidad.

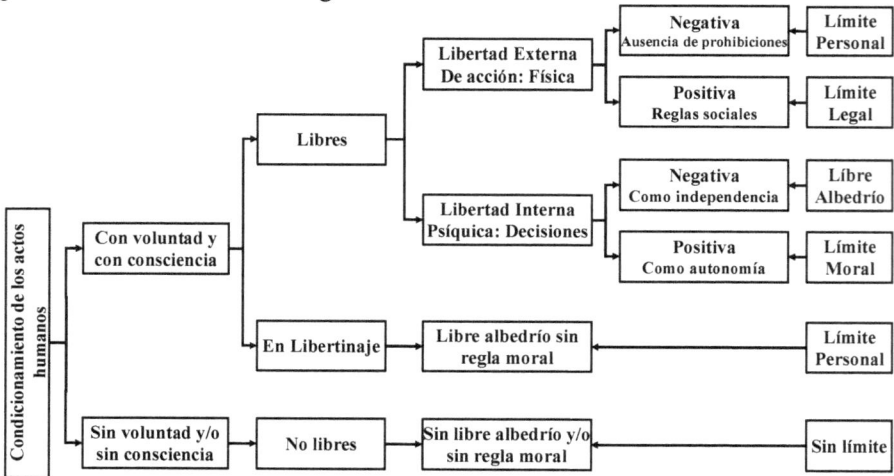

La libertad psíquica y la libertad legal están íntimamente ligadas ya que la primera posibilita la acción del ser humano y la segunda, la limita para que no afecte a otros seres humanos. Es el poder hacer algo, pero no deber hacerlo. Es tener la libertad psíquica para hacerlo, pero no la libertad legal para ello.

Si esto no fuese así, cada ser humano podría crear sus propios valores y su propia versión de la verdad, hasta el punto que la verdad sería una creación de la libertad. La libertad legal limita los derechos de cada individuo hasta donde comienzan los derechos de los demás y es lo que permite que la sociedad viva en libertad, pero al mismo tiempo, viva en convivencia.

El concepto de la libertad, como muchos otros conceptos de la abstracción humana, ha sido y sigue siendo objeto de muchas discusiones filosóficas. Entre algunas de las teorías que niegan la existencia de la libertad está el determinismo, que dice que, si todo acontecimiento tiene una causa, entonces no existe la libertad, pues esta es solamente una ilusión basada en la ignorancia humana con relación a sus causas. Si la realidad es una cadena de causa y efectos, solo conociendo la complejidad de dicha cadena, podemos conocer lo que ocurre en la realidad.

En este sentido no pasa nada al azar, todo paso por alguna razón. Entonces físicamente todo está determinado por las leyes naturales, las leyes de la materia, humanamente por los genes, ambientalmente por nuestra cultura, nuestra educación, nuestra familia, etc., económicamente por las fuerzas del mercado, teológicamente por la voluntad divina que todo lo ha prefijado de antemano, socialmente por el contexto social en que se vive, educacionalmente por la educación que recibe. En la otra orilla filosófica, está el indeterminismo, que afirma que ninguno de los anteriores factores nos condiciona o determinan que, la conducta humana no puede ser explicada usando una línea causal.

El ejercicio de la libertad tiene algunos condicionantes resultantes de las pasiones del ser humano, tales como el enamoramiento, el odio, la cólera, la tristeza o los celos, entre otros o resultantes de la violencia, que como fuerza externa no es siempre posible resistirnos y lo cual nos obliga a actuar sin libertad o las enfermedades psíquicas, que limitan nuestra mente para responder por nuestros actos, tales como las neurosis o la histeria. Cuando actuamos mal no somos libres, sino que estamos sujetos a algo que nos daña.

Tenemos que aplicar la libertad para crear nuestra libertad. Por naturaleza el hombre es libre de construir, fortalecer y mantener su voluntad y su conciencia, que son la base de su libertad. Si decide no hacerlo, está haciendo uso de su libertad. Igualmente, el hombre es libre de crear buenos hábitos, de tener disciplina, de corregir sus defectos, de desarrollar la empatía, de ser responsable, de respetar la moral y la ley, de SER un buen ser humano. Estas decisiones solo las puede tomar cada persona para sí misma.

En la ruta del SER al TENER
Libertad y responsabilidad

"El hombre nace libre, responsable y sin excusas."

Jean Paul Sartre

La libertad se ejerce a través de nuestros actos voluntarios, que, como voluntarios, conllevan tener la responsabilidad por sus consecuencias o resultados y tener conciencia del fin que se persigue, conciencia de la bondad o la malicia y de los medios para alcanzarlo. Los actos conscientes y voluntarios son hechos a propósito, a partir de una reflexión y con una noción de lo que se hace, con lo cual se puede atribuirle autoría al que los hace, responsabilidad por haberlos hecho y responsabilidad por las consecuencias previstas.

Entonces, la responsabilidad es la capacidad y obligación que tiene el ser humano de asumir las consecuencias de sus actos, que haya ejecutado en libertad. Esta responsabilidad la ejerce ante quien haya salido afectado por sus actos. Así la libertad como capacidad y la responsabilidad como aptitud, son dos elementos inseparables. La responsabilidad como aptitud es la capacidad del ser humano para dar razones y explicaciones de lo que haya hecho. Debido a lo anterior, algunos dicen que la Estatua de la Libertad esta inacabada, quedó incompleta ya que le hace falta la Estatua de la Responsabilidad.

Si nuestros actos no son voluntarios y/o conscientes, haciendo parte del campo de nuestras acciones reflejas, espontaneas e instintivas, se puede considerar que somos menos responsables, en la medida que no hay voluntad, conciencia e intención, pero aunque la responsabilidad se atenué, seguimos siendo responsables por las consecuencias no previstas. Es nuestra responsabilidad moral y legal prever las consecuencias de nuestros actos. Hacer el mal no hace parte de la libertad, aunque es una muestra de la libertad del ser humano. Si el ser humano ejerce la libertad con voluntad y conciencia, cualquiera de sus actos que puedan lesionar la naturaleza del hombre, debe ser racionalmente rehusado a ser llevados a cabo.

Nuestros actos tienen diversas motivaciones o desencadenantes, que son las causas de nuestros actos y tienen intenciones o fines por los cuales los hacemos. Algunos de las motivaciones son internas, tales como los pensamientos, sentimientos y emociones y otros son externos, tales como las normas morales, sociales y legales. Dependiendo del contexto en el que nos desenvolvamos y de nuestra propia personalidad, los factores internos o externos podrán tener una importancia diferenciada en nuestros actos.

Para ser responsables de nuestros actos debemos tener conocimiento y libertad. El conocimiento es lo que nos permite no ignorar las circunstancias y las consecuencias de nuestros actos y la libertad es la que nos garantiza que no haya elementos de coacción externa, como tampoco presiones internas, que lleven a actuar en contra de nuestra voluntad.

El riesgo del elegir es la de equivocarnos con nuestra elección, pues al elegir tenemos obligatoriamente que prescindir o renunciar a algo. Por ello es importante saber elegir, pero el saber elegir es el resultado de la práctica, de la experiencia continua de elegir, es el resultado de un proceso continuo de aprendizaje, por medio del cual es posible que, en algunos casos elijamos, evaluamos la elección, rectifiquemos si es necesario y posible, corrijamos y volvamos a elegir una acción.

Pero no todas nuestras elecciones tienen el mismo peso en nuestra vida y no todas son susceptibles de corregirlas. Si elegimos comer perro caliente, en cambio de hamburguesa y nos equivocamos, muy probablemente que las consecuencias no serán relevantes y que muy pronto tendremos la oportunidad de volver a elegir y de acertar en nuestra elección. Si nos equivocamos al seleccionar nuestra pareja para el matrimonio, las consecuencias de nuestra decisión serán relevantes y la reparación de dicha elección, aunque posible, no será fácil llevarla a cabo. Si nos equivocadamente decidiendo usar un arma de fuego contra otra persona y la matamos, las consecuencias de nuestro acto nos afectarán por el resto de nuestra vida y no existirá una segunda oportunidad para remediarlo, por lo menos con la misma persona, aunque tal vez podamos tener otra oportunidad, para hacer una mejor elección en circunstancias parecidas.

Lo anterior nos lleva a incluirnos a nosotros mismos como los afectados de las elecciones equivocadas que lleguemos a tomar. Ya no respondemos hacia afuera de nuestra propia vida, sino que lo haremos hacia adentro de la misma y muchas de esas responsabilidades y tal vez las más importantes, las pagaremos a través del resto de nuestra vida. Es como si financiáramos el costo de nuestras malas elecciones a largo plazo y peor aún, sin la opción de pagarlas en un solo pago. Las malas decisiones que son transcendentales para nuestra vida, se convierten en hipotecas a término indefinido, que pagaremos por el resto de la vida, sin la opción de poderla saldar.

Cuando elegimos estamos decidiendo y cuando decidimos podemos estar errando o acertando. En los dos casos habrá consecuencias, solo que, en el caso de las decisiones erradas, el costo de las consecuencias podrían ser más altos que si hubiésemos acertado. Decidir abandonar la escuela secundaria, tendrá un costo irreparable con relación al cierre de la posibilidad de acceder a la educación superior. Decidir terminar la escuela secundaria, podrá tener como premio la posibilidad del acceso a la educación superior, pero acceder y terminar la educación superior, no es suficiente para asegurar un buen futuro, tal vez sea necesario seguir accediendo a los niveles más altos de la educación superior, tales como el posgrado y el doctorado.

Dicho de otra manera, es posible que una decisión acertada solo me abra la puerta para otras elecciones, pero una elección desacertada es suficiente para que me cierre todas las puertas pertenecientes a una cadena de elecciones. Por ello, las responsabilidades de nuestros actos deben ser primeramente analizados con respecto a nosotros mismos ya que somos nosotros mismos los primeros afectados por ellos.

Si enfocamos nuestras responsabilidades de nuestros actos primero en los demás, estaremos perdiendo un valioso criterio que nos ayudaría a prevenir error. Si por ejemplo nos apoderamos del bien ajeno, primero nos estaremos hiriendo a sí mismos, al faltar a nuestros principios morales. Si nuestros principios morales no dan cuenta sobre apoderarnos de los bienes ajenos, estaremos yendo en contra de la ley y, por ende, podremos terminar detrás de las rejas. Entonces si pensamos que nuestras elecciones deben primero responder ante nosotros mismos, tal vez evaluaremos de una manera más racional nuestra libertad y evitaremos así tomar malas elecciones. Entre las pérdidas sufridas por nosotros mismos y las sufridas por los demás, puede pasar que los más perjudicados, lo que pierdan más, seamos nosotros mismos.

Este aspecto de la responsabilidad, de primero ante nosotros mismos, se hace extensiva a todos los aspectos de nuestra vida. Ser mediocre en el trabajo acarreará pérdidas al que nos contrata, pero éste pronto sabrá de nuestra mediocridad y terminará despidiéndonos del empleo y contratando a alguien más competitivo, pero nuestra decisión de ser mediocres la arrastraremos para todos los trabajos que vayamos a tener en el futuro y no tendremos elección de reemplazarnos a nosotros mismos, como lo hace el empleador.

La visión de la responsabilidad hacia afuera de nosotros mismos, no contribuye mucho con la ética de la sociedad. Si partiéramos siempre de la responsabilidad con nosotros mismos, estaríamos partiendo de la responsabilidad ética, la cual nadie ve y en muchos casos nadie evalúa, solo de ella damos cuenta nosotros mismos. Si partiéramos siempre de la responsabilidad con nosotros mismos, esto nos viviría ayudando a que en el proceso voluntario y consciente de la elección con libertad, pensáramos primero en los costos que tendríamos que pagar con nosotros mismos, el costo de faltarle a nuestra ética y luego pensáramos, en los costos que tendrían que pagar los demás.

Si nuestra ética es inexistente o no vale nada, nosotros somos inexistentes y no valemos nada, como agentes sociales. En este caso seremos animales tecnológicos. Sujetos provistos de mucha capacidad tecnológica, pero desprovistos de toda capacidad ética. En este punto nos estamos acercando velozmente al hombre primitivo, el cual tenía como su mayor preocupación cazar para sobrevivir y protegerse para no ser presa de los animales depredadores. Nada diferente hace el hombre tecnológico, vive en torno a su materialidad, no da cuenta de su espiritualidad, cómo tampoco de su ética y vive defendiéndose de otros depredadores hombres tecnológicos, sino es que pertenece al grupo de los depredadores hombres tecnológicos. Lo más triste de este panorama, es que lo llaman el hombre moderno.

Libre albedrío

"Las preguntas más importantes son con qué rapidez va a aprender usted sus lecciones y cuánta felicidad, cuánta espiritualidad, cuánta tranquilidad, etcétera, va a tener en su vida. Las respuestas dependen, en gran medida, del libre albedrío."

Brian Weiss

Cuando hablamos de la libertad como ausencia de coacción externa sobre las propias intensiones, estamos hablando del libre albedrío. El libre albedrío es la posibilidad de escoger una opción diferente a la que se ha elegido y que dicha elección se hace de forma autónoma y espontánea. Algunas teorías filosóficas argumentan que el libre adverbio no existe, basado en tres premisas. La primera dice que, es el determinismo correcto o lo es el indeterminismo. La segunda dice que, si el determinismo es correcto, no existe libre albedrío, pues no existen alternativas, todo es causado por algo. La tercera dice que, si el indeterminismo es correcto, todo se debe al azar y por lo tanto no existe la libre decisión, el libre albedrío.

Sobre la espontaneidad se dice que no existe, que es el resultado de un proceso físico, el proceso de decidir, que es diferente a la experiencia de decidir y que al ser físico el proceso de decidir, éste depende de algo que lo causó. La experiencia de decidir es el resultado de nuestras percepciones, las cuales, en parte, son hechos y objetos que percibimos y en parte, son construidas por nuestra mente. Entonces el libro albedrío es parte de nuestro lenguaje moral, que asocia marcadores normativos a cada situación, pero que no necesita tener un correlato físico. En la práctica solo necesitamos distinguir las acciones voluntarias de las involuntarias y para ello hacemos uso del concepto abstracto del libre albedrío.

El libertinaje

"No se debe confundir la libertad con el libertinaje, pero no es fácil que tengamos ocasión."

Jaume Perich

Si las consecuencias de los actos que el ser humano ejecuta con libertad, no dan como resultado el bien para él mismo y/o para los demás, éste no está actuando en libertad, sino que lo está haciendo en libertinaje. Entonces el libertinaje es la corrupción de la libertad, es el mal uso que voluntaria y conscientemente le damos a la libertad.

Si la libertad humana tiene límites, tanto morales como legales, cada vez que pasamos dichos límites, estamos haciendo un mal uso de la libertad. De nuevo, tenemos que ver a quien afecta nuestras acciones de libertinaje y debemos empezar por nosotros mismos. Nuestros actos relacionados con el uso de las drogas o el alcohol, tienen consecuencias negativas para los demás, pero primero las tienen para nosotros mismos. Somos nosotros mismos las victimas de nuestro libertinaje.

Mientras que cuando actuamos con libertad, buscamos siempre acertar con nuestras elecciones, cuando actuamos con libertinaje no tenemos opción de elegir, el mal es parte de la naturaleza del libertinaje. La libertad depende de la verdad, entonces una vez el ser humano se aleja de la verdad, se está alejando de la libertad. Si la libertad es una actividad mental dirigida por la voluntad y la conciencia, la cual busca tomar las mejores decisiones, toda actividad que no busque ello es una actividad que no fue hecha en libertad. Si la voluntad, como músculo mental, se debilita y/o lo mismo pasa con la conciencia, solo el fortalecimiento de nuestros valores y del autocontrol emocional, nos permitirán fortalecer nuestra capacidad para hacer uso de la libertad.

La felicidad

"Buscamos la felicidad, pero sin saber dónde, como los borrachos buscan su casa, sabiendo que tienen una."

Voltaire

Desde tiempos inmemoriales el tema de la felicidad ha sido una preocupación recurrente para la humanidad. Filósofos, psicólogos, matemáticos, biólogos, economistas, políticos y gobernantes, han tratado el tema desde diferentes enfoques, tratando de explicar que eso que llamamos felicidad, tratando de medirla o sencillamente, tratando que la gente se sienta feliz, para que sea más fácil manipularla y gobernarla.

Definir la felicidad puede ser tan difícil como encontrarla, sin embargo, podemos aproximarnos a su definición diciendo que es un estado mental en la cual la persona se siente feliz, caracterizado por la sensación de bienestar interior, en el cual no hay asuntos pendientes y apremiantes que disturben o atormente la mente. Es un estado de satisfacción plena y duradera, pero con asiento en la tierra, es decir, con los ingredientes normales que tiene la vida, estado en el cual se han logrado transformar los deseos en propósitos, los propósitos en hechos y los hechos en metas y que propicia paz interior en la persona que se siente feliz.

Al ser la felicidad en estado mental de satisfacción interior, su logro no depende de elementos exteriores, aunque ellos si participan en la consolidación mental de la felicidad. Entonces para sentirnos felices no dependemos de nuestra pareja, de nuestros amigos, de nuestra edad, de nuestra inteligencia, de nuestra belleza o de nuestros bienes materiales, puesto que, si así fuera, solamente podríamos ser felices cuando todos o algunos de los anteriores condicionantes se cumplieran.

Si así fueran las cosas, solamente los adinerados o los inteligentes o los casados, podrían ser felices, lo cual iría en contra de toda la evidencia empírica, que nos muestra que en todos los grupos humanos hay personas que declaran no sentirse felices, incluyendo los más ricos, los más bellos y los más inteligentes, entre otros. Igualmente, la evidencia empírica muestra que, entre los no ricos, los no bellos y los no tan inteligentes, se encuentran personas que declaran sentirse felices.

Como aproximación a la felicidad, podemos utilizar el placer, entonces buscaríamos ser felices por medio del placer. Como el placer es puntual y no duradero, todos aquellos momentos en los cuales no sintamos placer serán momentos muertos o de insatisfacción, lo cual nos conduciría a vivir sometidos a la esclavitud del placer, lo cual sería poco práctico y realista o tendríamos que buscarle placer a todo, incluso al dolor, con lo cual nos volveríamos masoquistas. Lo que si podemos encontrar en el placer es un complemento a nuestra felicidad, en la medida que nos de satisfacción o la infelicidad, en la medida que nos de insatisfacción.

Si nos aproximamos a la felicidad utilizando el camino opuesto al placer, es decir, el dolor, no como fuente de la felicidad, sino como forma de llegar a ella, evitando todo lo que nos cause dolor. Por este camino terminaríamos dejando de hacer muchas cosas que hacen parte de la felicidad, las cuales nos pueden causar dolor, tal como el parto para las mujeres. O si el dolor lo trasladamos a la frustración, por el temor a la frustración, dejaríamos de hacer muchas cosas vitales para la felicidad, tales como relacionarnos con los demás seres humanos, los cuales pueden llegar a frustrarnos, debido a su comportamiento errático.

Una tercera vía, la cual considero muy sana, es la de implicar en la felicidad tanto el placer como el dolor, sin que ello nos lleve a esperar que, solo teniendo placer y evitando el dolor, seríamos felices. En este orden de ideas, tendremos que conformar la canasta de la felicidad, la cual, para fines personales, deberá incluir los elementos que consideremos personalmente que nos aportan a nuestra felicidad y entonces llegaríamos a romper con el capricho científico de que todo debe tener un solo modelo de explicación, pues la explicación de la felicidad, solo responde a nuestra única y propia realidad.

Determinar con toda claridad lo que personalmente consideramos como felicidad, es una tarea casi que imposible de llevar a cabo. Cada uno de nosotros tenemos alguna somera idea de lo que es nuestra felicidad, pero se nos dificultad ser categóricos en cuanto que realmente es y tal vez por ello, acudimos a algo que se le acerque a la felicidad, que es la satisfacción personal. Si nos sentimos satisfechos, nos sentimos felices.

Ahora bien, incluso con este reduccionismo narrativo de la felicidad, se nos hace duro determinar si somos felices y tal vez por ello se nos hace más fácil determinar nuestra insatisfacción, pues es algo que sentimos y podemos de una manera más fiable concretar. Entonces si la felicidad es el opuesto a la insatisfacción, pero podemos acercarnos a medir nuestra insatisfacción, cuando nuestra insatisfacción es negativa, es decir, nos falta insatisfacción, tenemos déficit de insatisfacción, lo que tenemos es superávit de satisfacción y entonces somos felices.

Nuestra insatisfacción resulta de la diferencia entre nuestras exigencias y nuestra realidad. Si nuestras exigencias son mayores que lo que nos da nuestra realidad, nos sentimos insatisfechos y por ende infelices. Si nuestras exigencias son inferiores a nuestra realidad, tendremos un saldo negativo de insatisfacción, es decir seremos felices. En otras palabras, somos felices cuando nuestra realidad supera a nuestras exigencias.

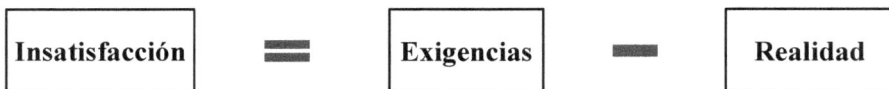

| **Insatisfacción** | **=** | **Exigencias** | **—** | **Realidad** |

A sabiendas de que la determinación de las exigencias y la valoración de nuestra realidad personal, son un tanto subjetivas, es valedero cuestionarnos, si le estamos exigiendo más a nuestra vida de lo que realmente necesitamos para estar satisfechos con ella o si estamos subvalorando nuestra realidad o si estamos haciendo las dos cosas a la vez.

Con conocimiento de causa sobre el hecho que los niveles de felicidad personal no son realmente comparables, debido a su subjetividad, pues si lo fueran, una misma realidad debería aportar el mismo nivel de felicidad a dos personas que tienen un perfil parecido, es válido pensar que por más subjetivo que sea la determinación de la realidad y la valoración de la misma, es posible modificar ambas, sin que realmente se modifique la realidad. En otras palabras, si logramos inyectarle una porción de racionalidad a la determinación de la realidad y a la valoración de la misma, esto debería modificar la insatisfacción y podría mejorar el nivel de felicidad aporque no, lo podría desmejorar. Es llegar a la conclusión que, se está mucho mejor de lo que pensaba ose está más jodido de lo que pensaba.

Aunque la subjetividad en la valoración de la realidad hace que la realidad observada puede distar de la realidad existente, podría ser posible establecer algunos criterios lo más racionales posible, para que valoremos mejor lo que vemos de la realidad, pues al fin de al cabo, parte de lo que representa esa realidad es común para muchas personas. Esto no aplica solamente a las cosas medibles como el ingreso o la composición de la familia, sino que también aplica a otras cosas, como el amor de nuestra pareja, nuestros hijos, nuestros padres y nuestros amigos. Entonces el objetivo es el de reducir la subjetividad al mínimo nivel posible, para valor nuestra realidad.

Si logramos una mejor valoración de la realidad, ahora el problema es el de determinar las exigencias, pues estas son mucho más complejas que la realidad, debido a que son construcciones mentales que elaboramos a partir de la suma de nuestras necesidades, nuestras reservas, nuestra comparación social y nuestra búsqueda de poder, todo lo cual aplica para cada clase de exigencias, las cuales tienen que cubrir mi SER, mi HACER y mi TENER, aunque no necesariamente, cada clase de nuestras exigencias tiene que tener los cuatro componentes.

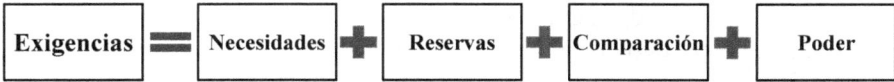

Exigencias	**=**	Necesidades	**+**	Reservas	**+**	Comparación	**+**	Poder

Nuestras necesidades corresponden al nivel mínimo pero suficiente con el cual nos sentimos satisfechos. Para que nuestras necesidades no inflen artificialmente nuestras exigencias, las necesidades deben tener un referente de sentido común, particularmente con no caer en lo extravagante o lujoso, como tampoco en la subvaloración de las necesidades, pues se trata que éstas nos permitan vivir con dignidad. Si hablamos de lo material y particularmente de la vivienda, nuestras necesidades de vivienda no pueden ser definidas como una pocilga, pero tampoco como una mansión. En el primer caso estaríamos pecando por déficit y en el segundo por exceso. Si nos referimos a nuestro(a) compañero(a) de vida, las mujeres pueden pensar que debe ser como Kent, el personaje de Superman o los hombres pueden pensar que debe ser como Pamela Anderson, la de Guardianes de la Bahía, lo cual sería un poco absurdo, pues seríamos infelices solo por el hecho que la belleza de nuestra pareja no responde a un arquetipo social, sobre la belleza física del ser humano.

En cuanto a las reservas, sería prudente pensar en que tengamos un complemento de lo necesario, en caso que lo necesario nos quede corto. Al igual que con lo necesario, el establecimiento de las reservas debe tener un sentido común, en cuanto su definición. Si se trata de algo material, como los ahorros y pensamos que adicional al ahorro promedio de la sociedad, lo necesario para cubrir el monto que costaría cubrir nuestros gastos por un año, en caso que por alguna razón no tengamos ingresos, entonces nuestras reservas las podemos definir con el monto de dinero suficiente para cubrir los gastos de seis meses adicionales. Si la reserva la definimos como el ahorro necesario para cubrir los gatos de tres años, muy seguramente no vamos a poder cubrir nuestros requerimientos de reservas y entonces estaríamos inflando nuestras exigencias.

Las reservas aplican a muchas de las cosas de nuestra vida, incluyendo la belleza. Los hombres maduros tratan de emparejarse con mujeres bellas y jóvenes, buscando que éstas luzcan bellas por muchos años. También tratamos de hacer reserva emocional, cuando nos encontramos con un ser querido que no vemos a menudo, entonces cuando lo vemos, tratamos de tener las mejores vivencias que nos permitan acumular los mejores recuerdos, mientras los volvemos a ver. Si se trata de una relación sexual con una persona que no podemos frecuentar sexualmente a menudo, tratamos que cada vez que estemos con ella, disfrutemos lo máximo que se pueda, para tener una reserva emocional sexual.

El tercer elemento de las nuestras exigencias, es tal vez el que nos empieza a dañar la fórmula de la satisfacción, de la de la felicidad, es el de la comparación, pues es la parte que nos exigimos para competir socialmente, para ser aceptados y aprobados por la sociedad y para sentirnos satisfechos. Entonces el elemento de la comparación debe cubrir lo que la sociedad quiere, más lo que nuestro ego nos exige. Al ser un elemento de comparación social, para su determinación partimos del nivel de insaciabilidad del otro y si queremos ganarle, debemos ser más insaciables que ese otro y así terminamos definiendo nuestras exigencias, no por nuestro propio criterio, sino por el criterio del que es objeto de comparación. Este elemento de comparación se aplica a lo largo de todas nuestras exigencias, El que se compara, compara su perro, su gato, su pareja, sus hijos, sus bienes materiales, sus sufrimientos, sus alegrías, su todo, con el otro, a pesar de que el otro nunca se entere de ello y si se entera tal vez no le importe.

Si lo que desbalancea nuestra fórmula de nuestras exigencias, es el componente de comparación, con mucha seguridad podemos decir que, a medida que el elemento de comparación tienen a ser cero, nuestra insatisfacción tiende a ser cero o a ser negativa, es decir, tendemos a ser menos infelices y por supuesto que más felices. Este es tal vez el elemento crítico de la sociedad moderna. Entre más progreso haya en la sociedad, siempre habrá más que consumir y siempre habrá algunos que puedan consumir más que otros y en la medida que esos que consumen más, se vuelven el patrón de consumos de los demás, los demás se sentirán infelices por no poder consumir como aquellos que tienen un nivel de consumo supremamente alto, comparado con el consumo medio que se requiere para cubrir las necesidades humanas.

La comparación es una renuncia completa a nuestra individualidad, es pretender vivir en cuerpo ajeno, es ver en el otro la plenitud de nuestra vida, es dejar de controlar nuestra propia existencia por estar pendiente del otro, es desvalorizar nuestra vida y valorizar la del otro, es cederle la conducción de nuestra vida al diablillo interior del ego.

Como cuarto elemento de nuestras exigencias está la de la búsqueda de poder, la cual está muy relacionada con la comparación. Lograr tener lo que tiene el otro no es suficiente cuando de compararnos se trata. El objetivo es sobrepasarlo, pues una vez que lo sobrepasamos pensamos que estamos por encima de él, somos mejores que él, que tenemos más poder que él. Si lo que nos exigimos de poder es realmente grande, la cuestión de comparación pasa a segundo plano y la búsqueda por el dominio del otro, se apodera de nosotros. Dominio que puede ser pura y mentalmente fantasioso. A medida que ese poder sea conquistado, la comparación dejará de ser con los actuales pares y se irá búsqueda de nuevos pares, de mayor altura, pues es claro que los actuales ya no son parte de la competencia social.

A medida que el poder se apodera de nuestras exigencias, por más poder que acumulemos, nunca lograremos vivir satisfechos, nunca seremos felices. E incluso, una vez se llegue a la sima del poder, aparecerán nuevos retos de acumulación de más poder. Mientras se haciende en la escalera del poder, veremos a todos los que van quedando rezagados de nuestro poder, como potenciales enemigos de nuestro poder, debido a su envidia resultante de su comparación con nosotros y del resentimiento resultante de las heridas que les infringimos con el uso de nuestro poder. También veremos a nuestros pares actuales, como enemigos que nos quieren disputar nuestro poder. Se podría decir con mucha seguridad que, la escalera del poder no nos llevará a la cima de la felicidad.

Aunque se podría pensar que la escalera del poder solamente aplica a las altas esferas de la sociedad, esto no resulta del todo cierto, pues en cada nivel social, existe la comparación y la lucha por el poder. Hay un pequeño y reducido grupo que quiere tener el poder sobre la inmensa mayoría y si bien, puede suceder que la escalera del poder no tenga mucha movilidad en la estructura del poder y de quienes lo sustentan, la escalera del poder está conectada y el que está en un escalón más alto del poder, no se sostiene en toda la masa poblacional que está por debajo de él, sino que lo hace, en los hombros del que sustenta el poder en el escalón anterior.

Nuestras exigencias no son objetivas, sino que por el contrario son subjetivas para cada persona. Determinar lo necesario, la reserva, la comparación y el poder, no es precisamente un asunto racional y en la medida que sea más irracional, nuestras exigencias terminarán infladas, siendo irreales, siendo fantasiosas y convirtiéndose en nuestros amos. Muy seguramente que son las exigencias las que nos hacen sentir insatisfechos, infelices, no nuestra realidad.

Sea el momento para nuevamente señalar que, en la mayoría de los casos nuestras exigencias por lo menos tendrán el componente de la necesidad ya sea una necesidad aceptada por la mayoría de las personas o una necesidad sentida particularmente por uno. La reserva, la comparación y el poder puede que no tenga relevancia en algunos casos o sencillamente no existan, en cuyo caso la exigencia estará compuesta solamente por la necesidad. Lo que se denomina necesidad no está restringido a la mera sobrevivencia. Lo que se establece como necesario debe ser lo requerido para tener una vida digna.

Establecer nuestra realidad puede ser un asunto un tanto irracional, que funciona en los dos sentidos. Para competencia social, tratamos de inflar nuestra realidad, tratamos de mostrarle a los otros algo que no somos, pero parecemos ser. Tratamos de "ganarles" a los otros mostrándoles una versión falsa de nuestra realidad, tan falsa que aguante los requerimientos de nuestro ego. Ya en la privacidad de nuestras tribulaciones, la realidad la podemos tender a achicar, por diferentes razones, tal como sentirnos víctimas, para obligarnos a cambiar nuestra realidad, para sentirnos bien al tratar de acceder a la ayuda ajena para mejorar nuestra realidad o por pura falta de capacidad para evaluar nuestra realidad.

En la medida que la medición de nuestra realidad está errada, especialmente por subestimación, la medida de nuestra insatisfacción tan bien será errada. Podemos vivir insatisfechos por tener una vida que realmente es satisfactoria o engañarnos pensando que nuestra vida es satisfactoria, cuando realmente no lo es. Todo esto puede suceder por lo subjetivo que es el asunto. Entre menos reflexivos seamos, más irracionales seremos. Entre menos reflexivos seamos, más defectuosos serán nuestros instrumentos de medición. Entre menos reflexivos seamos, menos sabremos de lo feliz o infeliz que es realmente nuestra vida.

Como látigo de nuestra realidad, están nuestras expectativas, que son las suposiciones que ponemos en los resultados esperados a obtener en el futuro. En la medida que los resultados que me muestra mi realidad estén por debajo de mis expectativas, viviré decepcionado y como defensa para evitar la decepción, haré todo lo que me sea posible y este a mi alcance, para lograr que mi realidad sea igual a mis expectativas.

Si he logrado definir unas exigencias racionalmente aceptables y mi realidad se encuentra por debajo de mis exigencias, mi expectativa será lograr que mi realidad esté acorde con mis exigencias. Aunque mis exigencias y mis expectativas puedan ser igualmente de irracionales, no necesariamente el nivel de las mismas tiene que ser el mismo. Yo puedo inflar mis exigencias mucho más de lo que inflo mis expectativas o viceversa. Pero si mis expectativas son iguales a mis exigencias, seguramente que tendré más chance de que mi realidad iguale o sobrepase mis exigencias y que con ello mi nivel de insatisfacción sea negativo y por ende me sienta feliz.

Si mis expectativas están por encima de mis exigencias y yo logro que mi realidad iguale o supere mis expectativas, con seguridad que me sentiré feliz. Vistas las cosas así, mi insatisfacción puedo aplacarla de diferentes maneras ya sea bajando mis exigencias, vía necesidades, reserva, comparación o poder o ajustando mi vida para que los resultados sean mejores, para lo cual puedo usar mis expectativas como mecanismo de empuje a mi realidad.

El problema que se tiene con las expectativas es el insaciable apetito por requerirnos más, por subir el nivel de la vara. Cada vez que hemos cumplido las expectativas, una nueva expectativa nos aparecerá y con ella el consabido estrés. Este ciclo se repetirá sin fin. Los que defienden este método, dicen que los que no tienen expectativas es porque son conformistas y los que lo atacan, dicen que en la mayoría de los casos las expectativas responden al requerimiento de un tercero ya sea otra persona o la misma sociedad y que por ello es casi imposible disfrutar cada vez que se alcanza la expectativa y que el estrés que produce el proceso para lograr la expectativa se convierte en mayor insatisfacción para la vida, especialmente si se compara con la satisfacción que produce el haber logrado la expectativa. Es algo así como gastar una unidad de dinero para lograr hacer una mercancía que se va a vender por menos de la unidad de dinero.

La expectativa es pasiva, solo está allá arriba esperando por nuestra llegada, mientras que la realidad es activa, es la que alcanza a la expectativa. Las exigencias son requerimientos, que en parte son naturales, en cuanto cubren nuestras necesidades y en parte, son autoimpuestas, pues están compuestas por la reserva y la competencia. Si se trata de buscar la felicidad, cualquier presión que se salga de la presión media que debemos soportar en la vida cotidiana, puede ser contraproducente para la felicidad. Lo ideal es llevarlo todo a su debida dimensión. Exigirnos, tener expectativas y tomar acción para que nuestra realidad cambie, puede llegar a balancearse examinando el valor del premio que recibiremos, la afección personal que sufriremos y que sufrirán los demás y la afección que sufrirá el entorno donde vivimos.

Una vez hemos determinado el nivel de insatisfacción para cada aspecto de nuestro SER, nuestro HACER y nuestro TENER, la insatisfacción total será igual a la suma de las insatisfacciones parciales. En este punto nos enfrentaremos a determinar la canasta de la felicidad, determinar los elementos que componen nuestra felicidad. Como canasta de elementos, tendremos que tener en cuenta que algunos elementos serán complementarios, tales como la relación personal con nuestra pareja y la relación sexual con ella. Pero al mismo tiempo de ser complementarios, no son mutuamente sustituibles. El aporte de mi buena relación personal con mi pareja con respecto a mi felicidad, no es sustituible por el aporte de placer que me da la relación sexual con mi pareja o viceversa. Juntas son importantes en mi felicidad y no necesariamente una dosis doble de la una, cubre la ausencia total de la otra. Otros elementos de mi canasta de la felicidad serán sustituibles. La felicidad que me da ir a cine puede ser la misma que me da leer un libro, entonces si no puedo ir a cine puedo leer un libro, e igualmente me sentiré satisfecho.

Tanto en la determinación de la canasta, como en la identificación de los elementos que son sustituibles, los que no lo son y los que son complementarios, la frase "no necesariamente" aplica en todo su rigor. Lo que a mí me da satisfacción, no necesariamente se lo da a otra persona. La canasta de la felicidad es completamente subjetiva y un tanto irracional, por ello es única para cada persona.

Insatisfacción Total	=	Suma de todas las insatisfacciones

Si ya he definido la canasta de la felicidad, ahora mediré la insatisfacción que tengo para cada uno de sus elementos y de la suma de las insatisfacciones parciales, llegaré a la insatisfacción total, que es la medida espejo de mi felicidad. Si el nivel de insatisfacción es negativo, significa que no estoy insatisfecho, sino que por el contrario, lo que estoy es satisfecho, que se refleja en mi nivel de felicidad.

$$\boxed{\textbf{Felicidad}} \quad = \quad \boxed{\textbf{(-1)*(Insatisfacción total)}}$$

Ahora nos preguntamos cómo podemos llegar a esta medida de felicidad y la respuesta es sencilla, solamente hay que preguntarle a nuestro SER como se siente de feliz y el con mucha sabiduría no lo hará saber. Dado que nuestro SER usa a nuestra mente como ayudante operativa, para que la respuesta sobre la felicidad sea confiable, obligatoriamente debemos pasar por un proceso de reflexión, en el cual evaluemos nuestras exigencias y sus componentes (necesidad, reserva y comparación), nuestra realidad y nuestras expectativas. Igualmente debemos reflexionar y determinar qué es lo que es relevante para mi felicidad personal y de la reflexión conjunta sobre todo lo anterior, nuestra mente nos comunicará muy pronto que tan felices somos. Toda la matemática que involucra este cálculo lo hará nuestro subconsciente. Él cuenta con una computadora mucho más potente que las de marca y mucha más inteligente que máquina alguna que hasta el momento haya inventado el hombre.

No nos debe dar miedo el nivel de irracionalidad que pueda tener nuestra reflexión, pero tampoco debemos escatimar esfuerzo en utilizar nuestra razón para determinar qué tan felices somos. Si logramos, por ejemplo, aislar el componente de comparación de nuestro cálculo de insatisfacción, podremos descubrir que no nos sentimos felices por lo que tenemos, sino que nos sentimos infelices por lo que los demás tienen. Si logramos evaluar lo que somos y aislar lo que fuimos y lo que queremos ser, podremos saber que somos felices una vez nos hemos liberado de las cadenas del pasado y nos hemos desconectado del cordón cerebral que nos une con el futuro.

En la medida que vinculamos la riqueza y/o el dinero que poseemos o que ganamos mensualmente, con el nivel de nuestra felicidad, estamos contaminando nuestro autoexamen de felicidad. Debemos tener cuidado en diferenciar nuestra felicidad con los elementos que contribuyeron a el logro de ella. Una vez evaluada nuestra felicidad, podremos escrudiñar cuales son los elementos que más nos contribuyen a nuestra felicidad y cuáles son los más volátiles, ruidosos, espurios, irrelevantes y honestos y así poder llevar a cabo los correctivos necesarios en nuestra vida, para que seamos más felices o por lo menos, menos infelices.

Recordemos que aproximarnos a la felicidad a través de la insatisfacción es una manera práctica y operativa de hacerlo, lo cual no implica per sé, ningún cambio al nivel de nuestra felicidad. Ojalá pudiéramos determinar con claridad y directamente nuestra felicidad. El problema es definir que nos hace realmente felices. Pero si miramos nuevamente el acercamiento con la insatisfacción, por ser algo que sentimos e identificamos como molesto para nuestra vida, con mucha seguridad que podremos evaluarlo y por efecto espejo estaremos evaluando nuestra felicidad.

Con el ejercicio aquí propuesto, estamos tratando de establecer una escala ordinal de la felicidad. Si hoy me siento más feliz que ayer, en mi escala ordinal diría que mi felicidad de hoy es mayor que la de ayer, lo cual me ayudará a ser mejor ser humano, pues entre más feliz sea yo, mejores cosas podre darme a mí mismo y darle a los demás. Si mis actos que tocan a los demás, están impregnados por mi felicidad, entonces estaré contribuyendo a que los otros despierten o hallen su propia felicidad o incrementen la que ya tienen. Si igualmente, los demás son más felices cada día, sus actos que me tocan a mí, contribuirán a que mi vida sea mejor y a que mi felicidad aumente, no por el efecto directo que ellos puedan hacer, sino por el efecto que sus actos causan en mi búsqueda y encuentro con mi felicidad. Si los demás y yo somos más felices, la sociedad será más feliz y el mundo será mejor.

Los seres humanos no tenemos la capacidad ni de dar placer, ni de dar felicidad, lo que hacemos es contribuir para que los otros las descubran. Si fuéramos capaces de dar felicidad o placer, el placer y la felicidad se convertirían en un servicio más en el mercado y los proveedores no darían abasto con sus clientes. Tanto personas ricas, como las que no lo son, estarían dispuestos a pagar por la felicidad. Las personas pueden vender sexo, pero no placer, pues si pudieran vender placer, los clientes impotentes lo sentirían. Para aquellos, los no impotentes, el servicio sexual que adquiere lo que hace es ayudarles a activar y/o a descubrir su propio placer. Si el placer fuera transferible, si otros pudieran dar placer, tal vez sería posible tomar el placer mientras se hace otra actividad, tal como leer el periódico o ver televisión, e incluso sin que nosotros conscientemente lo notemos. Eso funcionaría como el servicio de lustrar los zapatos. Mientras nos lustran los zapatos nosotros podemos hablar con otras personas sobre temas que no tienen nada que ver con el lustre de zapatos o podemos ver el periódico.

La diferencia entre el placer y la felicidad está en que el placer puede contribuir a la felicidad, pero no la puede copar completamente. De otra parte, el placer es puntual, tal vez instantáneo, pero de la misma manera como viene se va, desaparece una vez lo dejamos de activar. La felicidad no es instantánea, es de larga duración y no se activa o desactiva, solo se incrementa o se disminuye. Cuando tenemos un subidón de placer, podemos sentirnos un poco más felices y cuando tenemos una calamidad, podemos sentirnos menos felices, pero no necesariamente del todo y a toda hora infelices.

El placer es como una droga que toma diferentes agentes. Unas veces lo hace con el azúcar, otras veces lo hace con las drogas, otras con la grasa, otras con la sal o con el sexo, pero como droga tiene un efecto puntual y temporal. La felicidad no es una droga, no es algo que me inyecto o me unto y listo. La felicidad se crea a través de muchas capas, a través de las cuales vamos logrando armar una coraza, la coraza de la felicidad. Aquellos que no tienen la coraza de la felicidad, es porque no han podido consolidar sus pequeñas capas de felicidad y ante un viento fuerte, esas capas se las puede llevar el viento y así desaparecer.

Si la droga del placer es prohibida, su uso se nos convierte en un amo, entonces perdemos la libertad y perdemos la felicidad. Nadie puede ser feliz sin libertad. Entre más cosas inventan los hombres para su vida, más difícil se les hace descubrir y activar su felicidad. El hombre día a día aumenta sus niveles de insaciabilidad, como si todo el tiempo estuviera dependiendo de una droga, entonces cada día necesita de más y más cosas para sentirse saciado. Pero la felicidad no es eso. La felicidad no puede ser insaciable. Tal vez no conozcamos cuales son los niveles máximos de felicidad, pero si sabemos que podemos llegar a ser felices, es decir podemos llegar a un punto en donde hemos saciado las necesidades, nos sentimos satisfechos y nos sentimos felices.

Si la felicidad fuera material, todas las personas ricas serían felices, pero las evidencias demuestran que para algunos ricos sucede todo lo contrario. Si el dinero no jugara papel alguno en la felicidad, todas las personas con escases de dinero y/o de riqueza serian felices, lo cual es contrario a la evidencia recogida por algunos estudios. En los dos extremos, el de la abundancia material y el de su escasez, parece que no habita la felicidad, no porque no pueda existir, sino porque los condicionamientos sociales nos llevan a preestablecer que sin dinero no hay felicidad.

Entre más empujamos nuestra exigencia hacia arriba, es más probable que terminemos endeudados con nuestra felicidad, lo cual se reflejará en la imposibilidad que la realidad, no la esperada, sino la vivida, esté siempre deficitaria. Es así como terminaremos con dos deudas, una la que adquirimos al pedir prestado algo que no teníamos, pero se necesitaba para empujar la realidad hacia arriba y la otra, la deuda con nosotros mismos, con nuestras exigencias. Pero en situación de deuda es poco probable que florezca la felicidad, pero es muy probable que florezca la insatisfacción que se traduce en infelicidad.

Todo lo que nos transmita zozobra, intranquilidad, estrés, inconformidad, desequilibrio o preocupación, puede potencialmente afectar nuestra felicidad y es precisamente lo que nos sucede cuando estamos endeudados. La cosa es peor aún, cuando mantenemos deudas con los demás y deudas con nosotros mismos. Si hemos inflado nuestras exigencias, particularmente con los componentes de comparación y poder, nuestra deuda con nosotros mismos será completamente tóxica y muy probablemente que impagable. Si esa es la situación, viviremos el resto de la vida sintiéndonos insatisfechos e infelices.

Si la deuda la hemos adquirido para empujar a nuestra realidad, hemos autoconstruido una falsa realidad, una realidad que no es de nosotros, una realidad prestada y paga con esclavitud financiera. Mientras nuestra apariencia aguante, seremos falsamente felices, pero cuando nuestra falsa pantalla se nos caiga y los demás se den cuenta de cuál es nuestra verdadera realidad, nuestra infelicidad vendrá por partida doble, pues tendremos que pagar nuestras deudas a terceros y perderemos toda opción de competir en el falso mercado de la comparación.

La motivación

"Siempre me siento feliz. ¿Sabes por qué? Porque no espero nada de nadie; esperar siempre duele. Los problemas no son eternos, siempre tienen solución. Lo único que no se resuelve es la muerte. La vida es corta, por eso ámala, se feliz y siempre sonríe, solo vive intensamente. Antes de hablar, escucha. Antes de escribir, piensa. Antes de herir, siente. Antes de rendirte, intenta. Antes de morir, vive."

William Shakespeare

En muchas ocasiones tenemos una buena idea para desarrollar, e incluso ponemos juntos los recursos necesarios para llevarla a cabo, pero a falta de la chispa que encienda el motor de iniciación, finalmente terminamos no ejecutándola. Esa chispa es la de la motivación, que es el impulso que nos permite llevar a cabo un acto determinado. Es un estado interior que nos activa o induce a que hagamos algo. Es la fuerza motriz que tenemos los seres humanos para realizar una acción, acción que está dirigida al logro de una meta, un propósito o un objetivo.

Formalmente se puede decir que la motivación está constituida por todos los factores capaces de provocar, mantener y dirigir la conducta hacia un objetivo y que en conjunto crean el efecto de motivar, que se refleja en la realización u omisión de una acción, como resultado de la elección de determinada alternativa.

Algunos de los mecanismos de la motivación son emocionales e instintivos, los cuales nos inducen a conductas que buscan la satisfacción de las necesidades básicas, tal como comer, dormir o abrigarnos. Nos motivamos automáticamente en sentarnos a la mesa a la hora de la comida o nos motivamos automáticamente a lavarnos los dientes, buscando tener una buena higiene bucal y dental. A este tipo de motivación, se le denomina inconsciente.

Otro tipo de motivaciones son las conscientes, las que surgen de mecanismos psíquicos racionales y que son impulsados por la fuerza de la voluntad, que inducen a que tengamos conductas dirigidas al logro de objetivos específicos. Esta clase de motivación nos permite actuar en búsqueda de metas de mediano y largo plazo.

En la ruta del SER al TENER

Si las motivaciones nos impulsan a llevar a cabo actos, tanto conscientes como inconscientes, dirigidos a un objetivo en particular, dicho objetivo debe estar relacionado con alguna de nuestros requerimientos en la vida, los cuales pueden ser necesarios o indispensables para nuestra sobrevivencia física y psíquica o complementarios a las necesidades, que ayudan a que logremos cierto nivel de calidad de vida. Ningún ser humano puede sobrevivir físicamente sin alimentarse, pues moriría de hambre, como tampoco puede vivir bajo continua tortura, pues terminaría loco. A esta clase de requerimientos los podemos llamar necesidades. Por otra parte, tenemos requerimientos tales como el amor, sin lo cual sobrevivimos psíquicamente pero con mala calidad de vida o el deporte, sin lo cual sobrevivimos físicamente, pero no con la mejor calidad de vida. Estos dos últimos requerimientos no son necesarios en el sentido de ser indispensables para sobrevivir, aunque si son necesarios, en el sentido que ayudan a vivir en un pleno estado de vida o una vida con dignidad.

La satisfacción en la vida se logra cuando hemos podido atender nuestras necesidades con un nivel mínimo. Si ese nivel mínimo no se alcanza, diremos que viviremos con necesidades insatisfechas. Pero más allá de atender nuestras necesidades, podemos considerar otros requerimientos para nuestra vida, como la calidad del material con el cual hemos atendido nuestras necesidades, lo cual también nos puede hacer llevar a sentirnos insatisfechos con nuestra vida. Esto quiere decir que lo que para uno es suficiente, para otro puede que no lo sea.

Una forma de resolver este problema es determinar una canasta mínima de elementos, junto con sus características, que satisfagan nuestras necesidades, lo cual sería factible si se tratara solamente de bienes materiales, pero no lo es, cuando se trata de las necesidades interiores del SER. Todos necesitamos amor para vivir dignamente, pero como determinar la clase y la cantidad de amor para sentirnos que tenemos una vida digna. Esto nos lleva a que aceptemos nuestra incapacidad para determinar los requerimientos necesarios para nuestra vida, como una regla universal, aunque dicha limitación, no nos coarta la posibilidad que determinemos una lista de elementos que consideramos necesario cubrir para sentirnos satisfechos.

Dada la heterogeneidad humana, algunos elementos que para unos no son necesarios, para otros lo son, tal como la necesidad de poder. Si determinamos que universalmente todos los seres humanos necesitamos tener poder sobre los demás, no el poder que tienen los padres sobre los hijos o los empleadores sobre los empleados, estaremos aceptando vivir en un mundo cosificado, lo cual iría en contra de la búsqueda de una vida digna. Si eliminamos el poder como un elemento de la canasta, estaríamos negando la necesidad del ser humano de tener líderes que los guíen y los conduzcan al encuentro de una vida digna. En este caso no se está hablando de politiqueros, falsos guías espirituales, comunicadores corruptos, científicos vendidos o cosas por el estilo.

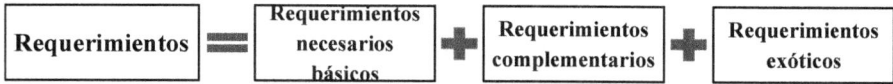

Requerimientos	$=$	**Requerimientos necesarios básicos**	$+$	**Requerimientos complementarios**	$+$	**Requerimientos exóticos**

Entonces tenemos que, como causas de nuestras motivaciones, existen requisitos en nuestra vida que debemos satisfacer. Unos serán necesarios para nuestra sobrevivencia, otros complementarios para tener una vida digna y otros exóticos para satisfacer las necesidades particulares de algunos miembros del club de los humanos.

El otro asunto a tratar, es la ordenación de los requerimientos en forma jerárquica, vistos como que unos son más importantes que otros, unos son más alcanzables que otros, unos son más necesarios que otros, unos son más clasistas que otros. La sola consideración de los requisitos, como necesarios o no necesarios, es una tentativa clasista para explicar porque unos seres humanos buscan perfeccionar su vida, cultivando su SER y su HACER y construir, administrar y mantener su TENER y otros solo requieren comer y trabajar. Este enfoque es una forma soterrada de vender la idea que, la inmensa mayoría de los seres humanos necesitan solamente dormir, comer, trabajar, descansar e ir al baño y que una inmensa minoría requiere cultivar su vida, para poder administrar de mejor manera a la inmensa mayoría.

La opción de jerarquizar los requisitos de la vida, nos llevan a crear un imaginario piramidal, asociado mentalmente al existente para el manejo del poder, lo cual es artificialmente estratificante y discriminante y pobre, en cuanto no da cuenta de las infinitas interacciones y relaciones que existen al interior de los requerimientos. Si nos referimos a lo básico, como lo mínimo para la subsistencia, estamos aceptando la condición animal de los seres humanos, a la cual el sistema social y económico imperante ha tratado de llevar al hombre. Pero si nos referimos a los requerimientos como un todo, incluyendo sus interacciones e interdependencias, nos estaremos refiriendo al ser humano como un SER inteligente, pensante, bondadoso, amoroso, espiritual, reflexivo y creativo, que requiere mucho más que comida y techo, para ejercer su condición humana.

La jerarquización de los requisitos del ser humano y su presentación piramidal, nos lleva a varias situaciones en el imaginario social. Primero, a pensar que hay unos más importantes que otros, como si se pudieran dividir o desligar unos de otros y por ello ordenarlos, lo cual es completamente ajeno a la realidad. Segundo, a pensar que solamente unos pocos tienen el derecho y la posibilidad de satisfacer sus requisitos más elevados, los que tienen que ver con el perfeccionamiento del ser humano. Tercero, a pensar que los requisitos que tienen que ver con las necesidades básicas son suficientes para la mayoría y por ello, la expectativa en satisfacer todos los demás, es un asunto de privilegio. Cuarto, a pensar que por naturaleza los seres humanos nacen jerarquizados y limitados de acuerdo a los requerimientos que requieren para sus vidas y por ello, la inmensa mayoría deberá contentarse con aspirar a la subsistencia animal y la inmensa minoría, solo tendrá que ejercer su poder de clase para acceder por defecto a todo aquello que se requiere para tener una vida digna.

Con una visión enfocada más a la categorización de los requerimientos humanos asociados con las motivaciones que a su jerarquización, podemos agruparlos de acuerdo a la dimensión que recibe el efecto de la acción que ha sido motivada. Así tendremos las dimensiones del SER, el HACER y el TENER y a su interior una subcategorización de acuerdo al papel que cumple el requerimiento.

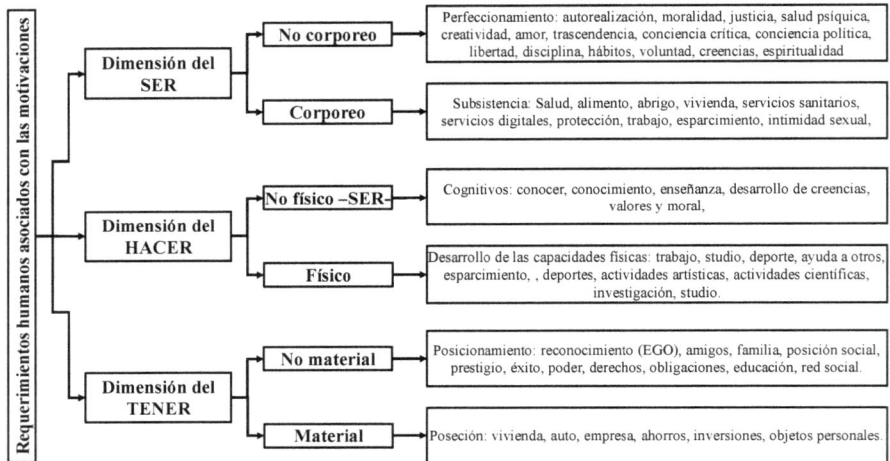

Dentro de la dimensión del SER tendremos los requerimientos no corpóreos, los que buscan el perfeccionamiento del SER del ser humano, tales como la autorealización, la moralidad, la justicia, la salud psíquica, la creatividad, el amor, la trascendencia, la conciencia crítica, la conciencia política, la libertad, la disciplina, los hábitos, la voluntad, las creencias, la identidad y la espiritualidad, entre otros. Estos requerimientos están al interior del SER y son la base de todo el desarrollo del ser humano. En la medida que estos requerimientos son satisfechos, muchos de los demás podrán ser satisfechos, no por su acción directa, sino como herramientas de uso para poder administrar los suministros que satisfacen dichos requerimientos. Dicho de otra manera, mientras estemos bien mentalmente, todo lo demás podrá estar bien también. La administración de la abundancia o la escasez no es asunto netamente físico, ésta se inicia en la mente del ser humano y se operacionaliza con su cuerpo.

Podremos recibir mucha abundancia y nunca satisfacer nuestros requerimientos. Lo que comúnmente denominamos pobreza es realmente escasez material, es la ausencia de algo que necesitamos. Las personas ricas también pueden llegar a sufre de escasez. Tal es el caso de una persona que tiene todo su dinero invertido y en un momento dado no cuenta con dinero circulante para atender alguno de sus requerimientos, lo cual lo lleva a estar en las mismas condiciones de una persona no rica. También se puede presentar el caso que una persona rica se sienta pobre, ya sea porque de acuerdo a su valoración de su satisfacción no ha podido superar sus propias metas o las de su competencia social o porque no pueda disfrutar de su riqueza. Esta persona no tiene escasez material, pero tiene pobreza mental.

Mientras la pobreza es un sentimiento que se lleva interiormente, la escasez es una realidad exterior verificable. La escasez lleva a que las personas se sientan pobres y también las lleva a que se sientan insatisfechas con su vida, se sientan infelices. Para determinar la escasez, las personas comparan sus requerimientos corpóreos de su SER, de subsistencia, tales como los de salud, la alimentación, el abrigo, la vivienda, los servicios sanitarios, los servicios digitales, la protección y seguridad física, el trabajo, el esparcimiento y la intimidad sexual, entre otros.

A diferencia de los requerimientos no corpóreos del SER, para los corpóreos del SER es posible establecer una norma o estándar mínimo requerido para que una persona se sienta satisfecha y es precisamente eso lo que hace cada persona cuando evalúa su satisfacción. Como cualquier otra valoración personal, ésta no está exenta de los sesgos subjetivos sobre la determinación del estándar o mínimo requerido para sentirse satisfecho. Pero más allá de cualquier tecnicismo, la mente humana lo determina y lo usa como parámetro de comparación entre su realidad y el parámetro, lo cual los trasluce en satisfacción o insatisfacción y es eso lo que finalmente se expresa.

Para la dimensión del HACER se dividen los requerimientos entre los no físicos (del SER) y los físicos. Los no físicos son todos aquellos que el ser humano puede hacer a nivel mental y que van directamente a nutrir su ser, tales como el conocer, el conocimiento, la enseñanza, el desarrollo de creencias, valores y moral, entre otros. Estos requerimientos son bien importantes para el perfeccionamiento del SER ya que se constituyen en sus herramientas de trabajo. En la medida que estos requerimientos no sean satisfechos, el SER como el núcleo de todo el desarrollo del ser humano, tendrá menos oportunidad de perfeccionarse y entre más imperfecto sea nuestro SER, menor perfecto será nuestro HACER y nuestro TENER.

La otra parte de los requerimientos del HACER son los físicos, que buscan el desarrollo de las capacidades físicas del ser humano, tales como el trabajo, el estudio, el deporte, la ayuda a otros, el esparcimiento, las actividades artísticas, las actividades científicas y la investigación, entre otros. Estos requerimientos son los que permiten operacionalizar los requerimientos no físicos del HACER. La importancia de estos requerimientos, está en que vuelven realidad muchas de los requerimientos del SER corporal y no corporal y del HACER no físico y de esta manera retroalimentan el SER y alimentan el TENER.

En la ruta del SER al TENER

Para la dimensión del TENER se dividen los requerimientos en los no materiales y los materiales. Los no materiales son los de posicionamiento, los que permiten la convivencia social, entre los cuales se encuentran el reconocimiento (ego), los amigos, la familia, la posición social, el prestigio, el éxito, el poder (ego), el liderazgo, los derechos, las obligaciones, la educación y la red social. Estos requerimientos son los que van a satisfacernos socialmente, son los que implican nuestra interacción, dependencia, e interdependencia con el resto de los seres humanos. No son materiales, en el sentido que no hacen parte de nuestras pertenencias físicas, pero existen en la realidad, algunos en nuestro mundo interior, como el poder y algunos en el mundo exterior, como los amigos. Son posesiones con las cuales contamos y usamos en nuestra vida.

El complemento de nuestro TENER está conformado por las posesiones materiales, tales como la vivienda, el auto, la empresa, los ahorros, las inversiones y los objetos personales entre otros. Estos conforman el resultado material de nuestra vida, reflejando el resultado del HACER y la calidad del SER. Una excepción de lo anterior son las posesiones derivadas de herencias o de las loterías ya que éstas no son el resultado ni del SER ni del HACER.

Los requerimientos del TENER material son importantes en la vida, aunque no pata todas las personas son indispensables. Son las herramientas que permiten que los requerimientos del SER corporal sean satisfechos, que algunos de los requerimientos del HACER también lo sean y que los requerimientos no materiales del TENER, se puedan satisfacer también.

Los que se puede observar de lo anterior, es que no existen requerimientos de pura raza, no cruzados ni no soportados por otros requerimientos, debido a que los requerimientos del ser humano son interdependientes. La versión que podemos despojarnos de todo lo material no es real, pues por poco que necesitemos, necesitamos de un mínimo soporte material: comida, abrigo y vivienda. Al otro extremo está el materialismo a ultranza, que ha querido hacernos creer que somos lo que tenemos, es decir que nuestro SER es nuestro TENER, lo cual no es tampoco cierto. Por muy llenos de riquezas materiales que tengamos, necesitamos de nuestro SER para administrarlas y necesitamos nuestro SER para alimentar nuestro HACER. Declarar que no creemos en ningún ser superior por encima del hombre, declarar nuestro ateísmo, es una forma de la espiritualidad, pues la sola declaración de ello es un ejercicio de nuestro SER. Ni nuestro HACER ni nuestro TENER pueden determinar nuestro ateísmo, aunque pueda que cooperen para que lo llevemos a la práctica.

El HACER es el privilegio que tiene el hombre de utilizar la capacidad del SER para vivir en el presente y proyectarse hacia el futuro, haciendo cosas de cuyos resultados no se podrá dar cuenta ahora. También el HACER es una herramienta fundamental para el perfeccionamiento del SER. Por mínimos requerimientos materiales que podamos tener para nuestra vida, dada la decisión de dedicarnos a cultivar nuestro SER, físicamente debemos proporcionarle alimento y protección física a nuestro cuerpo, para que la meditación, la reflexión y la contemplación, podamos llevarla a cabo.

Pensar en establecer requerimientos para nuestra vida que solo atienda una dimensión de ella, es un tanto utópico e irrealista. Los seres humanos somos integrales y no somos divisibles y por ello atender nuestro SER es tan importante como atender nuestro HACER y nuestro TENER. El problema es determinar cuánto peso e importancia le damos a cada dimensión, lo cual no es un asunto nada objetivo de abordar, dada nuestra singularidad. En la medida que estandarizamos nuestra vida, estamos llevando nuestra vida al plano animal y renunciando a nuestro derecho y obligación de desarrollarnos en el plano humano.

Pensemos por un momento que pasaría si todos nos dedicamos a la dimensión del HACER y el TENER, entonces terminaríamos destruyéndonos a nosotros mismos, debido a los niveles incontrolables de codicia e insaciabilidad material. Es eso lo que actualmente está sucediendo, solo que la inmensa mayoría de la población hacen para poder tener y tiene para poder desechar y desecha para poder volver a tener, entonces siguen haciendo para poder tener, mientras que una inmensa minoría, hace para poder tener y tiene para poder acumular y acumula para tener poder y tiene poder para dominar y lucha para mantener su dominio, hasta que termina autodestruyéndose a sí mismo y al resto de la humanidad.

En el equilibrio está la clave y en el perfeccionamiento del SER está la puerta de acceso a dicho equilibro. Perfeccionar nuestro SER significa trabajar para ser mejores seres humanos todos los días y un buen ser humano no podrá utilizar su HACER para afectar a otro buen ser humano y no podrá utilizar su TENER para dominar y esclavizar a otro buen ser humano.

En la fórmula de la insatisfacción veíamos que dependemos de nuestras exigencias y que dichas exigencias están compuestas por la suma de las necesidades, las reservas, la comparación y el poder. Si asociamos ahora las exigencias con nuestros requerimientos, podemos ver que para un buen porcentaje de la población es posible cubrir las necesidades, e incluso las reservas, pero que nuestro grave problema está en los requerimientos que le damos a la comparación y el poder. Requerimos cosas no para vivir una vida digna, sino para vivir una vida aparentemente mejor que mis pares. Esa parte de la mejoría, que se llama poder, es insaciable, para lo cual nunca podrán existir requerimientos mínimos o estándar.

Vivimos motivados a empujar nuestro HACER para que se nos incremente nuestro TENER, no para tener una vida digna, sino para hacerle sentir a nuestros pares que nosotros somos mejores, somos más exitosos, tenemos más poder que ellos, aunque en la práctica ni somos mejores ni somos poderosos, solo somos seres humanos estupidizados por el sistema económico, para que dediquemos nuestra vida a consumir insaciablemente, mientras los que realmente tienen el poder, se quedan no solamente con nuestro dinero, nuestros esfuerzos, sino que se quedan con toda nuestra vida. Somos simples diminutos piñones de un sistema totalmente superior a nosotros y para que funcionemos de manera como se espera, sin ningún roce, nos han aceitado nuestra mente para que pensemos que somos seres libres y, como tales, decidimos por nuestra vida.

Los piñones no tienen el SER, ni tampoco lo necesitan. Funcionan automáticamente, sin chistar nada sobre el papel que realizan, sin dar cuenta que no tienen ninguna singularidad, pues se parecen a otros piñones que hacen lo mismo. El manual es claro. Como piñones que hacemos algo cíclico y repetitivos, los seres humanos debemos dormir, comer, trabajar, divertirnos y evacuar y volver a repetir este ciclo hasta que se nos desgaste nuestro material y ya no podamos servir como piñones, en cuyo caso debemos ser desechados y reemplazados por nuevos piñones, que son nuestras futuras generaciones.

Nuestra vida materializada está motivada por acceder a la droga de la gratificación, la cual cada día nos da un subidón menos potente de placer, siendo por ello necesario aumentar el consumo material, para sentir el mismo nivel de gratificación. Antes que la droga de la gratificación llegue a su fin, el mercado ha puesto a nuestra disposición drogas sustitutas, las cuales sobrevivirán hasta que agoten su poder de gratificación.

El rol social

"Sólo a los reyes y a los criados -es decir a los dos extremos de la sociedad-se los llama por su nombre propio."

Arthur Schopenhauer

La sociedad es el escenario en el cual el ser humano desempeña diferentes papeles como miembro activo de su comunidad, papeles a los cuales se les denomina roles sociales, estando íntimamente relacionados con el contexto social. Este rol social está constituido por el conjunto de patrones de comportamiento o conductas esperadas de cada individuo por parte de la sociedad, de acuerdo a una posición social determinada, que se convierten en sus funciones dentro del grupo social en el cual esté el individuo y que tiene a su vez derechos y deberes asociados. Cuando el individuo ejerce sus derechos y deberes, está ejecutando su rol social. En la medida que cada persona aprende a ejercer sus roles, está aprendiendo a socializarse.

En parte, la animalidad del hombre se humaniza a través de la interacción social y es allí donde logra desarrollar sus potencialidades. Este proceso lo inicia cada persona desde el momento de su nacimiento, teniendo un contacto íntimo y continuo con las demás personas, con lo cual va desarrollando su personalidad. La necesidad de socialización que tienen las personas es inherente a su condición humana, que inicialmente lo hace completamente dependiente de los demás para lograr su sobrevivencia, tanto en todo lo relacionado con lo biológico y ambiental (alimento, abrigo, vivienda, protección, seguridad, etc.) como con lo relacionado con lo afectivo (amor). Con el pasar de los años, el ser humano pasa de ser protegido a ser protector, en la medida que vienen las nuevas generaciones.

Los individuos a través de la cultura se van condicionando para cumplir determinados roles y todo lo que ello encierra, pero igualmente aprende a través de libros, películas, la televisión, el Internet y de la su misma vivencia, como desempeñar diferentes roles, lo cual se convierte en una guía para su conducta. En la medida que cambia una persona de rol, también cambia su actitud, sus creencias y su conducta. Eso lo vemos a diario con el ascenso de los políticos, que pasan de comportarse y sentirse como seres humanos, a comportarse, sentirse y creerse dioses. Detrás de la relación entre el rol del individuo y el grupo, están las expectativas que el grupo tiene en el desempeño del rol, que tratan de delimitar la forma como se debería portar una persona en ejercicio de su rol social. Eso lo hacen para el portero, el funcionario público, el ministro de la iglesia, el policía y en general, para todos aquellos que cumplen un rol que impacta de cualquier manera la vida de las personas del grupo.

La interacción social entre dos o más individuos, pone de manifiesto las afinidades existentes entre los mismos, que una vez se conforman en propósitos comunes, le dan vida al grupo social, que es el espacio en el cual se llevan a cabo nuevamente interacciones sociales, pero ahora con fines comunes. Cada interacción social es una nueva experiencia y como experiencia, es una nueva oportunidad de aprendizaje social. De las experiencias sociales durante los primeros veinte años de vida, cada persona va forjando su personalidad y junto con ello, va adquiriendo educación social, la cual incluye las normas de conducta que controlan su interacción social.

Ya ubicada una persona dentro de un grupo, de su interacción con los miembros del mismo surge su estatus social, que es la posición social que la persona ocupa dentro del grupo en términos de poder y prestigio. Sin embargo, las personas pueden pertenecer a un grupo social dada la naturaleza de la conformación del mismo. Por ejemplo, cada persona en el momento de su nacimiento queda adscrito a un grupo de su género: hombre o mujer o cuando llega a tener la edad de retiro laboral, queda adscrito al grupo de los retirados. Esta posición social la ejerce pasivamente cada persona y sin mayor control sobre ella. De otra parte, cada persona puede adquirir una posición social debido a su experiencia de vida o su esfuerzo personal, la cual la ejercerá activamente y por ello tiene más control y elección sobre ella.

Las posiciones sociales se asemejan a los papeles o personajes que representan los actores en una obra de teatro, solo que esos papeles corresponden a la vida real. Cada personaje tiene sus propios sentimientos, emociones y conductas, que deben asumir de acuerdo al rol que tienen en la vida, los cuales están predeterminados por la cultura. Como un apuntador delimitante de cada personaje, están los derechos y las obligaciones, que le indica al personaje la conducta esperada, lo mismo que la conducta esperada para los demás personajes. Es así como el rol del salvador físico de la vida, encarnado en la posición social del médico, debe hacer lo que esté a su alcance para prevenir las enfermedades de sus pacientes y salvarles la vida cuando de ello se trata, e igualmente, debe estar continuamente actualizando sus conocimientos médicos para poder seguir ejerciendo su rol.

Cada posición social es única dentro de una red de posiciones sociales y los derechos y obligaciones le pertenecen a quien ejerce dicha posición y los usa en el momento que la ejerce. Por ello las obligaciones de un cajero de un supermercado y los derechos de un cliente del supermercado, son inherentes a esa posición, pero una vez cambia de posición, por ejemplo, pasando a la de padre e hijo, los derechos y obligaciones ahora son distintos a los primeros, e inherentes a su actual posición. Los papeles solo se desempeñan cuando la persona ejecuta las funciones de su posición social, lo cual sucede en el proceso de la interacción social. Los derechos son los papeles desempeñados que informan a las personas sobre lo que pueden esperar de otra persona. Las obligaciones son los papeles desempeñados que informan a una persona sobre lo que otra persona espera de ella.

En cada interacción social es posible que los derechos y las obligaciones se ajusten, como el resultado de la influencia recíproca entre la conducta de los participantes ocurro el resultado de la contextualización de la interacción social. Cuando el médico le indica al paciente que se tome una medicina, el paciente puede rehusarse a hacerlo debido a una mala pasada experiencia con la misma, entonces el médico reconsidera su prescripción. Si el médico le pide al paciente que se quite la ropa, ello no tiene una consideración sexual, pero si la misma petición la hace el zapatero, ello si tiene una connotación sexual.

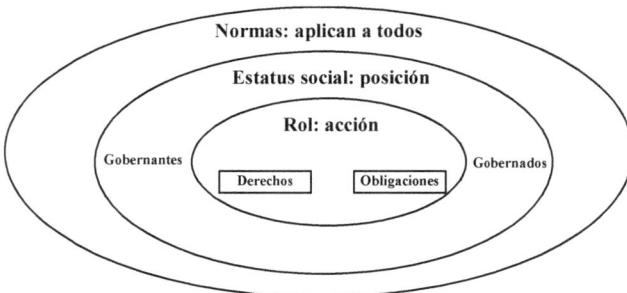

Una misma posición social puede tener distintos papeles. El gerente de una compañía pide reportes a sus subalternos y rinde informes a la junta directiva de la empresa. Una misma posición tendrá diferentes papeles en diferentes sociedades. En una sociedad el guía religioso pide a Dios por la salud de sus feligreses, pero ellos van al médico para que éste los cure, mientras que en otras, el guía religioso se le considera que tiene poderes sobrenaturales y por ello puede directamente curar a los enfermos. Por otra parte, los papeles de una posición social son inherentes a la cultura a donde pertenecen. En unas culturas el guía religioso es un funcionario celestial que cumple un papel de administración de almas y recolector de impuestos (diezmo o limosna), mientras que en otros es un verdadero guía espiritual.

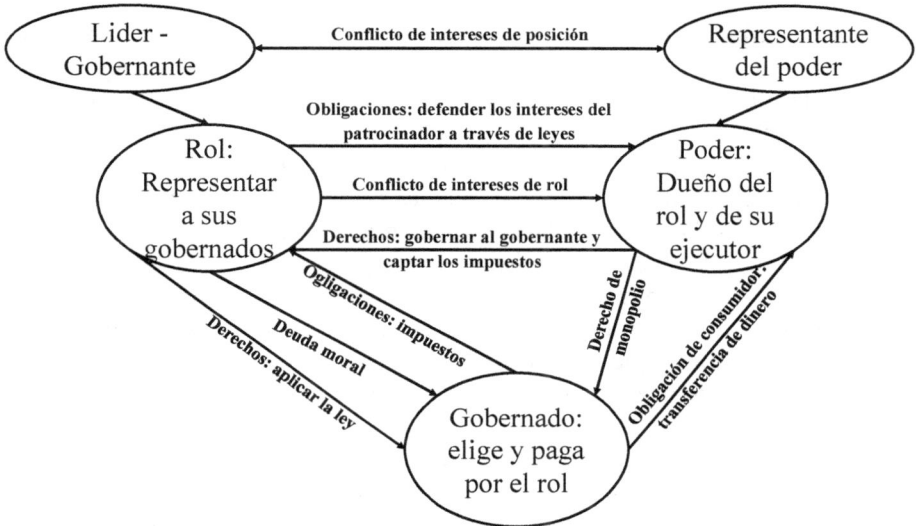

En algunas ocasiones, una persona puede tener un conflicto entre algunas de las posiciones sociales que tiene. Por ejemplo, el político que es líder de la comunidad a la cual representa, puede enfrentar un conflicto de intereses de su posición con las corporaciones o personas que financian su campaña. Así es que una corporación que aportó dinero para la campaña de un alcalde municipal, puede estar contaminando las aguas del municipio a través del vertido de residuos tóxicos a uno de sus ríos. La población del municipio espera que el alcalde tome cartas en el asunto, sancionando a la corporación culpable de la contaminación del rio y promulgando nuevas leyes que sirvan de control para que la contaminación no se siga presentando. La corporación a su vez, espera que el alcalde promulgue nuevas leyes que sean menos restrictivas en cuanto al control de la contaminación. En este caso el alcalde tiene un claro conflicto de intereses entre sus dos posiciones sociales, una como alcalde y otra como representante del interés de la corporación.

Otro conflicto de interés se presenta en cuanto el rol del alcalde; mientras sus electores esperan que se comporte recto e imparcial, el alcalde puede tratar de bajar los impuestos que pagan las corporaciones e incrementar los impuestos que pagan las personas. En este caso se presenta un conflicto de interés, entre la forma como esperan los electores que se comporte el alcalde y la forma como lo espera la corporación

Algunos de los roles de cada persona dentro del grupo estarán enfocados en el logro de la meta del grupo, lo cual implicará su lealtad al mismo, mientras que otros roles estarán enfocados en satisfacer las necesidades interpersonales o emocionales de cada uno de los miembros del grupo, lo cual implicará tener un sentido de pertenencia al grupo. Es así como entre la lealtad y el sentido de pertenencia al grupo, se definirá la identidad social, que es una forma de transferencia de las características del grupo hacia cada uno de sus miembros. La jerarquía de la posición social surge de las diferencias existentes en la influencia que cada miembro tiene sobre los demás miembros. Aquellos que tengan mayor iniciativa dentro del grupo, tendrán mejores posibilidades de influenciar sobre los demás y se convertirán en los líderes. Los de menos iniciativa, se convertirán en seguidores de los líderes.

Cuando los miembros de un grupo se identifican con el líder, se vuelven obedientes, siguiendo sus propias creencias personales, las cuales no necesariamente están relacionadas con la situación actual. En este caso se presenta un desfase entre la creencia y la realidad, en la cual prevalece la creencia dada la idealización que se ha hecho del líder. Cuando esto no pasa, el líder usa métodos coercitivos para que lo sigan, generando ello un conflicto entre la autoridad y el grupo que éste comanda. Cuando el líder tiene mucho poder, pero no es seguido por todo el grupo, usa su poder para someter a sus opositores.

Uno de los motivos por los cuales las personas buscan asociarse, es la comparación social y dicha comparación los inclina a estar en grupos en el cual sus miembros en promedio están por debajo de sus condiciones, en similares condiciones o en mejores condiciones. Así las personas se afilian a clubes sociales para aparentar, a alcohólicos anónimos para mejorar o al club náutico para escalar de posición social. También las personas se asocian a un grupo para hallar protección ante situaciones adversas, las cuales son más soportables en grupo que individualmente, tal como la asociación de víctimas del secuestro o se asocian a un grupo para brindar protección, tal como el voluntariado de la Cruz Roja.

Toda afiliación humana a un grupo busca algún beneficio, el cual puede tener una expresión exterior, tal como dinero o interior, tal como tranquilidad y goce. En algunas ocasiones la pertenencia a un grupo amplía las posibilidades de éxito en la ejecución de una tarea, tal como la creación de una nueva empresa, permite hacer la tarea, tal como un club de ajedrez, permite compartir con personas afines, tal como en el caso de una afición. Para que la persona sea aceptada en un grupo, al cual le interesa pertenecer, ésta ajusta su comportamiento individual para que quede alineado con las normas del grupo y así evitar a lo máximo cualquier diferencia, que a su vez evita su rechazo por parte del grupo. Entonces se dice que el individuo está en conformidad con el grupo.

En momentos ésta conformidad arrastra con las opiniones, los juicios y los actos de las personas, que siente que la mayoría tiene una determinada conducta que hay que seguir, pues en caso contrario, tendrá que afrontar la presión social como el precio a pagar por ser diferente. Este conformismo individual se vuelve colectivo en la medida que una inmensa minoría posee el poder para doblegar o poner en sumisión a la inmensa mayoría.

Como resultado del ordenamiento, la jerarquización y las interrelaciones entre el estatus social y el rol social, aparecen las instituciones sociales. Cuando se integran las instituciones de acuerdo a las funciones que cumplen, aparecen las ordenes institucionales. Dentro de dichas ordenes sociales está el orden político, integrado por individuos que ejercen la autoridad, el orden económico, conformado por instituciones que organizan las relaciones económicas de los agentes en la economía, el orden militar, conformado por instituciones que organizan y ejercen el ejercicio de la fuerza legítima y el orden familiar, conformado por instituciones que regulan la procreación y la educación de los hijos.

Como facilitadores para que cada orden institucional cumpla con sus funciones, están las esferas institucionales, que contienen los aspectos de conducta social característica de las órdenes institucionales. Dentro de las esferas institucionales tenemos la esfera tecnológica, que incluye las herramientas, los materiales y el conocimiento para utilizar las anteriores, la esfera simbólica, que incluye los signos de identificación que le dan sentido de pertenencia a los miembros de cada orden, la esfera del estatus, que incluye la distribución del prestigio y autoridad dentro de cada orden y la esfera educacional, que incluye los procedimientos para la transmisión y los valores a los nuevos miembros.

Como ordenamiento de las sociedades está su estructura social, lo cual refleja la forma como las sociedades están organizadas. La estructura social da cuenta de las diferencias presente entre las personas, partiendo del hecho que cada persona es única, diferente a las demás y también da cuenta de la desigualdad social, como valoración social, según la cual las personas son jerarquizadas de acuerdo a la consideración social que una persona es inferior o superior a otra, como reflejo de las diferencias que se expresan valorativamente en la sociedad. A esta jerarquización social se le denomina estratificación social, tal como el sistema esclavista, en el cual el esclavo es considerado propiedad de otros.

Otras formas de estratificación social es el sistema de castas, utilizado por la cultura de la India, que está basado en creencias religiosas, el sistema de estado o estamentos, como sistema feudal que da cuenta de la división del trabajo o las clases sociales, como reflejo de las diferencias de riqueza y poder. Las clases sociales normalmente, están asociadas con los criterios subjetivos de cada individuo que se autoclasifica en una escala de posiciones sociales o en criterios subjetivos, que determina sociológicamente a qué clase social pertenece cada persona, de acuerdo a la combinación de diferentes dimensiones, tales como el nivel educativo, la ocupación, el ingreso, el patrimonio y la vivienda, entre otras.

En la ruta del SER al TENER

Lo que regula al grupo son las normas o estándares aceptables de comportamiento de sus miembros al interior del mismo, las cuales indican que se debe hacer y que no se debe de hacer en determinadas circunstancias. Algunas normas son descriptivas en la medida que definen como se debe actuar, sentir o pensar dentro del grupo, mientras que otras son de mandato, las cuales hacen la diferenciación entre las acciones deseables y las no deseables. A través del tiempo, los miembros del grupo interiorizan las normas y terminan actuando naturalmente de acuerdo a ellas, es decir, terminan viviendo en conformidad con la sociedad. Esto le da orden, continuidad y predictibilidad a la conducta de los miembros de la sociedad.

La identidad

"La globalización está provocando un obsesivo afán de identidad, que va a provocar muchos enfrentamientos. Nuestras cabezas se mundializan, pero nuestros corazones se localizan."

José Antonio Marina

El ser humano, como ser racional, a lo largo de toda su historia, siempre ha buscado respuestas a sus inquietudes existencialistas relacionadas con su procedencia, su estadía temporal en la tierra y su situación después de la muerte. Dada las dificultades que el ser humano afronta con respecto a su antes y su después ya sea por física ignorancia, por falta de registros del pasado o por falta de pruebas empíricas sobre lo que hay después de la muerte, éstas cuestiones han venido siendo afrontadas por un puñado de estudiosos, explorando los pocos registros históricos, cavando debajo de la superficie para encontrar pruebas de lo que fuimos, para entender de donde vinimos, especulando cuando no es posible atar todos los cabos y utilizando la fe religiosa o alguna teoría filosófica para teorizar sobre que nos viene después de la muerte, que de cualquier manera, es una especulación o adivinación a falta de prueba empírica.

Para atender las cuestiones sobre la estadía del ser humano en la tierra, tanto los estudiosos como los no estudiosos, han centrado su foco en las preguntas de ¿quién soy yo? y ¿quiénes somos nosotros?, como una forma de aproximación a la llamada identidad del ser humano. La importancia de estas preguntas radica en que sus respuestas son fundamentales para la interacción social del ser humano y en la medida que dicha interacción va evolucionando, también irá evolucionando la identidad, por lo tanto, poder responder a lo que es nuestra identidad, es tan importante como comer y vestirnos, lo cual lleva a que la cuestión de la identidad sea una necesidad básica que debemos atender y que, de alguna manera, lo hacemos en nuestra vida diaria.

Asociada con la identidad de los seres humanos, está su singularidad, que es la característica que hace que cada ser humano será único e irrepetible y que por ello su identidad sea única e irrepetible. En la medida que un ser humano no puede construir su identidad, éste está perdiendo de alguna manera su condición humana, se está volviendo más masa humana como ganado, más máquina programable, menos racional y desligado a pensamientos, sentimientos, emociones y conductas propias.

Cuando el ser humano se siente inidentificado, anda insatisfecho, pues una de sus necesidades básicas no ha sido atendida. Como respuesta a su inidentificación está la alienación, que es la pérdida del sentimiento de la propia identidad, es sentirse ajeno a sí mismo, sentirse que se ha perdido el control sobre sí mismo. Cuando esto sucede, alguien más viene y se apodera del control del alienado y es ese alguien quien termina decidiendo sobre la vida del alienado.

La identidad es un sentimiento subjetivo de la aprobación de uno mismo, construida a partir de la interacción social, de la historia personal y de las propias vivencias y experiencias, que refleja la forma como uno se percibe y se valora a sí mismo, sentimiento que es permanente y coherente con nuestro SER, pero no fijo en cuanto su forma, pues va variando en la medida que vamos recibiendo nueva información proveniente de nuestras propias experiencias y de la interacción social.

La identidad es la conciencia que tenemos de sí mismos y del otro como personas diferentes que, al ser construida con la interacción social, dependen del medio en el cual nos desarrollamos y de la forma como lo percibimos. Entonces la identidad tiene un cruce a cuatro vías, entre el individuo, los otros, la sociedad y el medio en que vivimos y en la medida que cada uno de estos elementos cambie, la identidad cambiará también. Al ser la identidad algo que se construye, no es heredable, no es estática, es dinámica y maleable, también es manipulable.

La identidad está compuesta por múltiples elementos, tales como nuestro nombre, la edad, el sexo, la nacionalidad, las características personales, la actividad que realizamos, los gustos, las preferencias, los grupos a los cuales pertenecemos, los proyectos, los valores, la religión, las creencias, la situación económica, el lugar de residencia y el nivel educativo, entre otras cosas. Los seres humanos hacemos parte de muchos grupos, tales como la familia, la escuela, la nación, la región, la localidad, la etnia, la clase social, el gremio económico, la organización caritativa o de voluntariado, el partido político, el club social, el grupo de hobbies, las organizaciones científicas, el grupo de ex alumnos, las redes sociales y la comunidad donde vivimos, entre otras y nuestra identidad en parte es el fruto de todo ello.

Si los seres humanos viviéramos aislados, no en sociedad, la identidad tendría sentido solamente como conexión del ser humano con la naturaleza, pero al ser sociables, la conexión es con el otro, quien por último es el que confirma la identidad que se tiene de sí mismo y es uno quien confirma la identidad del otro. Esta confirmación se hace tanto a nivel del trato individual, como al nivel del trato colectivo.

Vivimos construyendo la identidad y confirmándola continuamente, entonces la confirmación de la identidad es una forma de poner a prueba la identidad propia y la de los demás, con lo cual se pasa de la necesidad propia que se siente de tener una identidad, al requerimiento del otro a que ella exista y que exista de una manera que permita que ejerzamos la libertad. Si la propia identidad es deficiente, débil, e incompleta y la identidad del otro es eficiente, fuerte y más completa, el otro terminará decidiendo por uno y el ejercicio de la propia libertad, se verá amenazado. Por ello es entendible que cuando el otro no confirma nuestra propia identidad, nos sintamos amenazados y evitemos el contacto con él, pues está poniendo en riesgo la propia identidad y nuestra libertad.

Los seres humanos primeramente vivimos en torno a nosotros mismos y es nuestra identidad la que nos sirve de polo magnético para que ello suceda. Para que este polo sea fuerte, debemos tener una identidad fuerte y bien unificada, lo cual significa tener un sentimiento interno de unidad y claridad, con respecto a nuestra singularidad y a la singularidad del otro, que es lo que nos diferencia.

Pero nuestra identidad es un compendio de identidades. Tenemos una identidad sexual, de nuestro sexo biológico, una identidad física, de aceptación de nuestro cuerpo, psicológica, conocimiento y aceptación de nuestro SER interior, una identidad social, nuestras redes de apoyo y nuestro marco de referencia, identidad moral, reconocimiento, aceptación y acatamiento de pautas morales, identidad ideológica, nuestras creencias y la identidad vocacional, nuestro proyecto de vida, entre otras identidades.

La identidad es el mapa interior de nuestro SER, a través de la cual identificamos que somos, que papel jugamos, que posibilidades y límites tenemos, cuáles son nuestros deberes y derechos, que responsabilidad tenemos sobre los resultados de lo que hacemos, como encajamos en la sociedad, como el otro encaja en nuestra vida y como encajamos en el medio en que nos desarrollamos. Si no conocemos nuestro mapa interior o dicho mapa está incompleto, es difícil movernos o cuando nos movemos, podemos terminar perdidos. Por esto las personas que andan sin identidad propia, andan perdidas, como ganado suelto en corral ajeno, ganado que debe ser conducido hacia el potrero que definan los dueños del corral ya sea para el engorde o como preámbulo para ir al matadero.

Para poder construir una identidad unificada, debemos ejercitar nuestra autoconciencia, que es el conocimiento consciente de las características que poseemos, nuestras actitudes, nuestras limitaciones y nuestros errores. En la medida que seamos capaces de pensar en sí mismos, como si fuera un objeto fuera de nosotros mismos, tendremos más libertad con nuestra autoconciencia y seremos más objetivos en la captación del conocimiento sobre nosotros mismos, lo cual nos permitirá evaluar lo que somos, compararnos con lo que nos gustaría ser, e identificar qué podemos hacer para que dicha brecha entre lo que somos y lo que queremos ser, sea eliminada.

Si poseemos la autoconciencia, podremos llegar al autoconocimiento, que es el conocimiento de nuestros pensamientos, sentimientos, emociones y conductas, lo cual nos permitirá inferir como lograremos nuestras metas utilizando nuestras habilidades. En el proceso de autoconocimiento, más temprano que tarde llegaremos a la comparación con los demás ya sea como punto de referencia ocumo forma de competencia, en la cual pondremos en juego la identidad que tenemos de nosotros mismos para con nosotros mismos y la identidad que tenemos de nosotros mismos para con los demás. En la medida que nos autoconocemos tendremos la oportunidad de evaluar el grado de coherencia interna que tenemos, coherencia que se refleja en lo que hacemos, referido con las creencias que tenemos.

Si hemos logrado tener un autoconocimiento de nosotros mismos, podremos elaborar un autoconcepto de nosotros mismos, que es lo que finalmente nos permitirá identificarnos a nosotros mismos como diferentes a los demás. El autoconcepto contendrá todas aquellas características que son suficientes para identificar nuestra diferencia con los demás, tales como nuestras habilidades, temperamentos, metas, valores y preferencias. Entonces es el autoconcepto el que nos permitir enfocar nuestra mirada hacia nosotros mismos, pensar conscientemente sobre nosotros mismos, para construir nuestra identidad y regular nuestros pensamientos, sentimientos, emociones, conductas y habilidades.

El autoconcepto está motivado por una autoevaluación, que no es otra cosa que la autoreflexión crítica sobre nuestros pensamientos, sentimientos, emociones, conductas y habilidades, una autoverificación, que en contrastación que los demás, éstos nos perciban como nosotros nos percibimos a nosotros mismos y un autoensalzamiento, que es nuestro esfuerzo por mantener evaluaciones positivas de nosotros mismos.

Como un resultado del autoconcepto tendremos la auto estima, que es la actitud que tenemos sobre nosotros mismos, a lo largo de una dimensión de autopercepción positiva o negativa, lo cual influirá mucho en nuestra autorepresentación o manejo de la impresión, que es el control que hacemos sobre la manera que nos gustaría que nos vieran los demás, que puede ser estratégico, en la medida que manipulemos la imagen que los demás tienen sobre nosotros mismos o expresivo, en la medida que queremos que a través de nuestras propias acciones podamos manifestar nuestro autoconcepto. Si nuestro autoconcepto es débil, normalmente terminaremos juzgándonos a sí mismos a través de los ojos de los demás, es decir, incorporando la imagen que creemos que los otros tienen de nosotros, como parte de nuestro autoconcepto.

En la ruta del SER al TENER

Como parte del autoconcepto está la identidad social, que es el extracto obtenido de la pertenencia a grupos sociales, que puede estar basada en lo que personalmente se interioriza de las propiedades de un grupo social o en las características de cada persona en relación con otras con las que interactúa en un contexto social o la identidad social, como un sí mismo colectivo o la identidad colectiva, resultante de compartir los atributos de un grupo enmarcado en un contexto social. La identidad social es lo que conecta y consolida al grupo social.

La identidad social de alguna manera es la parte del autoconcepto que le enajena la persona a la sociedad. Esta enajenación es positiva o negativa, en la medida que la valoración que se haga del grupo social al cual se pertenece, sea buena o mala, comparado con la valoración que se haga sobre otros grupos a los cuales no se pertenece. La selección del grupo al cual se quiere pertenecer, pasa por la categorización de los grupos disponibles, proceso en el cual se busca la identificación cognitiva de grupos lo más homogéneos posibles y afines a los propios intereses, acentuando las diferencias entre los grupos de diferentes categorías, e incrementando las semejanzas existentes entre ellos. Conformadas las categorías de grupos, la comparación social permite solidificar la identidad social, al tener el conocimiento de la pertenencia al grupo y su significado valorativo y compararlo con los grupos a los cuales no se pertenece.

A nivel individual, las personas usan la comparación social para contrastar sus opiniones y habilidades respecto a las personas del grupo al que pertenecen. Con la comparación social las personas no buscan solamente ratificar sus diferencias con los otros, sino que también constatar si son mejores a los demás.

En un contexto más amplio que la identidad social, se encuentra la identidad cultural, pues encierra el lenguaje, la simbología real e imaginaria, las características físicas del territorio, el modo de vida, la forma de mirarse las personas, las creencias religiosas, las tradiciones, los valores y el modo de comportamiento que funcionan como elementos cohesionadores dentro del grupo social y que actúan como la base para que las personas que conforman el grupo social, sustenten sus sentimiento de pertenencia. Dada que las culturas no son homogéneas, dentro de ellas se presentan las subculturas, que constituyen la diversidad al interior de la cultura y que responden a los intereses, las normas y las creencias que tienen subgrupos que están enmarcados dentro de la cultura dominante. La identidad cultural es una forma de reafirmarse frente al otro, el de la otra cultura y en presentar de alguna manera, la cultura propia como una oposición a la del otro, lo cual se hace de una manera inmaterial, anónima y colectiva.

La identidad cultural se nutre del pasado a través la historia del grupo, tiene validez en el presente en cuanto se usa en el diario vivir, pero también nutre el futuro del grupo, en forma de expectativas o posibilidades futuras, como noción de lo que somos nosotros mismos, en función de la comparación que hacemos con los que no son como nosotros. En este sentido, las cosas materiales tienen un papel relevante, en cuanto a que le dan sentido a la pertenencia deseada a un grupo en particular, a través del simbolismo que le dan las cosas materiales a la identidad colectiva o cultural.

Una identidad importante para los seres humanos es la identidad nacional, operacionalizada a través de los símbolos patrios, tales como el himno nacional, la bandera, el escudo, las declaraciones de lealtad, las manifestaciones culturales llevadas a cabo en las fechas patrias, la moneda y el idioma, que diferencian la pertenencia a un país o la pertenencia a otro.

En la medida que el hombre moderno ha sucumbido, al modelo de consumo del mal llamado "libre mercado", ha perdido su identidad, se ha vuelto una mercancía más en el mercado laboral y un sujeto objeto de consumo, caracterizado por:

- No tener religión.
- No tener espiritualidad.
- Sin amor, sin odio, sin sentimientos.
- Sin vínculos emocionales.
- Sin saborear nada ni hallarle sustancia a nada de lo que tiene.
- Sin gusto por nada diferente al trabajo y la cibernética.
- Sin criterio propio.
- Sin discernimiento.
- Sin aprecio por el trabajo, diferente a ser el sustento de dinero.
- Sin interés por el otro.
- Con corazón endurecido.
- Con poco desarrollo emocional.
- Adorando a las máquinas y los electrónicos como si fueran dioses.
- Lleno de ídolos, convertidos a semi dioses mediáticos.
- Con creencias de omnipotencia por que domina la ciencia.
- Esclavo de la tecnología.
- Deshumanizado socialmente: psicópata social.
- Autodestructivo.
- Egoísta y codicioso para consumir, desechar y seguir consumiendo, pero no para acumular.
- Mesiánico: cree en la escasez a pesar de que vive en abundancia.
- Insaciable consumidor.
- No se apega a nada, incluyendo lo material, pues es seguidor solamente de lo nuevo.
- Es desesperado por tener para no retener.
- Es pobre en su SER y abundante en su TENER (Poseer).
- Es capitalista sin capital. Todo lo posee, pero nada tiene.
- Esclavo del sistema financiero.

- Poco interesado en las consecuencias de sus actos.
- Es superficial.
- Confundido entre el ocio y el descanso.
- Poco ecologista.
- Individuo desechable.
- Es un vendedor de su personalidad.
- Sin valores estables, pero si ajustables a las necesidades de los demás.
- Sin identidad en su SER.

El ego

"Tienes una imagen mental, no solo de quién es la otra persona, sino también de quién eres tú, sobre todo en relación con la persona con la que estás interactuando. Así que tú no te estás relacionando con esa persona, sino que, quien tú piensas que eres, se está relacionando con quien tú piensas que es la otra persona y viceversa."

Eckhart Tolle

El ego es el mecanismo mental por medio del cual cada persona reconoce su yo y es consciente de su propia identidad, dándole sentido a sí mismo. El ego es un mediador entre el interior del individuo y su mundo exterior. El problema del ego es que, como confirmante de nuestra identidad, pasa de ser un mediador balanceado entre nuestro mundo interior y nuestro mundo exterior, a convertirse en un mediador cargado. Entonces podemos hablar de un benigno y de un ego maligno. El ego benigno activa nuestra identidad y nos permite la interacción social. Es un mediador transparente que no infla nuestro SER, que nos hace aparecer ante los demás tal y como somos, sin ninguna pretensión de superioridad ante los demás, pero tampoco de inferioridad. Este ego nos hace humanos, permitiéndonos amarnos a nosotros mismos y al prójimo también y apoyándonos en la identificación de nuestra felicidad.

El otro ego, el ego maligno, hace todo lo contrario que hace el ego benigno. Ese ego nunca nos permite que vivamos en balance, pues está basado en la insatisfacción de nuestra vida, no en nuestra felicidad, vive y se alimenta de nuestro desbalance, que es lo que genera continua confrontación al interior nuestro. Este es el ego que más conocemos y el que tiene más fuerza al interior de nosotros y al que nosotros le damos todo el poder. Con su fuerza violenta nuestra vida y con su poder nos vuelve sus esclavos.

El ego maligno es un pequeño diablillo, que sabe de nuestras insatisfacciones a todos los niveles de nuestra vida y que las usa como su herramienta de trabajo, para impulsarnos a que vivamos en uno de los dos extremos, en el que nos sentimos que somos mejores que los demás o en el que nos sentimos que somos menos que los demás. Cuando nos sentimos mejores que los demás, estamos declarando que padecemos de algo y que lo ocultamos declarando que ya lo tenemos. Cuando nos sentimos menos que los demás, estamos declarando que los demás tienen algo, que nos gustaría a nosotros tener, pero como ello no ocurre, los demás deben de tenernos lástima y deben de responder por los resultados de nuestras malas decisiones y acciones, como si ellos tuvieran la culpa por lo que nos pasa.

Dado que el ego benigno no lo empoderamos, ni siquiera le reconocemos su existencia, debido a que éste nos reclama balance, nos reclama responsabilidad, nos reclama compromiso con nosotros mismos, a este ego no le permitimos que se nos asome en la vida, lo reprimimos inconscientemente y no le dejamos que actué en bien de nosotros. Dado lo anterior, ahora nos referiremos al ego a secas, a sabiendas que estamos hablando del ego maligno.

Se podría pensar que nosotros moldeamos nuestro ego, pero la realidad es el ego es el que nos moldea a nosotros. Este moldeo que nos hace el ego, lo empieza a hacer desde nuestra niñez. El ego nos va construyendo una fortaleza falsa (la egofortaleza) dentro de la cual nos sentimos seguros ya sea cuando nos sentimos que somos mejores que los demás o nos sentimos que somos menos que los demás. Es falsa, debido a que todo su material es falso. No somos mejores que los demás, pero tampoco menos que ellos. No somos súper hombres pero tampoco somos víctimas.

Sin que podamos justificar a nuestro ego, debemos ser conscientes que vivimos en una sociedad de consumo, basada en la aceptación y la aprobación y que ello hace que vivamos comparándonos continuamente con los demás, lo cual nos crea envidia y para sobrevivir con la envidia, creamos una falsa identidad, que es la que le presentamos a los demás, como proyección social de lo que quisiéramos ser. Esta proyección no busca igualar a los demás, lo que busca es superarlos y superarlos significa superar la proyección social que ellos nos presentan a nosotros, respecto a lo que son sus vidas. Terminamos envidiando lo que los otros parecen tener y/o dicen tener, aunque en la realidad, los otros no tengan nada de ello.

La fortaleza del ego tiene como fin ocultar todas las insatisfacciones que sufrimos en nuestra vida, ocultamiento que inicialmente lo hace para nosotros mismos y mientras nosotros mismos no tengamos conciencia de lo que realmente somos, no podremos proyectar a los demás, lo que realmente somos, entonces terminamos viviendo en una cárcel interior, que no nos deja explorar nuestro verdadero SER, pues como en toda cárcel, nuestros movimientos serán limitados. Una vez está instalado el ego en nuestro interior, los efectos de todos sus malos consejos, los proyectaremos a nuestro exterior.

Para construir la fortaleza el ego utiliza el sistema del dictador. Nos endulza la mente diciéndonos que vamos a ser finalmente libres y que la opresión a la que nos han sometido nuestras insatisfacciones desaparecerá para siempre. Una vez le hemos dado permiso al ego dictador que gobierne nuestra vida, éste empieza a crear sus propias reglas y cambia nuestra constitución interior y lo que antes eran libertades, ahora no lo son y todo lo explica diciéndonos que todo se hace por nuestro bien. El ego dictador cuenta con un representante audaz, que es nuestra voz interior y esa se encarga de lavarnos el cerebro y de hacernos sentir aparentemente bien.

Una vez el ego dictador se ha posicionado en nuestra mente, pone soldados al frente nuestro, entonces nos secuestra, nos hace sus prisioneros, pero nuevamente todo lo explica que es por nuestro propio bien. Como dictador nunca nos dirá por cuanto tiempo será nuestro líder, nos esconderá toda la información real, nos desarmará la conciencia y nos tratará como a niños pequeños. Como intercambio, nos inflará nuestra identidad o nos la disminuirá, según sea el caso. También nos convencerá que no tenemos responsabilidades, pues el ego siempre estará hay para responder por nosotros. Así vamos entrando en un hueco del que será difícil salir, debido a que cada día nos sentiremos más insatisfechos o aparecerán nuevas insatisfacciones.

Retomando la fórmula de nuestras exigencias, nuevamente veremos que los componentes de necesidades y reservas, los podemos tomar como naturales, los que requiere nuestro SER no corpóreo y corpóreo y los de comparación y poder, como los que responden a las exigencias de nuestro ego.

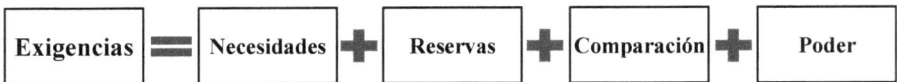

Exigencias	=	Necesidades	+	Reservas	+	Comparación	+	Poder

Si no nos comparáramos con los demás, no tendría sentido exigirnos tener o hacer cosas para igualar a los demás y mucho menos tener algo adicional, para sobre pasar a los demás. Las exigencias resultantes de nuestra comparación y la búsqueda de poder, en un alto porcentaje del total de nuestras exigencias, son las que nos hacen sentir insatisfechos con nuestra vida. No poder ganarle al otro es cuestión de ego. No poder ganarle a nosotros mismos, es cuestión de SER. Le ganamos a nosotros mismos cuando nos superamos así mismos, cuando logramos perfeccionarnos. El ego busca todo lo contrario. Entre más imperfectos seamos, mejor será para nuestro ego, pues lograremos tener y/o hacer mucho menos de lo que nuestras propias exigencias nos pidan.

Dejar de lado lo que nos exige nuestro ego, no significa dejar de lado nuestras metas, significa que nuestras metas son las que nos motivan y no lo son, las metas de los demás. Cada vez que nos enfocamos en nosotros mismos y pensamos en el otro como fuente de inspiración ocumo sujetos dignos de nuestra ayuda, el ego pierde todo su poder, pues mientras no haya conflicto, no hay vida para el ego.

Mirémoslo desde la siguiente manera. Cada persona tiene un medio de transporte que utiliza para movilizar su propia vida y este medio puede ser más rápido que el que utiliza el que va al lado derecho de nosotros o puede ser más lento que el que utiliza el que va a lado izquierdo de nosotros. Si nos contentamos en la vida viendo que otros avanzan menos, van más despacio, nos estaríamos conformando con lo que somos, hacemos y tenemos, solo por el hecho que consideramos que estamos por encima de lo que otros son, hacen y tienen. Sería como poner nuestro reglón de comparación entre nuestro desempeño y nuestras metas, por debajo de las posibilidades que tienen nuestras capacidades. En cambio, lo que sí podemos hacer es darle la mano al que anda un poco atrasado. Es la forma como le agradecemos a la vida por habernos dado más de lo que necesitamos, tanto, así como para poder compartir parte de lo que recibimos. Es una manera directa de ser agradecidos con la vida.

Si, por el contrario, ponemos nuestro reglón más alto que lo que dan nuestras capacidades, pero no con el fin de retarnos a nosotros mismos a lograr más y mejores resultados, sino con el fin de compararnos con el que va más rápido que nosotros, terminaremos persiguiendo las metas del otro y abandonando las propias, terminaremos viviendo en cuerpo ajeno. Lo que si podemos hacer, es aprender de aquel que va más rápido, para lograr acelerar nuestro propio paso.

En ambos casos nuestra actitud negativa viene de nuestra voz interna que representa nuestro ego y nuestra actitud positiva de nuestra voz interna que representa nuestro SER y la única manera para saber de dónde proviene la voz, es teniendo conciencia si estamos actuando por compromiso con nuestras propias metas, con nuestra propia vida o estamos actuando por comparación social. Esto lo sabremos examinando qué nos motiva a hacer lo que hacemos. Si el motivo es de comparación hacia arriba, tendremos que revisar nuestros niveles de envidia, si es hacia abajo, tendremos que revisar nuestros niveles de autocomplacencia.

Dado que nuestra personalidad cubre un elevado número de aspectos de nuestra vida, el ego dictador, lo que hace es nombrar un ego especializado que lo represente en cada uno de los aspectos de nuestra vida. Es así como el ego lograr inmiscuirse en todo lo que hacemos. Cuando estamos ayudando a otros, siguiendo nuestro ego, no lo estamos haciendo realmente porque nos parezca justo y necesario para nuestra vida, lo hacemos porque los otros nos van a percibir de una manera diferente, porque le vamos a sacar reíto a nuestra ayuda, pero no el reíto normal de la satisfacción que se siente de ayudar a otros, sino el reíto de parecer mejores personas ante los demás, que lo que realmente somos.

Entonces el ego nos lleva a que tengamos una doble moral, por no decir que triple o cuádruple. Lo importante para el ego es la apariencia, entonces éste se encargará de que ocultemos todo lo malo que hacemos y que mostremos lo poco bueno que hacemos. El ego se alimenta de nuestra doble moral que vive combinando el 99% de nuestro pecado, con el 1% de nuestra virtud, ocultando el primero y sobre exponiendo lo segundo.

En la ruta del SER al TENER

Cotidianamente vemos que los ricos después de que han pasado cierta cantidad de riqueza y/o de edad se vuelven filantrópicos, aunque lo que hicieron antes de ello, fue utilizar todo su poder para acabar no éticamente con la competencia, explotar al límite a sus trabajadores, abusar de los consumidores con posiciones en el mercado de monopolio o de poca competencia, utilizar su poder para corromper el sistema político y así acomodar las leyes de acuerdo a sus intereses. En la primera etapa el ego los llenó de riqueza, poder y de reconocimiento público. En la segunda etapa, la filantrópica, el ego los llenará con los aplausos del público por compartir una inmensa minoría de porcentaje de su riqueza, pero que a los ojos del público parece ser una gran fortuna.

Cada vez que cortamos camino, cada vez que queremos llegar más rápido a la meta, sin tener que pasar por todos los puntos de control, por los que pasan todos los demás, el ego se está encargando de explicar porque ello está bien y así alentar a que empobrezcamos a nuestro SER. El ego nos enseña que actuar mal no es el problema, que el problema es dejarnos pillar y peor, dejarnos pillar con los bolsillos vacíos, como para no poder contratar quien nos defienda, quien debería ser una persona que tenga un ego, tan o más maligno de el de su defendido.

La mentira hace parte de nuestro ego y lo que hace es ofrecernos una salida falsa a nuestra vida. Nos ofrece entrar a un cuarto oscuro que tiene solamente dos puertas: una por donde entramos y otra por donde podremos salir. Como existe la tentativa a devolvernos, por la puerta que entramos, la mentira lo que quiere es llevarnos por la puerta que ella nos ha preparado como la puerta de salida, pero esa puerta nos llevará a otro cuarto todavía más oscuro, que le corresponde al de otra mentira y así sucesivamente. Entre más nos tardemos en regresar por la puerta por donde entramos, más nos tardaremos a ver nuevamente la luz. Mientras tanto, el ego nos está convenciendo de que lo importante es que estamos quedando aparentemente bien con los demás, hasta que llegará un punto donde la cadena de tantas mentiras se recalentará y explotará y entonces quedaremos botados malheridos y en medio de la calle, pero hay nuevamente aparecerá el ego para enseñarnos a victimizarnos, para evitar que no enfrentemos responsabilidad alguna por nuestra vida.

El ego es una salida falsa por la cual creemos que será más fácil caminar por vida. Una vez hemos entrado en el cuarto oscuro del ego, nuestra vida será falsa y solo lograremos ver la luz, hasta que regresemos por la puerta por donde entramos, esa es la puerta que hacia adentro está marcada con el nombre de conciencia. Si logramos tener conciencia, logramos manejar nuestro ego. Pretender que nuestro ego desaparezca, es como pretender que nuestra identidad desaparezca. Pero educar a nuestro ego, es como tener a un enemigo convertido en aliado. El ego es nuestro aliado, en la medida que nos induce a mostrarnos tal y como somos y nos ayuda a buscar la perfección. La tarea consiste en llevar nuestro ego maligno a su mínima dimensión y potenciar nuestro ego benigno a su máxima dimensión.

Otras características del ego son:

- Es un sistema de creencias.
- Es una sombra que se proyecta, no tiene una existencia real, pero nos convence de su existencia.
- Vive en nuestro interior, es rebelde y abusa del hecho que no tratamos de conocerlo, entenderlo y educarlo.
- Es un medidor de la satisfacción personal.
- Es la reflexión del exceso de autoestima.
- Es un incitador a la pelea, a la lucha, a la confrontación.
- Es un vengador sin causa.
- Es el combustible del narcisismo.
- Es un ilusionista y falsario.
- Sabe que tenemos una conciencia adormecida que no nos permite darnos cuenta de su existencia.
- Es soberbio.
- Es un esclavista.
- Le huye a la crítica y vive tras el elogio.
- Se alimenta de la fricción, entro lo que se es y lo que se quisiera ser.
- Muere cuando uno se acepta como es.
- Vive del pasado y del futuro, de lo que se hizo, de lo que se fue, de lo se tuvo, de lo que se será y de lo que se tendrá.
- Aborrece que vivamos en el presente, en el ahora.
- Es presuntuoso y obstinado.
- Es nuestro relacionista público que falsea nuestra identidad.
- Es un perito de nuestra identidad, que la vive sobrevalorando o subvalorando.
- Es un encantador de serpientes, que nos vive convenciendo que somos diferentes a los demás y diferentes a nuestra verdadera identidad.
- Es un usurpador de nuestra verdadera identidad.
- Es un territorialista, separatista y exclusivista que no acepta la existencia del ego del otro.
- Es un adorador de los símbolos del poder: títulos, marcas, diplomas, banderas, logos, etc.
- Es un vanidoso que se adueña de la creación ajena y descaradamente reclama su autoría.
- Es experto en acomodar subjetivamente la realidad y así tergiversar los hechos.
- Es un ferviente apologista de los prejuicios, creador de estereotipos y excelente discriminador.

En la ruta del SER al TENER

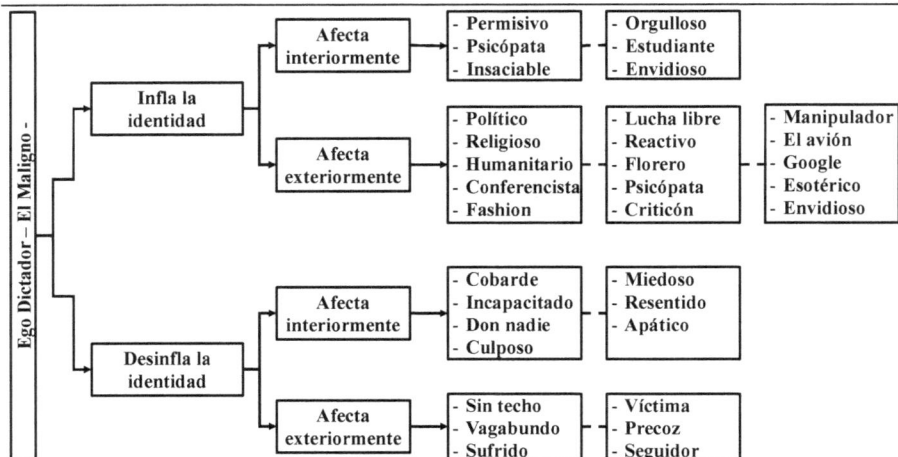

Ego Dictador – El Maligno –			
Infla la identidad	Afecta interiormente	- Permisivo - Psicópata - Insaciable	- Orgulloso - Estudiante - Envidioso
	Afecta exteriormente	- Político - Religioso - Humanitario - Conferencista - Fashion	- Lucha libre - Reactivo - Florero - Psicópata - Criticón → - Manipulador - El avión - Google - Esotérico - Envidioso
Desinfla la identidad	Afecta interiormente	- Cobarde - Incapacitado - Don nadie - Culposo	- Miedoso - Resentido - Apático
	Afecta exteriormente	- Sin techo - Vagabundo - Sufrido	- Víctima - Precoz - Seguidor

Como quedó establecido anteriormente, el ego se mueve a través de toda nuestra vida, funcionando algunas veces para inflar nuestra identidad y otras veces para desinflarla. En este orden de ideas, podemos clasificar los egos en dos grandes categorías, los que aumentan nuestra identidad, la inflan y los que la disminuyen, la desinflan. Al interior de cada una de estas categorías podemos subclasificar los egos entre los que tienen efectos en nuestro exterior y los que lo tienen en nuestro exterior.

Egos que inflan la identidad y afectan interiormente
- **Ego permisivo**: Es el que disculpa nuestras malas acciones ya sean por acción u omisión, disculpándonos y evadiendo nuestra responsabilidad. Es autocomplaciente y autoindulgente.
- **Ego psicópata social**: Este nos lleva a que no tengamos ninguna empatía por los demás, que no nos podamos poner en los zapatos del otro, que no podamos entender las circunstancias del otro y que, por lo tanto, no nos intereses que pasa con el otro.
- **Ego insaciable**: Nos impulsa a sentirnos siempre insatisfechos, sin importar la inmensa cantidad de bendiciones que hemos recibido en la vida. Esta insatisfacción se da tanto a nivel interno, como con el amor, como a nivel externo, como con la riqueza.
- **Ego orgulloso**: Este tipo de ego no nos permite aceptar que nos equivocamos, no nos permite disculparnos, aun cuando hemos aceptado nuestra culpa, no nos permite tomar la iniciativa para tender puentes de paz y entendimiento y nos vuelve arrogantes.
- **Ego estudiante**: Es el ego de la aceptación y la aprobación social, que nos lleva a que todas nuestras acciones sean siempre objeto de previa aprobación de parte de otros, como si continuamente estuviéramos pasando un examen para poder materializar nuestras decisiones.

- **Ego envidioso**: Es el ego que no nos permite aceptar que los demás tengan la vida que tienen, especialmente si ella es exitosa, lo cual nos hace que nos comportemos hipócritas y destructivos con los demás. Este ego nos invita a que vivamos en cuerpo ajeno.

Egos que inflan la identidad y afectan exteriormente
- **Ego político**: Es el que siempre nos invita a quedar bien con todos, a portar una risa artificial a todo momento, a no dejar ver nuestra verdadera personalidad, a ser hipócritas con los demás, a no tener lealtad alguna con el otro, a cambiar de bando dependiendo las circunstancias, a apuñalar al otro por la espalda y con disfraz, a ser simpáticos, pero no empáticos.
- **Ego religioso**: Lo utilizamos para defender nuestra valía moral, a pesar de que nuestras acciones son contrarias a ello, a construir con una mano y destruir con la otra, a aparentar que somos buenas personas, a expresar una cosa y hacer todo lo contrario, a esconder nuestras malas acciones y sobre exponer las reducidas buenas acciones, a combinar pecado y virtud, como si pudiéramos bebernos la moral.
- **Ego humanitario**: Nos lleva a hacerle saber a los demás, directa o indirectamente, las buenas acciones que hacemos por ellos, aunque estas realmente tengan el objetivo de sacar provecho propio. Es el portavoz de nuestras acciones de ayuda a los demás, en búsqueda de la mejoría de nuestra imagen.
- **Ego conferencista**: Este nos invita a hablar a todo momento y a no escuchar a los demás, a presentarnos como conocedores de todo y a crear y exponer una disertación de todo, a tratar de volver trascendente lo intrascendente con el fin de lucir que sabemos más que los demás.
- **Ego fashion**: Nos impulsa a ver la vida con los ojos de la moda, independientemente de la capacidad económica que tengamos para hacerlo; es el que nos lleva a vestir la última moda, a tener los últimos artefactos digitales, a cambiar de carro cada año, a ir a las fiestas de mayor renombre, a estar pendiente de todo lo banal, pero de actualidad, a lucir como si fuéramos modelos de pasarela y/o vallas publicitaria de las marcas reconocidas. Este ego siempre nos impulsa a buscar el aplauso, el reconocimiento y la admiración de los demás. Siempre quiere sobresalir por encima de los demás. Le gusta el prestigio.
- **Ego lucha libre**: Es el que nos invita a armar una contienda de todo lo que nos pasa, a crear problemas donde no los hay, a confrontarnos con el otro sin razón alguna, a ver la vida como una lucha continua, a no darle cabida a la sana discusión y al entendimiento con el otro.
- **Ego reactivo**: Es el ego que no nos permite reflexionar sobre lo que nos pasa en la vida, sino a reaccionar a la defensiva, como si el mundo completo estuviera en nuestra contra.

En la ruta del SER al TENER

- **Ego florero**: Este no nos deja pasar desapercibidos, es el que nos impulsa a que seamos el centro de todo, el que nos hace hacer el ridículo sin ninguna necesidad y nos hace sentirnos como si fuéramos el ombligo del mundo.
- **Ego psicópata**: es el ego que nos impulsa a tratar a los demás como si fueran animales, a explotar al otro, a exigirle al otro a que de la sangre por nosotros, a no sentir ningún sentimiento de empatía por aquel que estamos afectando o por aquel al cual podemos ayudar pero no lo hacemos.
- **Ego criticón**: Es el ego que nos lleva a mirar la vida como si nunca nada estuviera bien hecho, nada fuese completo y nada funcionase bien. Para ello se asocia del juicio, del cual nada ni nadie está a salvo.
- **Ego manipulador**: Este nos lleva a que acomodemos todas las cosas de acuerdo a nuestra propia conveniencia, a que tergiversemos lo que nos dicen los demás, a que ampliemos o reduzcamos los hechos de acuerdo a nuestras necesidades, a que llevemos a los demás a que actúen de acuerdo a nuestra voluntad a sabiendas que ello es perjudicial para ellos, a calcular cada uno de nuestros movimientos, sin que de ello se percaten los demás.
- **Ego avión**: Es el ego que nos impulsa a aprovecharnos del otro, a sacarle una mayor tajada a las cosas de la que nos corresponde, a apoderarnos del invento del otro, a proponerle al otro tratos ventajosos para nosotros, pero desventajosos para el otro, a buscar la propia comodidad en desmedro de la comodidad del otro.
- **Ego Google**: Este nos presenta como si todo lo supiéramos y en caso que no fuese así, lo pudiésemos inventar. Es el ego que nos presenta como si siempre tuviésemos la razón, como si fuéramos infalibles, como si los demás necesitaran de nosotros para poder resolver su vida.
- **Ego esotérico**: Nos lleva a que presentemos todo lo que sabemos y hacemos, como si ello perteneciera a un puñado de iluminados, algo que muy pocos pueden hacer, algo que no está al alcance del otro.
- **Ego envidioso**: Es el ego que nos invita a hacerle daño al otro con tal que no obtenga aquello que deseamos, pero nosotros no hemos podido obtener. Este ego se une con los egos más perversos que tenemos, tal como el ego manipulador y el político, para llevarnos a que maquinemos formas para destruir al otro, con tal que el otro no siga recibiendo lo que la vida le está proveyendo. Este ego no se detiene en su accionar por el hecho que estemos llenos de bendiciones, pues lo que no aguanta, es el éxito ajeno, independiente que se tenga el éxito propio.

Egos que desinflan la identidad y afectan interiormente

- **Ego cobarde**: Es el ego que disminuye nuestras capacidades y nos vuelve asustadizos, incompetentes y sin valor, que vuelve a la prudencia como incapacidad, que nos invita a escondernos del cumplimiento de nuestras responsabilidades, que no pone la cara para afrontar las consecuencias de nuestros hechos.

- **Ego incapacitado**: Es el que nos dice que no tenemos las capacidades para hacer algo, para afrontar algo, para llevar a cabo algo, para recibir algo. Es el ego que limita nuestras capacidades y nos hace depender de los demás.

- **Ego don nadie**: es el ego que subvalora nuestra vida, que nos ubica por debajo de los demás, que elimina nuestros derechos y de paso nuestras responsabilidades, que tergiversa la temporalidad de un problema, como la pérdida total y permanente de nuestra valía como seres humanos y que ensalza la valía del otro.

- **Ego culposo**: Es el ego que no nos permite pasar la página, que nos somete a un suplicio permanente de sentirnos culpable por algo que ya pasó, que ya no podemos arreglar, que ya no tiene importancia. Es el ego que nos indaga responsabilidades que realmente no tenemos, que manipula los hechos para hacernos sentir culpables, que nos quita el merecimiento de la felicidad, de la alegría, del progreso, bajo la disculpa del no merecimiento por ser culpables, de algo que solo el ego sabe porque somos culpables.

- **Ego miedoso**: Es el ego que nos crea un mundo peligroso e inseguro, donde todo tiene una trampa, todo tiene un peligro, no hay nada seguro. Es el ego que alimenta un monstruo adentro de nuestra vida para que nos paralicemos, para que no nos movamos, para que no hagamos nada.

- **Ego resentido**: Es el ego que nos eliminó el presente de nuestra vida y nos dejó viviendo en el pasado, bajo la disculpa que los demás nos deben algo y que mientras no nos paguen, no podremos vivir en paz. Es el ego amigo del ego de la venganza, que no nos deja vivir el presente hasta que los demás no se pongan en paz con nuestro pasado.

- **Ego apático**: Es el ego que nos abandona a nosotros mismos, nos aísla de la vida, nos desinteresa por hacer lo que debemos hacer, nos quita responsabilidades, nos aniquila por la inacción, nos presenta un panorama desesperanzador de la vida, que es suficiente causa para no hacer nada por ella.

Egos que desinflan la identidad y afectan exteriormente

- **Ego sin techo**: Es el ego que nos vuelve físicamente dependientes de los demás, quitándonos la responsabilidad de proveernos a nosotros mismos nuestro sustento y pasándole dicha responsabilidad a los demás.

- **Ego vagabundo**: Es el ego que nos vuelve inestables, errantes por la vida, sin una razón clara para vivir, sin un horizonte a la vista, sin un destino al cual nos queramos dirigir, sin responsabilidad con nosotros mismos y con los demás. Como respuesta a ello, el ego vagabundo nos invita a hacerles sentir a los demás la culpabilidad por lo que nos está pasando y por ello a responsabilizarlos por nuestra vida, a forzarlos a que acepten nuestra ineptitud en la vida y las consecuencias que ello implica para la sociedad.

- **Ego sufrido**: Es el ego que nos hace sentir que estamos en esta vida para sufrir, para no poder obtener nada gratis o a bajo costo. Para ello nos lleva por el camino más difícil de la vida, no nos permite buscar un trabajo normal, tener una relación normal con los demás, u obtener lo mejor del sistema para nuestro provecho propio, sin que hallamos pagado por ello un sobreprecio.
- **Ego víctima**: Es el ego que nos quita toda la responsabilidad que tenemos con nuestra vida y busca hacer sentir a los demás como culpables de todo lo que nos pasa. Este ego nos empuja a que llevemos una relación con el otro y el medio ambiente, como si toda la culpa de lo que nos pasa no fuera responsabilidad propia. Es el ego que nos modela para que invitemos a los demás a que sientan lástima por nosotros, la cual se vuelve en culpabilidad, lo cual se convierte en responsabilidad del otro por nosotros.
- **Ego precoz**: Es el que limita el desarrollo de nuestra personalidad, hasta el punto que existe un desbalance entre nuestra edad mental y nuestra edad física y que, por ello, es válido que seamos imprudentes, poco respetuosos de las reglas de la sociedad y que los demás nos acepten y nos toleren como somos.
- **Ego seguidor**: El ego seguidor es el que nos indica que no tenemos capacidad para liderar nuestra propia vida y mucho menos para liderar la vida de los demás. El ego seguidor nos vuelve seguidores de los demás en todos los aspectos de nuestra vida: nuestra pareja, nuestro jefe, nuestra familia, nuestro sistema, nuestros gurús, nuestros guías religiosos, nuestras autoridades. Este es uno de los egos más incapacitantes que tenemos, pues elimina toda nuestra identidad y le da permiso a los otros para que hagan de nuestra vida lo que se les plazca.

Educación del ego

Siendo el ego parte de nuestra vida, es absurdo pensar en eliminarlo, pues es este, entre otras cosas, el relacionista público de nuestra identidad. Una mejor opción es educar a nuestro ego, que no es otra cosa que fortalecer nuestro ego benigno, a sabiendas que nuestro ego maligno siempre estará a la caza de nuestra debilidad humana. La educación del ego, busca crear un músculo abdominal mental que limite el crecimiento del ego maligno. Este músculo servirá de barrera de contención, para controlar el ego maligno cada vez que quiere salirse de control.

Una primera acción que debemos llevar a cabo, es el fortalecimiento de todos los aspectos de nuestra vida que están en contraposición con el ego maligno. Dentro de estos aspectos tenemos:

- **Estrictos**: Debemos dejar de disculpar nuestras irresponsabilidades, nuestras flaquezas de carácter, aceptar la responsabilidad que tenemos

con los resultados de nuestras acciones, sin que ello implique la autoflagelación, la dureza con nosotros mismos, la irracionalidad en juzgar
nuestras equivocaciones. Debemos continuamente reflexionar sobre
nuestra conducta, para así poder determinar cómo mejorarla, como hacerla coherente con nuestros valores y creencias.

- **Empáticos**: Debemos ver a todos los demás como seres humanos iguales
y dignos del mismo respeto y consideración que, reclamamos para nosotros mismos. Debemos tratar de determinar, cómo nos gustaría que los
demás nos tratarán, si estuviéramos en las mismas condiciones del que
está frente a nosotros y partiendo de ello, tratar a todos los demás.

- **Satisfechos**: Sin caer en el conformismo debemos tener conciencia de todas las bendiciones que nos da la vida a diario y sin perder de vista lo que
nos gustaría SER, HACER y TENER, debemos sentir satisfacción por
todo lo que hacemos bien, por todo lo que recibimos, por todas las posibilidades que tenemos, por todo lo que vivimos. Para ello es importante
vivir el hoy y abandonar los ayeres y los mañanas. Debemos vivir un día
a la vez. Debemos ser agradecidos con la vida y evaluar todo lo positivo
que es, sin enfocarnos en lo negativo, en lo que nos falta, en lo que no
hemos logrado. Debemos enfocarnos en ver el vaso de la vida casi lleno,
en cambio de verlo casi vació.

- **Modestos**: Debemos abandonar nuestro orgullo enfermizo para darle
paso a la humildad de corazón que nos permita aceptar nuestras limitaciones como seres humanos, aceptando nuestras culpas, reparando
nuestros errores y viendo a todos los demás, como otros seres humanos
dotados de la misma grandeza que pensamos que tenemos nosotros mismos.

- **Maestros**: Debemos abandonar nuestra dependencia de la aceptación y la
aprobación social y convertirnos en verdaderos maestros de nuestra propia vida, sin que ello implique el no respeto a las normas morales, sociales
y legales, por las cuales nos regimos a diario. Si logramos abandonar la
dependencia del grupo como patrón de nuestro comportamiento y nos elegimos como maestros de nuestra vida, rápido encontraremos toda la
capacidad escondida e inexplotada que tenemos a nuestra disposición,
para lograr perfeccionar nuestra vida y luego de ello, podremos ser maestros de otros para que descubran su propia maestría.

- **Generosos**: Debemos vivir nuestra propia vida sin dependencia de los
logros de la vida de los demás. Ello se logra enfocando nuestra mente en
nuestras propias metas y confrontando nuestros resultados con ellas, no
con las metas de los demás. A aquellos que avanzan menos que nosotros
debemos tenderles nuestra mano para compartir una parte de nuestras
bendiciones, evitando caer en el conformismo que produce saber que hemos logrado algo más que los demás. A aquellos que avanzan más rápido
que nosotros, debemos aprenderles lo bueno que hacen, adaptar lo que se

pueda adaptar y no copiarles, ya que debemos ser fieles a la singularidad que tienen nuestras vidas.

-   **Auténticos**: Debemos dejar que aflore nuestra verdadera identidad, siendo ni más ni menos que lo que realmente somos, sonriéndole al otro, no como un asunto de simpatía, sino como un asunto de verdadera alegría de poder compartir nuestra vida con éste. Debemos dejar de buscar a toda costa una ganancia en el otro, diferenciando lo que son los negocios y lo que son las relaciones interpersonales. Debemos ser leales con aquellos a los cuales les hemos comprometido nuestra palabra y con determinación y pulso, expresar con antelación nuestra imposibilidad de cumplir nuestra palabra, cuando las circunstancias nos no lo permitan.

-   **Bondadosos**: Debemos ayudar a los demás de corazón, sin buscar aplausos y reconocimientos por la ayuda que les proveemos a los demás. Debemos evitar utilizar nuestra ayuda como campaña publicitaria de nuestra vida. Si ayudamos a los demás con verdadero desinterés, la vida se encargará de ayudarnos a nosotros.

-   **Receptores**: Debemos escuchar atentamente a los demás y permitirles que expresen sus ideas, aceptando que en ellas hay mucha sabiduría, parte de la cual, está ausente en nuestra vida.

-   **Naturales**: Debemos dejar de usar nuestras propiedades, nuestro vestuario, nuestra apariencia, como herramienta de comparación social. Debemos dejar que la naturaleza de nuestro SER sea la que guie nuestras relaciones con los demás, evitando que nuestro TENER ocupe dicha posición. Debemos afianzar nuestras relaciones como seres humanos y no como máquinas en búsqueda de la humanización.

-   **Pacíficos**: Debemos buscar siempre la vía pacífica como única vía para arreglar nuestras diferencias con los demás. Para ello debemos enfocarnos en cómo disolver nuestras discrepancias con el otro y no en como amplificarlas. Saber que en el otro habita un ser humano, tan singular como nosotros, es reconocer la diferencia. Saber que las diferencias son parte de la vida, es reconocer que debemos convivir con ellas. Saber que en el dialogo está gran parte de la solución, es saber que siempre existirá una vía pacífica para llegar a un acuerdo con el otro.

-   **Proactivos**: Debemos tomar iniciativa para mejorar nuestra vida, sacándole a cada cosa lo mejor que tiene, asumiendo el compromiso con nuestras obligaciones, aprendiendo de cada experiencia, enriqueciendo nuestra vida con las dificultades, enfocándonos en cómo solucionar cada traspié y no en el traspié como tal, involucrándonos en la búsqueda de soluciones y no en la disputa de los problemas.

-   **Miembros**: Debemos aceptarnos como un miembro más en la sociedad, sin asumir que nuestra individualidad significa ser el centro de la vida del otro, aceptando que cada persona en la sociedad tiene un aporte valioso para el desarrollo harmonioso de la vida, reconociendo la importancia del otro como elemento enriquecedor de nuestra propia vida.

- **Empáticos**: Debemos tratar a los demás como nos gustaría que nos trataran a nosotros mismos, si estuviéramos en sus condiciones. Debemos ponernos los zapatos del otro para entender la incomodidad que el otro siente debido a su horma. Debemos darle a los demás lo mejor que les podamos dar. Debemos sembrar en la vida del otro, como una obligación que tenemos como humanos con toda la humanidad y no como un asunto de vano comercio entre nosotros y el resto.

- **Elogiadores**: Debemos elogiar todas las contribuciones que hacen los demás a la vida y dejar de centrar nuestro foco en la crítica y el juzgamiento de ellos. Si nos enfocamos en lo positivo que hace el otro, encontraremos motivos para ensalzar sus contribuciones. Si lo criticamos y los juzgamos, estaremos juzgando a ser dioses terrenales, llenos de pecado y limitación y así nos perderemos de disfrutar de lo bueno del otro y de hacer parte de su perfeccionamiento.

- **Facilitadores**: Debemos dejar de ser humanos maquinizados que vivimos a la caza de nuestra conveniencia, facilitándole al otro su propio desarrollo, sin que ello nos dé derecho a ser dueños de parte del fruto de sus logros. Debemos dejar de ser interesados con nuestras acciones, ser transparentes con nuestras propuestas y dejar que la libertad que queremos para nuestra vida, también la tengan los demás.

- **Justos**: Debemos ser justos con los arreglos que llegamos con los demás, abandonar toda ventaja que le podamos sacar al otro, debido a su fragilidad, debemos respetar lo que pertenece a otros y evitar apropiarnos del resultado de sus esfuerzos ya sean materiales o no materiales.

- **Curiosos**: Debemos tener la humildad para aceptar que no todo lo sabemos, pero que aquello que no sabemos y hace parte de nuestra curiosidad y de nuestra ignorancia, lo investigaremos. Debemos aceptar que solo poseemos una pequeña parte de la verdad y que esa parte es solo nuestra verdad, lo cual no significa que sea la verdad para los demás.

- **Comprensibles**: Debemos entender que mientras tengamos la naturaleza humana que tenemos, todo lo que hagamos o sepamos, es posible que otros lo hagan o lo sepan. Debemos hacer comprensible nuestro conocimiento a los demás y eliminar toda pretensión de que somos iluminados o designados por Dios en la tierra.

- **Valientes**: Debemos potenciar nuestra capacidad para hacerle frente al miedo, a la incertidumbre, a la precariedad, al caos, a la adversidad, a los malos resultados, reconociendo que estamos dotados de todo lo que necesitamos para ello y que lo que nos hace falta, es tomar la decisión de dejar de tener una actitud derrotista con la vida, para asumir una actitud de triunfa, a pesar de que lo que estemos recibiendo no sea lo que hemos deseado recibir.

En la ruta del SER al TENER

- **Capaces**: Debemos dejar de lado nuestras ideas de incapacidad que, tanto nosotros mismos como otros, han incubado en nosotros y reconocer que tenemos la capacidad para afrontar la vida con nuestros propios medios y que la ayuda que nos puedan suministrar los demás, será tan solo temporal, pues pronto encontraremos nuevamente la ruta, por la cual caminaremos hacia una vida llena de triunfos y satisfacciones personales.

- **Ser humanos**: Debemos saber que todos los seres humanos tenemos la misma valía, que si ello no sucede es nuestra responsabilidad y que si los demás consideran lo contrario, eso no es asunto nuestro. Reconocernos como seres humanos valiosos e iguales a los demás, nos quita la posibilidad de perder nuestra identidad y de sentirnos sin valor alguno. No son los hechos los que hacen nuestra vida, sino la forma como percibimos dichos hechos. No es lo que piensan los demás de nosotros, lo que hace que seamos lo que consideramos ser. Es nuestra propia concepción de nosotros mismos, lo que nos hace valiosos ante nosotros mismos. Vernos a nosotros mismos sin valía, debido a las capacidades o tenencias de los demás, no es un asunto de realidad, es un asunto de percepción. Solo el amor propio por lo que somos, construye lo que realmente somos.

- **Libres**: No podemos sentirnos culpables de por vida por los errores que hemos cometido en el pasado. Si eso cambiara nuestras vidas, eso tendría sentido para nuestra vida. Vivir anclado al pasado, solo atormenta nuestra vida y disminuye nuestras capacidades y posibilidades de desarrollarnos con seres humanos. Debemos remediar lo que podamos, remediar de nuestro pasado, evitar volver a equivocarnos y liberarnos de la cárcel de la culpa, pues nada de ello cambia lo que hicimos, pero si cambia lo que hacemos y no para bien.

- **Realistas**: Debemos saber que en la vida nos enfrentaremos con muchas dificultades, pero que ninguna de ellas estará fuera de nuestro alcance, para sobrepasarla. El mundo es como es y verlo peor no contribuye a mejorarlo, ni a mejorar nuestra vida. El miedo lo único que hace es paralizarnos, muy pocas veces nos salva realmente de algo, pues en la mayoría de los casos, el miedo hace parte de las falsas invenciones que creamos al interior de nuestra vida. Debemos llevar las dificultades a sus justas dimensiones, lo mismo que nuestras capacidades. Si nos apoderamos de nuestras capacidades, el miedo desaparecerá, pues nos sentiremos seguros de nosotros mismos.

- **Agradecidos**: En cambio de sentir rencor y resentimiento contra los demás, debemos sentir agradecimiento y alegría por lo que tenemos y perdón por el daño ajeno que los demás nos han infligido. El rencor es un cáncer social que corroe lentamente al que lo padece. El perdón es mejor tratamiento contra el rencor. Debemos dejar de estar pendientes de ponernos al día con nuestro pasado, para enfocarnos en nuestro presente.

- **Interesados**: Debemos dejar cualquier apatía con nuestra vida. Debemos prestar interés por todo lo que pasa con nuestra vida, ser activos participantes en la creación de nuestra propia historia y no simples espectadores de la misma. Desinteresarnos por nuestra vida es una forma de evitar toda responsabilidad con ella, es asumir que dicha responsabilidad es de los demás. Interesarnos en nuestra vida, implica responsabilizarnos por ella.

- **Abundantes**: Debemos rechazar la posibilidad de volvernos carga social, por el solo hecho de no estar pasando por los mejores momentos de nuestra vida. Aceptar que los demás nos ayuden temporalmente no es malo, lo malo es acostumbrarnos a ello y perder todo atisbo de responsabilidad por nuestra sobrevivencia física. La pignoración de nuestras responsabilidades en los demás, no es más que una forma más de nuestra irresponsabilidad. Todos hemos sido objeto de alguna forma de escasez, pero no todos hemos sido objetos de pobreza. La pobreza es una sumisión mental a la pérdida de nuestro SER. La escasez es una realidad física y temporal. La temporalidad dependerá de nuestra responsabilidad con nosotros mismos.

- **Activos**: Debemos evitar que nuestra vida deambule de un lado para otro sin rumbo fijo, sin horizonte alguno. Ser activos con nuestra vida significa ponerle rumbo, darle sentido, sacarle provecho y tener responsabilidad con ella.

- **Alegres**: Debemos abandonar cualquier sentimiento de sufrimiento de nuestra vida y evitar todo aquello que nos cause sufrimiento. Los seres humanos no vivimos a sufrir a la vida, sino por el contrario vinimos a ser felices. El sacrificio no es realmente un precio que debamos pagar por disfrutar de la vida. Pensar que solo con el sacrificio podremos disfrutar de la vida, es una forma de masoquismo social que debemos evitar. Siempre debemos disfrutar de lo que hacemos y ver la vida con mucha alegría.

- **Responsables**: Sentirnos victimas es un artilugio que inventa nuestro ego para evadir nuestras propias responsabilidades. Es posible que no siempre brille la justicia en nuestra vida, lo cual no nos hace víctimas de ella. Algunos eventos circunstanciales pueden llevarnos a que no recibamos el tratamiento que merecemos por parte de los demás y a que no recibamos lo que deseamos para nuestra vida, pero nada de ello constituye una razón válida para sentirnos que somos víctimas. La responsabilidad por nuestra vida es un buen antídoto al sentimiento de víctima. En la medida que tengamos responsabilidad por nuestra vida, asumiremos los costos que trae consigo cada una de nuestras acciones y así podremos balancear el reclamo que los demás merecen por las afecciones que han hecho en contra de nuestra vida y las afecciones que nos hemos autoinfringido. Ser víctima es una forma de permitir que los demás estén al mando de nuestra vida, que los demás decidan de lo que es y será nuestra vida, de que los demás determinen nuestra vida.

En la ruta del SER al TENER

- **Maduros**: La coherencia o correspondencia entre nuestra edad biológica y nuestra edad mental, es asunto de cada uno, pero no es un asunto cualquiera, es un asunto de responsabilidad. Si actuamos como niños, a pesar de que nos consideramos como adultos, limitaremos nuestros derechos a los de los niños, aunque reclamaremos nuestros derechos como si fuéramos adultos. Ser un adulto precoz, es ser un niño con cuerpo de adulto y como niños, los demás asumirán nuestra incapacidad para asumir nuestros derechos y nuestras obligaciones.

- **Líderes**: Debemos tener la capacidad de ser libres para determinar lo que queremos para nuestra vida. La libertad significa poder actuar sin la presión o coacción de los demás y con plena responsabilidad sobre los resultados de nuestras acciones. Si somos libres podremos entonces ser el líder de nuestra propia vida y posiblemente, de la vida de los demás. El liderazgo con nosotros mismos, el intrapersonal, implica tener la capacidad para que nos sigamos a nosotros mismos, antes que seguir a los demás, lo cual no implica ser completamente independientes de los demás. Escuchar a los demás para aprender de ellos y cultivar dicho aprendizaje, es bien importante, lo cual no implica una renuncia a nuestro propio liderazgo. Ser líder de nosotros mismos implica aplomo, seguridad, visión, compromiso y mucha responsabilidad.

Educar a nuestro ego significa ser maestros de nosotros mismos. Cada vez que se nos desborda el ego, es debido a padecemos de la existencia de algún tipo de desbalance interno, es como si nuestra personalidad se estuviera tratando de compensar. Ver a los demás como pares nuestros, ayuda mucho a educar nuestro ego. Tanto que veamos a los demás por encima, como por debajo, es un indicador que algo anda mal en nosotros. El ego es un maestro en crearnos una falsa apariencia de nuestra vida, pero ello no sucedería si tuviéramos una vida plena. De todo lo que nuestro ego expresa, una parte corresponde a lo que padecemos y la otra, a lo que requerimos compensar.

Siempre que nuestro ego nos está inflando nuestra identidad, al mismo tiempo nos está falsamente protegiendo, al ocultar algo de lo que padecemos, pero que no queremos que los demás lo noten. Cuando el ego nos desinfla nuestra identidad, lo que está haciendo es relevarnos de nuestras responsabilidades con nuestra vida. El ego busca lo mejor para nosotros, solo que ese mejor contiene mucha falsedad. De nosotros depende aceptar tal falsedad para nuestra vida.

Cada vez que seamos conscientes de un ego que nos infla, debemos analizar que sería de nosotros si desapareciera la inflamación. Las dolencias de nuestro SER, las ocultamos con las opulencias de nuestro TENER. Es sabio preguntarnos a nosotros mismos que pasaría con nuestro SER, si perdiéramos todo nuestro TENER. Tal vez podríamos aterrizar de una vez por todas en nuestro SER, entonces nuestro ego perdería todo el poder que le da nuestro TENER.

Si logramos perfeccionar nuestro SER, lograremos aplacar a nuestro ego maligno y engrandecer a nuestro ego benigno. La cosa está en si realmente tenemos el interés de hacerlo. En un mundo cosificado en donde se ha mitificado al TENER como reflejo del SER, no es fácil abandonar la falsa comodidad que ofrece nuestro ego maligno. Ser falsos es tal vez más fácil que ser auténticos, pues nos cuestionamos sobre a quién le interesa saber lo que realmente somos, si todos se fijan en lo que tenemos. Esta es la visión que tenemos, en una sociedad llena de ídolos materiales, en la cual la interdependencia entre todos es muy grande, pero no como una necesidad del SER social que llevamos consigo, sino como un condicionamiento de la aprobación y la aceptación, a la cual nos hemos dejado someter. Cuando nos liberemos del yugo de la aceptación y la aprobación, seremos libres de SER lo que realmente somos. Este trabajo pasa por la conciencia, por la capacidad de darnos cuenta de lo que somos y despreocuparnos por lo que piensan los demás, sobre lo que nosotros somos.

El ego benigno, el que nos ayuda a perfeccionar nuestro SER, es el mejor representante de nuestra verdadera identidad. Debemos liberarlo de las cadenas mercantilistas a las cuales el sistema moderno lo ha sometido. Para ser auténticos, no necesariamente necesitamos renunciar a nuestro TENER, no necesitamos volvernos monjes tibetanos, renunciando a nuestras responsabilidad sociales por atender nuestras necesidades espirituales, solo necesitamos dejar que nuestra vida fluya naturalmente, quitándole toda la artificialidad que le hemos adicionado, pensando erróneamente que de esta manera seríamos mejores, pero no mejores que lo que éramos anteriormente, sino mejores que los demás.

Vivimos compitiendo por quien sea el más falso. Nuestra falsedad compite con la vida de los demás, que puede ser igual o más falsa que la de nosotros. Si conociéramos la falsedad de la vida ajena, tal vez renunciaríamos a seguir luchando por ser mejores que los demás, pues comprenderíamos que, con nuestra autenticidad, tendríamos suficiente para superarnos a nosotros mismos, pues no tendría sentido superar a la falsedad de los demás.

El monopolio de nuestra vida

Todo parece indicar que el ser humano es tendiente al monopolio por naturaleza. Cuando nacemos nos volvemos el centro de atención de nuestra familia y mientras no aparezca competencia a la vista, esta posición la seguiremos manteniendo hasta cuando las circunstancias no lo permitan. A media que vamos creciendo nos damos cuenta que somos el centro de la atención de nuestros padres, hermanos y familiares y entonces con cierto grado de conciencia, trabajamos para que ello se mantenga. Al llegar al colegio, aprendemos lo de la competencia como forma de vida y entonces tratamos de superar a todos, pues no existe más que un primer puesto y es a ese al que queremos llegar. Aunque al principio esto pueda parecer natural, realmente esconde nuestro deseo por monopolizar todo lo que está a nuestro alcance.

Al igual que lo vivimos en nuestra casa, en el colegio queremos monopolizar toda la atención de los demás en nosotros, ya sea siendo el mejor de la clase, el más chistoso, el más irreverente, el mejor vestido o el más conquistador. Nuestros padres contribuyen a ello, cuando nos proveyeron exclusividad a lo que pasaba en nuestras vidas y algo de lo mismo, hacemos nosotros con nuestros hijos. Si nos ubicamos en un barrio exclusivo, eso nuestros hijos lo llevan al colegio. Si les proveemos exóticas vacaciones, ello se lo llevan al colegio. Si hacemos fiestas exclusivas, eso se lo llevan al colegio.

Aunque todo lo anterior, se podría expresar como diferenciación individual y social, hay algo que lo rebasa y es el hecho de ser siempre el primero. Cuando llegamos a la adolescencia empezamos con nuestras primeras conquistas y nuevamente queremos ser los mejores en ello, el número uno, los que se quedan con la mejor chica del colegio. Ya en la pubertad se adjuntan otros elementos, tales como el carro o el celular. Ya sea por exigencia o por iniciativa de nuestros padres, ellos nos proveen el mejor carro, pero no el mejor de todos, sino el mejor que podamos tener frente a los que tienen los compañeros de colegio, para nuevamente, ser el número uno en cuanto a tenencia de carro se trata.

Cuando pasamos a la universidad la cosa no cambia mucho, pues nos encontramos con la primera competencia social a gran escala. Ahora es todo. Es el rendimiento en el estudio, las conquistas, las fiestas, las amistades, las relaciones con los profesores y los prospectos de trabajo. Nuevamente la cosa no es simple diferenciación, la cosa es la de tratar de captar todo para sí mismo.

Saliendo de la universidad empezamos nuestra vida de adultos y ahora la cosa es a otro precio, pues tal vez hemos abandonado el nido familiar y ahora nos enfrentamos a la selva de cemento, llena de depredadores humanos. La cuestión es cómo convertirnos en un depredador más, el número uno y para ello nuevamente buscamos la exclusividad, buscamos el monopolio. Entre el paso de la universidad a la vida adulta, la de las responsabilidades, nuestros maestros y medios de comunicación se encargan de vendernos una serie de héroes, especialmente aquellos que han logrado acumular grandes riquezas y han podido hacerse con el control del mercado.

La idea que se nos vende de los héroes, es su tenacidad, pilosidad, capacidad y visión, que han tenido para llegar a donde están, ocultándonos de paso, como fue que lograron llegar a dicho lugar. Si nos detenemos a pensar con cabeza fría, cual fue el proceso de dichos héroes, nos encontramos con que lo que lo que realmente les ha dado el éxito económico, ha sido el monopolio, no todo lo que la fábula nos dice sobre ellos. Para comprobarlo solo basta echar una mirada y ver cuantas compañías tienen una real competencia y como estas compañías líderes, utilizaron todo su poder depredador, para matar y eliminar del mercado a la competencia. Igualmente es interesante ver, como al frente de las compañías que fueron eliminadas del mercado, se encontraban personas igual o más inteligentes, tenaces, pilosas, capaces y visionarias, que las personas que están al frente de las compañías líderes. Entonces comprenderemos que el éxito de los que llegaron a la cima, no se debió del todo a esos atributos que nos han vendido los fabricantes de héroes, sino que lo que realmente los catapulto a la cima, fue el monopolio.

Para llegar a la cima, hay que ser monopolista y para mantenerse allá hay que ser monopolista también. Las compañías que están en la cima cuentan con grandes presupuestos que les permite ser monopólicas en todos los sentidos del mercado. Monopolizan las mejores mentes, los mejores mercados, los mejores medios, los mejores paraísos fiscales, las mejores excepciones de impuestos, los mejores políticos corruptos y en general, se quedan con lo mejor.

Si retrotraemos a nuestra vida todo lo que vivimos, nos encontraremos que estamos secuestrados por un puñado de compañías que nos proveen todo lo que estas mismas compañías, han decidido como necesario para nuestra vida. Hemos pasado de monopolios naturales para los servicios públicos, a monopolios artificiales para el resto de los servicios. No tenemos a donde correr, a donde resguardarnos, pues las opciones son mínimas y en algunos casos no van más allá dela mitad del número de dedos que tenemos en una de nuestras manos.

Cada religión lucha por tener el monopolio de la salvación de nuestras almas. El gobierno tiene el monopolio de la fuerza y de los impuestos. Nuestra pareja nos siente como parte de su propiedad y ejerce el monopolio de tenernos para su vida. Tenemos regularmente solamente dos partidos políticos y cada uno de ellos, lucha por mantenerse en el poder por el más largo periodo que pueda. Ideológicamente nos han encajonado entre la izquierda y la derecha, sin que exista la verdadera posibilidad de ser de centro, pues eso no es admitido.

Ahora bien, mientras luchamos desde niños a ser monopólicos, otros fueron apoderándose de nuestras vidas y nos fuimos convirtiendo en los objetos del monopolio de otros. Hasta alrededor de los 20 años de vida, nuestros padres tuvieron el monopolio de la autoridad para con nuestras vidas. Los profesores el monopolio de la sabiduría. Los guías religiosos el monopolio de nuestra formación religiosa y por si acaso, también de la espiritual. Ya en la universidad, empiezan a aparecer otros monopolistas, que van desde los de la sabiduría, pasando por los ideológicos, hasta los gurús de la economía. En todo caso, se nos enseña a que elijamos una sola vía, a que no combinemos opciones, a que no saquemos lo mejor de una para unirla con lo mejor de otra. Ese tipo de herejía está totalmente prohibida.

Cuando entramos al mercado laborar, nos volvemos padres de familia, desarrollamos nuestra vida profesional, construimos un futuro y nos retiramos y junto con ello van apareciendo formas de monopolio, en las cuales todos tienen mando sobre nuestras vidas, con excepción de nosotros mismos. Este es el punto más importante de esta reflexión. Mientras la mayoría de los monopolios están por fuera de nuestro alcance y su poder se nos aplica con rigor, el monopolio del manejo de nuestra vida, que debería ser inalienable y completamente nuestro, lo perdemos, renunciamos consciente o inconscientemente a éste o simplemente lo compartimos. Hemos llegado a un grado tal de conformismo social que actuamos como robos, como máquinas que otros programaron y que ahora usan para su provecho propio.

El ego comparador

"No se puede comparar una manzana con una naranja. Esto causará una gran cantidad de problemas de autoestima."

Craig Sheffer

Uno de los egos que más nos afectan es el ego comparador. Este se encarga de vivir vigilante que pasa con nuestros logros, respecto a nuestras metas o respecto a los logros de los demás. Desafortunadamente el ego comparador se enfoca en la mayoría de los casos, en la comparación con los demás, abriendo así la puerta a la envidia, para falsear nuestra identidad. Una vez nuestro ego comparador encienda el sentimiento de envida y ésta se apodera de nosotros, sin ni siquiera darnos de cuenta, empezamos a querer vivir en cuerpo ajeno, pues ese el que deseamos tener, es ese al que envidiamos. En esa dirección nuestras metas dejan de ser relevantes y las metas de los demás pasar a ser nuestras metas. Queremos lograr lo que el otro logra para sentirnos a gusto. Al renunciar a lo que somos nosotros mismos, por estar pendiente del logro de los demás, estaremos falseando no solamente nuestra identidad, sino que también nuestra vida en general, lo cual más temprano que tarde, terminará en insatisfacción.

La otra cara de la envidia es la de destruir al envidiado. Dada la insatisfacción que cargamos con nuestra vida y la impotencia que sentimos de no SER, HACER y TENER lo del otro, optamos por destruirlo, por hacerle daño, por ponerle palos a las ruedas de su vida, por pararlo para que no logre lo que anhelamos y no podemos tener. En este camino de venganza sin causa, haremos cosas que no deberíamos hacer, lo cual nos creará una deuda moral ya sea que logremos o no destruir al envidiado. De cualquier manera, una vez la competencia feroz y encarnizada contra una persona ha cesado o ha terminado, nos sentiremos igualmente de insatisfechos con nuestra propia vida y buscaremos a otra víctima para envidiar.

A lado de la envidia, la comparación nos llevará a falsear nuestra identidad y terminaremos sintiéndonos menos que los demás o más que ellos. Si nos sentimos menos, es porque nos hemos desvalorizado así mismos y dado que la culpa de ello la tenemos solamente nosotros mismos, terminaremos evadiendo nuestra responsabilidad presentándonos como víctimas, sin que exista victimario. Estas circunstancias nos llevarán a que estemos insatisfechos con nuestra vida.

Si falseamos nuestra identidad, sintiéndonos más que los demás, podremos caer en la trampa del conformismo y la autocomplacencia, pues nuestro listón de prueba ahora pasará a ser el listón de aquellos frente a los cuales nos sentimos superiores y como dicho listón ya lo hemos superado, bajaremos la guardia y nos exigiremos menos, lo cual nos llevará a que finalmente nos sintamos insatisfechos con nuestra vida. En este escenario también estamos abandonado nuestras metas y estamos asumiendo las metas de los demás, los que han logrado menos que nosotros, aunque nos guste vivir en nuestro cuerpo.

Lo que hasta ahora hemos visto es que, con los cuatro escenarios resultantes de la comparación de nuestros propios logros, con los logros de los demás, siempre viviremos insatisfechos ya sea que evaluemos que hemos superado al otro o que el otro nos ha superado a nosotros, lo cual se reflejará en nuestra felicidad. Entonces seremos infelices no por la realidad de nuestra vida, sino por la realidad que vemos en la vida de los demás y al decir que vemos, incluye toda la subjetividad que implica creer que los logros del otro son mejores que los logros propios, dejando por fuera todas las insatisfacciones que el otro pueda sufrir con su vida y que desconocemos o de la forma como el otro logra sus logros, lo cual puede estar completamente en contra de los valores y las creencias propias.

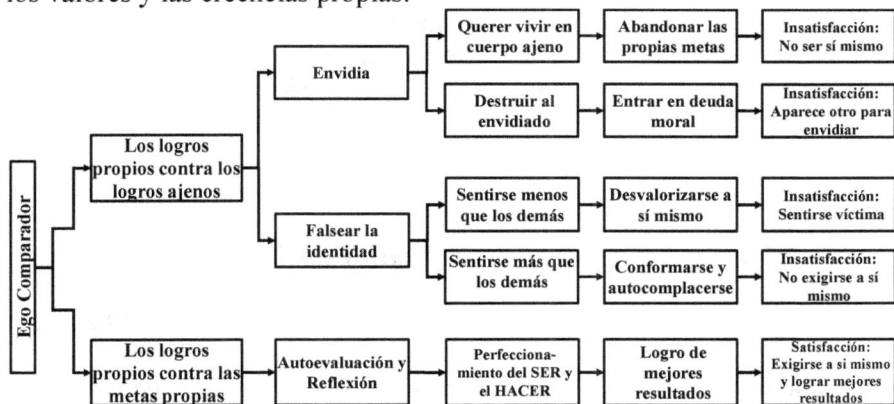

La comparación con el otro tiene una especial particularidad y es la que el otro no es cualquier otro, es un otro que conozco de carne y hueso, que puede ser un familiar, un amigo, un compañero de trabajo, un vecino o un sujeto al cual le puedo refregar mis logros o el cual me refriega los suyos. Esta es la competencia más insana de la que pueda sufrir el ser humano, es la renuncia a nuestra singularidad por el afán de SER, HACER y TENER lo que la singularidad del otro le ha producido al otro. Este es el cáncer social del cual vive el mal llamado libre mercado, del cual vive el comercio, al cual alimenta y se alimenta la televisión, del cual proviene la mayor insatisfacción de los seres humanos. En Latinoamérica se dice que más gente se muere de envidia que de cáncer, aunque siendo honestos, este dicho aplica a la mayoría de la sociedad occidental.

El otro camino de la comparación, es el comparar el de la realización, es el que enfrenta a los propios logros con las metas propias. Esta comparación es la autoevaluación que podemos hacer cada uno de nosotros, de nuestra propia vida, al cotejar a lo que le hemos apuntado, con lo que hemos logrado. Esto nos lleva seguramente a reflexionar sobre lo realizado, a identificar en donde se ha fallado, a reforzar en lo que se ha acertado, a corregir en lo que se ha errado, a implementar lo que se requiere cambiar y a seguir intentando hasta lograr nuestra meta. Este es el camino del perfeccionamiento del SER y el HACER, para lograr el TENER que deseamos.

Una de las principales ventajas de este método es el que no tendremos que herir al otro ni herirnos a nosotros mismos, pues los resultados del otro no entrarán en nuestra evaluación. Otra ventaja, es que cada vez que nos perfeccionemos, estaremos compartiendo mejores cosas de nosotros para con los demás, los demás a su vez compartirán mejores cosas con nosotros y con los demás y así, todos contribuiremos para que vivamos en una sociedad mejor, con menos envidia, con mejores valores y más solidaria.

Para perfeccionar nuestro SER y HACER, tenemos que exigirnos más, ser menos autocomplacientes, asegurar coherencia entre nuestras metas y nuestros valores y creencias. Esto obligatoriamente nos conducirá a que obtengamos mejores resultados y a que nuestra vida sea satisfactoria y como reflejo de ello, seamos felices. Esto necesitara de nuestro compromiso y de nuestra responsabilidad por lo que hacemos. Reflexionar no basta. Debemos tomar acción, debemos hacer y debemos perseverar hasta alcanzar.

La humildad

"La humildad es una virtud tan práctica, que los hombres se figuran que debe ser un vicio."

Gilbert Keith Chesterton

La humildad es la maestra ética del ego, es la encargada de educar al ego para que no se desborde, para que no nos infle o desinfle nuestra identidad, para que nos muestre tal y como somos. A la par con el ego, la humildad habita dentro de nosotros, pero a diferencia del ego maligno, que acentúa nuestras imperfecciones, la humildad está siempre disponible para ayudar a perfeccionar nuestro SER. La humildad es sabia y sólo acude cuando le hacemos la llamada, de otra manera, está a la espera de nuestra sabia decisión de utilizar sus servicios. La humildad nunca rivaliza con el ego, pues como sabia maestra, tiene sus propias formas para transmitir su sabiduría al ego, para enseñarle cual es el camino adecuado para que evite falsear nuestra identidad.

La humildad es lo esencial del SER, sin asomo de cualquier artificialidad. Para ejercer la humildad es necesario pasar por la escuela de la humildad y someternos a la disciplina de la maestra de la humildad, la cual siempre estará al tanto de educar a nuestro ego. La desventaja de la humildad, a los ojos de los seres humanos, es que ésta no es pretenciosa, trabaja subterráneamente sin mucha visibilidad, pues es esa su esencia, la de pasar desapercibida, mientras que el ego busca todo lo contrario, hacernos lucir como si fuéramos mejores o peores que los demás. La humildad no tiene marca, no tiene podio, no es artificial y no requiere del aplauso ajeno, siendo por ello difícil para los seres humanos que aprecien su valor, que busquen su sabiduría y su apoyo.

La humildad no tiene nada que ver con la abundancia o la escasez de bienes materiales que padecen los seres humanos, como tampoco con su apariencia. La humildad es la herramienta que tiene el ser humano para nivelar o balancear su vida interior y la relación con la vida de los demás. Es una herramienta que, con su uso, le permite al ser humano perfeccionar su SER y su HACER y así amplificar su TENER.

La humildad nos enseña a como comernos nuestro orgullo sin que ello congestione nuestro SER. La humildad es el laxante que permite digerir el orgullo. La humildad nos enseña a que no dejemos para mañana el orgullo que nos podemos comer hoy. Cuando la humildad la utilizamos en forma preventiva, funciona como una vacuna en contra del orgullo, haciendo que seamos seres espontáneos, naturales, equilibrados, libres, empáticos, auténticamente simpáticos, seguros y sobre todo, humanos.

Para ejercitar la humildad debemos fortalecernos a nosotros mismos, cambiando muchas de las actitudes erradas que tenemos con nosotros mismos y con los demás. Respecto a nosotros mismos podemos:
- Aprender de los demás
- Evitar que nuestra humildad sea corrompida por nuestro ego.
- Ver en cada una de nuestras equivocaciones, una oportunidad para perfeccionarnos y por ello, aceptar que nos equivocamos.
- Juzgar nuestras propias fallas con la misma severidad que juzgamos las fallas de los demás.
- Evitar supeditar nuestras decisiones a la sobrevivencia de nuestra imagen, decidiendo de acuerdo a nuestros valores de justicia y en apego a ellos.
- Perdonarnos a nosotros mismos y perdonar a los demás.
- Abandonar la posición artificial que nos hemos creado sobre nosotros mismos, al vernos como el ombligo del mundo y expresar la falsa frase "si no fuera por mí".
- Vivir a la caza de la autenticidad para nuestra vida, rehuyendo a toda tentativa de falsedad.

En la ruta del SER al TENER

- Practicar la modestia bajo un solo principio: abandonar el afán de protagonismo.
- Ser tolerante con uno mismo y también con los demás.
- Reconocer que somos tan pecadores e imperfectos, como los demás lo pueden ser.
- Ser conscientes que no somos infalibles y que tampoco, los demás lo son.
- Ser agradecido por la oportunidad que hemos tenido de acumular el conocimiento y la sabiduría que tenemos, aceptando que no todos han tenido la misma oportunidad y que, por lo tanto, debemos aceptarlos con la sabiduría que tienen.
- Relativizar el TENER y revalorar el SER.
- Volver a la humildad como el oxígeno de nuestro SER, como algo imprescindible para nuestro diario vivir.
- Evitar que siempre nuestro mundo y el de los demás, giren alrededor de nosotros mismos.
- Renunciar a verlo todo como una competencia, a vivir para ganar.
- Ser perseverantes en todo lo bueno que hacemos, como una forma de perfeccionarnos y de aceptar nuestras limitaciones que tenemos como seres humanos.
- Darle la oportunidad a nuestro entendimiento a que explore formas alternativas de entender la vida, de las cuales no se sabía nada con anterioridad.
- Reconocer nuestra ignorancia, combinarla con nuestra curiosidad y resolverla con la sabiduría.
- Reconocer que somos humanos y por ello podemos fallar y que somos débiles y limitados.
- Reconocer que los otros son humanos y que por eso pueden fallar.
- No tomar tiempo para admitir nuestras equivocaciones.
- Anticiparnos a la condena de que pueden hacer los demás por nuestros errores, anticipándonos a llevar a juicio nuestra propia conducta, aceptando que nos hemos equivocado y presentando las debidas disculpara y haciendo las debidas reparaciones.
- Someter las propias limitaciones exponiéndolas a los demás.
- Sembrar en el universo solamente los días que tienen noche y no dejar de sembrar, solamente hasta el día que no se tenga conciencia que hay otros seres humanos en el planeta.
- Explorar lo desconocido, con la plena convicción que se está corriendo el riesgo de no ser el mejor en el nuevo campo, en el que se ha decidido explorar.
- Comprometernos a practicar la humildad, solo mientras estemos vivos.
- Minimizar las expectativas que se tienen, sobre las expectativas que supuestamente tienen los demás sobre uno mismo.

- Discernir sobre lo que es esencial y lo que no lo es, lo que es real y lo que es artificial, lo que somos y lo que deberíamos ser.
- Evitar vanagloriarse de los éxitos propios, sin evitar comprometerse y responsabilizarse por lo que se debe hacer.
- Tener claridad en lo pasajero que es todo lo material y en lo eterno que es nuestro SER.
- Practicar el desapego a todo, excepto a nuestra humildad.
- Tener tanta conciencia de los méritos propios, como de las limitaciones propias.
- Tener conciencia que sabemos poco, que siempre hay algo nuevo que aprender.
- Aceptar las pérdidas artificiales que produce el ejercicio de la humildad y tener conciencia de las ganancias inmensurables que su práctica le aporta a nuestro SER.
- Disponerse a pagar por cada lección que nos da la práctica de la humildad.
- Entender que nuestro ego siempre buscará disculpas para no someterse a la disciplina de la humildad.
- Aceptar lo que no somos en realidad y sentirnos orgullosos y firmes por lo que si somos.
- Aceptar vivir el hoy con lo que tenemos, sin renunciar a lo que queremos tener.
- Vivir con la fama, de igual manera que como se vivía sin ella.
- Evitar caer en la ignorancia que resulta de la inconsciencia de la existencia de la propia ignorancia.
- Evitar vivir con el disfraz social que nos impone la sociedad de consumo, siendo auténticos en todo lo relacionado con nuestra vida.
- Descubrir la potencialidad que se tiene para lograr ser lo que se debería ser, sin menoscabo de aprovechar al máximo lo que se es ahora.
- Aceptar, respetar y acatar la autoridad, antes de endiosar el intelecto propio.
- Renunciar a pensar que la vida es solamente como la concebimos nosotros mismos, aceptando los puntos de vista que tienen los demás, como elementos valiosos para enriquecer nuestra propia existencia.
- Aprender a destruir las falsas murallas que nuestro ego ha formado, para construir la vida artificial que sin darnos cuenta estamos viviendo.
- Trabajar interiormente para solventar el déficit de deshonestidad que hemos acumulado con nosotros mismos. Solventar nuestro autoengaño.
- Prepararnos para pagar el precio de la honestidad, tanto con nosotros mismos como con los demás.
- Desarrollar la incapacidad de ser deshonestos.
- Evitar hacer cosas que no nos convienen hacer, para tener cosas que no necesitamos tener.

- Dejar de justificarnos, cuando alguien nos señala uno de nuestros defectos. Hay que despedir el ego justificador.
- Practicar todos los días una acción de humildad.
- Respecto a nuestra relación con los demás, podemos:
- Pedir perdón a tiempo, perdonar a tiempo y perdonarnos a tiempo a nosotros mismos.
- Evitar predicar la humildad y en su reemplazo siempre practicarle.
- Evitar utilizar la humildad como un cliché social, como el disfraz de nuestro ego: "en mi humilde opinión".
- Practicar el altruismo como una forma de expresión personal de la preocupación que sentimos por los demás y hacerlo de una forma completamente desinteresada.
- Evitar citarse a sí mismo, como ejemplo dentro de una conversación.
- Evitar ser complaciente con la alabanza que los demás nos ofrecen y dejar de vivir pendiente de lo bien que hablan los demás cuando estamos ausentes.
- Aceptar realizar tareas que pueden estar por debajo de nuestra cualificación, pero que se hacen necesarias dentro del trabajo en equipo o las debemos hacer en bien de los demás.
- Evitar la propaganda personal sobre la honradez propia, el ingenio y la destreza propia o el propio prestigio profesional.
- Evitar avergonzarse por la escasez que podemos padecer de algunos bienes o riquezas que otros poseen.
- Evitar nuestra autocomplacencia de reclamar todo el mérito por nuestros logros, como si viviéramos solos y nadie hubiese contribuido en ellos.
- Asumir a todos los demás como pares nuestros, que no son ni más ni menos que nosotros mismos y que, por lo tanto, merecen el mismo respeto y consideración que reclamamos para nosotros mismos.
- Hacer de la crítica a los demás un instrumento de apoyo a su crecimiento, cambiándola por comentarios positivos y acertados, tanto de lo bueno como de lo malo que se observa en la conducta de ellos.
- Desarrollar la empatía por el otro, como forma de poder sentir lo que el otro vive y así entender sus propias circunstancias.
- Compartir el propio conocimiento con los demás y en beneficio de ellos, como forma de enriquecerse interiormente.
- Entregar nuestro tiempo para ayudar a los demás, como una forma de compartir las múltiples bendiciones que hemos recibido y una forma de reconocer que hemos recibido todo lo que necesitamos y algo más, sin pretender monetizar nuestra ayuda.
- Ser respetuoso del tiempo de los demás de igual manera como reclamamos que se nos respete el tiempo propio.
- Ser cortes de corazón, expresando honor y placer por lo que asemos por los demás y agradeciendo por todo lo que ellos hacen por nosotros.

- Evitar siempre querer tener la razón y así poder escuchar otros puntos de vista y aprender de ellos, e incluso, en aquellos casos en que éstos son contrarios a nuestras creencias.
- Entender que de cada persona hay algo que aprenderle, por ignorante que parezca la persona.
- Evita el egocentrismo, dejando que los demás sean el florero de las conversaciones.
- Elogiar de corazón a los demás.
- Acallar las virtudes propias para darle la oportunidad a que los demás las descubran por su propia cuenta y darles la oportunidad para que ellos descubran sus propias virtudes.
- Saber escuchar y entender a los demás, sin esperar que ellos hagan lo mismo por uno.
- Evitar compararse con los demás, enfocándose en autoconocerse, autoevaluarse, autoreconocer los avances y comprometerse con la continua tarea del perfeccionamiento del SER.
- Ayudar a que los demás logren el éxito que ellos buscan y se merecen.
- Evitar abrumar a los demás con la excelencia propia y/o la fingida.
- Evitar la autosuficiencia ante los demás, aceptando y estando siempre abierto a escuchar y aprender de su sabiduría.

La humildad no significa abandonarnos a nosotros mismos, ni cederles nuestro campo a los demás, ni renunciar a nuestros derechos, sino ver al otro como una extensión de nuestra propia existencia, ser auténticos, buscar el balance y el equilibrio de nuestra vida, ser responsable de nuestros actos y por tanto, tener control que no afecten a los demás, sino que por el contrario, los beneficie. La humildad es romper con el egoísmo que nos aparte de los demás, es dar al otro todo aquello de lo que a nosotros nos gustaría que nos dieran, es dar al otro de todo aquello que les reclamamos a los demás. La humildad es la montaña a escalar cuando hemos conquistado la cima y todos los días vivimos conquistando al menos una cima, la cima de ser seres humanos. Por naturaleza, nosotros los seres humanos somos la cima de la creación, solo que de eso no nos damos cuenta, por estar entretenidos y enredados, con todos los artilugios artificiales que nos provee la vida moderna.

En la ruta del SER al TENER
La personalidad

"Yo soy como soy y tú eres como eres, construyamos un mundo donde yo pueda ser sin dejar de ser yo, donde tú puedas ser sin dejar de ser tú y donde ni yo ni tú obliguemos al otro a ser como yo o como tú."

Subcomandante Marcos

Si hay algo complejo de definir, dentro del SER del ser humano, es su personalidad, pues abarca todo el SER, interrelacionándose con todo, pero al mismo tiempo, siendo el centro del desarrollo personal de cada persona. Para definir la personalidad, empezaremos por decir que es el elemento esencial de la identidad personal que caracteriza a cada persona, que le permite que se proyecte como un ser singular y único, lo que lo hace diferente a todas las demás. La personalidad, a manera de patrón estable, pero no inmodificable de conducta de cada persona, tanto innato como adquirido, está conformado por el conjunto de sus actitudes, pensamiento, sentimientos y emociones, que permiten cierta predictibilidad sobre su comportamiento, frente a determinadas situaciones, a pesar de que pueda responder de forma distinta, ante una misma situación, comparado con lo que responderían las demás personas. La personalidad está conformada, por todos los rasgos psicológicos internos que determinan como las personas se comportan frente a distintas situaciones.

Al ser la personalidad susceptible de ser modificada, el patrón que la conforma puede ser dinámico, en la medida que la persona madura y es consciente que puede perfeccionar su SER, lo cual no inhibe que dicho patrón funcione estructuralmente, para determinar la conducta de cada persona en forma consistente y duradera, tanto para interactuar con las demás personas, como con su medio ambiente, de forma tal, que éste pueda mantener el equilibrio entre su mundo interior y su mundo exterior, en la medida que su estructura interior se adapta o encaja a las estructuras externas o socioculturales, e interactúe con ellas.

El patrón de la personalidad de cada persona contiene sus características más esenciales, las cuales encierra tanto sus cualidades como defectos, que determinan lo que es y lo que piensa, lo que lo diferencia de otros, pero también, lo que lo hace semejante a otros, lo que determina sus competencias sociales y lo hace socialmente competente. Dado que la personalidad de una persona no es directamente observable, lo que existe y se ve es su conducta, como acción externa ante el estímulo del medio ambiente.

Siendo la conducta el resultado del procesamiento interno de un estímulo del medio ambiente, si se cambia el estímulo, cambia la conducta, pero si se cambia el procesamiento interno que procesa el estímulo, también puede cambiar la conducta. Esto quiere decir que, si lo que podemos ver de la personalidad es la conducta y esta depende del medio ambiente donde se desarrolla el individuo, que a su vez influye en la forma como se procesan los estímulos del medio ambiente, el medio ambiente tiene un rol a doble vía, tanto en la conformación de la personalidad, como en la alimentación de la misma, a través de los estímulos.

La personalidad tiene naturaleza multidimensional, estando conformada cada dimensión por una serie de características que se ponen de manifiesto, cada vez que el individuo interacciona con los demás y el medio ambiente que lo rodea. Algunas de estas características son innatas, son las que constituyen la personalidad potencial y otras son adquiridas, que unidas en conjunto, interactúan con nuestra herencia física y genética, que nos permiten captar el mundo que nos rodea e interactuar con éste. En esta interacción, el ambiente provee elementos de interpretación y pautas, para darle sentido a los estímulos que recibimos del medio ambiente y determinar formas de responder a ellos. La personalidad surge de lo heredado, lo innato y lo ambiental, como expresión de las experiencias adquiridas, en una influencia conjunta de la mente y el cuerpo que se da a través del tiempo y el espacio.

En la medida que el hombre desarrolla sus capacidades intelectuales y de creatividad y las junta con sus costumbres, sus creencias, sus valores, su ética y su moral, sus estilos de conducta, su aprendizaje, su educación, su trabajo, su fuerza de voluntad, el cultivo personal, su convivencia con los demás y su constitución física, la potencialidad de su personalidad empieza a funcionar con cierto nivel de organización, hasta llegar a convertirse en su personalidad estructurada, que se refleja en su autonomía conductual y de pensamiento, que finalmente, fundamenta su firme y sólida personalidad. En este sentido la personalidad es una construcción personal.

La personalidad es predecible en la medida que se identifican sus rasgos, que son las características estables en la estructura de la personalidad, como modelo explicativo del comportamiento humano, las cuales etiquetan a una persona en función de su conducta expresa. El temperamento es la combinación de rasgos heredados. Es la manera natural con que una persona interactúa con los demás y el medio ambiente, sin que influyan factores externos. Es la parte instintiva afectiva y pasional de la personalidad. Es la tendencia innata de una persona a reaccionar con un cierto estilo ante los estímulos del medio ambiente. Es la que hace que la persona sea abierta y extrovertida o tímida e introvertida. Es el modo espontáneo y natural de reaccionar, no aprendido ni inducido por el medio ambiente o la educación. Es la porción de la personalidad menos consciente y razonable. Es un conjunto de sensaciones, pensamientos e impulsos que moldean la personalidad y que no tienen una explicación lógica.

Mientras que el temperamento está vinculado con factores genéticos, que a través de procesos fisiológicos intervienen en las conductas sociales de los individuos, el carácter es el conjunto de aspectos psicológicos no heredados sino que moldeados por la educación, el trabajo de la voluntad y los hábitos, que influyen en la reacción del individuo frente a las experiencias. El carácter está íntimamente relacionado con el temperamento y actúa en consecuencia con éste, en la mayoría de las personas y se ve afectado profundamente por el medio ambiente, la cultura y el entorno social donde se forma cada persona. El carácter es aquella parte de la personalidad que resulta de la interacción entre el temperamento y el medio ambiente. El temperamento pone juntos los aspectos biológicos del carácter.

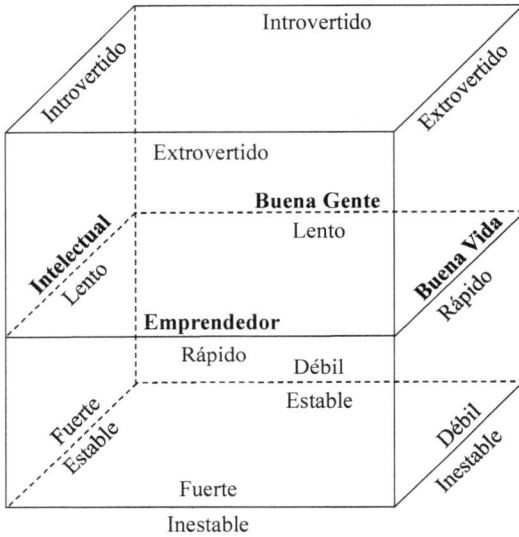

Aunque existe una amplia gama de temperamentos, inspirado en Heráclito se pueden identificar a cuatro temperamentos básicos: el emprendedor, el buena vida, el intelectual y el buena gente. El emprendedor es rápido en todo lo que hace, es fuerte para resistir todas las circunstancias que implica su emprendimiento, es extrovertido e inestable interiormente. El buena vida es rápido en su actuar, pero débil, debido a su sensibilidad, muy extrovertido, pues busca ser siempre el rey de la fiesta, e inestable interiormente. El intelectual es lento en su actuar, muy meticuloso para todo, es fuerte interiormente, introvertido rayando en lo antisocial, e inestable o temperamental. El buena gente es lento en su vida, no le gusta correr riesgos pues todo lo sopesa, introvertido pero de buen humor, estable debido a que es equilibrado y débil debido a su pobre desempeño para tomar decisiones.

Cada ser humano tiene un temperamento básico dominante, uno secundario y trazas de los otros dos temperamentos. Cada temperamento tiene sus fortalezas y debilidades, entonces el temperamento óptimo vendría ser la combinación de las fortalezas de cada uno de los cuatro temperamentos, junto con una adecuada administración de las debilidades de los mismos. Como el temperamento resulta de la herencia biológica o genética que proviene de nuestros padres, transmitida en el momento de la concepción, el temperamento no es precisamente algo que dependa de uno mismo, sin embargo, conocer cuál es propio temperamento básico predominante, permite saber cuáles son las fortalezas con las que contamos en nuestra vida a nivel de la personalidad y cuáles son las debilidades que nos hacen vulnerables.

Al conocer nuestras fortalezas de temperamento estamos corroborando lo que somos y de lo cual nos sentimos orgullosos. Igualmente nos permite hacer uso de dichas fortalezas de la mejor manera posible y mejorarlas en cuanto eso sea posible. Al conocer nuestras debilidades, nos estamos enfrentando a nuestro lado oscuro, del cual no queremos tener consciencia de su existencia. En la medida que nos damos cuenta y aceptamos nuestras debilidades en nuestro temperamento, tenemos la oportunidad de administrarlas, de educarlas, de evitar que seamos víctimas de nosotros mismos, pues nuestro temperamento está ahí y se dispara automáticamente.

Las debilidades de nuestro temperamento nos hacen vulnerables a cometer errores, a ofender a los demás, a aislarnos de los otros, a perder oportunidades en nuestra vida, a sentirnos deprimidos, a ser hipócritas, a ser egoístas y a no escuchar a los demás, entre muchas otras cosas negativas. Aunque cada uno de nosotros tenemos nuestras propias debilidades, estas se conjugan negativamente con las debilidades de los demás, en la diaria interacción social, por lo cual, conocer las debilidades de temperamento de los demás, nos da la oportunidad de comportarnos de una manera que permita que dicha interacción sea buena y positiva. Es como evitar despertarles a los demás sus malos espíritus. Si de antemano identificamos que el otro, el que está al frente de nosotros y con el cual debemos interactuar, es completamente diferente a nosotros en cuanto temperamento se trata, tenemos la oportunidad de actuar, de tal manera que, podamos sacar lo mejor de las fortalezas de su temperamento y evitar chocar con las debilidades del mismo.

Intelectual: Introvertido, inestable, lento y fuerte		Buena Gente: Introvertido, estable, lento y débil	
Fortalezas	**Debilidades**	**Debilidades**	**Fortalezas**
- Analítico	- Pesimista	- Apático	- Controlado
- Creativo	- Indeciso	- Egoista	- Considerado
- Organizado	- Inprráctico	- Hipócrita	- Cortes
- Planificador	- Inflexible	- Mezquino	- Escuchador
- Programado	- Inseguro	- Falso	- Equilibrado
- Perfeccionista	- Contradictorio	- Sin empuje	- Evita conflict
- Leal	- Rencoroso	- A lo seguro	- Conciliador
- Controlado	- Desconfiado	- Murmurador	- Comnfiable

Emprendedor: Extrovertido, inestable, rápido y fuerte		Buena Vida: Extrovertido, estable, rápido y débil	
Fortalezas	**Debilidades**	**Debilidades**	**Fortalezas**
- Ambicioso	- Autoritario	- Amiguero	- Indisciplinado
- Financista	- Hiriente	- Sociable	- Iracundo
- Decide con la cabeza	- Rencoroso	- Encantador	- Decide con el corazón
- Tomador de riesgos	- Impulsivo	- Plácido	- No honesto
- Confiable	- Manipulador	- Popular	- Imprevisible
- Optimista	- Orgulloso	- Vivel el momento	- Inpuntual
- Decidido	- Inpopular	- Despreocupado	- Se justifica
- Lider	- Controversial	- No reconroso	- Inmaduro

Conocernos a nosotros mismos y conocer a los demás es conocer tanto nuestro territorio como el territorio ajeno y así poder transitar por los caminos que permiten pacíficamente entrar en el territorio del otro, interactuar con la vida del otro, e invitar al otro, a que entre en nuestro territorio de la mejor manera posible. Como el temperamento tiene una base biológica, modificarlo es una tarea un tanto titánica, pero domesticarlo tal vez no lo sea. Si cargamos con un tigre depredador en nuestro interior, del cual no nos podemos deshacer, más vale que lo conozcamos, lo domestiquemos y lo tengamos a buen resguardo, no sea que su salvajismo se nos salga de control y que haga estragos tanto en nosotros mismos, como en la vida de los demás. Ello solamente es posible si tenemos conciencia, si nos damos cuenta de nuestro temperamento. Si esto no sucede y andamos por el camino de la negación, del "yo soy así y nada me cambiará", siempre andaremos reclamándonos a nosotros mismos por haber actuado de una manera errada.

Si a los atributos básicos de nuestro temperamento, le anexamos sus fortalezas y sus debilidades y esto mismo hacemos con el temperamento de los demás, podremos contar con un mapa de temperamentos, con el cual sabremos a cuáles territorios nos gustaría visitar e incluso habitar y a cuales no nos gustaría hacerlo. Como en la vida no es posible administrar más que nuestra propia vida, estando fuera de nuestro control, la vida de los demás, de la buena administración que hagamos de nuestra vida, dependerá la buena relación que logremos tener con los demás. A los demás no los podremos cambiar, pero si los podremos invitar a que cambien si nosotros cambiamos. La invitación a los demás no parte de las palabras, sino parte de nuestro comportamiento. Si perfeccionamos nuestro SER, estaremos en la posibilidad de darles mejores cosas a los demás y si los demás reciben mejores cosas de nosotros, ellos nos devolverán mejores cosas a nosotros. Entre más personas estemos involucradas en el cambio, más y mejores cambios ocurrirán en nuestra sociedad.

Dado que no está en nuestras manos determinar con quien interactuar y con quien no hacerlo, basado en el temperamento que tiene cada uno, conocer el temperamento de los demás nos permitirá llevar relaciones inteligentes con ellos. Si se evita actuar de cierta manera, a sabiendas que esa manera choca al otro o lo provoca o lo invita a que deje salir el tigre salvaje que habita en su interior, se logrará tener una buena relación con el otro. De igual manera, si sabemos cómo actuar para que el otro libere el delfín amigable e inteligente que habita dentro de él, estaremos obteniendo lo mejor del otro. Evitar lo malo y buscar lo bueno del temperamento de uno mismo y del de los demás, es actuar inteligentemente. Para ello debemos conocernos a nosotros y tratar de conocer lo máximo que sea posible de los demás.

Es casi imposible que nuestro temperamento sea completamente dominado, por una de las cuatro categorías básicas de temperamento, arriba mencionadas, aunque probablemente, predominen muchas de las características de un temperamento en particular. En este sentido, en la siguiente tabla podremos revisar las fortalezas más importantes de cada uno de los temperamentos y a través de ello identificar cual es nuestro temperamento predominante y el secundario y cuáles son los temperamentos básicos con los cuales no nos sentimos identificados. También podremos ver cuáles de las características del temperamento que no poseemos nos gustaría tener y cuales definitivamente no nos gustaría tener. Este ejercicio nos aproximará a conocernos mejor y a conocer mejor a los demás y así aceptarnos como somos y aceptar como son los demás.

Fortalezas de los temperamentos básicos

Emprendedor	Buena Vida	Intelectual	Buena Gente
Astuto	Amiguero	Creativo	Amistoso
Cumple su palabra	Animoso	Culto	Compasivo
Decide con la cabeza	Atento	Curioso	Complaciente
Desarrollista	Bien presentado	Idealista	Comprensivo
Establece metas	Buena vida	Ingenioso	Conciliador
Exige productividad	Comunicativo	Musical	Considerado
Financista	Convincente	Ordenado	Correcto
Independiente	Cordial	Organizado	Cortes
Líder	Director del circo	Planificador	Formal
Productivo	Encantador	Profundo	Inofensivo
Toma oportunidades	Espontaneo	Programado	Simpático
Tomador de riesgos	Extrovertido	Talentoso	Sumiso
Ágil	Juguetón	Controlado	Alegre
Autosuficiente	Le encanta los cumplidos	Detallista	Buen imitador
Delega el trabajo	Narrador	Disfruta del arte	Burlón
No se deja presionar	Placido	Metódico	Callado de buen humor
Organizado	Popular	Ordenado	Consecuente
Práctico	Ruidoso	Perfeccionista	Diplomático
Disciplinado	Se mezcla fácilmente	Persistente	Eficaz
Extrovertido	Sociable	Persistente	Equilibrado
Hostil	Vive el momento	Satisfecho	Espectador
No le gusta la injusticia	Animado	Confiable	Imperturbable
Poco amigable	Conservador	Evita llamar la atención	Meticuloso
Usa a la gente	Demostrativo	Interesado por los demás	No se descompone
Estimulante	Enérgico	Leal	Pacífico
Le gusta el cambio	Ingenuo	No amistoso	Reservado
No le gustan los de-	Inspirador	Persistente	Satírico
No perfeccionista	No rencoroso	Respetuoso	Sereno
No se da por vencido	Promotor	Sacrificado	Supervisor
No se desanima	Se disculpa rápidamente	Se sabe comportar	Tímido

En la ruta del SER al TENER

Emprendedor	Buena Vida	Intelectual	Buena Gente
Optimista	Solidario	Sensible	Tranquilo
Tenaz	Don de gente	Sufrido	Maestro
Voluntad fuerte	No mira hacia atrás	Tolerante	Pulso afinado

Luego de habernos deleitado revisando lo que somos y habernos concedido todas las flores que merecen nuestro temperamento, debemos pasar a la zona de los tomates, a la zona de las debilidades de nuestro temperamento. Saber de nuestras debilidades de temperamento, es saber de nuestra vulnerabilidad conductual, es saber de aquello que no aceptamos con facilidad que somos. Los efectos de nuestras debilidades de temperamento van a doble vía. Algunas afectan a los demás directamente y otras nos afectan interiormente, pero en conjunto, juntas debilidades nos afectan integralmente. Por otra parte, saber de las debilidades de los demás, es aprender a cómo llevarnos mejor con ellos, evitando activar sus debilidades y así evitando recibir sus negativos efectos. Administrar nuestras debilidades de temperamento, es la mejor manera para que ellas no se nos vuelvan un continuo problema en nuestra vida.

Debilidades de los temperamentos básicos

Emprendedor	Buena Vida	Intelectual	Buena Gente
Actúa a conveniencia	Actor	Antisocial	Acomodaticio
Adicto al trabajo	Alabador	Autocrítico	Actitud espectadora
Argumentador	Atolondrado	Cerrado	Afligido
Colérico	Confuso	Crítico	Ensimismado
Controversial	Depende de la aprobación	Crítico	Avaro
Cortante	Descarado	Criticón	Callado
Demoledor	Desordenado	Depresivo	Cobarde
Desconsiderado	Desorganizado	Desconfiado	Egoísta
El fin justifica los	Egotista	Egocéntrico	Farisaico
Habla rápido	Falto de voluntad	Hipocondríaco	Indeciso
Hostil	Imprevisible	Indeciso	Mezquino
Impaciente	Indisciplinado	Inflexible	Moroso
Impetuoso	Inestable emocionalmente	Impráctico	Murmurador
Impopular	Inmaduro	Inseguro	No aventurero
Impulsivo	Impuntual	Intolerante	No decide
Indiferente	Inseguro	Intransigente	No se arriesga
Inflexible	Interrumpe	Introspectivo	No se compromete
Insensible	Iracundo	Irascible	Ofendido
Malgeniado	Irresponsable	Irrazonable	Pausado
Mandón	Le gusta el azar	Legalista	Perezoso
Manipulador	Llorón	Lunático	Permisivo

Emprendedor	Buena Vida	Intelectual	Buena Gente
No afectuoso	No confiable	No afectivo	Preocupado
No cambia de parecer	No cumple su palabra	Pesimista	Reposado
No tolera errores	No escucha	Prevenido	Resistente al cambio
Obstinado	No honesto	Rencoroso	Se autoprotege
Porfiado	Olvidadizo	Se compara	Sensitivo
Posesivo	Pierde el control	Se cree mártir	Simple
Precipitado	Presumido	Se siente perseguido	Sin ambiciones
Rencoroso	Quejambroso	Severo	Sin empuje
Rígido con sus decisiones	Repetitivo	Sobreanalítico	Sin entusiasmo
Rudo	Ruidoso	Susceptible	Sin objetivos
Sabelotodo	Se justifica	Temperamental	Temeroso
Sin afecto	Timador	Teórico	Terco
Terco	Usa a los demás	Vacilante	Titubeante
Usa a las personas	Variable	Vengativo	Va a la segura

Una vez inventariadas nuestras fortalezas y debilidades de temperamento, podremos hacer nuestro balance de temperamento. En este balance encontraremos que nos gustaría adquirir algunas de las fortalezas que hacen parte de nuestro temperamento dominante o del temperamento de los demás, e igualmente, nos gustaría evitar usar nuestras debilidades. La clave de nuestro temperamento es en su administración, que consiste en sacarle el mejor partido a sus fortalezas y minimizar los efectos negativos de sus debilidades.

Esto es como mirar nuestros dedos de la mano y ver que todos son diferentes, pero que cada uno cumple una función importante en nuestro sistema motriz y que del desarrollo que logremos darle a cada dedo, dependerá el desempeño motriz de nuestra mano. Algunos no logran desarrollar cada uno de sus dedos, sino que los usan en conjunto como elementos de la mano, otros no desarrollan ni los dedos ni las manos y entonces cierran la mano y la utilizan como un puño. En algunas ocasiones, tenemos que darle prelación a uno de nuestros dedos para desarrollar una actividad determinada, otras veces, tenemos que combinar su funcionalidad y utilizamos parte de ellos y otras veces los ponemos juntos a funcionar.

Eso mismo pasa con nuestro temperamento. Debemos utilizar de la mejor manera posible nuestras fortalezas de temperamento ya sea en forma individual o combinada y poner en funcionamiento nuestro carácter, para que aprenda de aquello que no sabemos, pero necesitamos saber y que todo ello se involucre en nuestra personalidad. Negarnos a cambiar, es negarnos ser humanos, es negar nuestra capacidad que poseemos de flexibilidad con la vida. Solo sabiendo lo que somos, podremos pensar en cómo ser lo que nos gustaría ser. Esto es como cualquier otra cosa del conocimiento, en el cual se combina nuestra ignorancia con nuestra curiosidad, para pasar a los hechos que cambian lo existente por aquello que queremos construir y que mejor que construir nuestro edificio del SER, el cual siempre estará inacabado y siempre será posible perfeccionarlo.

El conocimiento que tengamos sobre nuestro temperamento, nos ayudará a auto predecirnos, a saber, de antemano, cuáles serán nuestras reacciones conductuales, frente a un determinado estímulo. Si sabemos cuáles son los estímulos que disparan nuestro temperamento negativo, podremos conscientemente evitar exponernos al estímulo y/o aprender a lidiar con el estímulo, de forma tal, que nuestro temperamento no nos cause una catástrofe a nosotros mismos y/o a la relación con los demás.

Saber sobre el temperamento de la persona que tenemos al frente, nos ayudará a comportarnos de una manera correcta, de forma tal que, podamos obtener lo mejor de dicha persona y evitar que su mal temperamento intervenga en la relación con éste. Al igual que con nuestro temperamento, predecir el temperamento de los demás, nos ayudará a tener mejor interacción social con los demás. Debemos recordar siempre que al único que podemos cambiar, es a nosotros mismos y que la forma como podemos ayudar para que los demás cambien, es capitularles a ellos lo mejor que tenemos de nosotros, independientemente que los demás no hagan lo mismo. Esta regla aplica para todas nuestras relaciones humanas, empezando con nuestro cónyuge, nuestros hijos y nuestros familiares, como también, con nuestros compañeros de trabajo y nuestro jefe, nuestros empleados, nuestros amigos, e incluso con las personas con las cuales interactuamos en nuestro diario vivir.

El SER cognitivo

La intuición

"Ten el coraje de seguir tu corazón y tu intuición. Ellos saben de alguna manera lo que realmente quieres ser. Todo lo demás es secundario."

Steve Jobs

Los seres humanos vivimos tomando decisiones todo el tiempo, algunas de las cuales no son de gran importancia, pero otras realmente si lo son. En cualquiera de los casos, tratamos de soportar nuestras decisiones en el razonamiento, la lógica, la evidencia y la relación causa y efecto, pues es la manera como hemos sido formados para tomar decisiones. Una alternativa, es la de utilizar la intuición, la cual es una función de nuestra mente que no pasa por el procesamiento de información del consciente, sino que responde a un procesamiento que está fuera de nuestro control, que es más del subconsciente, que trata de entregarnos una solución como un todo, sin desmenuzar la relación de causa y efecto, que hacemos con el razonamiento.

En las pequeñas y a ratos intrascendentes decisiones que tomamos en el diario vivir, utilizamos la intuición sin darnos ni siquiera cuenta que lo estamos haciendo, sin tener conciencia de ello. Estas decisiones son las que nos llevan a no confiar en algunas personas ya sea que las conozcamos o no, en decidir cuál es la mejor ruta para llegar al trabajo, en caso que la ruta normal esta congestionada, en responder inmediatamente y acertadamente ante una pregunta de nuestro jefe, en no aprobarles a nuestros hijos un permiso para ir a una determinada fiesta y en declinar a último momento, no salir de casa a pesar de que habíamos programado hacerlo, entre otras cosas.

La intuición es el instrumento que usa nuestra conciencia para comunicarnos algo de lo cual no nos hemos dado de cuenta. Nos permite leer entre líneas, interpretar gestos, movimientos y señales no verbales que observamos en los demás. En la medida que no tengamos conciencia de nosotros mismos no tendremos acceso a nuestra intuición.

La intuición es una voz interior que se nos adelante en la prevención de los riesgos, en la aparición de peligros, en prever la mejor estrategia, en servir de GPS mental para prever la mejor ruta cuando estamos en una encrucijada, son las sensaciones, imágenes, frases o palabras que irrumpen a nuestra conciencia, para darnos cuenta del sentido de una situación que estamos viviendo. Es el darse cuenta interior que permite conocer y comprender algo que se sale del conocimiento lógico. Es la conclusión no racional que contienen certeza y convicción.

Esa alarma interior que sentimos repentinamente, que nos presenta una evaluación de los positivo o negativo de algo, no es otra cosa que nuestra intuición, que nos está suministrando valiosa información que debemos tener en cuenta. Esos pensamientos que aparecen de repente en nuestra mente y que aparentemente no tienen nada que ver con lo que estamos pensando, es nuestra intuición complementando, aclarando o corrigiendo nuestro pensamiento racional y en la medida que no le pongamos atención y recurrentemente siga apareciendo en nuestra mente, es una señal que nuestro procesamiento racional se ha quedado corto o no ha podido solucionar un problema.

Es así como a la intuición algunos le llaman el chispazo, recreando la decisión como un brillo de luz que nos llegó aparentemente de la nada y nos permitió tomar una decisión, sin haber pasado por el procesamiento lógico o el análisis de razones, respondiendo irracionalmente, pero con cierto enfoque racional, ante la sola percepción de algunos hechos, pero con la certeza que estamos tomando la mejor decisión.

Como la intuición no da tiempo a que reaccione la razón, las decisiones que nos da la intuición no están contaminada por nuestros prejuicios y nuestras emociones, como cotidianamente sucede con nuestras decisiones basadas en la razón y al estar libre de ello, permite que tomemos mejores decisiones. Si cuestionamos la decisión basada en la intuición, ella pierde su esencia y se convierte en otra decisión racional, lo cual ocurre en segundos. El sólo hecho de tratar de entender lo que nos está pasando convertirá la experiencia de la intuición en otra experiencia de la razón. Entre más nos abrimos a la percepción de lo que está ocurriendo, dejando de lado el prejuicio, la etiqueta, el entendimiento, el juzgamiento, la inferencia, la organización y la catalogalización de la experiencia que estamos viviendo, más posibilidades tiene la intuición para que aflore en nuestra vida. Es el abrirnos a lo inesperado, renunciando al entendimiento de la experiencia que estamos viviendo.

Intuir es una facultad por la cual se entiende todo al instante, que en el caso que sea una premonición, nos da la sensación que las cosas se darán de una determinada manera, dado que es la expresión de un conocimiento inmediato, directo y evidente, que no requiere de ningún tipo de deducción. Es como acceder a una base de datos que ya tiene las respuestas elaboradas y que nos pone la mejor de todas al frente de nuestro consiente, para que la tomemos y por ello, se constituye en el primer pensamiento que nos llega a la cabeza en forma repentina.

El acceso a dicha base de datos la hace nuestra mente por medios no convencionales para nuestro consciente, tanto que no podemos explicar de dónde salió la conclusión y, por ende, tampoco verbalizar su origen. Es una conclusión que no la pensamos, solo notamos que salió y ya está. Es la proyección que hace el consciente, de un resultado al cual llego en forma instantánea, utilizando como pantalla al consciente. Es una idea que sentimos, pero no pensamos y que nuestra voz interior a modo de portavoz del inconsciente, nos la lee de la pantalla del consciente. Es el acceso a una fuente subterránea de sabiduría que nos brinda los reportes finales de una decisión, sin dar cuenta de los detalles previos a su existencia.

En la medida que nos liberamos de la necesidad de decidir siempre con la razón, le estamos dando tienda suelta a nuestra intuición, le estamos facilitando su trabajo, le estamos creyendo, le estamos dando poder y con ello, la intuición aflora. En un mundo totalmente racional no hay cabida para la intuición. Vivimos asumiendo que existe una relación directa entre el tiempo y el esfuerzo, con relación a la calidad de nuestras decisiones, por ello desconfiamos de la vía rápida que nos ofrece la intuición.

El problema al cual se afronta la intuición, es a no ser convencional, a no utilizar las rutas conocidas conscientemente, a salirse de la norma, con lo cual entra en contradicción con el esquema al cual estamos acostumbrados. Somos reactivos a la intuición. Nos cuesta delegar nuestras decisiones a una fuerza diferente a nuestra racionalidad. No confiamos en las soluciones inmediatas, pues pensamos que ello no existe y por ello, nuestra intuición esporádica y tímidamente se nos aparece.

La intuición es un bicho raro que no estamos acostumbrados a que asome su cabeza y se meta en nuestras decisiones. La rechazamos como una defensa al miedo que sentimos de ver la realidad de otro modo. De no permitir que nuestra mente lógica decida, pues eso implica acallarla, limitarla o controlarla, para darle paso a la intuición. Se nos es difícil quitarle la primacía a la vía racional y por ello no queremos acallarla y en su defecto, acallamos la intuición. La vía racional nos gusta debido a que es una vía analítica, por medio de la cual aprendemos consciente y rápidamente.

La naturaleza de la intuición nos limita a saber de dónde vino, cual ruta tomó para llegar a nosotros, quien le invito a nuestra vida. La intuición no tiene forma descriptible, no tiene una localización definida al interior de nosotros, solo aparece y hace su reporte y si no se le cree, desaparece con la misma velocidad con la que apareció. La intuición no es insistente, funciona con el lema me toma ya o me deja ya y no acepta que se le mezcle con nada, pues una vez se le trata de mezclar con la razón, deja de ser intuición y se incorpora a la razón.

Aunque el chispazo que nos da la intuición es irracional, éste no proviene de la nada, pues está basado en información previa que adquirimos de muchas maneras, tanto de manera consciente, como de manera inconsciente y que es procesada por un procesador al cual no tenemos ni acceso ni dominio, pero que nos entrega la decisión final sin darnos explicaciones. La intuición nos calibra el mundo donde vivimos y con ello, nos facilita percatarnos de antemano de los riesgos a los cuales estaremos expuestos, para lo cual, nos entrega el chispazo de sabiduría que nos permite decidir sabiamente para evitar dichos riesgos.

No todo lo que observamos lo procesamos conscientemente. Tenemos una percepción selectiva y limitada. Nuestro inconsciente graba mucha información proveniente de nuestras experiencias, sobre la cual nosotros no ponemos ninguna atención y la capta sin la filtración de nuestra razón y la censura de nuestras creencias. Somos conscientes de muy poco de lo que nos ocurre, aunque de lo que no somos conscientes, también hace parte de nuestro diario vivir. Esto sucede con el cambio continuo de los niveles de oxígeno, bióxido de carbono y otros gases, en nuestros pulmones.

Adicional a la información que agarra por su propia cuenta nuestro inconsciente, está la información que conscientemente procesamos, de la cual nos damos cuenta de su existencia. La intuición se alimenta de juntas fuentes de información, pero a diferencia del procesamiento racional que hacemos para tomar una decisión y que lo hacemos con un aprendizaje rápido, la intuición toma largo tiempo para crear la fuente instantánea de sabiduría, que se va nutriendo capa tras capa, cada vez que repetimos una experiencia en particular.

Tanto el corredor de bolsa como el deportista, toman decisiones no racionales, pero fiables y a pesar de que juntos cuenta con una buena fuente de información racional, muchas de sus decisiones intuitivas son mejores e incluso opuestas a las que les da la razón. Esto se explica por el hecho que la intuición funciona con patrones de lenta formación, que permiten dar respuestas inmediatas a situaciones complejas. Estos patrones se forman con la continua exposición que hace nuestra mente a la atención de una problemática determinada. El campesino ve venir una tormenta sin hacer uso de herramientas digitales. El pescador intuye el comportamiento del mar con solo darle una mirada. Un buen médico da un diagnóstico acertado, que está más allá del alcance de las conclusiones racionales que se puedan obtener de los resultados de laboratorio, utilizando signos sutiles. El corredor de bolsa acierta una decisión financiera a pesar de que la razón no lo haga. Todos ellos han creado complejos patrones de decisión, que operan a una velocidad inimaginable, que están por fuera de la razón y que, no por ello, dejan de ser fiables.

Entonces la intuición no es gratis, es el resultado de la experiencia y como tal está contextualizada. La intuición del corredor de bolsa tal vez no le ayude de mucho para sobrevivir en la selva y la intuición del nativo tal vez no le ayude mucho a sobrevivir en la selva de cemento. La intuición funciona bien en la realidad en la que se encuba y se encuba con mayor facilidad, si observamos detalladamente todo lo que nos sucede, sin prejuiciar, sin limitar la experiencia. Pero las experiencias no se limitan a las vivencias, también hacen relación con la lectura, el cine, la televisión, el aprendizaje de la experiencia del otro y el contacto profundo con nuestro entorno.

La intuición se alimenta del afinamiento de nuestra percepción, del aprendizaje profundo de las experiencias, de la interiorización de nuestras vivencias, de la curiosidad por los detalles, del cultivo del discernimiento, del interés por saber ese extra que hace la vida extraordinaria. Todo ello reunido, se convierte en la sabiduría la cual usa nuestra intuición para ayudarnos a tomar mejores decisiones con poca información. Es aquí donde la razón se queda corta, pues el nivel analítico requiere de mucha información y ante su ausencia, termina paralizándose, llegando a conclusiones erradas.

En la medida que nuestra percepción se afina, nuestra consciencia también lo hace, el darnos cuenta de pequeños cambios o modificaciones en el ambiente. Este es un proceso mental de grabación en alta definición, que nos permite captar con mayor nitidez lo que vemos y entender con mayor claridad lo que escuchamos, lo cual se traduce en parte de la información que requerimos para crear los patrones con los cuales la intuición trabaja. Igualmente, debemos hacer con el resto de los sentidos. Debemos contactar nuestro mundo exterior, no solamente tocarlo. Debemos permitir que los olores penetren a nuestro interior y dejar de solamente oler por oler. Debemos saborear cada cosa que pasa por nuestro paladar y dejar de solamente probar por probar.

La activación de nuestros sentidos, como verdaderos perceptores de lo que sucede a nuestro alrededor, nos permitirá captar pequeñas y sutiles variaciones que suceden alrededor del mundo exterior donde vivimos. Debemos poner mayor atención hacia el mundo exterior, como parte de un proceso de captación de información, prestando atención a las personas, los lugares, las cosas y las experiencias. La mejor forma de llevar a cabo esto, es saliendo a andar por el mundo exterior. Entre más fina sea la percepción, más fina será nuestra conciencia y más fuerte será nuestra intuición.

Este es un proceso de educación de nuestra percepción. En la medida que vamos educándola vamos observando como nuestra conciencia, nuestro darnos cuenta, va evolucionando, va captando información que antes ni siguiera hubiese pasado remotamente por nuestra mente. Asociada a la percepción, está la relajación mental. Nuestro procesador de información del inconsciente, trabaja y produce más cuando nuestra mente está en calma, está clara, está relajada, está en estado de lucidez total.

Activar la conciencia, estimular la inteligencia o la razón, ejercitar la memoria, despejar la mente, ejercitar los cinco sentidos, permitir ver la realidad de una manera alternativa, creer en la intuición, son elementos que sin lugar a dudas ayudarán para que la intuición se desarrolle. Todo ello no es cosa de iluminados, es cosa de seres humanos de carne y hueso que quieren potenciar su vida, dándole cabida a otra forma de solucionar los problemas, a otra forma de ver la vida, a otra forma de encontrar relaciones de causa y efecto, a otra forma de captar información que está por fuera de las posibilidades de nuestra razón, por lo menos de la consciente.

La intuición funciona a un nivel que no podemos conscientemente detectar, pero sin lugar a dudas, usa herramientas similares a las que usa la razón. Recopila datos de la experiencia, los almacena y los procesa y a partir de ello, crea una base de datos de conclusiones, que son lo único que la intuición nos da a conocer. Cada vez que la experiencia se ajusta a un patrón de la intuición, la intuición nos hace entrega de forma inmediata de una conclusión.

Cuando utilizamos la intuición como un diagnóstico, podemos decir que está utilizando juicios retrospectivos. Cuando la utilizamos para inferencias, podemos decir que la estamos utilizando como juicios prospectivos, como predictores. En ambos casos, la intuición no nos deja saber de la relación existente causa y efecto, aunque en la realidad dicha relación exista.

En la medida que ocupemos nuestra mente, ésta tomará con mayor facilidad el camino racional, pues el intuitivo será relevado a un segundo plano. Cuando nuestra mente esta relajada, cuando le quitamos todo el procesamiento racional, la intuición se apodera de nosotros y nos empieza guiar en la toma de decisiones o en la solución de problemas que no hemos podido resolver por nuestra vía racional. Cuando abandonamos la racionalidad, nos empiezan a salir los chispazos de la intuición.

Es así que nos aparecen las soluciones a problemas previamente tratados y no resueltos, en momentos en que no estamos pensando en ellos, en momentos en que nuestra mente está relajada. Eso nos sucede en el momento que vamos a la cama, cuando vamos al baño, cuando estamos escuchando música, cuando estamos soñando. Es como si el procesador del inconsciente, del cual no tenemos dominio ni control, siguiera trabajando por nosotros hasta encontrar la mejor solución, la mejor idea, el mejor resultado y sin que se lo pidamos nos lo manda al consciente, en forma de chispazo mental. La intuición trabaja cuando nuestra mente está limpia, cuando nos hemos abandonado de neutra razón, cuando nos hemos permitido ver el mundo desde otra óptica.

La intuición es lo que llamamos la corazonada, el sexto sentido, el sentido común, la vibra, él nos late, que no debemos confundir con los temores infundados por el miedo, la profecía auto cumplida, el mesianismo, la magia, lo sobrenatural, el embrujo y aunque no es precisamente el instinto, la adivinación, la creatividad o la inspiración, si hace parte de todo ello. Todos tenemos una fuente de sabiduría en nuestro interior, a la cual no podemos acceder conscientemente, que es la fuente de la cual se alimenta la intuición. Poder conectarnos a dicha fuente, es un trabajo que debe de llevar a cabo cada uno por su cuenta y que tiene su base, en permitirnos ver la realidad desde ojos diferentes a los de la racionalidad.

Las sutilezas que no logra captar nuestra racionalidad, las logra captar nuestra intuición. Esas relaciones entre causa y efecto que son difíciles a la razón, le son fáciles a la intuición. Esas relaciones no físicas, no evidentes, no perceptibles conscientemente por los sentidos, le son fáciles a la intuición. Esos peligros inexistentes para la razón, pero que existen en la realidad, hacen parte del olfato de la intuición. Esa aceptación o rechazo inmediato, que sentimos por alguien, es parte de nuestra intuición. Ese chispazo intelectual que resolvió algo, que hasta ahora no lo había resuelto nuestra racionalidad, es obra de la intuición. Esa predicción que nos llega al pensamiento y que no podemos explicar pero que funciona, es la intuición.

El conocimiento

"Sólo hay un bien: el conocimiento. Sólo hay un mal: la ignorancia."
Sócrates

El conocimiento es todo lo que aprehendemos del entorno, incluyendo el significado de las cosas, que nos permite comprenderlas y juzgarlas, que al conformarse como conjunto de datos y/o información, se convierte en un conjunto de saberes que se tienen sobre una ciencia o un arte os obre la noción de la realidad, obtenidos de hechos y experiencias y que, al ser almacenadas en nuestra mente, podemos usarlas para nuestra continua toma de decisiones.

El conocer es la acción por medio de la cual nos formamos una idea de algo o de alguien, que nos permite decidir y actuar en relación a ello, basado en la obtención de conocimiento sobre un asunto, materia o ciencia, que nos permite determinar la naturaleza, las cualidades y las relaciones de las cosas. El conocer es enfrentar la realidad. Es la captación mental y consciente de los objetos, consistente en la capacidad de la mente para proyectarse hacia algo exterior y distinto a ella.

La experiencia es un modo de conocer a través del contacto directo con el objeto. La experiencia puede ser sensible, cuando el conocer capta a través de nuestros sentidos un hecho, propiedad o cosa del mundo exterior. La experiencia también puede ser interna o introspectiva, cuando aprehendemos sobre nuestros propios estados psíquicos, teniendo una intuición de ellos, sin emplear los sentidos. Otra forma de experiencia es la intelectual, en la cual no intervienen ni las experiencias sensibles ni las internas, sino que se hace por intuición directa, como en el caso de los números.

El saber es el conocimiento que se obtiene a través del acto de conocer y que se puede tomar como la representación de una realidad objetiva. Está conformado por lo que vemos, oímos, olemos, estudiamos, practicamos, experimentamos, englobando toda la información sobre los conocimientos desarrollados y acumulados, que permiten explicar el proceso del desarrollo intelectual de cada persona, como instrumento particular y único de la evolución personal. Es el conocimiento como contenido. Es el contenido significativo que el sujeto adquiere de la captación del objeto, entendido como el resultado, producto o contenido significativo que se puede adquirir, acumular, transmitir y derivar unos de otros, haciendo uso del lenguaje.

Entonces el conocimiento es la abstracción representativa de la realidad aprendida, es el efecto del conocer que se convierte en un modelo de la realidad, como un reflejo psíquico del mundo objetivo y cognoscible, como el significado social de símbolos (palabras y figuras) construidas por el hombre para lograr orientarse y comunicarse. El aprendizaje de dichos símbolos es lo que hace del hombre un ser humano y lo diferencia de los animales, pues el ser humano no cuenta con medio innatos de orientación.

El conocimiento es una relación entre un sujeto, el cognoscente y un objeto, el conocido, que se crea a través de la acción activa que hace el sujeto al aprehender sobre el objeto y de la pasiva del objeto, al ser simplemente el ser aprehendido por el sujeto. El conocimiento es objetivo, en cuanto su contenido corresponde con lo que son los objetos, sus características y las relaciones entre éstos, bajo las premisas que no existe la posibilidad que el sujeto arbitrariamente lo varié, que es comunicable y que es aceptado por varios sujetos.

Se dice que el conocimiento es ordinario o vulgar, cuando es el resultado de la experiencia cotidiana del sujeto, que trata de captar el conocimiento del saber cómo hacer, no de forma teórica, sino que de forma práctica. Es un conocimiento que surge de haber realizado acciones, que se convierten en el saber, tal como saber nadar, saber bailar, saber manejar un auto, etc. y que, por ello, no se describe por medio de proposiciones.

Por su naturaleza, el conocimiento ordinario o vulgar es objetivo en menor grado que otro tipo de conocimiento, es espontaneo, no es riguroso ni exacto, no es sistemático, no tiene una teoría que lo respalde, no explica los hechos, ha permanecido en el tiempo, no tiene orígenes claros, ha sido en parte heredado como parte del patrimonio cultural, no es metódico, no es consistente, no es crítico, pero es muy útil para la vida diaria, pues se encuentra listo para su utilización inmediata.

Otro tipo de conocimiento es el científico, el cual trata, del saber qué y el porqué, conformado por un cuerpo de ideas organizadas y sistemáticas que, utilizando medios teóricos, técnicos y metodológicos, descubre las leyes de la naturaleza y de la sociedad, como resultado de la actividad científica. El conocimiento científico es objetivo, riguroso, exacto, sistemático (usa teorías, leyes y principios), metódico (formulando hipótesis), consistente (excluye la contradicción) y es el resultado de una investigación científica que permite la prueba, la verificación y la contrastación.

El conocimiento científico trata de explicar la esencia del objeto y de predecir su comportamiento. A pesar de parecer completamente opuesto al conocimiento ordinario o vulgar, tiene cierta afinidad con éste, en tanto que ambos tienen la pretensión de ser racionales y objetivos, aunque el conocimiento científico es más afinado, debido a que busca respuestas investigativas que critiquen y clarifiquen las explicaciones que surgen del sentido común, bajo el principio que los fenómenos suceden de determinada forma, por alguna razón y no, por que sí.

El conocimiento científico, se basa en los hechos no observables y predecibles de manera directa, la experimentación y la prueba empírica. Es racional en cuanto utiliza la razón para llegar a resultados. Es contrastable debido a que es comprobado en variadas circunstancias y por diferentes sujetos, combinando lo fáctico con lo teórico. Es sistemático ya que es un sistema interrelacionado e integrado que permite conocer las conexiones de los contenidos de diferentes conocimientos. Es metódico, porque es fruto de una metodología rigurosa. Es comunicable, por que utiliza un lenguaje propio, preciso y claro, en términos de significación inequívoca para la comunidad científica, que permite la comunicación efectiva y el intercambio de información efectivo. Es analítico, en la medida que fragmenta la realidad para actuar a distintos niveles y con diversos grados de globalización, seleccionando variables y cuestiones a resolver.

Un tercer tipo de conocimiento es el conocimiento filosófico, el cual investiga el porqué de los porqués y por ello es un saber teorético, que busca los principios, fundamentos y el sentido del mundo, para ofrecer una explicación del conjunto de todo lo existente, interrogando más allá de lo observado, pretendiendo adquirir un saber radical. Es un conocimiento que no se puede adquirir a través de los sentidos al objeto de estudio, pues no es tangible, aunque se tiene la certeza de su existencia y de la posibilidad de acercarse a éste, para definirlo y caracterizarlo. Es el conocimiento total unificado o universal, al cual se puede acceder en forma sistemática, metódica, analítica y crítica, teniendo como objeto de estudio un objeto que no se puede tocar. Es un saber crítico que indaga más allá de lo observado. Es un saber transcendente.

Adicional a las tres clases de conocimiento, el ordinario o vulgar, el científico y el filosófico, el conocimiento se puede clasificar de otras maneras, dependiendo de la forma como se adquiere. Es así como tenemos el conocimiento sensible, adquirido mediante los sentidos y la conciencia de uno mismo, obtenido del contacto directo con el objeto. El racional, adquirido mediante la razón o el conocimiento. El intuitivo, que se adquiere sin tener un análisis ni un conocimiento consciente anterior. El discursivo, al cual se llega por rodeos a la esencia del objeto (diagnóstico). El a priori, cuando no se necesita de la experiencia para establecer su validez, sólo basta la razón para llegar a un conocimiento verdadero (Un hombre es soltero cuando no está casado). El a posteriori, cuando se requiere de la experiencia sensible para establecer su validez (El jugo esta agrio). El empírico, que se adquiere mediante la experiencia o contacto directo de nuestros sentidos con los hechos o sucesos que tenemos. El conceptual, que no forma parte del mundo material, pero que permite construir afirmaciones verdaderas (los números). El artístico, que se utiliza para comunicar emociones, pensamientos, sentimientos y que describe la belleza de las cosas, sin que se pueda comunicar o transmitir, pues es propio de cada individuo. El revelado, que proviene de nuestra conciencia o como el resultado de la fe basado en nuestras creencias en un ser superior. El cultural, el cual es transmitido entre generaciones y pertenece a la población de una determinada ubicación geográfica. El público, el cual es creado y difundido por la sociedad, no es personal. El codificado, el cual se puede expresar explícitamente y por ello, almacenar o especificar formalmente, de tal forma que no se pierda ninguna información. El teórico, que puede ser científico (la geología) o descriptivo (la geografía). El práctico, el que no se puede formalizar y es adquirido o aprendido por el sujeto a través de la práctica.

Existen dos niveles de conocimiento integral. El primero es el sensorial. El conocimiento se puede formar por sensaciones, como el resultado de la acción de los objetos exteriores sobre los órganos sensoriales, como la impresión que las cosas producen por medio de los sentidos. Una vez tenemos las sensaciones, entra la percepción en juego, captando la información del objeto en su totalidad, para conocer e interpretar las sensaciones. Teniendo una imagen sentida y percibida en ausencia del objeto, nuestra mente crea una representación o recreación de la imagen sensorial del objeto, sin que el objeto mismo esté al frente nuestro.

El segundo nivel, es el lógico, en el cual se parte del concepto como el reflejo de las cualidades generales y esenciales del objeto y de los fenómenos del mundo exterior en nuestra mente, lo mismo que la esencia del fenómeno, el fenómeno en su conjunto y las relaciones internas entre los fenómenos. Una vez conceptualizado el fenómeno, la mente a través del pensamiento crea un juicio sobre éste, por medio del cual se niega o se afirma algo sobre el mismo o sobre la realidad. Entonces aparece el racionamiento, por medio del cual se obtiene un conocimiento nuevo, partiendo de otro conocimiento ya establecido, que es el paso de la verdad de una o varias proposiciones, a la verdad de otra proposición en forma de inferencia o deducción.

El conocimiento puede ser intuitivo, cuando sin recurrir a la vía racional o discursiva y en forma mental, se percibe una idea o una verdad, con la misma claridad que cuando se hace a través sensorial. La intuición es intelectual, cuando capta la esencia, lo que el objeto es. La intuición es emocional, cuando se adquiere a través del sentimiento, cuando actúan motivos de carácter emocional que no buscan la esencia del objeto, sino el valor del objeto, lo que el objeto vale. La intuición es volitiva, cuando se relaciona a la existencia, a la realidad existencial del objeto, desentrañando no lo que es, sino que es, que existe, que está ahí, que es algo distinto a uno mismo.

El conocimiento es tácito cuando éste tiene carácter personal y subjetivo, que incluye elementos cognitivos tales como esquemas, paradigmas, creencias y visiones, así como elementos técnicos como habilidades, destrezas y aptitudes, basadas en la experiencia. El conocimiento es explícito cuando tiene carácter objetivo y racional, es decir está codificado y sistematizado, permitiendo con ello su transmisión.

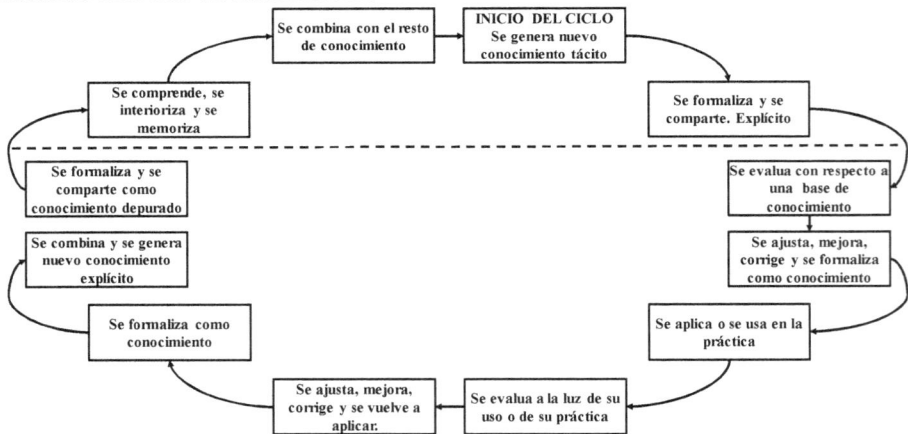

La transmisión intergeneracional del conocimiento es lo que ha permitido la evolución de la raza humana. Cuando el conocimiento tácito se comparte con otras personas, haciéndose colectivo, se genera una socialización del conocimiento. Cuando el conocimiento tácito se explicita y se almacena, se exterioriza. Cuando diversos conocimientos explícitos se ponen juntos dan como resultado nuevo conocimiento explícito, entonces se combina el conocimiento. Cuando el conocimiento explícito es aprendido y asimilado por un sujeto, esto da lugar a la creación de un nuevo conocimiento tácito, entonces se interioriza el conocimiento. Cuando volvemos al primer paso, la transmisión de la información se vuelve una bola de nieve formada por el conocimiento, que en la medida que más y más sujetos se involucren en su formación, la sociedad contará con más y mejor conocimiento, para que tanto los sujetos que participaron en la creación de la bola de nieve de información, como los sujetos que no pero que están interesados en la interiorización de la nueva información, puedan aportar y beneficiarse de la evolución social, económica y política que produce la socialización del conocimiento.

Los objetos no son ni verdaderos ni falsos, son reales, ideales o imaginarios. Entonces la verdad del conocimiento se expresa en su juicio y son los juicios los que pueden ser verdaderos o falsos. Si el conocimiento es verdadero, en cuanto a que su contenido concuerda con el objeto al cual se refiere, se tiene a la verdad como una correspondencia entre el conocimiento y el objeto. Cuando existe concordancia entre el pensamiento consigo mismo, un juicio es verdadero cuando se ajusta a las leyes y normas del pensamiento, entonces la verdad es considerada como coherencia lógica. Si la verdad de un juicio consiste en su utilidad para la vida práctica, se dice que la verdad es considerada de utilidad práctica, es pragmática.

La gestión del conocimiento personal

Como parte de la evolución social y económica que ha tenido el ser humano, las formas de producción han venido cambiando a través del tiempo. Mientras que en la Era Agrícola la tierra y la mano de obra eran los factores de producción preponderantes, en la Era Industrial la tierra perdió bastante su relevancia, mientras que el capital ganó bastante terreno. A partir de los años sesentas se da inicio a un cambio de era, la cual la denominaron la Era del Conocimiento, dentro de la cual, el conocimiento desplazó un poco al capital y mucho al trabajo. A partir de los años noventa, se da un salto tecnológico que lleva al surgimiento de la Era Digital, en la cual el capital nuevamente pierde importancia como factor de producción y el conocimiento gana un poco más de terreno.

La Era Digital se inicia en la última década del siglo XX y nace como la amalgama de la informática, el procesamiento de datos y el desarrollo de las telecomunicaciones, que años más tarde se concentra en el desarrollo de software y de hardware de uso personal. Este es el salto tecnológico que permite que cada persona tenga acceso a datos e información en forma instantánea y que, al mismo tiempo, la pueda compartir con quien quiera, independientemente del lugar donde se encuentre, tanto el que envía como el que recibe los datos o la información. Para ello, se conjuga una máquina que inicialmente fue concebida para hacer y recibir llamadas, el celular y un software que cuenta con miles de aplicaciones para captar datos e información, enviarla a otras personas, escuchar música, escuchar la radio, ver la televisión, conversar/chatear con otras personas, e incluso para hacer llamadas telefónicas, pero no cualquier tipo de llamadas, sino que llamadas en las cuales se pueden ver la cara las personas en tiempo real.

Es así como el celular se fue convirtiendo en un aparato digital inteligente, en el cual se encontraba junto el antiguo reproductor de MP3, la cámara fotográfica, el reloj digital, el despertador, la cámara de seguridad portátil conectada a la cámara física de la vivienda, la consola de juegos, el computador personal con todas sus funcionalidades y muchas más, el sistema de geo referenciación espacial –GPS-, el televisor y por defecto el teléfono y todo ello englobado en el mundo digital.

Con el tiempo los desarrolladores del software o como se comúnmente se le llama, desarrolladores de aplicaciones, han expandido el uso del celular a todas las áreas de la vida del ser humano y es así como sirve para espantar los moscos cuando vamos de picnic al parque, de guía financiera y de control de la dieta, entre muchas cosas más. Entonces el celular paso de ser un teléfono personal y portátil, a ser un teléfono inteligente.

A la par, se fueron desarrollados otros aparatos digitales, familiares del celular, pero con diferentes funcionalidades, a las cuales se les denominó tablas y que, a diferencia del celular, inicialmente no estaban diseñadas para hacer llamadas, tal vez dado su tamaño, pero que con el tiempo se les adicionó dicha funcionalidad. Esta revolución tecnológica, sobrepaso con creses a la revolución del conocimiento, que se empezó a identificar en los años sesenta y es por ello que se propone separarla y denominarla la Era Digital. Es digital, en cuanto integra, a través de codificación basada en algoritmos formados unos y ceros, el sonido, la imagen y el texto.

La Era Digital trajo consigo una nueva forma de vida, la virtual, con la cual se rompió la barrera de la ubicación espacial entre los que generan los datos, la información y el conocimiento y los que lo reciben. Ahora el problema no es donde nos encontramos, sino que en el lugar en que nos encontremos, nuestro celular tenga señal o que, si no la tiene, se tenga acceso a una señal de Wifi.

A diferencia de lo que pasaba en el pasado, con respecto a la restricción que existía en el acceso a ciertos bienes y servicios, que se les denominaba de lujo por su alto costo, el celular se popularizó y se expandió alrededor del todo el globo terráqueo, ofreciendo cobertura y servicio a precios asequibles. El servicio de celular vino para cubrir, no solamente las necesidades de comunicación telefónica, sino para servir de herramienta de comunicación en general, cubriendo tanto la vida personal, como la de los negocios. Entonces esa vida virtual que se creó con la aparición de los teléfonos inteligentes, creo una nueva cultura empresarial e irrumpió en la vida personal, a través de las llamadas redes sociales.

Dado las múltiples posibilidades que ofrecen los celulares, el trabajo es cada vez más flexible y adaptable. El trabajador no tiene que estar necesariamente en la oficina para atender sus obligaciones con el trabajo, e incluso, puede estar en otro país diferente a donde trabaja, pues puede recibir y hacer llamadas desde su celular, puede revisar sus correos electrónicos y responderlos, puede hacer videoconferencias y en general, puede cargar consigo una oficina virtual, la cual es complementada con los computadores portátiles, los cuales cada día son más potentes y de menor tamaño. Ahora muchos empleados no tienen que salir de sus viviendas para trabajar y de hecho trabajan desde sus viviendas, pues todo está disponible en la red de información, que es alimentada por los componentes digitales de sonido, imagen y texto.

Muchos de aquellos que trabajan por cuenta propia, llevan sus negocios desde sus viviendas, pues no tienen la necesidad de recibir a sus clientes en una oficina física, sino que dicha oficina es virtual y al ser virtual, es posible llevarla consigo a donde se vaya. Ahora la productividad depende más de la aplicación acertada de la ciencia y la tecnología, no del trabajo físico y del extenuante horario de oficina. La producción y procesamiento de información son mucho más importante que la producción material de bienes y a esta última ya se le ha encontrado sustituto humano, con la robotización de la producción industrial, que es altamente dependiente de la sistematización informática de los procesos de producción, mientras que la producción intelectual, afortunadamente aún no se le ha podido arrebatar a los seres humanos y por ello, se ha constituido en tal vez el factor de producción más importante, el conocimiento y al mismo tiempo, se ha convertirlo en un activo, en el activo más valioso de las corporaciones modernas.

Desde la Era del Conocimiento el mercado laboral ha sufrido drásticos cambios, muchos de los cuales han sido perjudiciales para los trabajadores, tal como la pérdida de puestos de trabajo, lo cual no ha podido ser compensado, con los nuevos puestos de trabajo que se han creado gracias a la tecnología desarrollada. Estos nuevos puestos de trabajo, son literalmente nuevos, pues son trabajos que no existían antes, que han sido el resultado del cambio del modelo de producción. Adicional a esto, la canasta básica de bienes de servicios ha crecido también y con ello su costo. Por ejemplo, el servicio de celular no es una opción, es una necesidad. Aunado a lo anterior, los salarios han crecido a un ritmo menor que el precio de la canasta de bienes básicos y menor que la inflación, con lo cual los trabajadores han perdido en poder adquisitivo y el mercado laboral cada día ha venido recortando beneficios para los trabajadores.

Todo lo anterior se resume en que no basta con que todos los miembros de un hogar trabajen y aporten para sostenimiento del mismo, teniéndose que recurrir a otras fuentes de ingreso. Dada la pasividad de los gobiernos para intervenir con políticas públicas y la presión que ejercen las grandes corporaciones por desregular los mercados a favor de sus intereses, han surgido otras formas de captar ingresos, dentro de las cuales se encuentran el arriendo de una o varias habitaciones de la vivienda y el uso del carro personal como taxi particular, al servicio del público. Particularmente la segunda fuente de ingresos la ha impulsado Uber, una compañía tecnológica que logró vincular a través del celular, a la oferta y la demanda del servicio de transporte urbano, ofreciéndole la posibilidad a aquellos que quieren incrementar un poco sus ingresos, lo hagan, convirtiéndose a tiempo parcial en taxistas en su tiempo libre o en taxistas semi profesionales, dedicados solamente a ésta actividad.

Lo de Uber es solamente un ejemplo más de como el celular inteligente, revolucionó la vida en general de los seres humanos, lo cual no significa que lo hizo para mejorar su calidad de vida, ese es otro asunto, pero el caso es que lo hizo. En esta misma línea de desarrollo de negocios, las grandes ciudades del mundo han puesto a disposición de los usuarios del transporte público urbano, aplicaciones en las cuales les informan a sus usuarios en tiempo real, todo lo relacionado con cada ruta y cada bus que la cubre. Esto mismo se ha implementado para los trenes subterráneos. La idea ha sido la de poner a disposición del usuario final del celular, muchos datos a los cuales antes solo se podía acceder a través de un computador conectado a Internet. Eso mismo ha pasado con los reportes del estado del tiempo, como información básica y de uso diario.

Al tener acceso al Internet a través del celular, cada usuario tiene acceso a toda clase de información que se encuentra en la red y haciendo uso del motor de búsqueda Google, tiene acceso casi que ilimitado a datos, información y conocimiento. Google es como el doctor de cabecera al cual le consultamos todo. La aplicación YouTube, se ha convertido en una verdadera universidad, a través de la cual se puede aprender de todo cuanto podamos estar interesados en aprender, adicional a ser un medio alternativo de información, de aquella información que nunca los sistemas de información convencionales van a comunicar al público.

Esta revolución tecnológica tiene sus pros y sus contras. La gente accede a muchos datos y a poca información y mucha de la información a la cual accede, la desinforma antes que realmente informarle. El bombardeo de propaganda comercial, institucional, política y gubernamental, es espantosa. No hay nada gratis en la red, todo se paga a un precio muy alto, al precio de desocupar nuestra mente y pasársela a la red en forma de nuestros deseos, emociones, sentimientos, gustos, aberraciones, e insatisfacciones. Todo ello la red lo monetiza en propaganda, en control social, en modelaje de la mente de sus usuarios, en más y mayor control social. A través de la red se nos dice cómo debemos pensar y actuar, como debemos vivir y se nos crean héroes, que pueden ser objetos de destrucción instantánea y de villanos que pueden ser objetos de absolución instantánea.

Más allá de cualquier discusión de cuanto ha sido la participación exacta de cada factor de producción en cada era, lo interesante es ver como el trabajo fue perdiendo terreno, mientras que el conocimiento se convertía en el principal factor de producción. Ya en la presente era, la Digital, el conocimiento da un nuevo salto y queda como el factor predominante de la producción.

A partir de la Era del Conocimiento, se empezó a hablar de la gestión del conocimiento a nivel empresarial, enfocando el asunto en la importancia que tenía el conocimiento como factor diferenciador de una empresa en el mercado, con respecto a su competencia y como, dependiendo de la administración del conocimiento de la empresa, está tenía la posibilidad de crear nuevo conocimiento, el cual se traducía en la creación de nuevos productos y servicios que las empresas ofrecerían a los consumidores, productos y servicios que se convertirían en el factor determinante de la diferenciación de una empresa con respecto a sus competidores.

A la par con la gestión del conocimiento, surgió el concepto de los activos no tangibles, conformados por los elementos no materiales, tales como patentes, software, procedimientos, marcas, concesiones, nombre comercial y cartera de clientes, muchos de los cuales son activos intensos en conocimiento, los cuales se comercializan como componentes de los productos o directamente a través de servicios.

Es interesante poner de manifiesto de lo dicho anterior, que el único capaz y responsable del desarrollo de nuevo conocimiento es el hombre que, para el mundo empresarial, son los empleados, quienes han gastado muchos años de su vida estudiando y adquiriendo experiencia, la cual la ponen a disposición de su empleador, quien a través del salario le comparte un una pequeña porción de las jugosas ganancias resultantes de la comercialización del nuevo conocimiento, desarrollado por el empleado.

Esto se explica en parte a que el empleado que desarrolla nuevo conocimiento no se da cuenta que él puede y debe verse a sí mismo, como el gerente de su misma empresa, la empresa personal que se llama "yo" y que, como empresario básico, puede administrarse a sí mismo como se administra la empresa donde trabaja. Cada desarrollador de conocimiento, como empresario básico, cuenta con unos factores de producción, dentro de los cuales está su conocimiento, que llega a constituir el 100% de su estructura de producción y que, si éste logrará juntar su conocimiento con los demás factores de producción, llámense tierra, capital y trabajo, pasaría de ser un empresario básico, a ser un empresario competidor.

Este es el camino que han seguido los nuevos y más famosos desarrolladores de conocimiento, como los fundadores de Google o el fundador de Facebook, por solo nombrar un par de casos. Ellos le han apostado al SER, lo han perfeccionado desde el lado del conocimiento, lo cual les ha permitido HACER lo que querían y les gustaba hacer y esto los ha llevado al TENER, convirtiéndose en multimillonarios. Creo que este es un buen momento para recalcar la idea del presente libro: En la ruta del SER al TENER, un camino seguro a la prosperidad. Todos aquellos que le apuestan a perfeccionar del SER, desarrollarán el HACER y con toda seguridad llegarán al TENER.

Antes de seguir adelante, es importante aclarar que los datos no responden a una pregunta o a un problema, pero son los elementos básicos del conocimiento, aunque carentes de sentido por sí mismos. La información responde al 'quién', 'cuándo', 'dónde', contextualizando a los datos, los relacionan en un contexto y con un propósito determinado. El conocimiento responde al 'qué', 'cómo', 'por qué' y al 'por qué del por qué', siendo el que le da valor agregado a la información al interpretarla.

El problema al que se enfrenta la inmensa mayoría es a la incapacidad de darse cuenta de que no hay camino más seguro para llegar al TENER, que el de perfeccionar el SER. El sistema de consumo ha captado la atención de la mayoría, hasta convertirlos en consumidores insaciables, en capitalistas sin capital, en adictos por el consumo de lo nuevo, para así poder desechar lo de ayer, porque ya no es novedoso. Esto lo ha logrado el sistema poniendo muchos datos a disposición de la población, muy poca información y un mínimo conocimiento, entonces a la población se le entusiasma con los datos, se le convence con la información y se le explota comercialmente, dada su ignorancia de conocimiento.

A través del tiempo los factores del conocimiento han venido cambiando. En la Era Agrícola se contaba con muchos datos, no organizados, no sistematizados, pero datos, que resultaban de la vida diaria, del conocimiento ordinario. En esta era se contaba con muy poca información y muy poco conocimiento. Esta ausencia de información y conocimiento respondía a los principios elitistas del sistema imperante, que no permitía que la inmensa mayoría se educara. En la Era Industrial se logra procesar más los datos y por ello se logra tener más información y se logra desarrollar más el conocimiento. En la Era del Conocimiento se procesa aún más los datos, entonces se incrementa la información y con ello, se incrementa el conocimiento. En la actual era, la Digital, nos llenamos de datos, los cuales están organizados y sistematizados, pero al ser tantos, solo se logra convertir una parte de ellos en información, los cuales alimentan más que el conocimiento, alimenta los sistemas de mercadeo y los sistemas de control de la población. El conocimiento se vuelve más importante que nunca, pero no responde a la cantidad de información disponible, sino a la creación de conocimiento nuevo a partir del conocimiento hasta ahora acumulado.

La actual era, la Digital, está basada en la creación de necesidades en los consumidores, no precisamente en responder a los problemas existentes. El mercado ya no se basa en la demanda y la oferta, sino que se ha invertido en una oferta que atiende a una demanda que se vive creando continuamente, lo cual obedece a un mercado que crea soluciones a necesidades previamente creadas en la población, las cuales se convierten en la demanda dirigida. En el mercado, los oferentes ven al mercado como la composición de potenciales demandantes insaciable por el consumo, al cual se le puede atiburrar de cualquier cantidad de artefactos, pues siempre ellos estarán dispuestos a consumir lo que en el mercado se ofrezca, independientemente a que esa oferta no responda racionalmente a una necesidad humana.

En la Economía Digital existen dos componentes: el software y el hardware y claro está, que primero va el software ya que es el que crea problemas inexistentes en los consumidores, a los cuales hay que crearles un hardware, como medio físico, para que a través del software puedan construir la vida virtual a la cual está sometida la humanidad. Entonces el conocimiento previo que requieren los oferentes no es otra cosa que los niveles de insatisfacción que tiene la población, sobre lo cual, la demanda no tiene mucho conocimiento consciente de ello. El objetivo de la oferta no es satisfacer la demanda, sino que es la de crear artilugios digitales con los cuales se les pueda entretener y al igual que se hace con los niños, una vez el nuevo juguete deja de ser interesante ya no da satisfacción alguna, se debe poner en el mercado un nuevo artilugio, un nuevo juguete digital, que nuevamente engañe a la demanda y así se vuelva perpetuo este círculo vicioso de oferta continua y demanda insaciable.

Economía Digital

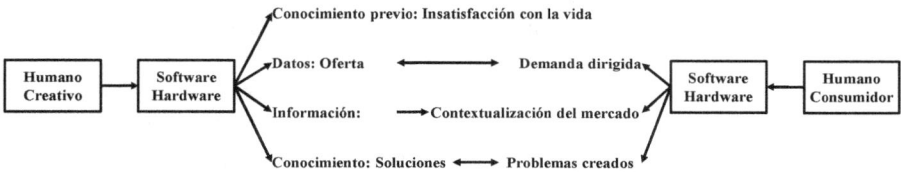

En la Economía Digital lo clave son los datos, pues es en lo que se enredan los consumidores. La información es solamente una contextualización del mercado, por medio de la cual los oferentes describen la población objetivo, la demanda, en cuanto sus características sociodemográficas, para así poder acceder a ellos con los nuevos productos y la demanda, la población consumidora, describe los productos que hay en el mercado, la localización de ellos y el precio de los mismos. En esta economía la información no busca informar al mercado, solo busca como juntar demanda y oferta. El conocimiento desarrollado en la economía del mercado no busca solucionar problemas reales, solo busca satisfacer necesidades creadas que se convierte en problemas creados.

En la Economía Digital la oferta trabaja con una agenda no pública, que contiene tanto información como conocimiento que nunca le será revelado a la demanda y que busca el sometimiento y control de toda la población. Es así como la población inicialmente no sabe que se hace con todos los datos que pone en el sistema digital, hasta cuando alguien devela que dichos datos son puestos a disposición de los gobiernos, perdiendo con ello cualquier asomo de privacidad que se pudiera tener, que luego se traduce en una vigilancia total sobre la vida de los consumidores. Ahora los gobiernos saben de cada uno de los miembros de la población cuantas veces van al baño, a que van al baño, cuanto demoran en el baño. La Economía Digital es el mejor y más efectivo sistema con el cual han podido contar los gobiernos para controlar a la población. Como funciona encubiertamente, de forma pasiva, la población no siente el yugo existente, al contrario, lo acepta inconscientemente, e incluso lo apoya.

En la historia de la humanidad, nunca antes se había podido saber tanto de los consumidores, de la población, como se sabe ahora y todo gracias a la Economía Digital, la cual le vendió la idea a la población que todo era gratis y con ello los atrapó. Cada consulta que se hace en la red digital es grabada. Nunca desaparece. Cada transacción económica, emocional, ideológica, espiritual o de cualquier otra clase, que pasa por la red digital, deja su rastro y a pesar de que cada día más población lo sabe, el sistema digital los ha atrapado, los ha secuestrado, tanto que, a estas alturas, es casi imposible desligarse del sistema digital y es casi igual de imposible, tener control personal sobre lo que se hace en la red digital.

La clave de la Economía Digital es el conocimiento previo, el de la insatisfacción de la población, pues mientras se puedan crear satisfactores virtuales y espurios, se podrá mantener atrapada a la población, como un gran rebaño de ovejas, que son conducidas por un pastor sabio, a un sendero del cual solo el pastor sabio conoce y sabe a dónde conduce. Como los satisfactores son espurios, cada uno de ellos se convierte en una droga que cada día le da un subidón menos potente a la población y es entonces cuando la población demanda más y más droga digital, pues nada la satisface y sin darse cuenta, se ha convertido en una población adicta a lo digital y como cualquier otra adicción, ella crea dependencia y el adicto hará todo lo que sea necesario para obtener los recursos que le permitan acceder a la droga adictiva.

En la Era Agrícola el conocimiento se caracterizaba por ser empírico. En la Era Industrial, el conocimiento era empírico-técnico. En la Era del Conocimiento, el conocimiento se volvió técnico-científico. Aunque en la Era Digital, el conocimiento es más científico, la población sigue teniendo conocimiento más empírico que otra cosa. Ahora la población es experta en el manejo del software y hardware digital, pero sus conocimientos sobre los adelantos tecnológicos son realmente mínimos. La población ahora sabe de muchos datos, pero tiene acceso a muy poca información y de la información que le está a disposición, accede a muy poca, debido a que se encuentra enredado o entretenido en la observación de datos. Los datos son el chisme al instante de lo que pasa en la vida de otros, son los entretenedores y contenedores instantáneos de la frustración y al tener éstos tan poco poder como para convertirse en factores de satisfacción a largo plazo, lo que hace el sistema es proveer más y más datos, ocultar toda la información que se pueda y no permitir que la gran masa de la población tenga acceso al conocimiento.

Paradójicamente, el ser humano ahora cuenta con la posibilidad de acceder a información que nunca antes había estado al acceso de la mayoría, pero anda tan entretenido con los datos, que se ha vuelto tan ignorante como lo era la inmensa mayoría de la población en la Era Agrícola. Saber operar todo la oferta de pantallas (tv, celular, computador, tabla, etc.) que hay en el mercado, no quita la ignorancia, ese es un conocimiento empírico requerido para sobrevivir en la jungla de cemento, en lo cual se ha concentrado la mayoría de la población. Sin lugar a dudas que, la oferta de conocimiento se ha incrementado, pero al mismo tiempo, se han incrementado los distractores y se le ha puesto un precio muy alto al acceso del conocimiento. Entonces, el conocimiento gratis, el que está en la red digital, es accedido por una minoría y el conocimiento no gratis, el de la educación superior, se ha vuelto prohibitivo para la mayoría, dado sus altos costos.

El papel que cumple el ser humano en la sociedad ha venido cambiando. En la Era Agrícola era una mano de obra objeto de explotación. Era un ser humano desposeído de objetos materiales y de conocimiento, siendo su capacidad laboral lo único a su disposición y con lo único que podía transar en el mercado.

En la Era Industrial el ser humano sigue siendo objeto de explotación, de la explotación de su fuerza laboral, pero ahora, con la presencia de las máquinas, logra desarrollar un conocimiento empírico y técnico que le permite operar las máquinas y empieza a convertirse en una masa poblacional objeto de consumo. En la Era del Conocimiento, la mano de obra pierde su relevancia como mano de obra física y se convierte en una mano de obra más cualificada, más técnica y en un elemento importante del consumo. En la Era Digital, las máquinas digitales reemplazan al hombre y lo convierten en un objeto puro de consumo, lo cual se vuelve aterrador ya que la digitalización de todo está sistematizando todo y con ello ha destruido muchos más puestos de trabajo que los nuevos que produce.

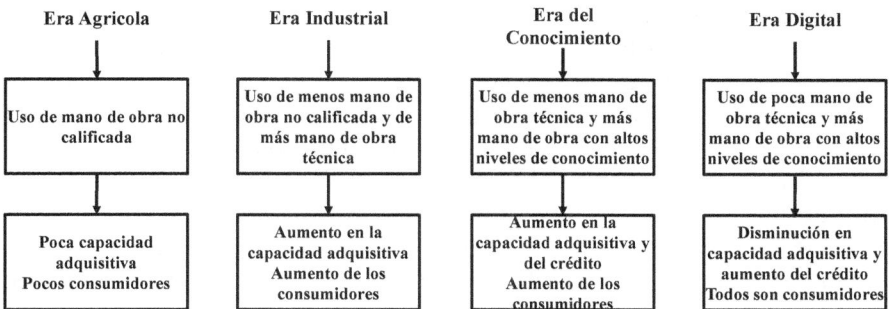

Era Agricola	Era Industrial	Era del Conocimiento	Era Digital
Uso de mano de obra no calificada	Uso de menos mano de obra no calificada y de más mano de obra técnica	Uso de menos mano de obra técnica y más mano de obra con altos niveles de conocimiento	Uso de poca mano de obra técnica y más mano de obra con altos niveles de conocimiento
Poca capacidad adquisitiva Pocos consumidores	Aumento en la capacidad adquisitiva Aumento de los consumidores	Aumento en la capacidad adquisitiva y del crédito Aumento de los consumidores	Disminución en capacidad adquisitiva y aumento del crédito Todos son consumidores

El efecto del saldo neto negativo, entre la creación de nuevos puestos de trabajo y la pérdida de puestos de trabajo dado la robotización y digitalización de muchos procesos productivos, se refleja en una caída de los ingresos de la masa trabajadora, acompañada con la pérdida de su poder adquisitivo, lo cual se ha cubierto con crédito. Entonces, se ha pasado de la explotación inmisericorde de la fuerza física del trabajador, a niveles de esclavitud, a la explotación inmisericorde de su capacidad como esclavo financiero, llevándolo a ser un esclavo moderno, sin grilletes, sin cadenas, con aparente libertad y con aceptación de su esclavitud.

La cuestión es hasta cuando el sistema aguantará, pues va a llegar un día en el que será imposible conseguir en que trabajar y entonces, será imposible consumir y pagar las deudas. Las corporaciones sin límite de lucro van a enfrentar un grave problema ya que no van a poder exprimir más el bolsillo de los consumidores, se van a enfrentar a la era de los bolsillos vacíos.

La Era Digital ha venido de la mano de la globalización, que se ha basado en la ruptura de las barreras comerciales para que los capitales y las mercancías se muevan libremente alrededor de todo los países y la producción pueda ser focalizada en aquellos paraísos de pobreza, en los cuales la mano de obra es más barata y la regulación que protege al trabajador, es inexistente o al menos laxa. Como medios de conexión fáciles, asequibles a la mayoría, e inmediatas, se han desarrollado las redes de información, llevando a que todo se mueva a través de procesos de informatización que han posibilitado superar las antiguas limitaciones de las distancias, a la vez que han permitido el acceso virtual a los lugares más remotos de la geografía, buscando que no haya lugar en la tierra, donde se pueda escapar un ser humano, de ser convertido en objeto del consumo.

La globalización en la Era Digital ha permitido que todos los seres humanos tengan acceso a casi que a todo especialmente a lo que ofrece la Era Digital: software y hardware, aunque no ha podido, ya sea por desinterés político de los gobernantes u otra razón, que toda la población tenga acceso a los servicios básicos domiciliarios y a los servicios de salud. Ahora nos encontramos con poblaciones pobres pero digitalizadas. El celular se convirtió en un objeto necesario para sobrevivir en la vida moderna, pues independientemente del nivel socioeconómico al que se pertenezca, se hace necesario contar con el celular, debido a que las líneas telefónicas a tierra han venido desapareciendo y para poder estar conectados con los demás ya sea para el trabajo o para la socialización, es imperante contar con el celular.

El asunto de la globalización es la forma como participa la inmensa mayoría de la población, que al estar por fuera del acceso al conocimiento, está por fuera del acceso al pastel económico que produce la Era Digital, entonces termina participando como sujeto de consumo, como consumidor de cuanta baratija produce el comercio global, sin voz ni voto para determinar para donde va su vida, pues a la par con la digitalización de la vida del ser humano y la informatización de todos los procesos, ha venido el dominio mental de toda la masa poblacional.

Para poder participar como agentes activos de la globalización, hay que acceder al conocimiento, lo que permitiría ser crítico del proceso de la globalización, al entender que es lo que realmente está pasando y contribuyente al mejoramiento del mismo, al tener la capacidad cognoscitiva de poder aportar al proceso, evitando de esta manera, ser solamente un objeto del consumo de la globalización. El acceso y obtención de conocimiento no es otra cosa que el perfeccionamiento del SER, desde el lado cognoscitivo. En la medida que le ganemos la partida a nuestra ignorancia, le estaremos ganando la partida a los que manejan y manipulan nuestras vidas y estaremos ampliando nuestras capacidades del HACER y con ello ampliaremos nuestras posibilidades del TENER, pero no el tener cosas prestadas disimuladamente por el sistema financiero a través del crédito, sino el TENER como el acceso real a la riqueza del universo.

Al hacer énfasis en el conocimiento, no significa que la perfección del SER debe ser en lo cognoscitivo solamente, pues lo no cognoscitivo también debemos perfeccionar. El objetivo debe ser siempre balancear nuestra vida. No se lograría mucho si perfeccionamos nuestros valores, pero no participamos activamente en el desarrollo social y económico de la sociedad. Más desastroso sería que todos nos volviéramos autistas sociales, como ahora lo son nuestros dirigentes elegidos y los no elegidos que manejan a los elegidos detrás de bambalinas, llenos de conocimiento y con cero compromiso ético y moral para con ellos mismos y para con sus conciudadanos. El balance está en perfeccionar nuestro SER integralmente.

Al lograr perfeccionar nuestro SER, desde el lado del conocimiento, estaremos en posición de negociar con nuestros empleadores la manera como participaremos en las ganancias de la producción, pues sin el conocimiento nuestro, ninguna corporación puede acumular alguna riqueza ya sea la representada por los activos físicos o la representada por los activos no tangibles, tales como el conocimiento. Debemos dejar de ser obreros de nuestra vida y de la vida de las corporaciones para las cuales laboramos, para convertirnos en dirigentes de nuestra vida y de la vida de las corporaciones para las cuales laboramos. Pensemos por un momento que, todo el aporte en desarrollo de nuevo conocimiento que le hacemos a una corporación, se convertirá en un activo que explotará la corporación por el resto de la vida, aunque por ello solo pague una sola vez y a un bajo precio.

Si se democratiza el conocimiento y se democratiza los resultados de la producción, se estará cerrando un poco la inmensa brecha que existe entre los ricos y quienes no lo son. Pero esto no se logra con un discurso, se logra con la activa participación de cada uno de nosotros en el desarrollo de la sociedad. Es una cuestión de derechos y responsabilidades. No es una cuestión de socializar las ganancias por que sí, se trata de lograr una mejor repartición del pastel económico, que considere el aporte real que cada uno hace para el incremento de la misma.

Actualmente todo el enfoque económico está dirigido al crecimiento corporativo, en el cual los trabajadores por bien cualificados que se encuentran, son solo fichas de un juego al cual ellos no tienen acceso. Toda la teoría del crecimiento económico, enseña como las corporaciones pueden quedarse con una mayor parte del mercado y así acumular más riqueza, lo cual de por si no es malo, lo malo es que no nos demos cuenta que esas mismas teorías podemos aplicarlas a nuestra propia vida, pues si tenemos capacidad de generar riqueza para otros, porque no tenemos capacidad de generar riqueza para nosotros mismos. Pero esto no se trata de tener capacidades intelectuales, se trata de tener conciencia, de darse cuenta que podemos cambiar nuestra mentalidad. Esto es lo que han hecho aquellos emprendedores exitosos que iniciaron sus carreras trabajando para otros, pero que al ver que sus esfuerzos y sus capacidades nunca serían bien remunerados por sus empleadores, resolvieron ir por lo de ellos, ir a convertir sus sueños en realidad.

Si este proceso se logra echar a andar, lo que se estará es echando a correr una bola de nieve de la democratización de la participación de la producción, al cual se unirán más y más trabajadores y esto motivará a que muchos desarrollen esa creatividad que han tenido prisionera en su interior y que se comprometan con un desarrollo social y económico, con menos desequilibrio que el que hoy ofrece el modelo de libre mercado de la globalización.

Siendo el trabajador el principal actico de las corporaciones en la Era Digital, no se entiende por qué, para el mismo trabajador, él no se ve a sí mismo como su principal activo. En el momento que el trabajador entiende este pequeño detalle, su manera de verse a sí mismo y de ver la relación con el mercado laboral, cambiará. Esto mismo sucede con aquellas personas que, al terminar su educación secundaria, se dan cuenta que su activo personal intrínseco es muy poco valioso y que la única manera de incrementarlo, es adicionándole conocimiento. Entonces los estudios universitarios de por sí, le adicionan valor al activo intrínseco que una persona tiene en sí mismo, independiente de la carrera universitaria que haya escogido y de la profesión que haya decidido llevar a cabo.

Mientras no veamos nuestra vida como una corporación unipersonal e intrínseca a nuestra vida, nuestro poder de negociación en el mercado laboral será poco. Nos volvemos vendedores de nuestra existencia, como si nuestro activo intrínseco fuera el de una máquina que solo tiene capacidad para repetir determinadas tareas. El empresario se vuelve comprador de existencia humana, pero no de horas máquina, sino de horas de existencia de ser humano y es por ello que, el empresario logra sacar lo mejor del trabajador, mientras que el trabajador por sí solo no lo puede hacer.

Es tan abundante la oferta de mano de obra disponible con baja cualificación, pero con educación secundaria terminada, que ahora hasta para hacer hamburguesas, las grandes cadenas de comida rápida exigen que sus empleados tenga el título de la educación secundaria. Entonces la inversión que hace la familia y la sociedad en la educación de nuestras nuevas generaciones y los 12 años que se gasta una persona para lograr obtener su título de secundaria, terminan todos juntos al servicio de las corporaciones de comida rápida, las cuales se caracterizan por tener bajas tasas de remuneración. Aquellos que comprenden que su primer y más importante activo son ellos mismos, se niegan a terminar preparando y sirviendo comida rápida y haciendo un poco de esfuerzo, logran acceder a la educación superior.

La educación universitaria es mucho más que las matemáticas o las humanidades que se imparten en las aulas, es una formación integral de conocimientos, que permite que las personas puedan administrar la vida de una manera más lógica y que para el caso del mercado laboral, se convierte en criterios para afrontar y resolver problemas y en conocimiento para crear más conocimiento o para aplicar el existente en la solución de problemas. Adicional a lo anterior, la educación es un activo que no se pierde, que no se lo roban y que siempre es posible incrementarlo y con dificultad puede sufrir de alguna disminución.

Es por ello que sabiamente los padres hacen sus mayores esfuerzos por dejarles a sus hijos la educación, antes que dejarles herencia material. La herencia material es fácil que se pierda, especialmente si no se ha madurado en el manejo de la vida financiera, mientras que la educación es un activo que abre puertas, que crea oportunidades, que se expande y que contribuye al desarrollo integral de la persona que lo posee y al desarrollo de toda la sociedad en su conjunto. Solo pensemos en un país lleno de ricos ignorantes, lo mal que lo terminan pasando cuando la bonanza de la riqueza desaparece o cuando dicha bonanza no ha sido bien administrada.

La educación convertida en conocimiento tiene un lugar seguro y especial, se resguarda en nuestro SER. Es por ello que pensar en adquirir más conocimiento es pensar en perfeccionar nuestro SER. En la medida que un país tenga a su población empobrecida mentalmente, en el SER, mayor será la probabilidad que florezca la violencia y la corrupción y mayor será la probabilidad que florezcan todos los negocios turbios y por fuera de la ley. Para desarrollar la tecnología se necesita mucho más que dinero. Se necesitan mentes brillantes dispuestas a transformar el mundo.

Al otro extremo de la balanza, en la cual se sitúan los países prósperos y desarrollados, en los cuales el conocimiento ha florecido y ello les ha permitido estar a la vanguardia del desarrollo tecnológico, en donde muchos han logrado perfeccionar su SER intelectual, la decadencia ha venido por las falencias en el SER no intelectual. Los delincuentes de cuello blanco roban más y afectan a un número más grande de la población, que lo que hace la delincuencia común y no delinquen por necesidad, delinquen por ambición, por ego, por poder, entonces su empobrecimiento de su SER es más grande que el empobrecimiento de aquellos que no han tenido oportunidad de acceder al conocimiento elaborado o científico. Por ello es importante perfeccionar el SER integralmente, pues esa integralidad contribuirá a que la sociedad sea cada día mejor, cada día más justa.

Una buena guía para obtener una radiografía del conocimiento que actualmente tenemos, lo podemos hacer a través de la formulación de una serie de preguntas, que nos aterricen, nos motiven, nos impulsen, nos reten, a perfeccionar nuestro SER.

- ¿Qué sabemos? No basta con saber, debemos tener conciencia de lo que sabemos y darnos cuenta si de eso de lo que presumimos saber, realmente lo sabemos.

- ¿Qué nos sirve de lo que sabemos? No basta con saber, debemos tener conciencia de que parte de lo que sabemos, sea utilizable en el mercado actual. No podemos vivir de los ayeres, de lo que sabemos y fue fructífero en el pasado, pues el mundo está cambiando aceleradamente y con ello, el conocimiento pierde vigencia aceleradamente también.

- ¿Qué hacer con lo que sabemos? No basta con saber que sabemos. Debemos tener conciencia de cuáles son las posibilidades que nos brinda lo que sabemos, qué podemos hacer con lo que sabemos. Podemos estar sentados en una mina de oro de conocimiento, pero no nos hemos percatado de ello.

- ¿Qué no sabemos y que deberíamos saber? No basta con saber que no sabemos. Debemos tener conciencia de que lo que no sabemos, pero que deberíamos saber para poder ser competitivos en el mercado. Podemos no saber muchas cosas, de hecho eso lo sabemos, el punto está en identificar de lo que no sabemos que debemos saber para poder ser competitivos en el mercado.

- ¿Dónde encontrar lo que no sabemos? No basta con saber de lo que no sabemos y deberíamos saber. Debemos saber dónde podemos encontrar aquello que no sabemos.

- ¿Quién tiene lo que no sabemos? No basta con identificar donde podemos encontrar aquello que no sabemos, pues es más pertinente encontrar quien sabe lo que no sabemos, pues tal vez ese que sabe lo que no sabemos, no sabe sobre lo que nosotros sabemos.

- ¿Dónde está lo que sabemos? No basta saber que sabemos. Debemos saber dónde está lo que sabemos. La memoria es frágil y humana. Los registros aunque pueden sufrir deterioro a través del tiempo, son mucho más fiables y seguros que nuestra memoria. Registrar lo que sabemos es una forma de darle valor a lo que sabemos, de poder sistematizar su reproducción, de poderle añadir o quitar, de mejorarle.

- ¿Para qué queremos saber lo que no sabemos? No basta con saber lo que no sabemos. Debemos tener claridad que haremos al lograr obtener lo que no sabemos. La pertinencia de lo que no sabemos debe estar unida a nuestro plan de vida. No aprendemos por aprender. Necesitamos tener claridad que haremos con lo que aprendamos.

- ¿Quién es el dueño de lo que sabemos? No es suficiente saber qué sabemos. Mucho de lo que sabemos tal vez se lo vendimos por monedas a otro. Cada vez que firmamos un contrato de trabajo que incluye el desarrollo de nuevo conocimiento, puede contener clausulas en las que aceptamos no hacer uso del conocimiento que desarrollemos para usufructo personal o de terceros, sin la previa autorización del empleador.

La velocidad que tiene el actual cambio tecnológico, lleva a que nuestro conocimiento se vuelva absoluto en poco tiempo, que pierda su pertinencia con la vida real actual, lo cual lleva a que se tenga que aprender a aprender, es decir, a que se oriente la naturaleza misma del aprendizaje, a la manera como se puede estar aprendiendo continuamente, sin que nos cansemos de aprender. En este sentido el aprender tiene significado en la medida que comprendemos como nuestro cerebro integra y asimila los nuevos datos, la nueva información y el nuevo conocimiento, teniendo en cuenta que el aprendizaje ya no responde al viejo esquema de la educación presencial en un aula de clase, sino que es más un proceso de autoenseñanza, en la cual cada uno mismo es el responsable por aprender lo que debe y necesita aprender.

Una pregunta pertinente es la de saber cómo estimular la creación de nuevo conocimiento y la respuesta más inmediata, es la de adquirir más y más conocimiento y hacer uso de él. Es el pasar de la teoría a la práctica. Es el encontrarle uso al conocimiento, lo cual nos llevará a que nos demos cuenta que lo que sabemos no es suficiente para solucionar todos los problemas y que, por ello, hay que generar nuevo conocimiento. Una respuesta más pausada, menos veloz, es la de salirnos de lo existente, es la renuncia a aceptar que todo ya está hecho, es el abandono consciente de los paradigmas existentes, es la actitud de volvernos exploradores de nuevos caminos, abandonando los caminos que otros abrieron para nosotros y los cuales solamente los hemos usado para ser colonizadores.

La otra pregunta pertinente es la de cómo almacenar el conocimiento adquirido por uno mismo y aunque la respuesta ya fue contestada parcialmente arriba, es importante señalar la base está en registrar todo lo que sabemos. Es el traslado organizado y sistemático de lo que sabemos desde el interior de nuestra mente, al exterior de nuestra vida. El registro puede ser por escrito, por audio o por video o por una combinación de todo lo anterior. El registro ayudará a encontrar los baches de nuestro conocimiento, como también, a generar nuevo conocimiento. El sentido del registro no puede ser solamente la pretensión de nuestro ego de trascender, sino la de hacer partícipes a los demás de aquello que hemos logrado, gracias precisamente a los demás. Si hubiésemos vividos aislados, no hubiésemos tenido motivos para crear nuevo conocimiento. Una vez abandonemos nuestra vida corpórea, no nos llevaremos nada con nosotros, entonces todo el conocimiento que producimos, por terca, egoísta y cerrada que sean nuestros herederos, más tarde que temprano, dicho conocimiento será de propiedad de la humanidad. La vida y todo lo que producimos en ella, es un préstamo que nos hizo el universo y más temprano que tarde tendremos que devolverlo. Lo único nuestro es la muerte, pues es inevitable y por ello, es lo único que con toda seguridad tendremos que contar.

Las corporaciones han encontrado en el conocimiento un sustituto de otros recursos. En la Era Digital no se necesita contar primordialmente con tierras y capital, se necesita contar primordialmente con conocimiento y luego con el capital y luego con la tierra. Eso mismo debemos hacer las personas, más cuando la mayoría no tiene ni tierra ni capital, pero si la potencialidad de acumular conocimiento y luego desarrollar nuevo conocimiento. Es hora que se nos enseñe en las escuelas, los colegios y las universidades, a administrar nuestra vida, con la misma intensidad que ahora se nos enseña como a administrar a las corporaciones o mejor, a servir de peones de las grandes corporaciones.

El científico que está al frente de una nueva invención, es tratado como un obrero más dentro de la cadena de producción y aunque se le premie y se le pague bien, sus inventos no terminan siendo de su propiedad y el uso que se haga de los mismos, nunca dependerá de la buena intención que lo motivo para hacerlo. Si la comunidad científica controlara más su ego y se comprometiera más con el control del uso de sus invenciones, este mundo sería mucho mejor y la autodestrucción a la cual nos vemos cada día más abocados, debido a que un puñado de individuos se ha hecho con el control de las armas atómicas, sería evitable. Por ello no es suficiente el conocimiento sin moral, sin ética. El perfeccionamiento del SER debe ser en los dos polos, el no cognoscitivo y el cognoscitivo.

Los medios de comunicación nos han vendido la idea que vivimos en una crisis económica permanente y así proteger a los culpables de la verdadera crisis, que es la crisis ética. Vivimos en una sociedad en decadencia y en continua crisis ética, que traslada sus efectos a la crisis económica. Es ésta la cara que nos han hecho ver los medios de comunicación, pero la verdadera cara es la de la existencia de gobernantes corruptos y dedicados a defender a las corporaciones o a los países que les pagaron las campañas electorales con las cuales pudieron hacerse al poder, engañando y mintiendo a sus electores, que trabajan para una élite insaciable de dinero y poder y que piensa que son los elegidos por los dioses para poder decirnos como llevar nuestras vidas, decidir quien vive y quien no, decidir quién es bueno y quien no lo es. Son ellos los verdaderos responsables de la crisis ética y por ende, de las crisis económicas que sufre la población. Mirar a otro lado o echarle la culpa a los políticos del partido opositor al nuestro, no nos deja exentos de que la crisis más temprano que tarde troque a nuestra puerta o que nuestra vida termine prematuramente, debido a que uno de los enviados por los dioses sufra una ego crisis y en medio de ella decida presionar el botón que desate la próxima guerra, la nuclear.

Si miramos hacia atrás, podemos ver que nuestros ancestros, los que denominamos primitivos, eran tal vez menos primitivos de lo que los modernos gobernantes de facto o elegidos por el pueblo, pues luchaban contra la inclemencia de la naturaleza y de los animales depredadores, mientras que estos hombres modernos, se convirtieron en depredadores del mismo hombre y manipulan la naturaleza para provecho propio. Hemos evolucionado tanto que parece que estamos ya de retorno a donde partimos. La vida parece ser circular. De niños somos dependientes de nuestros mayores y caprichosos con ellos. De ancianos somos igual o más dependientes que lo que fuimos de niños. Venimos de una época primitiva, con pocos utensilios y armas como defendernos de los depredadores y estamos a punto de terminar llenos de utensilios y con muchas armas para acabar con la raza humana, con el otro, pero como el otro también esté bien armado, nosotros somos el otro, al cual el otro quiere acabar.

La actual raza humana está llena de primitivos vestidos con ropa de marca, transportados en aviones supersónicos, comunicados con sofisticados celulares, con mucho dominio de la naturaleza, pero con muy poco dominio propio. Entonces aquello que nos impulsó al cambio, el conocimiento, nos está llevando a la destrucción. Ese parece ser el círculo de la vida. Es un ciclo que seguramente la humanidad ya ha vivido anteriormente, pero que de la cual no tenemos mucha información o quienes la puedan tener, no están interesados en compartirla con nosotros. Pero esto tiene una solución y es el de acelerar el perfeccionamiento del SER no cognoscitivo, para que logre igualar al nivel de perfeccionamiento que hoy tiene el SER cognoscitivo. No se trata refrenar el desarrollo del conocimiento, se trata de complementarlo e integrarlo con nuestro desarrollo ético y moral.

Las competencias

"Un hombre competente es un hombre que se equivoca según las reglas."
Paul Valéry

Para introducirnos en el campo de las competencias, consideraremos que una competencia es la capacidad que se tiene para realizar adecuadamente una tarea determinada, independientemente de los resultados que se obtengan de ella. Teniendo en cuenta la clase de resultados que se obtengan, diríamos que una competencia es positiva, cuando los resultados obtenidos de la actividad desarrollada a través de ella, son positivos o buenos para la sociedad y, por ende, para el que realiza la actividad. En caso contrario, en el que los resultados son negativos o malos para la sociedad, aunque sean beneficiosos para el que lleva a cabo la actividad, diríamos que dicha actividad fue desarrollada a través de una competencia negativa.

Para contextualizar lo anterior, tendremos que reconocer que las personas que llevan a cabo una actividad que afecta a la sociedad, son competitivos en lo que hacen, lo que hacen, lo hacen bien y que lo que realmente diferencia la competencia positiva de la negativa, es que en la segunda se condiciona a que los resultados obtenidos sean buenos para la sociedad, lo cual se logra cuando la competencia incluye la ética y la moral, no necesariamente la legalidad de la actividad.

Muchas de las actividades de los delincuentes de cuello blanco afectan a la sociedad, pero están dentro del marco de la ley. Un banquero que ha corrompido el sistema judicial y que ha utilizado el poder de su dinero para que se modifiquen las leyes de acuerdo a sus intereses, técnicamente gana dinero legal, pero éticamente lo que hace, es apropiarse indebidamente del dinero de los demás.

Si logramos tener claro lo anterior y podemos diferenciar la competencia positiva de la negativa, podremos tener conciencia de cuáles de nuestras competencias son positivas y cuales son negativas o cuales de las que queremos desarrollar son positivas y cuales son negativas. La ganancia de determinar la clase de competencia que tenemos o queremos desarrollar, es la de responsabilizarnos de los resultados de las actividades que llevemos a cabo con cada una de nuestras competencias.

Es claro entonces que las competencias son solo eso, competencias y que de la ética y la moral que impliquemos en el desarrollo de las actividades que nos permiten las competencias, es lo que determinará que la competencia sea positiva o no lo sea. En adelante hablaremos de las competencias, a sabiendas que estamos hablando de las positivas, las cuales por su naturaleza afectan positivamente a la sociedad en general y particularmente al que las tiene y las usa.

Ahora diremos que una competencia es la capacidad que se tiene para realizar adecuadamente una tarea determinada, utilizando para ello la experiencia, las aptitudes, las actitudes, el conocimiento, los valores y las creencias. La competencia es la capacidad no cognoscitiva y la cognoscitiva, puesta al servicio del que la posee, para el desarrollo adecuado de una actividad, cuyos resultados son beneficiosos tanto para el que lleva a cabo la actividad, como para toda la sociedad.

Las competencias están conformadas por un conjunto de todos o algunos elementos articulados, tales como el conocimiento, los saberes, las habilidades, las destrezas, los comportamientos, las creencias, los valores y los intereses, pero que siempre deberán contener el conjunto de elementos que conforman la ética y la moral. Entonces no somos competentes por saber hacer bien lo que hacemos, sino que lo somos porque primordialmente logramos que nuestros resultados nos beneficien y beneficien en su conjunto a la sociedad. De esta manera una competencia estará integrada por el conocimiento, el qué, las habilidades, el cómo y las actitudes y valores, el porqué.

La naturaleza de cada competencia está relacionada con el contexto donde opera ésta, existiendo por ello, una gran variedad de competencias. Tal vez dada nuestra naturaleza humana o nuestro exceso de afán de estandarizarlo todo, siempre andamos clasificando o categorizando todo y de ello no se escapan las competencias, sin embargo, es importante señalar que, esa pureza a la cual queremos llevar algo al categorizarlo en categorías mutuamente excluyentes y homogéneas a su interior, es solo una pretensión funcional, que nos aboca a ver el mundo en blanco o negro y a no aceptar la existencia de la escala de los grises. En el caso de las competencias, es difícil determinar una competencia pura, pues dentro de cada competencia participan otras competencias. La conformación misma de una competencia, como un conjunto de conocimientos, habilidades y actitudes y valores, implica realmente la unión de varios tipos de competencias, que articuladas y dirigidas moralmente le dan vida a una competencia positiva y desarticuladas e incoherentes moralmente, le dan origen a una competencia negativa.

La misma reflexión se puede decir de la posesión de una competencia determinada. Se puede decir que cada ser humano tiene algo de cada una de las competencias existentes, solo que cada uno ha decidido y/o ha tenido la oportunidad de desarrollar determinadas competencias. Detrás de cada competencia, lo que realmente subsiste es un marco del poder que le da la misma, al que la posee. En la medida que integralmente nos acerquemos en la tenencia del conjunto de elementos que forman una competencia, tendremos más oportunidad de tomar el poder que nos brinda la competencia, el poder de llevar a cabo una acción para lograr el mejor resultado esperado de su ejecución.

Visto de otra manera, lo que une a una competencia con el que la tiene, es el perfil de la competencia y el perfil del que la tiene. El perfil de la competencia, es un patrón de la capacidad requerida y el perfil de la persona, es el que determina la posesión de dicha capacidad. Si la capacidad que se tiene, tiene un patrón similar al patrón de la competencia, se tendrá la capacidad para tomar todo el poder que brinda la competencia.

Como los seres humanos no son máquinas o robots hechos con molde, sus competencias no tienen la misma naturaleza, no son armadas con un molde y por ello, la composición de una competencia es tan singular, como lo es el que la posee y es la singularidad la que permite que dos seres humanos logren resultados parecidos, a pesar de que hicieron uso de competencias que fueron conformadas con diferentes elementos y con porciones diferentes de cada uno de sus elementos. Si se logra tener conciencia de lo anterior, se logrará desarrollar la mejor pero propia y única competencia, que nos permitirá lograr los mejores resultados.

La primera competencia es la que se denomina básica, que es aquellas que vamos desarrollando desde la niñez hasta los primeros años de universidad, que nos permite el uso apropiado del lenguaje, comunicarnos, aplicar conocimientos numéricos, pensar en forma lógica, conocer e interpretar el mundo, manejar tecnológicamente datos e información, solucionar problemas, interactuar con los demás, orientarnos éticamente, dominarnos a sí mismos, tomar decisiones y adaptarnos al cambio.

Es importante destacar que la toma de decisiones es el establecimiento de juicios debidamente argumentados, que respaldan la ejecución de acciones tendientes a resolver un problema determinado. Sobre la orientación ética vale decir que es la regulación del propio comportamiento en el desarrollo de una actividad, de tal forma que ésta esté siempre dirigida al logro del bien y que, de cualquier manera, se tendrá responsabilidad por los resultados de la ejecución de la misma.

Si observamos con detenimiento lo que se denomina competencia básica, veremos que incluye elementos que ni siguiera existían en el pasado, tal como manejar tecnológicamente datos e información, lo cual lo hacemos a diario con nuestro celular y ello lo hacen incluso las generaciones más antiguas, nuestros abuelos, quienes se criaron en un mundo anterior a la Era del Conocimiento. De otra parte, existen personas que tiene limitaciones en algunos de los componentes de la competencia básica, pero que son muy competentes por ejemplo con todo lo que requiere la Era Digital.

Lo que le funciona a cada ser humano, es el potenciar los elementos que mejor se le dan de una competencia dada, tratar de mejorar las habilidades y obtener más conocimiento para mejorar los elementos en los cuales no tienen suficientes habilidades, sin que ello vaya en desmedro del mejor uso de los elementos que mejor se le dan, pero de cualquier forma, usar de la mejor manera posible sus competencias, teniendo presente que las competencias pierden vigencia y que por ello hay que vivir renovándolas continuamente. Para comprender esta última parte, solo se requiere echar un vistazo al pasado y mirar cuantas posiciones han desaparecido del mercado de trabajo y cuantas se han creado nuevas, de las cuales no se tenía ni la más remota idea hace unos años. Con toda seguridad se puede afirmar que nuestros hijos menores de edad, ocuparán posiciones que todavía no han sido creadas.

Esto nos lleva a abordar las competencias conductuales, que están conformadas por las habilidades y conductas que permiten tener un buen desempeño laboral y que se caracterizan por la orientación al logro, la proactividad, la rigurosidad, la innovación y especialmente la flexibilidad y que hacen parte de la personalidad de cada persona. En un mundo tan cambiante, todo lo que sea rígido se partirá y todo lo que sea flexible se adaptará. Si no se renueva el conocimiento, pronto estaremos por fuera del mercado, no podremos competir por las mejores oportunidades. Si no nos involucramos con el cambio, el cambio se hará sin nosotros y lejos de nosotros, sin la posibilidad que nos montemos al tren de la prosperidad que produce el cambio.

En este punto es importante clarificar dos cosas un tanto diferentes. Una cosa es estar al día con la tecnología, lo cual lo hace la mayoría de la población. Todos se montan al tren de la tecnología como usuarios finales, como sujetos de consumo. La otra cosa, es hacer uso de la tecnología para crear más tecnología, para obtener ganancias de su uso, para participar de ella, no como un sujeto pasivo que usa la tecnología como una moda, como una forma de vida, sino participar en la tecnología como un sujeto proactivo, propositivo, crítico, e innovador. Las competencias conductuales sirven para ser un sujeto activo de la tecnología. El bajo desarrollo de las competencias conductuales, lleva a que se sea un objeto de la tecnología, un objeto de su consumo.

Una competencia importante a desarrollar es la intelectual. Esta contiene los procesos del pensamiento que permiten la toma de decisiones y la creatividad para crear soluciones a los problemas. La creatividad parte de ver de una manera diferente los problemas y así encontrar una manera diferente de solucionarlos. Ello implica cambiar la forma de pensar, creando nuevos y mejores procesos, que se convierten en nuevos y mejores métodos para hacer las cosas. A la par con ello, estaremos encontrando nuevas y mejores alternativas para solucionar los problemas, lo cual implica la observación y el análisis de información, la transformación de ella en conocimiento y la conversión de dicho conocimiento, en soluciones reales y prácticas.

Un elemento importante que ayuda a la competencia intelectual, es la rebeldía en el mejor sentido de la palabra. Esta rebeldía se traduce en no aceptar que todo ya está hecho, que existe más formas de ver las cosas y que ellas son diferentes a las que imperan actualmente, que los paradigmas tiene una vida útil y que muchos de ellos están expirados, que todo lo que ha sido hecho por humanos es posible que nosotros lo hagamos, pues somos humanos, que las cosas no están bien pensadas y hechas solo por el hecho que la mayoría las acepta, que salirse del corral es arriesgado, pero hay que hacerlo, que muchos han claudicado a sus ideas solo por el miedo de no ser aceptados y aprobados por la tribu, pero que los pocos que lo han hecho, se han vuelto los líderes de la tribu, que la autoridad intelectual no existe más que por la razón que la sustenta, que nunca es tarde para volverse rebelde, que ser rebelde paga, pero tiene muchas responsabilidades, que para ser rebeldes hay que estar dispuestos a pagar el precio de serlo.

Una competencia bien importante es la del emprendimiento, es la que nos permite ser empresarios. Esta competencia se forma por la identificación de oportunidades de negocios, la capacidad para crear nuevas empresas, la elaboración de planes para que éstas sean exitosas, la consecución de recursos, la búsqueda de personal y de clientes, la manera de promocionar los productos y servicios y la manera de colocarlos en el mercado y particularmente, la capacidad para asumir riesgos y mantenerse firme hasta pasarlos, sin pasar por imprudente.

La identificación de las oportunidades de negocios depende mucho del olfato y ese olfato para los negocios se desarrolla en la medida que nos exponemos al medio donde están los negocios, junto con un entrenamiento previo y continuo. Entre más olfateamos más se nos facilita identificar lo que estamos olfateando. Por naturaleza los perros tienen buen olfato, sin embargo, se deben entrenar para que olfatean algunas sustancias específicas, tales como las drogas. Igualmente sucede con algunas personas, las cuales tienen buen olfato para los negocios, sin embargo eso no lo heredaron, no venía con el paquete de fábrica, muy seguramente desde jóvenes tuvieron la oportunidad de estar en medio del juego de los negocios y allí corrieron algunos riesgos que sólo sus instintos los aprobaban y luego con conocimiento y experiencia, el olfato se fue perfeccionando, hasta llegar a un nivel de expertícia, tal que cada vez que ese olfato olfatea algo, se erra menos con las decisiones que fueron influidas por dicho olfato.

Uno de los factores que más detiene a las personas a entrar en el mundo de los negocios, es el miedo a perder el dinero que inviertan en el negocio, como si los negocios fueran lo mismo que una apuesta a la lotería. Frente a ello hay que argumentar que, los riesgos existen en la mayoría de las cosas que llevamos algo a cabo y que los negocios no son una excepción, pero al igual que con otros aspectos de nuestra vida, la planificación es uno de los mejores antídotos contra el riesgo. La planificación es la caja donde se procesan los insumos del negocio y de la calidad de la caja dependerá la calidad de los resultados del procesamiento. La planeación toma en cuenta todos los elementos componentes de un negocio, los ordena y articula, de forma tal que, se controle la mayoría de los procesos, con lo cual se estaría controlando y disminuyendo la incertidumbre. En la medida que lo que es controlable se controle, se estará en capacidad de predecir los resultados del proceso y es eso lo que disminuye la incertidumbre sobre lo que puede pasar y, por ende, disminuye el riesgo.

Una vez se ha llevado a cabo una buena planificación, solamente quedarán todos aquellos aspectos del negocio que están fuera del alcance de la planificación, como el comportamiento de la economía, sin embargo, sobre estos aspectos también se pueden tomar medidas, con el fin de anticipar los posibles impactos negativos que tengan sobre el negocio. Finalmente, quedarán aspectos del negocio que estarán fuera de nuestro control, pero que podrán ser de alguna manera cuantificados e involucrados dentro de la planificación del negocio.

A diferencia con los riesgos que se corren en el casino, los cuales están completamente fuera de nuestro dominio, muchos de los riesgos en los negocios pueden ser atenuados, disminuidos y asumidos dentro de un modelo de negocios. En este sentido, el factor de lo que corrientemente se llama suerte, será la conjunción de tiempo, lugar, preparación y manejo de las oportunidades que se presentan, lo cual se convierte en la buena suerte, la cual es construida y administrada por nosotros mismos y tan duradera como nosotros lo queramos. Si los negocios dependieran de la suerte, los emprendedores preferirían jugar a la lotería o jugar en el casino. La realidad es que normalmente le asumimos a la denominada suerte, todo aquello de lo cual no le encontramos una razonable explicación, olvidando la cadena de acontecimientos que desencadenaron la aparición de una oportunidad, lo mismo que, todo lo que se hizo para aprovechar de la mejor manera dicha oportunidad.

Las competencias para los negocios se van desarrollando paulatinamente. Se adquieren de la misma manera como obtenemos otras capacidades. Por ejemplo, si estamos interesados en aprender a nadar, posiblemente que empecemos por meternos a lo más pando de la piscina y permanezcamos al principio cerca al borde de la misma. Eso quiere decir que nos vamos exponiendo paulatinamente al riesgo, hasta que aprendemos a asumirlo y sabemos cómo mitigarlo, en caso que las cosas no salgan como las habíamos planeado. Saltar desde un avión a unos cuantos miles de metros de altura es muy arriesgado, pero para hacerlo usamos un paracaídas y antes de hacerlo, tomamos un entrenamiento y antes de lanzarnos solos, tal vez lo hagamos con alguien más, hasta que llega el punto donde estaremos preparados para hacerlo completamente solos y desde un avión que vuela a unos cuantos cientos o miles de metros de altura.

Ser un tomador de riesgos, es diferente a ser un irresponsable. El primero ha sopesado la mayoría de las variables y las ha puesto en control y ha planeado que hacer cuando las cosas no salgan como se esperaba, incluyendo la responsabilidad de asumir los resultados negativos, en caso que se presenten. El irresponsable no planifica, no previene y no asume las consecuencias de sus acciones.

En la medida que vamos ganando años es posible que sintamos más aversión por el riesgo, que queramos que las cosas sean más seguras y por ello, es importante que desde jóvenes desarrollemos la competencia por los negocios y que nos lancemos al ruedo, si es eso lo que nos gustaría hacer. Sin embargo, debemos tener en cuenta que con una economía tan cambiante, con la desaparición de la escalera de la empleomanía que nos permitía entrar desde abajo en una empresa, escalar hasta arriba y lograr permanecer en ella hasta la edad del retiro, es muy probable que más tarde que temprano tengamos que volvernos independientes, volvernos pequeños empresarios. La sugerencia es que desde jóvenes desarrollemos nuestras competencias para los negocios y para los que ya no están tan jóvenes, empiecen desde ahora a hacerlo.

Un factor que ha cambiado el panorama de la economía y del cual no estamos del todo conscientes, es el de la esperanza de vida. Con el tiempo, los sistemas de pensiones que logren sobrevivir a la crisis de pensiones que se nos avecina, tendrán que aumentar la edad de jubilación, para poder captar los suficientes recursos para poder pagar las pensiones de los que ya las tienen y para poder retrasar las nuevas obligaciones de pagar a nuevos pensionados. A pesar de que estas reformas las lleven a cabo, muchas personas vivirán por muchos años después de haber logrado su jubilación y si el monto de la misma no será lo suficiente como para cubrir los gastos de la subsistencia de la tercera edad, la diferencia se tendrá que cubrir con recursos propios y estos recursos, muy seguramente que provendrán de los negocios que se puedan desarrollar en combinación con el mantenimiento de un empleo.

El surgimiento de las empresas digitales que nos invitan a que nos convirtamos en taxistas en nuestras horas libres, usando para ello nuestro carro de uso particular y a que convirtamos parcialmente en hoteles la vivienda donde vivimos, no es gratis, es la invitación para que nos vayamos anticipando a lo que nos viene. Los gobiernos son cada día menos capaces de regular el mercado y poner en cinturas a las grandes corporaciones, pues son ellas finalmente las que se han fundado en el gobierno no elegido, detrás del gobierno elegido por los ciudadanos, lo cual está llevando a que las reglas del mercado sean dictadas por las corporaciones y que el gobierno sirva de instrumento para implantarlas. Esto ya está teniendo serias repercusiones sociales en la población, las cuales serán más graves en el futuro. Volvernos taxistas y hoteleros es una forma encubierta de volvernos independientes, de volvernos pequeños empresarios, entonces porque negarnos a hacerlo de una manera organizada y planificada, si no hay mucho chance para evitar serlo.

Otro tipo de competencia es la interpersonal, la cual nos permite adecuadamente interactuar con los demás y particularmente en el mercado laboral, en el cual se requiere adaptarse a ambientes diversos y cambiantes, laboralmente hablando. La buena comunicación, el trabajo en equipo, el liderazgo, el manejo de conflictos, la proactividad y la adaptabilidad, son parte de los elementos que constituyen nuestra competencia interpersonal. Aunque cada uno de estos elementos tiene su propia particularidad, de alguna manera están asociados a nuestra capacidad para comunicarnos con los demás, lo cual incluye tanto las formas como nosotros le transmitidos a los demás nuestras ideas, emociones y sentimientos, como la forma como captamos las ideas, las emociones y los sentimientos de los demás.

Las destrezas en la comunicación nos pondrán al tanto de aceptar que los demás son tan singulares como lo somos nosotros mismos, que necesitamos de los demás como ellos necesitan de nosotros y que por lo tanto, debemos trabajar en equipo, que los aportes propios y lo de los demás son mucho más que la suma de los dos aportes, que cada uno tiene su propio rol y que en la medida que se integren todos para el logro de un objetivo común, se tendrá mayor capacidad para alcanzarlo. Las competencias interpersonales incluyen también la autoestima, la búsqueda de desafíos, la participación democrática, la solidaridad y la convivencia, junto con las habilidades para escuchar a los demás, para negociar y para tener una buena convivencia.

La interacción interpersonal no estará exenta del riesgo del conflicto y la adecuada atención dependerá de nuestras competencias para hacerlo. Anormal sería que todos tuviéramos las mismas ideas. Lo bueno de la diferencia, es el enriquecimiento que logran las partes al llegar acuerdos que los beneficia mutuamente. Frente al conflicto surge el liderazgo y en cabeza del líder se convoca para que todos trabajen en dirección a los objetivos colectivos y se influye positivamente para que se organicen los recursos disponibles y se comprometan todos con una misma causa.

Las competencias tecnológicas son las que nos llevan a la innovación. A través de ellas se logra transformarlo todo, tanto a lo tangible como lo no tangible, haciendo uso de herramientas informáticas, de métodos y procedimientos, que llevan al desarrollo de nuevo conocimiento representado por nuevos modelos tecnológicos. Las competencias técnicas son requeridas para desempeñar una función laboral, siguiendo unos estándares preestablecidos, los cuales incluyen la lectura de instrumentos y la operación de sistemas de fabricación y control. Las competencias técnicas se forman del cultivo de las actitudes científicas, tales como la curiosidad, el sombro, el análisis y la investigación, lo mismo que del conocimiento de la tecnología y de la capacidad de buscar, obtener y manejar información.

Una competencia que engloba a otras competencias, es la competencia laboral, la cual está compuesta por el conjunto de aptitudes, habilidades cognoscitivas, habilidades motoras y destrezas observables y medibles y actitudes y valores, que al ser aplicadas articulada y adecuadamente en forma autónoma y flexible, permiten el desarrollo de una función laboral determinada, con un alto desempeño en el logro de unos objetivos predeterminados.

La competencia laboral, parte del conocimiento y se fortalece con la práctica. La experiencia nos hace maestros sabios o maestros de libreto. La diferencia radica, en que en el primer caso nuestro conocimiento se incrementa con el tiempo y se convierte en nuestra sabiduría, mientras que, en segundo caso, lo que hacemos es utilizar unos limitados datos y poca información, para repetir sistemáticamente una tarea sin que se requiera conocimiento alguno. Por ello algunas personas tienen un año de experiencia repetida el número de años que se mantuvieron desempeñando la misma posición, mientras que otros tienen mucha experiencia acumulada en un número reducido de años. Los primeros tienen una competencia limitada, mientras que los segundos tienen una amplia competencia.

La competencia laboral implica el saber, el saber hacer y el saber ser, todo combinado y restringido al tiempo y a los recursos disponibles, que se sintetizan en tener la capacidad de solucionar problemas de una manera eficaz y eficiente. La competencia laboral es la combinación de todo o parte de la combinación de lo social, lo pedagógico, lo técnico, lo tecnológico y lo científico, con la capacidad humana que emana del conocimiento.

Dentro de las competencias laborales están las generales, dirigidas al desempeño laboral en cualquier entorno productivo, en cualquier sector económico, en cualquier cargo, independientemente de la clase de tarea que se lleve a cabo y el grado de responsabilidad que se tenga. Las competencias laborales específicas, son aquellas que están orientadas a habilitar a las personas para llevar a cabo determinadas funciones laborales, propias de una ocupación.

Se dice que una persona es competente, cuando su desempeño está acorde con los requerimientos propios del rol que ejerce dentro de una posición laboral o social. Tener una competencia, es contar el conocimiento con las habilidades, los requerimientos laborales propios de una posición laboral. Tener una competencia, es contar con el conjunto de elementos que la componen y tener el interés y la capacidad de aplicarlos para afrontar situaciones nuevas e imprevistas, dentro del contexto en el cual la competencia tiene pertinencia. Las competencias personales se pueden considerar como generales, en el sentido que son útiles en muchos contextos y por ello, nos sirven para desempeñarnos eficientemente en la vida personal, social y laboral.

La competencia laboral es uno de los factores que hacen la diferencia en el mercado laboral y eso se refleja en el nivel de los salarios. Entre menos conocimiento se requiera para desempeñar una determinada posición, menos competencia laboral se requiere, entonces la oferta de mano de obra desbordará la demanda y con ello, se empujaran los salarios hacia la baja. En la Era Digital las competencias están dirigidas a lo técnico y a lo tecnológico. La competencia técnica está relacionada con los conocimientos técnicos y metodológicos necesarios para abordar una investigación objeto de estudio, para la cual se requiere llevar a cabo pruebas, análisis y evaluación de resultados. La competencia tecnológica está más dirigida al uso del conocimiento científico y técnico, para el desarrollo de nuevo conocimiento dirigido a crear soluciones a diferentes problemas presentes en la vida del ser humano, lo cual implica la trasferencia de conocimiento, su combinación con la creatividad y su proyección en bienes y servicios específicos.

www.ingramcontent.com/pod-product-compliance
Lightning Source LLC
Chambersburg PA
CBHW060337200326
41519CB00011BA/1959